国家出版基金项目
NATIONAL PUBLICATION FOUNDATION

抗日战争专题研究

张宪文 朱庆葆 主编

第六辑
战时经济与社会

全面抗战时期江西难民移垦研究

卫平光 著

江苏人民出版社

图书在版编目(CIP)数据

全面抗战时期江西难民移垦研究 / 卫平光著. —南京:江苏人民出版社, 2022.3

(抗日战争专题研究 / 张宪文, 朱庆葆主编)

ISBN 978-7-214-26183-0

Ⅰ. ①全… Ⅱ. ①卫… Ⅲ. ①难民—农垦—研究—江西—1931-1945 Ⅳ. ①F329.06

中国版本图书馆 CIP 数据核字(2021)第 091001 号

书　　名	全面抗战时期江西难民移垦研究
责任编辑	李　洁　邓玉琢
装帧设计	刘葶葶
责任监制	王　娟
出版发行	江苏人民出版社
地　　址	南京市湖南路 1 号 A 楼,邮编:210009
照　　排	江苏凤凰制版有限公司
印　　刷	苏州市越洋印刷有限公司
开　　本	652 毫米×960 毫米　1/16
印　　张	32.5　插页 4
字　　数	378 千字
版　　次	2022 年 3 月第 1 版
印　　次	2022 年 3 月第 1 次印刷
标准书号	ISBN 978-7-214-26183-0
定　　价	128.00 元

(江苏人民出版社图书凡印装错误可向承印厂调换)

教育部哲学社会科学研究重大委托项目
2021年度国家出版基金资助项目
南京大学“双一流”建设卓越计划项目
“十四五”国家重点出版物出版专项规划项目

合作单位

南京大学　北京大学　南开大学　武汉大学
复旦大学　浙江大学　山东大学
台湾中国近代史学会

学术顾问

金冲及　章开沅　魏宏运　张玉法　张海鹏
姜义华　杨冬权　胡德坤　吕芳上　王建朗

总　序

张宪文　朱庆葆

日本侵华与中国抗日战争是近代中国最重大的历史事件。中国人民经过14年艰苦卓绝的英勇奋战，付出惨重的生命和财产的代价，终于取得伟大的胜利。

自1945年抗日战争结束至2015年，度过了漫长的70年。对这一影响中国和世界历史进程的重大事件，国内外历史学界已经做过大量的学术研究，出版了许多论著。2015年7月30日，在抗日战争胜利70周年前夕，中共中央政治局就中国人民抗日战争的回顾和思考进行集体学习，习近平总书记发表重要讲话，指示学术界应该广为搜集整理历史资料，大力加强对抗日战争历史的研究。半个月后，中共中央宣传部迅速制定抗日战争研究的专项规划。8月下旬，时任中共中央宣传部部长刘奇葆召开中央各有关部委、国家科研机构和部分高校代表出席的专题会议，动员全面贯彻习总书记的讲话精神，武汉大学和南京大学的代表出席该会。

在这一形势下，教育部部领导和社会科学司决定推动全国高校积极投入抗战历史研究，积极支持南京大学联合有关高校建立抗战研究协同创新中心，并于南京中央饭店召开了由数十所高校的百余位教授、学者参加的抗战历史研讨会。台湾中国近代史学会也派出十多位学者，在吕芳上、陈立文教授率领下出席会议，共同协商在新时代深入开展抗战历史研究的具体方案。台湾著名资深教授蒋永敬在会议上发表了热情洋溢的讲话。经过几个月的酝酿和准备，南京大学决定牵头联合我国在抗战历史研究方面有深厚学术基础的北京大学、南开大学、武汉大学、复旦大学、浙江大学、山东大学及台湾中国近代史学会，组织两岸历史学者共同组建编纂委员会，深入开展抗日战争专题研究。中央档案馆和中国第二历史档案馆也积极支持。在南京中央饭店学术会议基础上，编纂委员会初步筛选出130个备选课题。

南京大学多次举行党政联席会议和校学术委员会会议，专门研究支持这一重大学术工程。学校两届领导班子均提出具体措施支持本项工作，还派出时任校党委副书记朱庆葆教授直接领导，校社科处也做了大量工作。南京大学将本项目纳入学校“双一流”建设卓越计划，并陆续提供大量经费支持。

江苏省委、省政府以及江苏省委宣传部，均曾批示支持抗战历史研究项目。国家教育部社科司将本项研究列为哲学社会科学研究重大委托项目，并要求项目完成和出版后，努力成为高等学校代表性、标志性的优秀成果。

本项目编纂委员会考察了抗战历史研究的学术史和已有的成果状况，坚持把学术创新放在第一位，坚持填补以往学术研究的空白，不做重复性、整体性的发展史研究，以此推动抗战历史研究在已有基础上不断向前发展。

本项目坚持学术创新，扩大研究方向和范围。从以往十分关注的九一八事变向前延伸至日本国内，研究日本为什么发动侵华战争，日本在早期做了哪些战争准备，其中包括思想、政治、物质、军事、人力等方面的准备。而在战争进入中国南方之后，日本开始实施一号作战，将战争引出中国国境，即引向亚太地区，对东南亚各国及东南亚地区的西方盟国势力发动残酷战争。特别是日军偷袭美军重要海军基地珍珠港，不仅给美军造成严重的军事损失，也引发了日本法西斯逐步走向灭亡的太平洋战争。由此，美国转变为支援中国抗战的主要盟国。拓展研究范围，研究日本战争准备和研究亚太地区的抗日战争，有利于进一步揭露日本妄图占领中国、侵占亚洲、独霸世界的阴谋。

本项目以民族战争、全民抗战、敌后和正面战场相互支持相互依靠的抗战整体，来分析和认识中国抗日战争全局。课题以国共两党合作为基础，运用大量史实，明确两党在抗日战争中的地位和作用，正确认识各民族、各阶级对抗日战争的贡献。本项目内容涉及中日双方战争准备、战时军事斗争、战时政治外交、战时经济文化、战时社会变迁、中共抗战、敌后根据地建设以及日本在华统治和暴行等方面，从不同视角和不同层面，深入阐明抗日战争的曲折艰难历程，以深刻说明中国抗日战争的重大意义，进一步促进中华民族的伟大复兴。

对于学界已经研究得甚为完善的课题，本项目进一步开拓新的研究角度和深化研究内容。如对山西抗战的研究更加侧重于国共合作抗战；对武汉会战的研究将进一步厘清抗战中期中国政治、经济、社会的变迁及国共之间新的友好关系。抗战前期国民党军队丢失大片国土，而中国共产党在十分艰难的状况下，在敌后逐步收复失地，建立抗日根据地。本项目要求各根据地相关研究课题，应在以往学界成果基础上，着力考察根据地在社会改造、经济、政治、人才培养等方面，如何探索和积累经验，为 1949 年后的新中国建设提供有益的借鉴。抗战时期文学艺术界以其特有的文化功能，在揭露日军罪行、动员广大民众投入抗战方面，发挥了重要作用。我们尝试与艺术界合作，动员南京艺术学院的教授撰写了与抗日战争相关的电影、美术、音乐等方面的著作。

本项目编纂委员会坚持鼓励各位作者努力挖掘、搜集第一手历史资料，为建立创新性的学术观点打下坚实基础。编纂委员会要求全体作者坚决贯彻严谨的治学作风，坚持严肃的学术道德，恪守学术规范，不得出现任何抄袭行为。对此，编纂委员会对全部书稿进行了两次“查重”，以争取各个研究课题达到较高的学术水平，减少学术差错。同时，还聘请了数十位资深专家，对每部书稿从不同角度进行了五轮审稿。

本项目自2015年酝酿、启动，至2021年开始编辑出版，是一项巨大的学术工程，它是教育部重点研究基地南京大学中华民国史研究中心一直坚持的重大学术方向。百余位学者、教授，六年时间里付出了艰辛的劳动，对抗战历史研究做出了重要贡献！编纂委员会向全体作者，向教育部、江苏省委省政府以及各学术合作院校，向江苏凤凰出版传媒集团暨江苏人民出版社，向全体编辑人员，表示最崇高的敬意和诚挚的感谢！

目　录

图表目录

导　论

全面抗战爆发后，大量难民自战区逃出，亟待救济。与此同时，战争导致中国大片粮食产区丧失，工农业生产急剧下滑，军糈民食发生严重困难。救济难民、发展生产，是收拢人心、鼓舞士气、抗战建国的迫切需要。国民政府立即成立“非常时期难民救济委员会”，秉持“寓救济于生产”的方针，对难民实施有组织的收容救济，安排难民从事各种生产事业，以促使其尽快自力更生，减少物资消耗，厚积抗战的物质基础。

在众多救济难民的生产事业中，移民垦荒是一项十分重要的制度设计。为从根本上解决难民生活问题，国民政府确定“以垦荒为配置难民的中心工作”的原则，于1938年颁布《非常时期难民移垦规则》，正式启动难民移垦事业。行政院指定中央振济委员会、经济部、内政部、财政部等部门共同组成“中央主管垦务机关”（后由农林部垦务总局接办），负责具体筹办难民移垦事务。“中央主管垦务机关”一方面直接筹设直属的国营垦区，另一方面督导各省政府和社会团体设立垦区，安置难民垦殖，形成了国营、省营和民营三种经营模式。国营垦场由中央政府主办，省营垦场由各省政府主办，两者统称公营垦场，人才、资金和技术等由政府承担。民营垦场由难民救济组织、慈善团体或者农业公司等主办，生产生活资料等主要靠自筹解决。难民移垦兼具救济难民和发展生产的双重目的，国民政府为此而建立的公营垦区制度是在总结我国历史上屯垦制的基础上，参考苏联集体农场制而建立的科层化的垦务管理制度，推动了战时难民移垦的发展。为了吸引难民积极投入垦殖，并使其安心发展生产，国民政府给予移垦难民许多重要的优待政策，比如贷给难民大量无息或低息贷款，作为生产和生活资金；初垦难民 3 年内缓服兵役，给予垦民所垦荒地的永久耕作权，且可免交土地税 5—8 年；等等。民国垦务政策开始从战前的消极督垦向积极办垦转变。一时间，大后方难民移垦风起云涌，蔚为大观。

江西难民移垦起步较早。1938 年 3 月，中国华洋义赈救灾总会在江西安福县洋溪镇田心村附近勘定垦区，招收难民垦荒，取名为“中国华洋义赈救灾总会江西安福县洋溪垦殖区”，这是江西成立的首个难民移垦区，揭开战时江西难民移垦的序幕。1938 年 7 月，江西省政府设立直属的垦务处，负责办理江西难民移垦事业。省垦务处主要在荒地面积较大区域筹设垦场（省营垦场），以便集中安置难民，实施规模经营。省营垦场采取集团农场制经营，目的在于发挥大规模集团化生产的优势，提高农业生产效率，其特征是土地公有、集体生产、合作经营、共同分配。在督促垦区生产的同时，省垦务处还积极兴办垦区各项社会事业，如设立垦区诊所，筹办垦民学校，训练垦民壮丁，兴办垦区水利交通，等等。省营垦场之外，江西尚有大量零星荒地因不适合筹设垦场而闲置。为此，省振济会选择部分符合条件的难民，移送各县开垦零星荒地。农林部垦务总局成立后，首先在江西安福设国营垦区一处，辖垦场 9 个。因有固定的经费预算和较好的人才、技术力量支撑，各公营垦场事业发展较快，多数垦民在经过一两年耕作后，陆续自给自足，基本实现了预定救济的目标。

自1942年起，垦务被列为江西地方自治要政，垦殖事业的发展开始同地方行政系统相扣合，运用行政力量普遍推动。省营垦场受经费所限，从初期的快速扩张阶段进入巩固发展阶段，不再大规模招收难民，垦务转而以利用民间资本普遍推行为原则，民营垦殖事业发展迅速。民营垦场虽然数量较多，但大多规模狭小，经费不足，技术落后，加上自身管理不善，处境艰难。

由于难民移垦的制度设计未能有效处理好相关方的权力和利益划分，加上管理不善，导致流弊滋生。垦民管理方面，政府强令垦民编入地方保甲组织，遭到垦民和垦务机关的一致反对。地方政府和垦务机关为此展开的持久争论，实质是对垦区管理权的争夺。垦民编入地方保甲后，部分优待措施不能落实，垦民利益屡遭侵害。地方势力阻垦排外之风不断，垦民与土著人民之间因争夺土地、水源和林木等资源而产生大量纠纷，加深了土客之间的猜忌与对抗。在垦场内部，垦务管理员掌管经济大权，却又缺乏有效监督，导致管理员以权谋私、侵犯垦民利益的事件频发，造成管理人员与垦民关系的紧张。如此种种，恶化了垦区的社会生态，说明战时垦务制度设计还存在较大的缺陷。在“救济难民、发展生产、抗战建国”的宏大目标下，移垦各方权力和利益格局的差异，导致矛盾和冲突的加剧，而垦务机关和垦民的弱势地位决定了其在这场博弈中的不利结局。垦民因谋生不易，陆续退垦或潜逃。难民移垦政策在施行过程中屡遭基层社会的抵制和曲解，造成了政策的扭曲和变形，影响了垦殖事业的发展，显示了民国基层政治与社会的混乱。

抗战后期，随着战局趋稳，难民潮开始回落，难民救济不再是政府工作的重心,难民移垦事业发展放缓。1945年初,国民政府为节省行政开支,将农林部垦务总局及所属各国营垦区全部裁撤,垦务移交地方政府办理,垦务受到较大冲击。抗战胜利后,政府不再给予移垦难民特殊优待政策,难民垦场降为普通垦场。垦民见家乡收复,大多弃垦返乡,难民移垦事业无形结束。总计全面抗战时期,江西省直接办理难民垦殖、辅导公私营垦殖及督促各县办理垦殖,共计移垦人民6.6万余人,开垦荒地近27万亩,开垦荒山16万余亩。如果加上因各种原因潜逃、退垦、死亡等减少的垦民,实际参加垦荒的难民当远不止此数。这还不包括大量私自租种当地人民土地耕种的难民。

战时难民移垦政策的推行,救济了部分难民,推动了垦殖事业的发展,为社会救济探索了一条积极可行的道路,更为争取抗战胜利贡献了积极力量。当然,受人力、物力和财力的限制,垦荒所能救济的难民数量终究有限,垦务政策在地方社会实际推行时遭遇诸多障碍,在实现“难民——垦民——居民”转化的过程中,移垦难民屡屡弃垦他去,江西省政府力图通过难民移垦调节人口分布、发展生产的目的并未完全达到。

一、选题缘起

难民救济对于减轻民众苦难、稳定后方秩序、凝聚人心共同抗战和增强政府合法性均有重要意义。国民政府采取“寓救济于生产”的救济方针,安排难民从事各项生产事业,逐渐形成“以垦殖为配置难民中心工作”的原则,设立公营垦区,移送大批难民到各地垦荒。比较而言,垦荒无需特别技能,能容纳更多难民,且农耕生活更加稳定持久,因而成为战时难民救济的首要措施,得到大力推行。选择战时江西难民移垦作为研究课题，具有一定学术价值和现实意义。

首先，难民与社会稳定密切相关。全面抗战爆发后，大量难民自战区逃往大后方。后撤过程中，因食物短缺、交通和医疗条件恶劣，难民饿死、病死不知凡几。后撤难民常与军队争抢道路和运输工具，影响军事行动。部分难民为生活所迫，主动或被动倒向敌方，以人力资敌，供敌人驱使，是抗战的重大威胁。逃往大后方的难民，常常因为争夺粮食、土地和工作机会，引发土客冲突，影响社会稳定。每当灾难降临，难民在饥饿驱使下，弱者转乎沟壑，强者铤而走险，一方面造成人道灾难，另一方面引发社会动荡。历史上，因大量难民未得到有效救济而引发社会动乱甚至朝代更迭的情况更是屡见不鲜。对难民进行妥善安置，使其自力更生、安居乐业，是维护社会和谐稳定的治本之策。

其次，移民垦荒关乎国家安全与发展。移民垦荒是调节人口分布、促进地区开发的重要手段。移民可以缓解移出地的人地和资源矛盾，促进移入地经济社会发展，加强地区间经济、社会、文化等的交流，有利于打破地区间发展不平衡，促进民族融合。移民垦荒也是维护边疆稳定、巩固国防的重要措施。历史上，军队屯垦边疆，出则为兵，入则为农，不但解决了部队的粮草问题，还加强了中央政府对边疆地区的管理。移民垦荒需要解决好人口性别比例、地权、资金、垦区生产经营管理、水利与交通工程、垦区医疗卫生和防卫等一系列政治、经济与社会问题，本项研究从历史中汲取经验。

再次，垦区治理是移民社会治理的重要参照。移垦难民是特殊状态下的流动人口，本质上也是移民。垦区社会既有战时的特殊性，也有一般移民社会的共性。垦区的社会建设、生产经营、垦民管理、土客关系，以及垦务机关与地方政府的关系等等，均对难民移垦的最终效果产生了重要影响，特别是垦民与土著之间围绕土地、租税、水源等问题产生的矛盾与冲突，是垦区社会治理的重要内容。垦务机关采取各种措施，扶植垦民自力更生、安居乐业，并最终转化为居民，其中的一些经验和教训，在今天看来仍具有一定的参考价值。

最后，江西是战时难民移垦的重要省份，难民移垦事业取得积极成效，具有样本研究意义，主要体现在三个方面：第一，江西省垦务处自 1938 年 7 月成立后，前后共存在 10 年时间，是战时后方各省中唯一专设省垦务处并长期存在的省份，保证了战时江西难民移垦政策的连续性，有利于难民事业的顺利推进。第二，从垦殖经营模式看，战时江西除了有省营垦区外，还有农林部垦务总局直属的江西安福垦区和各社会团体和私人举办的民营垦区，形成了国营、省营和民营三种不同垦殖经营模式并存的局面，涵盖了主要的垦殖经营模式，较为全面地反映了难民移垦事业的面貌。第三，主持战时江西难民移垦事务的江西省垦务处首任处长唐启宇，是著名的农业经济学家。农林部垦务总局成立后，唐启宇奉调担任农林部参事，协助垦务总局局长（农林部部长兼任）办理战时全国难民移垦事务。唐启宇在江西办理难民移垦的经验和教训，成为其督导战时全国难民移垦事业的重要参考。江西难民移垦的实践对国民政府战时难民移垦政策产生了积极影响。

二、学术史回顾

战时难民移垦研究主要涉及难民史和垦殖史两大领域。改革开放前，国内学界对难民问题的研究，无论是理论建构、方法运用，还是史料的整理与出版，均嫌不足，高质量的研究成果不多。难民问题之所以没有得到学界足够的重视，一方面是大环境使然。彼时，民国史研究主要集中在民国政治、军事、经济、文化、外交等重大领域，研究视角主要集中在重大战役、重要事件、领袖及精英人物上，处在社会最底层的难民较少受到关注。另一方面，难民中绝大多数人文化程度低，那些真正无家可归、靠救济生活的难民多是文盲，很少对自己的逃难经历进行记录和思考，少量对于难民的记录主要是政府工作报告，以及报刊媒体的报道，均属于他者的观察。因此，留给后人研究的一手材料很少，这无疑限制了对难民问题的研究。近些年来，民国史研究视角逐渐下移，开始较多关注战时底层民众的社会生活，难民也就逐渐进入学者的视野。

从数据库检索的情况来看，自 1990—1999 年间，大陆学界发表难民问题研究论文仅 10 余篇。1993 年，孙艳魁出版《苦难的人流——抗战时期的难民》一书，首次全面考察了抗战时期难民数量、流动路线、收容救济情况；首次对战时难民垦殖和中国共产党领导下的陕甘宁边区难民问题进行了讨论；较早对战时国民政府难民救济制度、措施、机构、效果及难民人口伤亡等问题进行了研究。① 可以说，孙艳魁是大陆学者中最早对战时难民问题进行全面研究的学者，做了许多开创性、奠基性的工作，取得了十分重要的学术成果。

21 世纪以来，难民问题研究明显升温，特别是以抗战胜利 60 周年、70 周年纪念为契机，学界总共发表有关难民问题的学术论文

---

① 孙艳魁：《苦难的人流——抗战时期的难民》，桂林：广西师范大学出版社 1994 年版。此外，孙艳魁还发表了关于这一主题的系列论文，如：《试论抗战时期国民政府的难民救济工作》《试论抗战时期国统区社会各界的难民救济》《抗战时期难民群体初探》《抗战时期难民人口伤亡刍议》等等。

100多篇，专著数部。部分民国史、抗战史、社会史、人口史专著也开辟专门章节讨论难民问题；另有数篇博士论文、数十篇硕士论文涉及这一专题研究。研究方法上，社会学、人口学、心理学和统计学等学科方法先后被引入难民问题研究；研究内容进一步细化，难民的数量、籍贯、性别、流动、分布、收容、救济、医疗、教育、工赈、难民移垦、难童教养等均有涉及，并呈现出以区域为主体进行研究的特点。这一时期的难民问题研究在广度和深度上均有所提升。具体来看，主要分为以下几个方面的内容。

（一）难民的迁移与流动

人口迁移和人口流动是两个不同的概念。根据《中国大百科全书》的定义，人口迁移是指“一定时期内人口在地区之间永久或半永久的居住地的变动，人口迁移的形式为移民”①。人口流动“一般指离家外出工作、读书、旅游、探亲和从事一段时间未改变定居地的人口移动。人口流动不属于人口迁移，流动的人口不能称为移民”②。从上述定义可知，人口迁移与人口流动最主要的区别是“是否改变定居地”。中国历史上因战争、疫病、灾荒或人口快速膨胀等原因，曾造成数次大规模的人口移动（迁移或流动），抗战时期的难民移动是这一过程的延续。难民的移动也分为迁移和流动两种，其中大部分经短期在外地居住后，随着战争的结束又返回原籍，只有小部分在迁移地定居下来，转化为居民。在此过程中，随着战局的演变，部分难民还不得不多次迁移和改变居住地。因此，本书为讨论方便，主要使用“难民流动”这一概念。

曹树基编著的《中国移民史》第6卷主要论述了清、民国时期

---

①《中国大百科全书·地理学》，北京：中国大百科全书出版社1990年版，第358页。

②《中国大百科全书·地理学》，第367页。

的移民的流动和分布，以及由此引发的社会问题，并对移民垦荒问题有所论述。[①] 张根福认为战时人口迁移规模和数量在中国历史上都是罕见的，但最终转化为移民的只是少数；高素质的迁移人口是推动战时西部开发和文化变迁的决定力量。[②] 抗战胜利 70 周年前夕，商务印书馆推出了“抗战大迁移”丛书，分 5 卷对战时政府机构迁移、厂矿企业迁移、文化机构迁移、金融机构迁移和难民迁移展开讨论。其中，常云平、刘力认为，战时的难民迁移推动了西部地区各行业的开发与建设，对地区经济建设发展产生了重大影响；增强了西部地区的教育实力，繁荣了西部地区的文化事业；使西部地区人们的思想意识得到了升华和解放。但这种迁移也带来了一些负面影响。[③]

导致战时人口大规模迁移的原因主要是战争和灾荒，而逃难的人群却因职业的不同而存在较大差异。孙艳魁的研究指出，文化程度与各阶层的逃难率成正比例关系。文化程度越高，其经济地位亦较高，逃难人数也就越多；反之则越低。从战时难民的绝对数量来看，仍然以农民占绝对多数，但因为条件的限制，流亡到大后方的难民中农民并不占多数，而以工商业者、知识界人士、工人等占大多数。[④] 一般来说，战争多发生在大城市和交通线，城镇居民中多是有产者，且具有一定的文化水平，这些人从保护生命财产

① 葛剑雄、吴松弟、曹树基编著：《中国移民史》（第 6 卷），福州：福建人民出版社 1997 年版。

② 张根福：《抗战时期的人口迁移——兼论对西部开发的影响》，北京：光明日报出版社 2006 年版。

③ 常云平、刘力：《乱世飘蓬——抗战时期的难民大迁移》，北京：商务印书馆 2015 年版，第 371、396—397 页。

④ 孙艳魁：《苦难的人流——抗战时期的难民》，第 77—78 页。

安全和民族自尊心等角度考虑，多举家外逃，且他们也有经济能力逃到较远的地方避难。战争一般较少发生在农村，农民因为安土重迁观念的影响也不轻易离开土地，且农民逃难能力有限，一般不会躲到很远的地方去。往往是日军来了，即上山躲避一阵，等日军离开，又回到家里。夏明方认为："在旧中国农村，灾荒较之与战争对于人口迁移有着更大的影响力"①，每当灾荒来临，农民赖以生存的土地和房屋遭到破坏，往往大规模迁移到更适合的地区生活。这与格兰姆·贝克的观察相似，贝克指出：中条山战役期间，洛阳并没有出现最严重的混乱情景，原因之一就是"农民的镇静"，"当成千上万精神失常的城里人在乡间乱跑的时候，你总可以看到有更多务实的农民及其家属在忙着日常工作。"②这部分地解释了战时难民移垦往往选收不到足够多合适的农民的原因。实际上，战时难民有很多是战争和自然灾害双重因素叠加造成的，如黄河花园口决堤后"黄泛区"难民即属此类。日军侵入广东后，1943年，广东发生自然灾害。受战事影响，政府救灾能力不足，大量粤东难民涌入闽、赣等省，江西还为此发起了"救济粤东移民运动"。这提醒我们，在研究战时人口迁移时，也不应忽视灾荒引起的农村人口迁移，而应该做综合考察。目前，这方面的研究成果尚不多见。

（二）难民救济

难民救济是难民研究的核心内容。大体而言，难民救济分为消极救济和积极救济两种。消极救济侧重于解决难民临时的生活困难，如向难民发放衣服、食品、药品或救济金，临时收容等；积极

---

① 夏明方：《抗战时期中国的灾荒与人口迁移》，《抗日战争研究》2000年第2期。

② [美]格兰姆·贝克著，朱启明等译：《一个美国人看旧中国》，上海：生活·读书·新知三联书店1987年版，第227页。

救济侧重于扶植难民参加各种生产，以促使其自食其力，如对招收难民实行工赈、垦荒、介绍职业、举办难民工厂（亦称振济工厂）、小本贩卖等等。近年来，难民救济问题的研究出现了区域化的特征，使研究更为深入和精细。区域研究的重点是主要大城市、交通线和战区各省。

1. 救济制度研究。南京国民政府成立后，逐渐建立了科层化的救济制度，对社会救济事业实施管理。蔡勤禹、张益刚、王识开等从社会救济思想、救济立法、救济机制、救济措施等方面对民国社会救济制度进行了研究。蔡勤禹认为民国时期已经建立了较为合理的救济体制，确立了国家责任观念和积极救济思想，民国社会救济已具备了现代社会救济的性质和形态。① 张益刚认为重农兴水是民国救济措施的重要特色。② 王识开认为南京国民政府时期社会救济制度运行的诸多问题与政府之主旨背道而驰，恰恰削弱了政府执政的合法性基础。③ 吴捷认为，虽然国民政府对难民的救济与安置很不完善，但这些措施发展了生产、稳定了后方，还是极为有效的。④

2. 重点城市的难民救济研究。南京、上海、重庆等大城市是政治、经济、文化等资源的聚集区，是中日双方的必争之地，也是难民聚集较多的地区，因此，其难民问题受到学者的重视。1990 年，罗义俊探讨了上海南市难民区的设立及其难民保护工作，开启了国

---

① 蔡勤禹：《国家、社会与弱势群体——民国时期的社会救济》(1927—1937)，天津：天津人民出版社 2003 年版，第 9 页。

② 张益刚：《民国社会救济法律制度研究》，博士学位论文，华东政法学院，2007 年。

③ 王识开：《南京国民政府社会救济制度研究》，博士学位论文，吉林大学，2012 年。

④ 吴捷：《全面抗战时期国民政府的难民救济工作》，《历史教学》2005 年第 5 期。

内学界对战时难民问题研究的先河。[①] 南京的难民救济也是学界研究的重点之一，产生了众多高质量的研究成果。在史料整理方面，由南京大学、中国第二历史档案馆等单位联合编纂的78卷本《南京大屠杀史料集》收录了大量难民救济方面的材料。张连红、孙宅巍、刘惠恕、王卫星等，均对南京安全区国际委员会的救济工作加以肯定。[②] 张连红指出："由于安全区国际委员会对日军暴行的抵制与揭露，更加导致了日军当局对安全区的仇视，导致安全区最终被迫关闭"，"虽然安全区国际委员会竭尽所能保护收容难民和放下武器的士兵，但却遭到了民族主义的抵制、利用和误读。"[③] 张生认为，南京国际安全区内的中国难民由于个人身份、财产状况、教育程度、同外人关系及所处空间等的不同，在面对日军的屠杀时，其最终的命运也不尽相同。中国难民在死神面前的不平等，在难民内部形成分层，并影响到南京大屠杀的具体历史面貌和结果。[④]

阚玉香认为战时重庆的社会救济部分地解决了难民基本生活问题，增加了战时生产，增强了抗战力量，但没有达到预期的效果。[⑤] 谭刚认为重庆大轰炸期间的空难救济一定程度上维护了难

---

① 罗义俊：《上海南市难民区述略》，《上海师范大学学报》1990年第2期。

② 张连红：《饶家驹与南京安全区的设立》，《军事历史研究》2015年第2期。刘惠恕：《南京大屠杀时期的南京难民区国际委员会》，《学术月刊》1995年第8期。孙宅巍：《试论南京大屠杀中的"安全区"》，《南京社会科学》1992年第5期。王卫星：《论南京国际安全区的成立》，《民国档案》2005年第4期。

③ 张连红：《南京大屠杀时期的日军当局与南京安全区》，《近代史研究》2001年第3期；《人道主义与民族主义——南京保卫战中的南京安全区国际委员会》，《南京政治学院学报》2014年第6期。

④ 张生：《死神面前的不平等——南京大屠杀期间国际安全区中国难民内部分层》，《西南大学学报》(社会科学版)，2016年第6期。

⑤ 阚玉香：《抗战时期重庆难民救济研究》，博士学位论文，华中师范大学，2012年。

民的生命安全，解决了难民的生活问题，安定了民心和社会秩序，但救济效果相当有限。① 孙艳魁认为武汉的难民救济工作做出了艰苦的努力，取得了巨大成绩，为此后的难民救济工作提供了有益的借鉴。② 黎淑莹研究了广州沦陷前后难民的数量、类型及流亡路线等问题。③

战时有不少内地难民逃往香港。张丽认为港英政府的移民政策随着难民数量的增加而逐渐收缩，但为救济难民，港英政府和社会各界做了许多有益的工作，在中英关系史上值得一书。④ 秦洪芳认为虽然港英政府采取了一些措施救济难民，但长期而言其作用微不足道。⑤

3. 难民问题的分省研究。张根福具体研究了抗战时期安徽、浙江两省难民的流动、分布及其影响。⑥ 周术槐认为，抗战时期贵州省赈务会的工作取得了一定成效，但资金短缺、交通落后、办赈人员素质不高等原因影响了其赈务活动的成效。⑦ 周蕴蓉认为战时广东省政府的救济行政体制较为完备，工作具有较强的时效性，

① 谭刚：《重庆大轰炸中的难民救济》(1938—1943)，西南大学学报(社会科学版)，2007年第6期。

② 孙艳魁：《抗战初期武汉难民救济刍议》，《江汉论坛》1996年第6期。

③ 黎淑莹：《广州沦陷前后的难民问题》，《南京大屠杀史研究》2011年第2期。

④ 张丽：《抗日战争时期香港的内地难民问题》，《抗日战争研究》1994年第4期。

⑤ 秦洪芳：《香港沦陷前难民境况和港英政策》，《五邑大学学报》(社会科学版)2003年第2期。

⑥ 张根福：《抗战时期浙江省人口迁移与社会影响》，上海三联书店2001年版；《战祸、自然灾害与难民迁移——抗战时期安徽省个案研究》，《民国档案》2004年第4期；《抗战时期浙江省的人口迁移与地域分布》，《历史研究》2000年第4期。

⑦ 周术槐：《贵州省赈务会及其赈务活动研究》(1929—1943)，博士学位论文，四川大学，2009年；《抗日战争时期贵州省赈济会的难民救济活动及其社会影响》，《抗日战争研究》2010年第3期。

有利于解决战时的严重灾况。[①] 林星认为抗战期间福建省振济会做了很多工作，救助难民，取得了一定的效果，值得肯定。[②] 万东升引入人口学相关方法对抗战时期广西难民群体进行了分析。[③] 唐凌认为战时广西官方和社会各界在安置和救济难民方面做了大量工作，稳定了大后方，但由于缺乏紧急救济机制，所以难民处境始终非常困难。[④] 此外，还有部分学者对战时陕西、山西、河南等省的难民救济进行了研究。

抗战时期，中国共产党领导下的陕甘宁边区陆续涌入了大量晋、冀、豫、绥远等省的难民，边区政府对难民实施积极救济。孙艳魁、汤春松、杨伟宏、高冬梅等均对陕甘宁边区政府的难民救济事业持肯定态度。[⑤] 总体来看，学者对陕甘宁边区政府难民救济问题的研究延续了传统中共党史研究的方法、路径和话语体系，史料发掘尚不充分，有分量的成果还不多见，同学界对国统区的研究相比还有一定差距。国共双方难民救济政策、措施及效果的比较研究尚未见到。

4. 慈善团体和其他民间组织的难民救济。近代以来，慈善团

---

① 周蕴蓉：《抗战时期广东省政府的救济行政体制》，《广东教育学院学报》2006 年第 6 期。

② 林星：《抗战初期福建省振济会的难民救济活动述略》，《福建史志》2006 年第 4 期。

③ 万东升：《抗战时期广西难民群体构成管窥》，《广西地方志》2010 年第 2 期。

④ 唐凌：《抗战时期广西境内难民的安置及其由此所付出的代价》，《广西地方志》2005 年第 6 期。

⑤ 杨伟宏：《抗战时期陕甘宁边区移民难民问题探析》，《延安大学学报》（社会科学版），2005 年第 6 期。汤春松：《陕甘宁边区大生产运动中的移难民问题》，《党史研究与教学》2014 年第 3 期。颜葵：《抗日战争时期陕甘宁边区难民救济初探》，载张承钧、刘建业主编：《中国人民抗日战争纪念馆文丛》（第 4 辑），北京：北京出版社 1993 年版，第 92—105 页。高冬梅：《陕甘宁边区难民救济问题初探》，《河北师范大学学报》（哲学社会科学版），2002 年第 2 期。

体、同乡组织、教会和商会等民间组织有了一定的发展，在灾荒救济方面承担了重要责任，一定程度上弥补了官方救济能力的不足。全面抗战爆发后，民间力量积极行动，救济了大量难民。

以池子华教授为首的学术团队系统研究了中国红十字会的发展历程及其救济活动，产生了系列重要成果。其中，对红十字会与战时难民救济多有涉及。池子华认为，“抗战期间，中国红十字会以抗战救护为中心，汇聚人道力量，以巨大牺牲精神投身保家卫国战争的救援中，彰显出人道的光辉，也得到社会各界的盛赞。”[①]蔡勤禹《民间组织与灾荒救济——民国华洋义赈会研究》；高鹏程《红卍字会及其社会救助事业研究(1922—1949)》等对战时难民救济均有重要论述。宋钻友对淞沪抗战期间上海同乡会馆在救济难民中的重要作用予以充分肯定。[②] 刘金如、李圣菊认为，“八一三”抗战爆发后，上海各慈善团体、各旅沪同乡会及其他社会团体为难民救济事业做出了贡献。[③] 李陵认为，抗战期间，长沙基督教青年会在疏散安置难民方面做了大量工作，对安定社会秩序和全民族抗战起到了一定的作用。[④] 陈志波指出，抗战时期广西的民间慈善团体在难民救济中取得了良好成绩，但其规模小、力量弱，远未能满足社会需要。[⑤] 总体来看，学界对慈善团体和民间组织的研究主要集中在少数大城市和红十字会、同乡会等组织，研究旨趣显示出明

① 池子华：《抗战中一支不能忽视的人道力量》，《光明日报》，2015年9月5日，第4版。

② 宋钻友：《抗战时期上海会馆、同乡组织的难民工作初探》，《上海党史研究》1995年第S1期。

③ 刘金如、李圣菊：《八一三抗战期间上海难民的社会救济与遣送》，《安徽史学》2008年第4期。

④ 李陵：《长沙基督教青年会抗战时期的难民救济工作》，《船山学刊》2005年第3期。

⑤ 陈志波：《抗战时期广西民间组织与社会救助述论》，《广西社会科学》2013年第3期。

显的不均衡性。

5. 难童救济。抗战期间,战区大量儿童流离失所,同成人一样遭受着战争、疾病、饥荒和恐惧的威胁,甚至成为日伪奴化教育的对象。国共两党及社会贤达均高度重视对难童的救济。冯敏认为,国民政府为救济难童所提出的教养方针和所采取的相应措施是符合抗战时期的国情的,应予以适当肯定。① 孙艳魁、古为明、张纯、肖如平均对战时儿童保育会的工作给予高度肯定。② 苏新有认为,赈济委员会儿童教养院(所)为我国抗战时期的儿童救济教养做出了贡献,对我国的儿童福利制度与事业发展同样做出了贡献。③ 阚玉香认为战时大后方的难童救济具有教与养并重、知识与技能并重、注重思想道德教育等特点,取得了积极的成效。④

战争以及痛苦的逃难经历给难民,尤其是儿童心理造成了巨大的冲击,使他们出现不同程度的心理健康问题,有的甚至演变成长期的精神痛苦。苏华重点关注了战时难童的异常心理问题,认为尽管当时难童心理问题及其测试、治疗工作尚处于起步阶段,但此项工作的开展为战争状态下儿童的心理适应能力研究提供了有益的经验,尤其对广大难童的心理健康教育是一项有益的尝试。⑤

---

① 冯敏:《抗战时期难童救济教养工作概述》,《民国档案》1995 年第 3 期。

② 张纯:《战时儿童保育会研究(1938—1946)》,博士学位论文,华中师范大学,2013 年。《国共两党关系与战时儿童保育会研究》,《中共党史研究》2014 年第 4 期。古为明:《中国战时儿童保育会述略》,《抗日战争研究》2006 年第 4 期。孙艳魁:《战时儿童保育会的难童救济工作初探》,《江汉论坛》1997 年第 5 期。肖如平:《宋美龄与战时儿童保育会》,《晋阳学刊》2009 年第 5 期。

③ 苏新有:《抗战时期国民政府难童救济述论——以赈济委员会儿童教养院为例》,《贵州社会科学》2007 年第 7 期。

④ 阚玉香:《抗战时期大后方难童救济教养的特点》,《甘肃社会科学》2012 年第 2 期。

⑤ 苏华:《抗战时期难童的异常心理问题》,《民国档案》1995 年第 3 期。

利用心理学相关方法对难民的心理进行定量、定性分析,有助于揭露战争给中国民众带来的深远影响,但目前这方面的成果还很少。

总体来看,学界对战时重要城市难民救济的研究取得了一定的积极成果,但也出现了明显的地区不平衡性;同时,既有研究主要集中于救济制度、救济活动、救济政策等方面的宏观讨论,对于具体救济措施的研究还不多见,对难民移垦的研究更少。

（三）垦殖问题研究

中国是一个农业大国,有着悠久的垦荒史,相关研究也十分丰富,但有关难民移垦的研究却不多见。民初垦务政策多沿袭前清旧制,垦殖活动处于自发阶段。这一时期,政府仅处于督垦地位,并未参与其中,学界相关研究也不多。1914 年 10 月,农学家黄毅出版《垦荒全书》,对垦荒的理论、政策与实务进行了简要介绍。① 1934 年,李积新出版《垦殖学》,对古今中外的垦殖概况、垦殖技术、垦场管理、垦务行政等均做了全面阐述。② 总体来看,全面抗战爆发前,学者和官方主要将目光集中在东北、西北、西南以及内外蒙古地区的垦荒问题,多从边疆安全和开发的角度入手展开研究,这与当时边疆地区所面临的形势有关。当时中国面临人地矛盾、边患严重的情况,将内地民众移往边疆地区垦殖,包含中央政府试图缓解人地矛盾、巩固边防、发展边疆生产、加强对边疆地区控制的意图。

全面抗战的爆发凸显了移民垦荒问题的重要性和紧迫性,垦殖问题首次与难民救济问题相联系,受到社会的广泛关注,相关研究成果迭出。学者研究的重点是如何在有限的经济条件下,利用

① 黄毅:《垦荒全书》,东方兴业会社、新学会社发行 1914 年版。
② 李积新:《垦殖学》,上海:商务印书馆 1934 年版。

垦殖迅速救济、安置难民。1938年,江西省垦务处处长、中国著名农学家唐启宇出版了两本有关垦殖的小册子:《我国垦殖事业的方针和方式》《难民与垦殖》,就战时难民移垦政策、方法等提出一些非常有针对性的意见。① 蒋荫松的《垦殖浅说》②以简明扼要、浅显易懂的文字阐述了垦殖的方法,使读者能快速掌握垦殖的必要知识,操作性较强。王文萱所著《战时移垦边疆问题》,探讨了移民边疆的条件、方式和方法等问题③,是当时对移垦边疆问题少有的研究成果之一。1942年,中央训练委员会为了适应对县政干部培训的需要,出版了施珍的《垦殖概论》④,以浅显的文字介绍了荒地调查、垦殖经营管理等问题。1943年,张丕介的《垦殖政策》出版,侧重于对中国历史上垦殖政策演变的梳理,对于指导战时难民移垦政策的制订与推行具有积极意义。⑤ 1944年,唐启宇出版《历代屯垦研究》《垦殖学》⑥两本专著。作者结合在江西省垦务处及农林部垦务总局实际主持难民移垦工作的经历,全面介绍了垦殖政策、经营制度、技术、人才、资金、垦民管理等问题,对于战时难民移垦具有重要指导意义,是研究垦殖史的重要材料。同年,舒联荣出版《垦殖学》,在梳理古今中外垦殖概况的基础上,着重介绍了垦殖的基本程序和垦殖技术。⑦ 总体来看,抗战时期的难民移垦研究侧重

---

① 唐启宇:《我国垦殖事业的方针和方式》,江西省垦务处丛刊第一种,江西省垦务处1938年印;《难民与垦殖》,江西省垦务处丛刊第二种,江西省垦务处1938年印。

② 蒋荫松:《垦殖浅说》,正中书局1940年版。

③ 王文萱:《战时移垦边疆问题》,正中书局,年份不详。

④ 施珍:《垦殖概论》,内政部、中央训练委员会1942年印行。

⑤ 张丕介:《垦殖政策》,商务印书馆1943年版。

⑥ 唐启宇:《历代屯垦研究》(上、下),正中书局1944年版;《垦殖学》,商务印书馆1944年版。

⑦ 舒联荣:《垦殖学》,中国文化服务社1944年版。

垦殖方法的介绍与政策宣传，以便战时情况下能快速掌握和实施，带有较强的实用性、针对性和对策性。

中华人民共和国成立后，垦殖问题研究陷于沉寂。1951 年，唐启宇著《中国的垦殖》[①]一书出版，作者分别介绍了我国历史上东北、西北、西南、沿海滩荒及内地的荒地垦殖概况，并对民国时期垦殖活动中的经验与教训进行总结。1957 年，中国科学院经济研究所李文治、章有义编《中国近代农业史资料》(1840—1937)出版，全书共三辑，对清、民国时期屯垦经济的发展、规模以及民营垦殖公司的发展情况均有介绍，是研究垦殖史的重要史料。[②] 此后数年，未见重要的研究成果问世。1990 年，杨向奎等编著《中国屯垦史》(上、中、下)系统梳理了上自原始社会、下至明清时期，中国的农业发展、土地制度与军屯民屯的历史演变。[③] 1991 年，刘继光出版《中国历代屯垦经济研究》，全面梳理了从秦汉至民国时期历朝历代实行屯垦的政策措施、经营管理、规模、特色及经济效益等问题。[④] 以上关于中国垦殖史的研究，主要从农业发展的角度展开，侧重于垦殖政策与技术的梳理，对于垦殖思想、制度变迁、经营模式、垦区治理、土客关系和垦民生产生活等问题缺乏足够的关照。垦殖活动的主体——垦民的身影没有得到充分彰显。

关于难民移垦的研究也不多见。抗战时期，陕西、江西、福建、

---

① 唐启宇：《中国的垦殖》，上海：永祥印书店 1951 年版。

② 李文治编《中国近代农业史资料》(第一辑)、章有义编《中国近代农业史资料》(第二、三辑)，北京：生活·读书·新知三联书店 1957 年版。

③ 杨向奎等：《中国屯垦史》(上)，北京：农业出版社 1990 年版。张泽咸等：《中国屯垦史》(中)，北京：农业出版社 1990 年版。王毓铨等：《中国屯垦史》(下)，北京：农业出版社 1991 年版。

④ 刘继光：《中国历代屯垦经济研究》，北京：团结出版社 1991 年版。

湖南、湖北、甘肃、四川、西康、云南、贵州、广西等省均实施了规模不等的难民移垦，其中以陕西、江西、四川规模最大、成绩最好。难民移垦问题的研究相较于垦殖史的研究，起步要晚得多，成果更少。1995 年，孙艳魁首先撰文对战时难民移垦情况做了介绍，并给予了肯定。[①] 2000 年前后，随着国家西部大开发战略的实施，部分学者将目光投向战时西部开发问题，西部地区农业开发和难民移垦亦受到关注。蒋超群认为，南京国民政府在垦殖西北方面成绩相当有限，但作了一些有益的探索。[②] 申晓云认为，西北农林的开发将重点放在对土壤的合理利用和农牧改良上，重视对土壤植被的保护，农业拓展也不再作大面积垦殖，而是以造林为主。经过这些努力，西北战时粮食基本做到了自给，而所产肉类和畜产品更是极大地支持了前方抗战和后方民用。[③] 李爽认为，抗战时期移垦政策侧重于难民生产方面，体现了国民政府救难重心的转移。[④] 常云平认为，抗战时期的难民移垦救济了数十万计的难民，加强了抗战的物质力量，但对土地资源掠夺式的攫取不可避免地催生了各种生态问题。[⑤] 陆和健梳理了战时西部各省农垦事业的发展情况，认为西部农垦事业在救济难民、增加后方粮食供应、促进西部开发等方面取得的成就值得肯定，但因农垦条件

① 孙艳魁：《抗日战争时期难民垦荒问题述略》，《民国档案》1995 年第 2 期。

② 蒋超群：《国民政府三十年代西北开发中的垦殖业》，《青海社会科学》2003 年第 1 期。

③ 申晓云：《抗日战争时期国民政府的西北开发》，《浙江大学学报》（人文社会科学版）2007 年第 5 期。

④ 李爽：《抗日战争时期国民政府难民移垦政策研究》，《吉林师范大学学报》（人文社会科学版）2006 年第 3 期。

⑤ 常云平、陈英：《抗战大后方难民移垦对生态环境的影响》，《西南大学学报》（社会科学版）2009 年第 5 期。

不充分，多为战时权宜之计，战后西部农垦则逐渐收缩。[①] 贺金林、张世慧关注了战时华侨与垦殖的关系。贺金林认为国民政府推动华侨垦殖业的发展具有吸引外资与安置归国难侨的双重作用。[②] 张世慧认为，国民政府创办“侨乐村”具有救助难侨、开垦荒地、繁荣经济的双重目的。侨乐村运作及管理模式为国民政府安置战时难民提供了一定的经验。[③]

胡怀国指出，战时难民移垦的“公营垦场”是我国从传统农耕社会向现代社会转型时期重要的边际创新举措，不仅使得数十万难民变为安居乐业的垦民，而且在推进新型土地关系和扶植自耕农方面积累了经验。它不仅在模式创新方面有着一定的理论价值，而且在土地改革方面具有重要的现实意义。[④] 王蓉认为，民国时期的各类型农场中，负责农业改良与推广的农事试验场的普及程度以及实际效用都是最为突出的。各类农场以促进农业生产为主要目标，往往也承载着重要的社会目标或者政治与军事目标；不同于中国历史上传统的农业经营组织，民国农场带有较为明显的现代工业社会的特点。[⑤] 王蓉未关照战时大规模兴办的难民垦场。吴自锋、熊云腾均对战时江西难民移垦进行了研究，与本文研究对象相同。吴自锋认为江西难民垦殖有效解决了难民的温饱问题，并为抗战提供了一定的经济支持，取得了良好的社会效

---

① 陆和健：《抗战时期西部农垦事业的发展》，《民国档案》2005 年第 2 期。

② 贺金林：《抗战期间华侨与国内的垦殖事业》，《抗日战争研究》2010 年第 1 期。

③ 张世慧：《侨乐村——南京国民政府救助难侨措施的新尝试》，《华侨华人历史研究》2013 年第 3 期。

④ 胡怀国：《民国时期的“公营垦场”：制度基础与模式创新》，《学术论坛》2016 年第 12 期。

⑤ 王蓉：《民国时期的“农场”之辨析》，《农业考古》2013 年第 3 期。

果和经济效果。[①] 熊云腾认为难民垦殖不仅救济了难民，还为抗战贡献了难民的一份力量，但难民垦殖的制度缺陷导致实践中出现一系列问题。[②] 以上成果对江西难民移垦进行了初步研究，于本研究具有一定的参考价值。

通过以上梳理不难发现，学界对战时难民移垦问题的研究，多从政策层面入手，简单遵循"政策——效果"的研究路径，未能全面考察战时不同经营主体（国营、省营、民营）的特点和成效，对垦民的实际生产生活状态缺乏应有的关照，对难民移垦政策的具体实施情况缺乏全面、深入的实证研究，因此得出的结论多陷于简单的道德判定，未能充分反映历史本身的复杂面相。

（四）台湾及海外研究状况

台湾及海外也有一批学者研究了战时中国的难民问题。格兰姆·贝克通过亲身经历为我们讲述了战时陕西、河南等地难民的悲惨命运，是不可多得的一手资料。[③] 美国学者麦金农（Stephen R. MacKinnon）认为，武汉保卫战期间，汇集武汉的难民及其领导者把一个绝望而且混乱的形势，变成了一个充满希望与毅力的局面。在难民救济工作和卫生工作方面，团体自愿主义和国家干预达到前所未有的水平。[④] 美国学者阮玛霞（Marcia R. Ristaino）研究了上海饶家驹安全区（即南市难民区）的难民保护与救济工作，认为"日军侵华期间，饶家驹至少挽救了 50 万中国人的生命，在这

① 吴自锋：《抗战时期江西难民垦殖运动研究》，硕士学位论文，南昌大学，2010 年。

② 熊云腾：《抗战时期江西的难民垦殖》，硕士学位论文，华中师范大学，2011 年。

③ [美]格兰姆·贝克著，朱启明等译：《一个美国人看旧中国》。

④ [美]麦金农著，李卫东、罗翠芳译：《武汉 1938——战争、难民与现代中国的形成》，武汉：武汉出版社 2008 年版，第 5、79 页。

个意义上，他的这一成就是无与伦比的”。① 日本学者笠原十九司利用中、美、日等国档案资料研究了侵华日军南京大屠杀事件，其中有大量篇幅介绍了大屠杀期间难民救济的情况，并专设两章介绍了南京国际安全区的成立、工作及关闭。② 美国学者萧邦奇(R. Keith Schoppa)大量利用当事人的回忆、日记以及地方文史资料，研究了抗战时期江浙难民的整体情况以及他们的生存之道。萧邦奇认为，国民政府组织不力，物资匮乏，在短时间内无法安置难民，部分策略反而加剧和恶化了难民承受的痛苦。③ 台湾学者陈清敏全面梳理了抗战时期各省灾难民的救济情况。他指出，战时国民政府和社会各界为难民救济做了大量工作，对于坚定国人抗战决心、增强民族凝聚力起到了积极的作用；促进了地区经济的发展和区域性的开发；救济观念和救济措施都发生了积极的变化。虽然战时政府财力有限、人力不足，但在国民政府全力推展与社会救济机构配合下，达成救助受难国人及抗战建国之目标。④

综上所述，近 30 年来学界对战时难民救济研究逐渐细化，在许多方面取得了重要进展，但也存在一些缺憾。首先，区域研究显示出较明显的不均衡性，部分地区如江西难民问题并未受到足够的关注。其次，多数研究停留于对救济政策、制度、措施和救济机关(团体)的介绍，缺乏对难民群体生存状态的足够关照。再次，对

---

① [美]阮玛霞著，白华山译，《饶家驹安全区——战时上海的难民》，南京：江苏人民出版社 2011 年版，第 179 页。

② [日]笠原十九司著，李广廉等译：《难民区百日——亲历日军大屠杀的西方人》，南京：南京师范大学出版社 2005 年版。

③ [美]萧邦奇著，易丙兰译：《苦海求生——抗战时期的中国难民》，太原：山西人民出版社 2016 年版，第 7 页。

④ 陈清敏：《抗战时期的灾荒与救济——国民政府统治地区之研究》(1937—1945)，台北：博士学位论文，台湾政治大学历史研究所，1999 年，第 586—587 页。

于具体救济措施，特别是难民移垦的实际推行情况及其影响流于空泛的道德评判，缺乏深入、详细的实证探究。作为一种积极的救济措施，战时的难民移垦政策在国统区大规模实行，在救济难民、凝聚人心、稳定社会秩序、发展后方生产、增强抗战力量方面发挥了重要作用；国民政府在救济政策、垦务政策、垦区治理、经营模式等方面进行的有益探索，对民国社会救济事业、垦殖事业产生了深远影响。目前这一课题尚缺乏全面、深入的实证研究，这给本研究留下了一定的空间。

三、论述思路与分析框架

本书以江西为个案，交叉采用历史学、政治学、社会学和经济学相关研究方法，以纵横结合的方式，对战时难民移垦事业的实施展开讨论。首先，以时间为主线，梳理难民移垦政策的决策过程、政策推行和调整，重点研究江西难民移垦事业的兴起、发展和归并调整。其次，以空间为界限，分块论述江西省营垦场、国营垦场和民营垦场的生产、经营和管理情况。最后，从国家、社会和民众互动关系的视角，对垦民保甲、土客矛盾、垦民弃垦、垦务管理等重要问题进行梳理分析，总结难民移垦的特点、意义与不足。全文共分为七个部分：

“导论”部分，主要包括选题缘起、学术史回顾、主要学术创新与不足。选题缘起主要说明选题的意义和价值；学术史回顾则是在充分梳理学界研究成果的基础上，确定本项研究的研究方向与重点；主要学术创新是本项研究的学术贡献所在，不足之处则提示今后研究中要努力的方向。

第一章，在梳理战时难民救济概况的基础上，重点论述国民政府难民移垦政策的决策过程，以及在这一政策背景下，江西难民移垦制度的形成。全面抗战爆发后，大量难民流入江西，为战时江西垦殖事业提供了大量的劳动力。江西省政府成立省垦务处，订定规章制度，建立垦务管理系统，大量选收难民移送垦区，初步建立了难民移垦制度，为难民移垦的顺利推行奠定了基础。

第二章，深入省营垦场内，从垦民、土地、资金、管理和经营等方面展开论述，详细解剖难民垦场内部的经营、管理等情况。根据国民政府的相关规定，战时只有招收难民垦殖才能享受各种政策优待和经费补助，江西省垦务处所属各垦场均以招收难民为限。省垦务处与救济机关合作，到各难民收容所选收符合条件的难民作为垦民。难民经过垦务机关登记为垦民后，即转入垦务机关的管理之下。他们自此失去难民身份，救济机关不再对其负有救济责任。战时难民移垦区大多采取集团农场制度，集团农场制分为合耕制（共同耕作）和分耕制（分户耕作）两种模式。江西省营各垦场初期采用合耕制，后因弊端较多而改为分耕制。生产方面，除种植主要农作物外，垦区还大力推行养殖、种植和小手工业等副业生产，以增加垦民收入，改善垦民生活。发展生产所需资金除少部分由中央补助外，大部分依靠银行贷款解决。经过数年仍经营惨淡，大部分垦民实现生活自给，初步达到救济目的，但也有部分垦场人员管理不善、贪污腐败，导致生产停滞不前，垦民生活困难。

第三章，主要论述省营垦场之外的江西公私营难民垦殖概况。随着战局趋稳，自 1942 年起，垦务被列为江西地方自治要政，垦殖事业开始同地方行政系统相扣合，运用行政力量普遍推动。省营垦场从初期的快速扩张，逐渐进入巩固发展阶段，垦务转而以利用民间游资普遍推行为原则，民营垦殖事业快速发展。省垦务处除继续办理省营垦殖外，一方面督促各县垦务，协助难民开垦零荒；

另一方面通过多种措施安置粤东难民垦殖。一时间垦殖风气大开，垦殖活动风起云涌，难民移垦事业普遍推行。

第四章，将目光转向战时国营垦殖的实施及国民政府垦务政策的调整。江西的难民移垦，始终是在国民政府垦务政策的指导、影响下开展的，国民政府垦务政策的走向，对江西难民移垦事业有着决定性的影响。农林部垦务总局成立后，首先在江西安福县设立国营垦区一处，招收难民垦荒。国营安福垦区直属农林部，独立管理和经营，不受江西地方政府管辖。安福垦区的垦民在经过一两年耕作后，陆续实现自给自足，实现预定的救济目标。抗战胜利前后，难民潮开始回落，难民移垦不再是国民政府垦务工作的重心，农林部垦务总局及所属各国营垦区均遭裁撤。垦民见家乡收复，亦大多弃垦返乡，风起云涌的难民移垦事业在战后不但没有继续发展，反而陆续陷入困境。江西垦务不得不归并调整，以图维持，难民移垦事业无形结束。

第五章，从国家、社会和垦民三者互动关系入手，围绕垦民保甲、土客关系和垦民弃垦三个主要问题，探讨战时难民移垦所面临的主要问题。随着垦殖事业的发展，各地方政府力图将垦民编入地方保甲系统管理。垦务机关认为此举会导致事权不一、管理混乱，有碍垦务发展。垦民和垦务机关出于对地方政府的不信任，担心编入地方保甲后，优待措施不能执行，进而损害垦民利益，因此强烈反对编入地方保甲系统。地方政府和垦务机关为此展开的持久争论，实质上是对垦区管权的争夺。垦民与土著人民之间因土地、水权、林权等问题产生的矛盾，加深了土客之间的猜忌与对抗，地方势力阻垦排外之风不断，恶化了垦区的社会生态。垦民因谋生不易，陆续退垦或潜逃。在国民政府“救济难民、发展生产、抗战建国”的宏大目标下，移垦各方利益格局的差异，导致相互间产生矛盾和冲突，而垦务机关和垦民的弱势地位决定了其在这场博弈中的不利结局。难民移垦政策在执行过程中屡遭基层社会抵制和曲解，从而造成政策的扭曲和变形，显示了民国基层政治与社会的混乱。

结语部分对战时难民移垦作用和特点做扼要分析，探寻其未能臻于理想的原因所在。

四、主要学术创新与不足

（一）创新点

1. 关注难民移垦与社会稳定的关系。在国民政府各种救济难民的措施中，难民移垦是一项十分积极有效的措施。相比其他救济手段，垦荒无需特别技能，可以大量吸纳、安置难民，难民在政府的扶助和管理下，经过一段时间的耕作，基本可以自给自足，垦荒兴趣日渐浓厚，心理趋于稳固，且农耕生活较为稳定和持久，因此对于安定社会秩序、维护社会稳定具有积极的意义。

2. 研究了民国公营垦区制度。国民政府为推行难民移垦，首创公营垦区制度，并在垦区将集团耕作制度和合作经营模式相结合，以推动生产发展。公营垦区制是在借鉴我国历史上屯田制度和苏联集团农场制经验的基础上，基于土地公有制和救济难民的现实需要而实行的一种新型垦殖经营制度，开启了国民政府直接投资经营垦殖的先河。各公营垦区实行的“集团耕作制”，强调土地公有、集体劳作、合作经营和按劳计酬，为我国农业从传统小农经营模式向现代化集团经营模式的转型进行了有益的探索。

3. 关注难民向居民的转化。战时垦务最直接的目的是救济难民，发展生产，支持抗战。然而，战时垦务还具有其一般意义上的特征和作用，那就是调节人口分布，促进地区开发。抗战时期，江西省政府大力实施难民移垦，既是为了救济难民，也是希望能增加江西人口，发展农业生产。本书探讨了“难民——垦民——居民”身份转化的过程及其中的障碍，为移民社会的治理提供借鉴。

4. 呈现战时基层社会生态的真实面相。本研究将目光聚焦于垦民群体，从战时状态下国家、社会和垦民的互动关系角度入手，探究难民在垦区的生活状态和生存感受，展示了战时社会生活的另一种面相，为观察、理解战时社会提供了一个新的角度。

（二）不足之处

第一，史料缺陷。近世历史纷繁复杂，史料浩如烟海。笔者虽努力搜集史料，但因视野所限，本项研究主要还是以政府机关档案为基础，并辅之以大量报刊及时人论述。有关难民自身对垦荒生活观察和认识的材料极少，从而难于准确反映难民移垦的全貌。第二，个案分析和整体研究未能充分结合，有“只见树木不见森林”的缺憾，导致对问题的分析不够深入和全面。

五、资料述评

本课题研究主要基于相关政府部门档案，并辅之以大量报纸杂志和时人论述展开。相关资料主要分为以下几大类：一是江西省档案馆保存的完整的江西省垦务处的全套档案，共计 700 余卷；加上江西省垦务处与相关部门的往来档案，涉及这一专题的档案总数有1 100余卷，完整反映了战时江西难民移垦的面貌。二是台北“中央研究院”近代史研究所档案馆保存的农林部垦务总局、经济部、实业部等相关垦务档案，完整反映了战时国民政府难民移垦的决策过程和实施情形。三是民国各种报纸、杂志和专著的有关论述，如《农业推广通讯》《垦讯》《中央日报》《民国江西日报》《申报》《大公报》等等，也从不同角度对这个问题作出记述，丰富了战时难民移垦的历史叙述。

六、概念界定及相关说明

1. 难民和灾民。国际社会对难民的定义因标准不同而有所差异。英语社会对“难民”（Refugee）的解释为：a person who flees from home or country to seek refuge elsewhere，as in a time of war or of political or religious persecuton. ①（难民是指在遭遇到战争、政治或宗教迫害等情况时，逃离自己的家园或国家到其他地方寻求避难的人），这是目前较为通行的难民定义，概念的外延相对较为宽泛，属于广义的难民。抗战时期，国民政府对难民的定义为：“居住战区或邻近战区、或在后方受敌人直接损害”的人。孙艳魁指出：“难民是指住在战区、邻近战区或后方，因日军侵略而背井离乡、流离失所的人”。② 王春英认为，难民是指“战区内迁人员和其他受战争影响的失业、失学人群中那些一无所有、无家可归而住在收容所里，生活根本发生问题”的人。③ 后三种定义的内涵逐渐缩小，都接近于狭义的难民。

① Victoria E. Neufeldt，*Webster's New World Dictionary of American English*，New York：Webster's New World Dictionaries，A Division of Simon &Schuster，Inc. 1988，p. 1129.

② 孙艳魁：《试论抗战时期国民政府的难民救济工作》，《抗日战争研究》1993 年第 1 期，第 125 页。

③ 王春英：《抗战时期难民收容所的设立及其特点》，《抗日战争研究》2004 年第 3 期，第 219 页。

人们习惯于将因战争而背井离乡的人称为难民，将因自然灾害而流离失所的人称为灾民，但在抗战期间，这是无法绝对区分开来的。首先，有的自然灾害是因为军事目的造成的，如黄河花园口决堤导致大量黄泛区灾民产生，即属于此类。其次，有的难民是战争与自然灾害等因素叠加造成的，如抗战期间，各级政府受战事影响，未能有效开展社会基础设施建设，防灾、救灾能力不足，从而导致大量难民产生，如1943年的粤东发生灾荒，加上日寇封锁出海口，粤东大量难民只得涌向赣南寻求救济。他们中有的人虽不是直接因为战争而成为难民的，但国民政府采取相同的政策进行救济。本研究为顾及历史事实及行文方便，不再区分灾民和难民，而是将其统称为难民，纳入本研究的研究对象。

综上，本研究关于难民的定义为：抗战时期，受战争及各种灾害影响、被迫流离失所、生活发生根本困难而需要救济的人。

2. 垦场性质界定。国营垦场，是指由国民政府直接投资设立垦场，初由“中央主管垦务机关”主管办理，后由农林部垦务总局接办；省营垦场，是指由江西省政府投资设立的垦场，由省垦务处主管办理。国营垦场、省营垦场统称“公营垦场”。此外，省振济会所举办的难民零块垦殖，其资金由政府拨发，广义上也属于公营垦殖，但其规模较小。[①] 民营垦场，本研究也称私营垦场，是指由社会团体或私人投资主办的垦场。本研究所研究的垦场，无论公营还是民营，均是指以招收难民垦荒为主的垦场。

---

① 此外，战时江西省部分公务机关也投资开办少量垦场，以弥补机关公务人员生活之不足。此类垦场所需经费由各机关自筹一部分，其余靠贷款解决，业务上接受省垦务处指导监督，广义上也属于公营垦场。因其主要以机关工作人员为劳力，而不是招收难民垦荒，且人数极少故不在本书讨论范围内。

3. 相关说明。

(1) 关于本书研究的时空范围。为保持历史事实的连续性,并顾及论述需要,本书研究时段稍出 1937—1945 年这一范围,研究空间范围亦稍超出江西省。

(2) 本书表格较多,为顾及事实及行文方便,在不影响分析结果的前提下,对表格数据中小数位数字采取四舍五入方法处理,数字取整数。

(3) 关于档案号的表示。江西省档案馆馆藏民国江西档案表示方法为:全宗号+分类号+案卷号,如 J016-3-3415,则表示第 16 全宗第 3 类第 3415 号档案。

台北"中央研究院"近代史所档案馆馆藏档案表示方法为:全宗号+副全宗号+分类号+案卷号。如:20-86-001-09 中,20 表示农林部全宗,86 表示垦务总局副全宗号,001 为分类号,09 为案卷号。

中国第二历史档案馆馆藏档案表示方法为:全宗号+案卷号。如:一二/4395,"一二"表示内政部全宗号,4395 为案卷号。

(4) 凡例:本书所征引档案原文中,缺字或无法辨认的字,以同等数量的"□"表示,经作者判明的漏字以"【】"补齐,衍字以"〈〉"标出,错字以"〔〕"更正。

第一章　战时难民移垦制度的建立

民初垦务多沿袭清末旧制，发展缓慢。全面抗战爆发后，日军凭借强大的军事力量迅速推进，占领中国大片国土。随着战局演进，一方面难民急剧增加，收容救济刻不容缓；另一方面生产不足，军糈民食发生严重困难。国民政府在救济难民的过程中，逐渐确立了"寓救济于生产"的方针，积极安排难民从事各种生产事业。在各种救济措施中，移民垦荒是最重要的制度设计。行政院确定以垦荒为配置难民的中心工作，指定内政部、经济部、中央振济委员会等成立"中央主管垦务机关"，大力推行难民移垦政策，同时督导、扶助各省政府和民间团体参与其中。国统区各省一时间垦殖风气大兴，垦殖活动风起云涌。江西省政府立即设立省垦务处，订定法规章则，初步建立了难民移垦制度，成为国统区各省中较早开展难民移垦事业的少数省份之一。

第一节　国民政府难民移垦政策的形成

中国号称以农立国，国家的兴衰与农业发展密切相关。管子云："田垦则粟多，粟多则国富"，[1]在农业发展过程中，垦殖起着基

---

① 黎翔凤撰，梁运华整理：《管子校注》(中册)，北京：中华书局2004年版，第924页。

础性作用。“垦殖”一词中,“垦”即开垦荒地,“殖”意为繁殖人口。垦殖的基本作用在于开发荒地,发展生产,调节人口分布。历史上每当新旧政权交替,往往伴随着大规模的战争,社会动荡,百姓流离,生产停滞,土地荒芜。新政权为巩固统治,稳定社会秩序,恢复发展经济,调节人口,往往十分重视垦殖。因此,尽管历史上王朝更迭不断,但历代统治者大都力推垦殖政策,垦殖活动并未中断。自秦汉出现有记载的屯田垦殖活动开始,垦殖在中国已有两千多年的历史,先后出现过军屯、民屯、商屯和犯屯等垦殖形式,为我国农业的发展做出了巨大贡献。

清末民初,政府对垦务采取放任政策,并未直接参与其中,民间垦务处于自发阶段,发展不平衡。南京国民政府成立后,为发展生产,振兴经济,对垦务日渐重视,陆续制订垦殖规章制度,开展全国性垦务调查和规划,以为大规模开垦荒地奠定基础。全面抗战爆发后,面对严重的难民危机,国民政府迅速成立救济机关,建立全国性救济网络,对难民实施有组织的收容救济。为根本解决难民生活问题,厚积抗战的物质基础,国民政府在总结战前垦务政策和实践的基础上,最终确定以垦荒为救济难民的主要手段,积极成立机构,建章立制,拨补经费,推行难民移垦,并督促各省政府和民间力量移送难民垦荒。国民政府的垦务政策从战前的“督垦”阶段,迅速转入积极“办垦”阶段,推动了战时垦务的快速发展。

一、全面抗战前中国的垦殖政策与实践

(一)民初垦务发展的动因

清末民初,战火不断,政局动荡,灾荒连年,致使土地大量抛荒,生产严重不足,从而迫切需要发展垦殖事业。

首先,耕地不足,分配不均。民国时期,随着人口的增加,人均

占有耕地面积不断减少。1934 年 8 月 2 日，国民政府经济委员会、内政部、财政部组织成立土地委员会，对全国 22 省市土地利用状况进行调查。据全国土地委员会所编的《全国土地调查报告纲要》指出，在华北、华东、华中、华南 16 个省 163 个县共计调查了 1 295 001户，7 121 627 人，占地不足 5 亩的有 461 123 户，占调查总户数的 35.61%，平均每户占地 2.639 亩，人均占地 0.597 亩；占地 5—9.9 亩的有 310 626 户，占调查总户数的 23.99%，平均每户占地 7.226 亩，人均占地 1.429 亩；总计占地不足 10 亩的户数占 59.60%，占总人口的 51.3%，①可见当时人均耕地面积过小。另外，各个省土地占有情况差别也很大，其中，山西、陕西、河北三省耕地较多，平均每户所占耕地面积分别为 38.888 亩、22.133 亩、21.033 亩；其他各省户均占有耕地面积均在 20 亩以下，其中浙、赣、闽、粤四省户均不足 10 亩。② 从地权形态上看，调查显示，自耕农兼佃农以及佃农合计所占比重超过 40% 的省份分别为苏(45.22%)、浙(60.88%)、皖(57.48%)、赣(45.47%)、湘(46.04%)、鄂(42.98%)、粤(75.42%)。③ 以地区而言，华北自耕农比例最高，达到 70%左右，广东自耕农不到 25%，佃农户数却是自耕农的 2.5 倍，由此可见土地分配严重不均。

另据中央农业实验所调查，自 1873 年到 1933 年的 60 年间，全国人口增加 31%，耕地面积只增加了 1%，而这 1%的增加还是在

---

①《土地委员会关于全国土地分配状况的调查报告》，中国第二历史档案馆编：《中华民国史档案资料汇编》，第 5 辑第 1 编，财政经济(7)，南京：江苏古籍出版社 1994 年版，第 1—4 页。

② 调查报告中，广东只有 1.395 亩，原文如此，存疑。

③《各省十类地权形态户户数百分率》，《中华民国史档案资料汇编》，第 5 辑第 1 编，财政经济(7)，第 7 页。

前20年,即1873年到1893年之间增加的;自1893年到1913年的20年间,耕地面积没有增加,但人口却增加了8%;从1913年到1933年的20年间,耕地面积也没有增加,人口却增加了12%。①从人地比例关系来看,耕地面积并未同人口成正比例增加,说明耕地不足情况不断加剧。

其次,荒地大量存在。战前,据美国学者贝克(O. E. Baker)估计,我国可耕地面积约7亿英亩(约合4 249 199 220亩),已耕地约1.8亿英亩(约合1 092 651 228亩);刘大钧估计已耕地约2.81亿英亩(约合1 705 749 972亩),②约占全部可耕地的40%,尚有60%可耕地抛荒;也有学者指出,可耕地约占土地总面积的50%,而耕地面积仅占15.4%,③可见垦殖指数(即耕地面积与全国土地面积的比率)之低。

表1 1934年全国各省垦殖指数调查表

省别	调查县数(个)	总面积(亩)	耕地面积(亩)	占总面积(%)
江苏	61	161 083 920	98 008 103.247	60.84
浙江	60	125 032 980	35 501 909.000	28.39
安徽	40	146 507 700	34 340 053.275	23.44
江西	24	67 095 840	13 495 024.290	20.11
湖南	44	193 122 810	29 490 775.805	15.27
湖北	49	187 543 455	33 447 989.214	17.84
四川	21	42 218 610	13 728 507.779	32.52

① 李庆麐:《中国目前之土地政策》,《地政月刊》,第3卷第4期,1935年,第501页。
② 林崇墉:《移垦问题之商榷》,《新经济半月刊》,第3卷第1期,1940年,第17页。
③ 李逸安:《中国耕地面积渐减倾向》,《地政月刊》,第1卷第10期,1933年,第1392—1393页。

续表

省别	调查县数（个）	总面积（亩）	耕地面积（亩）	占总面积（%）
河北	84	126 309 825	59 209 046.235	46.88
山东	84	173 580 225	83 806 467.491	48.28
山西	104	230 623 305	56 159 396.873	24.35
陕西	56	154 301 205	27 829 716.868	18.04
甘肃	34	155 701 365	13 705 060.032	8.80
察哈尔	15	314 661 000	13 734 265.000	4.36
宁夏	10	65 464 665	2 130 192.950	3.25
青海	10	95 886 915	3 950 723.320	4.12
福建	48	136 250 865	17 404 316.091	12.77
广东	5	18 727 875	1 362 258.000	7.27
广西	9	34 998 285	3 534 697.845	10.10
云南	31	13 284 000	6 658 313.439	50.12
贵州	25	72 643 725	14 399 907.156	19.82
总计	814	2 515 038 570	561 896 724.010	22.34

说明：本表数据与原表核对无误，但其中陕西、甘肃、宁夏、云南4省的百分比数字有误，作者修正后的数字为：陕西18.04%，甘肃8.80%，宁夏3.25%，云南50.12%。

资料来源：全国土地委员会编：《全国土地调查报告纲要》，转引自李文海等编《民国时期社会调查丛编（二编）——乡村经济卷（下）》，福建教育出版社2009年版，第327—328页。

从上表所列各省垦殖指数来看，江苏最高，宁夏最低，两者相差达18倍之多，显示土地开垦程度地区差异极大。除江苏、云南外，无一省的垦殖指数达到50%，各省平均仅达22.34%。除西北、西南边疆地区外，所调查的省份都是农业发达地区，说明土地开垦程度很低。

表 2　1934 年全国各省荒地面积统计表

省别	调查县数	公亩数	省别	调查县数	公亩数
江苏	48	97 067 480	河南	69	69 871 413
浙江	55	150 066 156	陕西	47	37 344 548
江西	22	250 466 629	甘肃	30	22 976 697
安徽	27	18 144 491	青海	9	28 249 776
湖北	42	47 136 900	福建	41	177 752 173
湖南	46	63 048 088	广东	3	3 524 750
四川	23	158 170 015	广西	8	13 927 496
河北	27	16 113 144	云南	21	135 123 349
山东	49	102 380 332	贵州	25	53 677 470
山西	70	23 013 237	宁夏	10	11 447 213

资料来源：国民政府主计处统计局：《中国土地问题之统计分析》，正中书局 1941 年版，第 48 页。

据全国土地委员会 1934 年调查，江苏等 20 省 672 县荒地面积共 1 179 201 357 公亩。其中，江西 22 县调查所得荒地竟然达到 250 466 629 公亩，位列各省之首。此外，全国土地委员会调查 14 省 89 县，总计 10 年内已垦地再次荒废的占原垦地面积的10.64%，而荒地中已垦者仅占 8.91%，[①]可见荒地面积在持续增长。另外，国民政府实业部依据各省上报荒地调查数字统计，截止 1937 年 1 月，全国 23 个省 847 县共上报荒地面积达 1 275 511 998 公亩(其中，山荒占荒地总面积的 70%以上)，[②]这比全国土地委员会之前调查所得的荒地面积要大得多。就全国而言，所报告的县份仅为一半多点，可见荒地数量之多。

① 国民政府主计处统计局：《中国土地问题之统计分析》，正中书局 1941 年版，第 48 页。

② 章有义编：《中国近代农业史资料》(第三辑)，第 914 页。

再次，生产不足，进口增加。从棉花和粮食两项主要农产品的生产和进出口情况来看，自北洋政府时期开始，产量没有明显增加，甚至还有减少的趋势，同时进口量却连续数年大于出口量。

表 3　1919—1931 年外棉输入及国产棉花概况　　(单位：担)

年份	外棉输入额	华棉输出额	输入输出比较	国内产棉额
1919 年	239 218	172 040①	少 832 822	10 220 779
1920 年	686 373	376 230	多 310 143	9 028 390
1921 年	1 764 060②	609 481	多 1 094 579	6 750 403
1922 年	1 783 721③	842 010	多 941 171	5 429 220
1923 年	619 229	914 574	多 643 655	8 310 355
1924 年	1 242 720	1 080 019	多 162 701	7 144 642
1925 年	1 811 674	800 786	多 1 010 888	7 808 882
1926 年	2 748 801	878 512	多 1 870 289	7 534 351
1927 年	2 412 411	1 446 950	多 965 461	6 243 585
1928 年	1 918 278	1 111 558	多 806 720	6 722 108
1929 年	2 525 598	943 786	多 1 581 812	7 748 366
1930 年	3 474 000	825 000	多 2 649 000	8 809 567
1931 年	4 584 000	1 106 000	多 3 478 000	6 460 641

说明：经核算，①处数字应为 1 072 040；②处数字应为 1 704 060；③处应为 1 558 229。

资料来源：中国第二历史档案馆编：《中华民国史档案资料汇编》，第 5 辑第 1 编，财政经济(7)，第 54 页。

上表显示，自 1919 年至 1931 年间，我国每年棉花产量在 500 万至 1 000 万担之间徘徊，出口额主要徘徊在 80 万担至 140 余万担之间，同时期外棉进口额则从 31 万担增长至 1931 年的 347 万担，增长 11 倍之多。棉花进口额逐渐增加，既有外棉质优价廉的因素在内，但也显现出国内棉花产量不足。

棉花之外，大米的生产也出现类似情形。以上海一埠为例，自1931年8月起至1932年7月止，“计输入洋米有414万包之巨”，“再就麦类输入而言，民二十年上海一埠输入澳大利亚麦计一千二万余万担[①]，美国麦逾300万担，坎拿大[②]亦220余万担，俄麦新有输入，约120万担，日本麦亦有14 000担之输入。而中国麦之运往外国者，绝无仅有。”[③]乔启明、蒋杰依据中国海关贸易数据统计，自1912至1935年中国外米入超总额为361 184 416担，平均每年入超15 049 434担。[④] 仅1932年至1935年间，中国外米共计入超93 661 853担，平均每年2 341万担，[⑤]说明本土的大米生产远远满足不了需要，入超的趋势在不断扩大。

表4 1932—1935年全国外米进口及入超数量表 (单位:担)

年份	进口		出口		入超	
	数量	指数	数量	指数	数量	指数
1932年	26 840 052	100	43 041	100	26 797 011	100
1933年	25 908 002	97	125 386	291	25 782 616	96
1934年	15 421 220	57	136 578	317	15 284 642	57
1935年	25 928 962	97	131 378	305	25 797 584	96
总计	94 098 236	—	436 383	—	93 661 853	—
平均	23 524 559	—	109 096	—	23 415 463	—

资料来源:乔启明、蒋杰:《中国的人口与粮食问题》，上海:中华书局1941年版，第154页。

① 原文如此，根据原文意思，应为“1200余万担”。

② 即加拿大。

③《中华民国史档案资料汇编》，第5辑第1编，财政经济(7)，第55页。

④ 乔启明、蒋杰:《中国的人口与粮食问题》，上海:中华书局1941年版，第154页。

⑤ 乔启明、蒋杰:《中国的人口与粮食问题》，第154页。

这一数字与行政院的报告比较接近。行政院对国民党六全大会的报告即指出:“每年粮食生产,犹不足自给,如战前大米输入每年平均达1 600余万担,输入小麦、面粉每年平均2 000余万担。其原因,固由于农业生产技术之落后,而耕地未能尽量利用,荒地未能开拓,实为主因之一。”①

(二)清末民初的垦殖活动

根据上文分析,清末民初,发展垦殖事业有着一定的紧迫性,清政府督促各地放垦。这一时期,垦殖事业产生两大潮流,“一为移民东北及西北,充实边疆之运动,以防止俄人之东侵;二为变法维新,产生自治社会之运动,以树立自养自治之基础。”②随着农业近代化和商品化的发展,集团农场应运而生,农业生产出现企业化经营,随即涌现一批农垦企业,如张謇于1901年在苏北创立盐垦公司,苏北盐垦企业应运而生。民初,随着东北铁道的铺设,闯关东也渐成规模。西北移垦不如东北进行顺利,直至平绥路延至包头,才渐有起色。总之,这一时期,民众自发移垦取得一定进展,其中以东北移垦、两淮盐垦成效较为显著,西北移垦呼声虽高,但受条件所限成效不彰,西南地区则鲜有动作。

1. 闯关东蔚为大观。东北地区土地肥沃,开发较早。顺治十年(1653年)清政府颁布辽东招垦令,对于招垦民众资助口粮、种子、耕牛等;对于办理招垦的人,依成绩授以官职。雍正、乾隆时期,为维护满人在东北的利益,禁止内地汉人越过柳条边,从而限制了东北的开发。咸同年间,直、鲁、豫民众为躲避战乱,纷纷逃往

① 秦孝仪主编:《革命文献》第102辑,《抗战建国史料:农林建设(一)》,台北:“中央文物供应社”1985年版,第1页。

② 唐启宇:《垦殖学》,第284页。

东北;清廷因平定内乱,军需浩繁,不得不放垦领荒,升科起赋,以开辟财源。此间,东清铁路建成,五口通商,外力不断入侵,移民实边成为巩固边防的重要举措。光绪六年(1880 年),厉行奖励移垦政策,东北垦务获得较快发展。随着中东铁路、南满铁路的相继建成,闯关东蔚为大观。究其缘由,首先,东北土地肥沃,地广人稀,到关东垦荒有利可图。其次,内地各地方政府积极鼓励与支持民众到关外垦荒。再次,内地各省人满为患,局势动荡,政治失据,捐税繁重,居民为躲避灾祸,纷纷远徙他乡。最后,交通的发展也促进了移民的兴起。清末民初,东北水陆交通渐趋便利,直鲁豫晋的移民循水路至大连、营口、安东上岸,再循北宁线,数日即可到达关外。

1928 年,黑龙江省兴安试行屯垦计划,由河南、山东移灾民 4 857人,放垦荒地 8 236 垧;1930 年,制订《辽宁省移民垦荒大纲》,采取减免移民火车票价、给证送垦、划定移垦区域等措施。1930 年,黑龙江颁布沿边 24 县《荒地抢垦章程》,规定无论官荒私荒,如不按期开垦,他人即可抢垦,抢垦范围后扩展至黑龙江内地 25 县。[①] 绥远五原全县仅有 5 000 余户,人口 27 000 余人,多是山西河曲人在此垦荒。陇、秦、晋三省北部农民每年到河套耕种的有 9 000余户,"此类客民,土人称为花户。春间到此租种耕种,迨秋季收获,即将粮食变卖,或与蒙人换皮毛而归。春来秋往,年以为常"。[②] 据时人观察:"现在口外开垦者,多晋北土民,薄备资本,只身远出,钱商粮行从而剥蚀之,疆吏戍卒从而侵陵之,终身所得尚

① 唐启宇:《中国的垦殖》,第 20—21 页。

②《咨议王承朴条陈》,《农商公报》106 期,1923 年 5 月,条陈页(8),见章有义编《中国近代农业史资料》(第二辑)第 638 页。

有盈羡，刻苦积累，数年后率族偕来，居然成村成落。”[①]闯关东的百姓即便受到各种剥削与欺凌，仍然络绎不绝，说明至关外垦荒有利可图。

如果说“花户”只是移垦的初级阶段，那么，随着时间的推移，更多的人则选择在关外久居。山东人移殖东三省，以垦荒务农为主。每年冬季，胶济铁路都要加开一两趟专车运输这些移民，而烟台到潍坊一线，徒步负载、成群结队的移民成天络绎不绝。报载“山东人口每年减少二百余万，胶济铁路之调查，每日乘胶济车由青岛转赴东三省求生者，达三千余人。”[②]自 1922 — 1931 年间，出现了由山东、河北向东北移民的大潮，主要是由于河北和山东所遭受的饥荒、内战和匪祸较重。这次移民最大的特点，是有很大一部分人长期定居在满洲，“总计一往一来，恒在百万以上；而移出之超过于归还，年辄五六万人不等。近数年以政令之烦，军匪之扰，移出之数倍于往昔，且多货其田庐，携其妻子，为久居不归之计。”[③]由于从呼兰至海伦，以及从昂昂溪往北的铁路建成通车，这些人大部分都往新开垦的黑龙江区定居。另一些移民在沿中东铁路的东段以及蒙古东南部——洮南地区等地定居下来。据铁路公司统计，从 1923 年到 1929 年，进入满洲的移民在 500 万以上，其中有 250 万人定居下来，许多移民都带着全家老小一道。[④]

① 章有义编:《中国近代农业史资料》(第二辑)，第 637—638 页。

②《集成:各地农民状况调查——山东省》，《东方杂志》24 卷 16 号，1927 年 8 月，第 134—135 页。

③ 袁荣叟等:《胶澳志》，卷 3，第 130 页，1928 年版，见章有义编《中国近代农业史资料》(第二辑)第 638 页。

④《海关十年报告(1922—1931)》(卷 1)，第 254 页，见章有义编《中国近代农业史资料》(第二辑)第 638 页。

汉人移垦关外无所限制，故日渐增多。1922 年以前，移民人数平均每年不过两三万人，1923 年猛增至 34 万余人，增长 10 余倍。1926 年，移民人数接近 60 万人，1927 — 1929 年，每年竟达百万以上，移民中越来越多的人选择久居。

表 5　1912—1930 年内地移入东北人数统计表　（单位：千人）

年份	1912	1913	1914	1915	1916	1917	1918	1919	1920	1921
入境人数	10	13	9	13	24	31	26	30	28	25
年份	1922	1923	1924	1925	1926	1927	1928	1929	1930	
入境人数	32	342	385	473	567	1 051	1 089	1 046	748	

资料来源：(1) 1912 — 1922 年移入东北人数据英文满洲年鉴；(2) 1923 — 1930 年移入东北人数据，南开大学社会经济委员会报告。转引自唐启宇：《中国的垦殖》，第 26—27 页。

统计在九一八事变前 8 年，入境东北的 5 701 000 人中，留住者为 2 604 000 人，占入境总人数 46%。移民主要来自冀、鲁、豫三省，其中以山东籍最多。如，1929 年移入东北总计 1 046 000 人中，山东籍共 742 000 人，占 71%；河北籍 176 000 人，占 17%；河南籍 116 000 人，占 11%。①

移民中大部分从事垦荒工作。据南满铁路东清铁路及各公共团体所调查，移民中有志从事农业的占 85%，有志从事苦力的占 10%。② 资本充裕的人，购买土地从事耕作，或雇工从事开垦；资本不足的则向政府领地，每人 10 亩至 30 亩不等，公家每亩贷给 4 元至 20 元的补助费，以便建造房屋、购买农具及其他必需品，三年后升科纳税，并分期清偿贷款；或者由地主供给垦户荒地、粮食与其他必需品，等荒地开垦完竣，按四六或三七比例分配垦地。

① 唐启宇：《中国的垦殖》，第 27、30 页。

② 唐启宇：《垦殖学》，第 289 页。

移民的增加促进了东北荒地的开垦。1928年，东三省已垦地的面积约达1 200万町，合18 000万亩。① 大量内地移民不但促进了东北的开发，增加了粮食生产，而且增加了东北的人口，促进了民族融合，巩固了东北边防。然而，九一八事变后，不但移民东北大潮回落，而且东北还有大量不愿附敌的难民逃出，需要安置。东北沦陷，国人危机感日深，西北移垦渐受重视。

2. 西北屯垦成绩寥寥。西北地区主要指热、察、绥、宁、陕、甘、青、新等省，当时适合垦殖的仅绥、宁、陕、甘四省，尤以宁夏河套最佳。西北的垦殖多采用租佃制度，有永租制、包租制、佃租制和典租制等形式。1927年，青海设西宁道属垦务总局，并于各县设分局，以县长兼任分局局长，先就西宁道属七县放垦。1930年3月，甘肃在兰州设立垦务总局，厘定组织章程和办法，并通令各县设立分局，推进垦务。1932年春，总局裁撤，全省垦务归建设厅管辖。因军阀割据，政局不稳，政令不畅，垦殖事业仅限于省政府权力所及周边地区。② 绥远方面，1915年组设绥远垦务总局及七个分局主持垦务，总局驻包头，分局驻萨拉、武川、固阳、五原等县。1923年，平绥铁路延至包头，绥远、萨县、包头、五原间移民渐多，但也仅限于察绥两省。1924—1925年间，山东移民在包头采取集团开垦制经营垦殖。垦民到达垦区后，由同乡会供给所需的土地、农具、牲畜、粮食及一切器物，作为贷款贷予垦民。③

九一八事变后，为救济东北难民，西北垦殖渐受重视。时任中国国民党中央候补执行委员的朱霁青在绥远和硕公中旗设立垦

---

① 唐启宇：《垦殖学》，第290页。

② 余源昌：《甘肃的农村经济》，《农村周刊》第130期，见章有义编：《中国近代农业史资料》（第三辑），第918页。

③ 唐启宇：《垦殖学》，第293页。

区，招收东北难民和抗日将士至此垦荒，并设垦区管理局负责管理，耕种面积约 19 000 亩。绥远河北村移垦区，则主要安插冀南黄灾难民，耕种面积约 8 000 亩。西北地区因交通不便，水利不兴，环境恶劣，移垦成效较差。如河套地区原本土质较适合垦殖，但因河套淤塞，已垦田地多数荒芜，未开垦的更不用说。垦务局只管收税，并不图垦务的发展。政府苛捐杂税名目繁多，以致农民仅凭耕种很难维持生活。

民屯之外，阎锡山在绥西实施军屯，是为民国军屯嚆矢。第 70 师师长王靖国率编余官兵 80 余人，组为垦殖队，在五原出资购地数十顷，遣往耕种，是为兵垦试办之初步。① 中原大战后，阎锡山为实施屯垦计划，特设立绥西屯垦督办公署，自兼督办，会办有王靖国、张荫梧、傅作义。王靖国代理督办事务，设督办办公室于绥远，设总务处于包头，设垦务处于五原。1931 年起，晋绥方面先后拨出官兵 6 000余人在绥远五原、临河等地办理兵屯，垦地 120 000 亩。② 然而，“屯垦军不务垦拓荒田，乃净择熟地以摄民利”，③除侵占民田外，并拉夫耕种，不给工资，故居民多迁移逃避。④ 屯兵与民争利，扰民害民，在所难免，引起民众反对。

3. 两淮盐垦初具成效。冀、鲁、苏、浙、闽、粤等省滨海盐垦区域广阔，其中以两淮盐区最佳。清末实行督垦政策，两淮盐区的私

① 陈赓雅：《西北视察记》（上册），1936 年版，第 55—56 页，见章有义编《中国近代农业史资料》（第三辑）第 918 页。

② 唐启宇：《中国的垦殖》，第 54 页。

③《河套屯垦概况》，《农业周报》，第 2 卷第 31 期，1933 年 8 月 7 日，第 437—477 页，见章有义编《中国近代农业史资料》（第三辑）第 918 页。

④ 天津《大公报》，1935 年 3 月 9 日，见章有义编《中国近代农业史资料》（第三辑）第 918 页。

垦日渐增多。1900年，新兴、伍佑两场灶地首先放垦。1901年，实业家张謇在苏北盐区创立了海通垦牧公司，推广植棉，改善土质，开启苏北盐垦的历史，被誉为“通泰盐垦垦殖各公司之鼻祖，成效显著”①。1914年，北洋政府财政部设淮海垦务局，自通、泰开始，办理放垦，各盐垦公司纷纷成立，其中以1917、1918年间创办的最多。至全面抗战爆发前，苏北盐垦区先后成立垦殖公司40余处，投资逾5 000万元，已垦熟之田约600万亩，居有农民40万人，年产皮棉3.5万公吨，米麦杂粮10万公吨。② 苏南松江垦区于1917年开始放垦，至1929年，共放垦土地20余万亩。两浙盐区有荒地约1 991 771亩，继苏南盐区放垦后，也随之放垦。其经营形式多采取“公司+农户”的方式，将土地分给农户承租，取得了较好的经济社会效益。垦殖成效方面，负担轻的，如东三省及淮南垦区的垦民，勉强能维持生活，甚至还有逐渐富裕起来的；负担重的，如绥远河套垦区的垦民，因无法靠垦殖生活下去，只好放弃垦殖，向他处寻找生活。

民初垦殖虽然取得一定成效，但暴露出来的问题也不少。北洋政府在承垦荒地一事上漫无限制，因此，稍有资本的人，每每成立垦殖公司，以代垦人的身份领垦荒地。垦务机关在荒地承领后则不加管理，只征收地价，作为地方财政收入的一部分，对于技术指导、经济辅助、水利工程等，则很少实施。荒地大半被资本雄厚的人所领去，贫农只得向地主分耕，于是在新垦区照样产生业佃阶级。例如，在江苏盐垦区域，各大小垦殖公司在形式上采取合资的大农户经营，但在生产方式上仍沿袭旧制，并没有什么进步。不少

① 李积新：《江苏盐垦事业概况》，《东方杂志》第21卷第11期，1924年，第71页。

② 唐启宇：《中国的垦殖》，第112页。

垦殖公司购领了大批可耕荒地，然后将其分散出租给佃户耕种，收取高额地租。如大丰盐垦公司在二十区（总面积 593 000 亩）中，已垦十一区，有佃户 4 096 户；裕华垦殖公司垦地 39 000 亩，有佃户 1 250户。[①] 这样，采用公司制的集团地主，最后又不得不分散为原来形态的个人地主，且大部分土地仍然荒芜。土地仅是由官荒变成私荒，佃户承担着高额地租、利息以及繁重的捐款与摊派。

对于资本较少的垦殖企业，如淮南部分盐垦公司，承领土地后或无力耕种，或因各项工程因陋就简，无法完成；或遭受沉重的利息剥削，发展困难，逐渐倒闭。如江苏盐垦区的几个垦殖公司，为获得贷款而将产权抵押到银行团手中，因缺乏现代的生产机械，也无法兴修大规模的水利工程，从而导致经营失败。

有的荒地被有钱人购买去后，并不垦殖，而是囤积起来，做土地投机。等地价高涨时，再将土地出售，坐收渔利。在西北地区，仅绥远、宁夏、甘肃、新疆、陕西等 5 省，未垦的可耕地约有 2 000 万顷，但大半被地主集团所占有，“达官大贾，领地动辄千百顷”，“一面拖欠荒价，一面置地不垦，公家无力修渠，民力更有未逮。故地已放尽，而荒芜尚多。”[②]在西南地区，商业资本控制的垦殖公司，“仅广西就有 119 家，资本总额在百万以上，占地 4 千方里 130 万亩以上，但土地荒废仍不能免，广东官荒约占全省十分之七，广西荒地占总面积之半”，“东三省可耕地对总面积之百分比为 29%，已耕地占可耕地面积 43.5%”。[③] 1933 年，两淮盐垦区共有荒地 1 300

---

① 《秦柳方关于抗战中的后方垦殖事业调查报告（1942 年 11 月 30 日）》，中国第二历史档案馆编：《中华民国史档案资料汇编》，第 5 辑第 2 编，财政经济（8），南京：江苏古籍出版社 1997 年版，第 218 页。

② 秦柳方：《抗战中的垦殖事业》，《中国农村》第 8 卷第 9 期，1942 年 12 月，第 3 页。

③ 秦柳方：《抗战中的垦殖事业》，第 3 页。

万亩之多。①

（三）民初垦务政策的演进

民初以来，社会经济凋敝，民众生活困苦。复兴农村，首须发展农业生产。有识之士或主张增加生产，或主张改良田制。主张增加生产的，无外乎推广新的耕作技术，改良种子，增加地肥，改良旧农具或推广新农具（包括机械化农具），其目的在于提高生产效率。这些方法虽然很好，但是因为农民心理守旧，资本缺乏，人工廉价等，因而不能普遍推广。况且，从经济学理论来看，土地生产率的提高也有一定的限度，超过此限度，则受“边际效应递减律”限制，增产有限，并且人均耕地越少，限制越明显。因此，农业推广一方面受财力限制不能普遍开展，一方面受经济规律限制，效果有限。主张改良田制的，或提倡改善租佃关系，或主张扶植自耕农，或主张土地国有，均关系全国土地政策，也是复兴农村的必要措施，但仅靠这一点也无法振兴农村。这是因为，地政的改善，其作用仅在于解决原有耕地的分配不均及纠正生产分配不合理的问题，以部分改善佃农、雇农的收入。这些措施的实施效果有限，且会触动地主阶级的利益，因而难于实施。总之，时人所提种种措施，在耕地面积狭小的状况下，对增加生产的效果十分有限。农村所面临的主要问题，是人口过多、耕地过少、分配不均。因此，复兴农村，必须从开垦荒地、改善人地关系入手，这样才能取得积极成效。

虽然垦殖事业对经济发展意义重大，但民初垦务政策仍沿袭清末旧制，无所创新。北洋政府对垦务采取放任政策，其主旨在于放领官荒，坐收地价，作为政府收入的一宗，对于垦务的协助、指

① 《两淮盐区荒地共有一千三百万亩》，《地政月刊》第1卷第10期，1933年，第1444页。

导、管理与规划,则很少办理,是为督垦时期。1912 年 9 月 30 日,北洋政府颁布《农政纲要》,明确提出要“移民东北及西北开垦官荒”,“提倡国民移垦”,“开展荒地调查与测量”。① 1914 年 3 月 3 日,北洋政府以总统令颁行《国有荒地承垦条例》,对于承垦权的限制、承垦手续、保证金缴纳、竣垦年限、地价等级勘定等均有详细规定,并且明定承垦者按规定缴纳地价后,官署即发放所有权证书,取得所有权。承垦地于垦竣一年后,一律照该地税则升科。但该条例同时将边疆荒地排除在外,明确规定“本条例除边荒承垦条例所定区域外,均适用之”②。对于边疆大宗荒地,因缺乏调查,未指定具体开荒办法。《国有荒地承垦条例》是民国政府首次颁布的垦务相关规章,对于推动垦务发展具有一定的积极意义。不过,这一时期出台的相关政策仅限于一些原则性规定,较为笼统,并无具体的实施计划及办法,且因政局动荡,更未见切实执行。

南京国民政府成立后,积极制订垦殖政策,开展垦务调查和规划,鼓励兴办垦殖事业,渐对垦务采取干涉政策,但自身也很少参与其中。1928 年,国民政府成立农矿部,在农政司设置一科,专司垦务行政,其执掌为垦务的保护、监督、奖励及教育,水利工程,边省移垦,屯垦设计等。1929 年 7 月 15 日,农矿部召开全国垦务会议,将全国划分为 14 区,提出 10 项垦务政策,即:造成模范社会;巩固边防;采用保护奖励政策;限令全国私有荒地定期竣垦;提倡与垦殖有关之各种合作社;励行兵工政策;视垦区风土之宜,农林牧三者兼筹并重;励行土著政策;奖励移民屯垦;强迫游民垦殖。③ 此

①《农林部训令:农政纲要》,《农林公报》第 1 卷第 7 期,1912 年,第 68—73 页。

②《国有荒地承垦条例》(1914 年 3 月 3 日),中国第二历史档案馆编:《中华民国史档案资料汇编》第 3 辑,农商(1),南京:江苏古籍出版社 1991 年版,第508 页。

③ 葛定华:《国民经济建设要论》,正中书局 1927 年版,第 148 页。

外，关于全国垦务规划，东北、西北垦务及屯垦，滨海盐垦事业，垦区及荒地调查，人才培养等均有讨论，虽未见诸实行，但体现了政府对于垦务的重视，开启后来大规模办垦的风气。特别是其中的私荒限期垦竣和实行兵工政策，意义重大。农矿部部长易培基指出："现在兵事结束，编遣之事正在进行，若裁遣军队而不为之谋生，则兵变为匪，后患何堪设想？政府对于此事甚为注意，极思实行兵工政策，移民垦荒，化兵为农，亦属兵工政策之一端。其效力之远，容量之大，为他种兵工事业所不及。"①同年，农矿部组建垦务设计委员会，开始实施全国垦务的调查与规划。

1930年6月30日，国民政府颁布《土地法》，首次以国家法律的形式明确规定公有荒地垦竣后，垦民无偿取得土地耕作权，取得耕作权之土地应缴纳地租，其租额以不超过该土地正产物收获总额15%为限，自取得耕作权之日起免纳五年。② 这一规定使得人地关系相对固定，有利于保护垦民的利益，并为垦务的全面推行奠定了统一的法律基础。为鼓励、督促各地方政府推行垦务，发展生产，1933年5月27日，国民政府公布《督垦原则》，要求各省市拟订督垦单行章则，在5年内设法将全省可垦荒地全部开垦或招垦，私有荒地限期垦竣，并对垦荒成绩卓著者给予奖励。③ 同日，国民政府公布《清理荒地暂行办法》，对荒地地权进行清理登记，以为大规模开垦扫除障碍。《办法》要求各省市政府督促所属县局清理管辖区内公有、私有荒地，勘丈造册，汇报内政、实业、财政三部备查。1933年2月，内政部、实业部共同制订颁布《奖励辅

① 易培基：《农矿部垦务会议开会词》，1929年7月15日，《农矿部垦务会议汇编》，第21页。

②《土地法》，《司法公报》第80期，1930年，第14页。

③《督垦原则》(1933年5月)，《地政月刊》第1卷第11期，1933年，第1562页。

助移垦原则》,要求各移出移入省份互相配合,制订优惠措施,奖励移民垦荒。①

1927—1934 年间,各革命根据地及周边地区战争不断,人口锐减,大量熟田抛荒。红军长征后,军事委员会南昌行营为安置难民,恢复战区生产,大力倡导垦荒。这一时期,苏联实施的集团农场制在中国受到追捧。1934 年 12 月,南昌行营制订《国立集团农场设置办法草案》,决定采用集团农场开垦荒地,规定国立集团农场的地权国有,但在农场中从事耕作的垦户对土地有永久使用权。② 农场引进机械动力耕作,实行合作分工经营。1935 年 2 月,湖北金水国营农场成立,直隶军事委员会武汉行营,试办军队屯垦。金水农场大量采用新型农业机械设备进行耕作,购置了拽引机 24 台,打麦机 2 台,新式机犁 28 台,碟耙 65 台,20 行播种器 9 台,中耕器 80 台,马力垦犁 48 架,抽水机 1 台,虹吸管 6 部。自成立至 1937 年,全场面积扩展至约 260 万亩,职工 1 000 多人。③ 农场采用先进的耕作及管理方法,实行集体农场制,取得较好的成果。时人将其特点概括为:一是改变经营方式,从小农经营变为大农经营;二是改变隶属关系,从佃租关系变为雇佣关系;三是改变所有观念,从私人企业变为合作企业;四是改变劳动工具,从人工耕种变为机器耕种;五是改变耕作方法,从传统经验变为科学生产。④ 可以说,湖北金水农场已

---

① 蔡鸿源主编:《民国法规集成》(第 39 册),合肥:黄山书社 1999 年版,第 411 页。

②《军事委员会南昌行营制定国立集团农场设置办法草案》(1934 年 12 月 1 日),《中华民国史档案资料汇编》,第 5 辑第 1 编,财政经济(7),第 79—83 页。

③ 姚顺东:《政府行为与农业发展(1927—1937 年湖北农业政策研究)》,北京:社会科学文献出版社 2013 年版,第 152 页。

④ 章之汶、邹树文:《皖鄂湘赣四省农教视察纪行》,《中央日报》,1937 年 5 月 22 日,第 4 版。转引自:姚顺东《政府行为与农业发展(1927—1937 年湖北农业政策研究)》,第 152 页。

经具备现代国营农场规模化经营的基本要素，预示着现代农场经营的方向，这是国民政府在农业经营制度方面的重要探索。

随着中日矛盾加剧，蒋介石在加紧军事准备的同时，面对边疆危机和国内经济危机，也加快了经济建设的步伐，开垦荒地是其中的重要内容之一。1935 年 8 月 9 日，蒋介石倡导并发动“国民经济建设运动”，其目标是“尽人力，辟地利，均供求，畅流通，以谋国民经济健全之发展”，其实施要项有八个方面，前两项即为“振兴农业”，“鼓励垦牧”。① 关于垦牧方面，蒋介石提出要以“地无旷土”为目标，要求各省对所有荒地进行开垦，鼓吹大规模的移民垦荒与经营畜牧，实施军区屯垦制，利用集团劳力发展农业生产。1936 年元旦，蒋介石发表题为《国民自救救国之要道》的广播演讲，再次强调“国民经济建设运动”的八个方面要项和方法，并指出土地是一切资料生产的根源，要发展生产，首须“地尽其利”，所以必须尽量开垦所有公私荒地。对于地广人稀的地方，更要“利用集团的劳力，大规模的开发种种农利”②。

在蒋介石的大力倡导下，行政院陆续颁布实施有关垦荒的法律法规和制订垦务规划，加快了推动垦殖事业的步伐。1936 年 9 月 10 日，行政院公布《内地各省市荒地实施垦殖督促办法》，规定内地各省市所有可垦荒地分两期实施垦殖，第一期以江苏、浙江、福建、安徽、江西、湖北、湖南、四川、贵州、河南、甘肃、陕西等 12 省及南京、上海为实施范围；第二期以山东、山西、河北、广东、广西、云南等 6 省及青岛、北平、天津三市为实施范围。第一期荒地尚未

---

① 蒋中正：《国民经济建设运动之意义及其实施》(1935 年 10 月 10 日)，《经济旬刊》第 5 卷第 10 期，1935 年，第 3 页。

② 蒋中正：《国民自救救国之要道——元旦日在中央广播电台放送之演词》，《国闻周报》第 13 卷第 2 期，1936 年，第 38 页。

依法查报或者尚未齐全者，限于 1936 年底报齐，1937 年起实施垦殖。[①] 为配合《内地各省市荒地实施垦殖督促办法》的实行，实业部拟定了详细的《垦荒实施方案》，经行政院批准，于 1937 年 1 月 5 日公布实施。[②] 该方案详细规定了荒地调查、开荒步骤和实施办法等，并对不同种类的荒地分别制订开垦方法和种植计划。国民政府连续出台多项法律规章，对荒地的调查和开垦做出规定，有利于改变过去垦殖中那种各自为政的现象，统一推进全国荒地的垦殖事业。

与此同时，内政部会同军政部、实业部、财政部以及蒙藏、侨务两委员会，拟定绥远国营垦区实施计划草案，并将该计划第一年移垦专款列入 1937 年度预算，准备于 1936 年实施。该方案呈报蒋介石后，蒋氏认为垦殖区域不应仅限定在绥远一区，而应扩大垦殖计划覆盖范围，建议分为"甘青宁，淮河流域，川边，赣南闽西"[③]等四大区实施，要求内政部照此重新拟定计划呈报。

正当内政、实业两部修改垦殖计划期间，1937 年 3 月，为安置裁军计划编余官兵，蒋介石又令内政、实业和军政等部草拟《移民裁兵屯垦计划》[④]，准备以 10 年为限，每年移送 5 万人实行屯垦。内政部随即将两案并案讨论，于 1937 年 4 月 14 日召集军政部、实业部开会，决定除西北地区已经调查并有计划外，再对闽赣、川边及淮河

---

①《内地各省市荒地实施垦殖督促办法》(1936 年 9 月 10 日)，《国民政府公报》，第 2150 期，1937 年，第 10—11 页。

②《垦荒实施方案》(1937 年 1 月 5 日)，《农业周报》第 6 卷第 1 期，1937 年，第 22—28 页。

③《内政部咨第 000547 号》(1937 年 4 月 3 日)，《各省救济难民垦殖案》，台北："中央研究院"近代史研究所档案馆藏国民政府实业部档案，17-20-030-01。

④《院长手谕》(1937 年 4 月 10 日)，《各省救济难民垦殖案》，台北："中央研究院"近代史研究所档案馆藏国民政府实业部档案，17-20-030-01。

流域等垦区实施调查，由关系机关组成垦殖管理委员会，各垦区视情况设立管理机关或经营机关，由军政部详细拟定军垦计划。① 4月27日，行政院训令实业部，指示以半年为期，分组至川边、甘青宁、淮河流域及赣南闽西四区域进行荒地调查，以为大规模开垦作准备。调查的主要内容为当地土壤、气候、水源、人口密度、河道、灌溉及水源、燃料、交通、种植作物及收获量、治安等情况。此外，实业部拟定《屯垦计划及屯垦荒地调查办法概要》呈行政院，提出两个目标："一是就已能得到或已知之大量可耕荒地立刻开始筹备军垦以作实验；二是积极作全国可耕荒地之调查，为计划推行屯垦之根据与准备"，②并计划在湖北金水流域划拨100万亩荒地，每名士兵授田45亩，进行军垦实验，以为将来实行大规模军屯作准备。

除了安置复员军人外，救济各省灾难民众也是国民政府力推垦殖政策的重要原因之一。1937年4月初，行政院指示财政部、实业部、中央赈务委员会、内政部等部门共同拟具《各省灾荒根本救济办法》，决定大规模实施移民垦荒，以便从根本上救济灾难民众。与此同时，中央赈务委员会在1937年行政计划中，也列出移民垦荒一项，决定移送大批灾民至周边公有荒地开垦，由中央赈务委员会会同各省政府筹款设立国营垦场，移垦灾民一切旅费及垦区种种设施，均由公家出资办理。③ 6月11日，《各省灾荒根本

---

①《奉令会拟垦殖计划案第一次谈话会议记录》(1937年4月14日)，《各省救济难民垦殖案》，台北："中央研究院"近代史研究所档案馆藏国民政府实业部档案，17-20-030-01。

②《屯垦计划及屯垦荒地调查办法概要》，《各省救济难民垦殖案》，台北："中央研究院"近代史研究所档案馆藏国民政府实业部档案，17-20-030-01。

③《各省灾荒根本救济办法》，《各省救济难民垦殖案》，台北："中央研究院"近代史研究所档案馆藏国民政府实业部档案，17-20-030-01。

救济办法》经行政院第317次会议决议通过，并训令相关机构及省市遵照实施。

“移民垦荒，发展经济”的呼声虽时有提及，但多停留于纸面计划，鲜有实际成效。蒋本人也认为垦荒未能切实推行，对于国家建设影响巨大，故当他看到实业部拟定的《屯垦计划及屯垦荒地调查办法概要》的时候，批示实业部“自本年度起切实进行，并将办法拟定详报”。① 7月7日，行政院将蒋介石批示转发实业部，并决定缩小金水农场规模，暂以30万亩为限实施，行政院拨军垦经费60万元，以50万元办理金水流域军垦事宜，10万元作为国内荒地调查经费，并指定军事委员会主管军垦事宜，军事委员会办公厅主任为主任委员，内政、实业、军政三部部长及行政院政务处处长为委员，负责筹划进行。至此，国民政府的垦殖事业正式从计划阶段转入具体实施阶段。

总之，随着内地人地矛盾和边疆危机的加剧，南京国民政府逐渐对垦殖采取积极政策，制订了军垦民垦同步进行、内地边疆一体实施的垦荒计划，在法律法规的制订、机构设置、垦殖调查和垦务规划方面均已经有所行动，对垦务的重视程度明显要高于北洋政府。然而，就在行政院将蒋介石“手批”转实业部的当日，七七事变爆发，中国进入全面抗战阶段，裁兵屯垦一事因战争爆发而被搁置，难民移垦则进入快速推进阶段。

二、积极救济方针的确立

全面抗战爆发后，大量难民聚集后方各大城市和交通线，亟

①《各省救济难民垦殖案》，台北：“中央研究院”近代史研究所档案馆藏国民政府实业部档案，17-20-030-01。

待救济。难民救济关系到民心向背、民力保存,进而影响到抗战的前途。迅速采取有效的救济办法,使难民免于饥寒、疾病和战争的威胁,是政府的职责所在。国民政府立即成立专门机构,制订规章制度,拨补经费,派出人员赴各战区救济难民。由于难民群体庞大,救济工作需要耗费大量经济社会资源,而战争本身对资源的消耗极大,因此,客观上国民政府不能抽出足够的资源来救济难民。为节约资源起见,在对难民实施收容救济的过程中,国民政府逐渐形成了消极救济与积极救济并用、以积极救济为主的原则,采取"寓救济于生产"的方针,重点安排有劳动能力的难民参加各种生产事业。这其中,移民垦荒逐渐成为政府救济难民的首要措施。

由于统计数字缺失,加上统计标准互异,全面抗战时期中国难民人数究竟有多少,目前尚无定论。中央振济委员会公布的数字为:"从 1938 年 4 月到 1944 年 12 月底止,各救济区救济难民人数为 8 847 208 人;各省市振济会救济难民人数为 10 716 154 人;各慈善机关团体救济难民人数为 30 151 531 人,三项共计为 49 714 893 人"。① 不过,该项数字只统计了经官方或慈善团体救济的人数,尚不包括大量未被救济的难民,且存在虚报、漏报和重复计算的缺陷,因此不够准确。行政院善后救济总署调查认为战时难民约为 95 428 771 人,占总人口的 26.17%。② 孙艳魁研究指出:"大致可以以沦陷区各省市总人口的 20%来估计整个抗日战争时期我国难民人口的总数",他认为"抗战时期全国难民总数在 6 300 万人以

① 秦孝仪主编:《革命文献》,第 96 辑,第 9—10 页。

② 张根福:《抗战时期的人口迁移——兼论对西部开发的影响》,第 39 页。

上，约占战前全国人口的14%略弱”。[①] 王春英估计抗战时期“真正难民总数应为2 400万以上”[②]。总之，如此庞大的难民群体，给战时的救济工作带来巨大压力。

难民在迁徙、逃难的过程中，往往因消息闭塞、谣言四起而盲目流动，造成了更多的灾难。难民中一些有钱有势的人，可以设法购票坐车或乘船，或借助畜力，撤往更远的地方，而那些贫苦百姓只能依靠双脚艰难跋涉。他们在日军到来时往往匆忙出逃，也无力携带更多的生活必需品，一路上风餐露宿，衣食无着，贫病交加，因营养不良而病死、饿死的难民不知凡几。有些难民在逃亡时，又遭到兵匪的抢劫搜刮，造成二次伤害。难民在后撤时，往往同军队争抢道路和运输工具，影响军事行动。同时，后撤难民也给后方社会的衣食住行和就业等造成巨大压力，加剧了后方的生活困难，影响了后方的社会秩序。难民中胆小体弱的，时刻面临饥饿和疾病的威胁；胆大身强的，为生计所迫，往往铤而走险，走上犯罪道路。格兰姆·贝克即指出：“当洛阳当真落入日军之手时，社会解体的确发展到了无政府状态。沿西部公路，难民之间彼此残杀，抢掠，竞相逃命。山上有土匪、逃兵、农民，都是已挨了两年饿的人，只要看见路上有可欺的难民走过，就成群搭伙，拥上前来抢劫一番。”[③] 有些难民为了生存，甚至主动或被动为日军所利用，供敌人驱使，成为抗战的巨大威胁。

国民政府对救济难民的重要性有充分的认识，蒋介石就曾表

---

① 孙艳魁：《苦难的人流——抗战时期的难民》，第61—62页。

② 王春英：《中国抗战时期难民问题与政府应对行为》，成都：四川大学出版社2011年版，第18页。

③ [美]格兰姆·贝克著，朱启明等译：《一个美国人看旧中国》，第227页。

示“救济难民与前方军事同等重要”。① 全面抗战爆发初期，难民救济工作由中央赈务委员会负责。中央赈务委员会在平汉线、平绥线、津浦线、京沪线、沪杭甬及浙赣线等各主要铁路沿线派出救济专员，协助组织难民撤退，办理战区急赈。由于难民在短时间内骤增，问题日益严重，中央赈务委员会难以应付。1937 年 9 月初，行政院第 345 次会议修正通过《非常时期救济难民办法大纲》②，决定设立“非常时期难民救济委员会”，专门负责统筹办理战时全国难民救济事宜。非常时期难民救济委员会在中央设总会，各省及直辖市设分会，县设支会，从而建立了从中央至省市县的垂直的救济体系。中央总会由军政部、内政部、财政部、实业部、交通部、铁道部、卫生署、中央赈务委员会和行政院派人组成，以行政院秘书长魏道明为总会主任委员，具体负责难民的收容及运输，难民的给养、保卫及救护，难民的管理及配置等工作。在武汉会战前，难民救济主要由非常时期难民救济委员会负责，中央赈务委员会主要负责一般性的社会救济工作，全国社会救济事业自中央至省市县形成“难民救济”和“一般性社会救济”两个独立的系统。

非常时期难民救济委员会虽为救济难民而设，但只是一个临时性的议事协调机构，横跨数个部门，组织不全，事权不专，效率不高。一方面，该会所有职员由行政院、财政部、实业部等部门抽调而来，除一二人是专任外，其余均为兼任，各有其本职工作，无法专注于难民救济事务。因各单位间不相隶属，指挥监督更是困难。

①《回民言论》(重庆版)第 1 卷第 9 期，1939 年，第 3 页。

②《非常时期救济难民办法大纲》，中央训练团编：《中华民国法规辑要》(第 1 册)，1941 年 12 月，第 251—256 页。

另一方面，该会是战时组织，与平时主管救济机关事权划分不清，工作难以协调。如各战区救济事项，难民救济总会主张由各地分、支会办理，赈务委员会则主张由该会所派的专员办理，因此“发生事权上之误会与摩擦，赈委会所派之职员，多日未到，形同撤退”①。各省市政府及各地救济分、支会对于救济事项，“凡请示上级机关者，亦有莫知所从之感”②，各级赈济和救济机关因此上下公文往返，浪费大量人力、物力和时间。

为改变这一不合理状况，提高救济效率和救济效果，国民政府不得不调整救济机构，整合全国的救济资源。1938 年 2 月 24 日，国民政府公布《振济委员会组织法》，将中央赈务委员会与非常时期难民救济委员会合并，成立中央振济委员会（简称“中央振济会”）。4 月 27 日，中央振济委员会在汉口组织成立，统辖战时社会救济工作，各省市县赈务会和同级难民救济委员会也进行了合并，组成各级振济会。振济会以“安辑流亡、收拾人心，增强国力，助成抗战建国大业”③为宗旨，以救济战区难民为主要工作，兼及一般性的社会救济。中央振济委员会委员长由行政院院长孔祥熙兼任，聘请许世英为委员，代理委员长职务。比较而言，中央振济委员会地位有所提高，组织更加健全，权力更加集中，责任也更明确。

中央振济委员会成立后，制订《难民输送网办法》，有组织地实施难民收容救济和撤退工作。难民输送网的主要任务有：“运送难

①《杨君劢、吴时中致内政部报告》（1937 年 11 月 11 日），中国第二历史档案馆藏国民政府内政部档案，一二/4395。

②《杨君劢、吴时中致内政部报告》（1937 年 11 月 11 日），中国第二历史档案馆藏国民政府内政部档案，一二/4395。

③《行政院关于振济工作之报告》（1941 年 10 月至 1942 年 8 月），《国民党五届十中全会行政院工作报告》，1942 年 9 月。

民并负责运送期间的饮食茶水、医疗救济；就地安置难民参加生产和工作；帮助解决难民的交通工具，协调、组织难民集体步行流徙。”①难民输送网主要由三大块构成：一是附设于各大战区难民救济区；二是各运送配置难民总、分站；三是各省市县的振济会组织。② 前两个是中央振济会的非常设机构，根据战局需要随时裁撤、迁移和归并；后一个则是常设的救济机构，隶属各级地方政府，业务上接受中央振济会的监督和指导。此后，中央振济会逐步建立并完善难民救济、输送和安置网络。

第一，设立难民救济区。鉴于“战区日广，难民激增，为便利救济起见，特定分区救济办法”。③ 中央振济委员会将全国划分为数个救济区，附设于各大战区，下设办事处或振抚工作队，作为振济委员会的派出机构。各救济区的工作主要有：督促推进各省市县难民救济委员会分、支会工作，对难民实施收容及运输，负责难民的给养、保卫及救护事宜，难民管理及配置，难民财产损失登记和报告，等等。各救济区工作人员与战区驻军机关配合，一旦遇有战事发生，即派员随军队赴战区收容、救济和疏散难民，施放急赈等。难民救济区设置情况如下：

> 第一救济区，辖京沪沿线及浙江、苏北，难民由上海至浙江，经浙赣线至南昌，再经赣江运送至赣南安置；
>
> 第二救济区，辖皖北、鲁南，分别向潼关、光化、谷城以及赣南等地安置；
>
> 第三救济区，辖皖南及苏浙边境，难民经皖南向赣东、赣

---

① 孙艳魁：《苦难的人流——抗战时期的难民》，第 158 页。

②《难民输送网办法》，中国第二历史档案馆藏国民政府内政部档案，一二（2）/2244。

③《救济难民，振委会办理中》，《申报》（汉口版），1938 年 6 月 8 日，第 2 版。

南一带安置；

第四救济区，辖鲁西、豫东南、冀南(含皖中皖西)，向豫西南、赣南、陕南、川北安置；

第五救济区，辖豫北、晋东，经陇海路或洛潼公路至潼关，转送至陕南、川北；

第六救济区，辖绥察、晋北及陕北，难民主要向陕北输送安置；

第七救济区，辖豫西、陕东、晋南，难民经西安潼关，向陕南、川北安置。

后方：以汉口为中心，分以下几路运送难民：沿武长公路向湖南输送；沿长江向川东输送；经粤汉路向广西、贵州输送；经粤汉路转株萍路至樟树镇，再沿赣江向赣南输送。①

由此可知，第一至第四救济区均有部分难民输送往赣南安置，此外，武汉也有大量难民运送至赣南，可见江西是战时难民转运与安置的重要省份。后来，随着战局的发展，各救济区所管辖的范围有所调整，有些救济区因战事结束而撤并或移往他处，有些地区则因战事爆发而增设新的救济区。中央振济委员会成立后，先后设立 10 个救济区。②

第二，建立难民运配站。振济委员会在安全区各省设立若干难民运配站，沿途办理难民的收容、救济、输送、配置和救护等事项。难民运配站有总站和分站两种。总站一般设于交通要道或省会城市，如汉口、衡阳、株洲、南昌、郑州、西安、桂林、重庆等；总站与总站之间沿线的县城设分站。在输送路线沿途各县间，每隔 30

① 《难民输送网办法》，中国第二历史档案馆藏国民政府内政部档案，一二(2) /2244。

② 秦孝仪主编：《革命文献》，第 97 辑，第 448 页。

或40里设难民招待处，给沿途难民提供食宿等帮助，并由各总站派人或请当地驻军护送难民，依次接运，直至到达配置地区为止。各总站和分站的设立，根据战局变化、难民数量及流向的变化而有所调整。1938年，振济委员会先后设立总站26处，分站132处，招待所166处。① 到1942年6月，全国仅剩下5个总站，分别是：洛（阳）潼（关）、吉（安）泰（和）、金（华）鄞永（嘉）、衡（阳）株（洲）邵（阳）、昆明。② 抗战期间，中央振济委员会先后在国统区15省设立总站38处，总站、分站、招待所共计351处。③

第三，成立各省市县振济会。1938年初，行政院颁布实施《各省振济会组织规程》，国统区各省陆续将省赈务会与难民救济委员会合并，组织成立各级振济会。省振济会一般以省政府主席为主任委员，其余委员则从省政府委员、省党部委员及各民间团体、地方知名士绅中选聘。先后设立22个省级振济会，各省所属市县振济会1 143个，连重庆市振济会，共1 166个单位。④ 各省市县振济会的主要任务是救济、安置、配送本地区的难民或是途经本地的外省难民。如江西省振济会在省内设立若干难民收容所，将本省和途经本省的难民运往后方各省，或者运送至本省安全区域各县安置。

此外，中央振济会还根据需要，附设有难民组训委员会、空袭紧急救济联合办事处、难童救济教养院、育婴所和学校、难民工厂（后来改称振济工厂）、小本借贷处、职业介绍所、难民施诊所及巡回医疗队等难民救济机构，分别开展各种临时性救济工作。

---

① 秦孝仪主编：《革命文献》，第97辑，第376页。

② 秦孝仪主编：《革命文献》，第96辑，第51页。

③ 秦孝仪主编：《革命文献》，第96辑，第51页。

④ 秦孝仪主编：《革命文献》，第96辑，第52页。

难民输送网的建立，有助于减少难民的盲目流动，实现难民的有序后撤，提高难民救济的效率，减轻难民撤退过程中的痛苦。随着战局稳定，以及难民生产安置工作的推进，各省市县所收容的难民人数逐渐减少。截至 1942 年 8 月底，全国各省收容难民平均在 10 万人以上，比 1941 年初减少将近半数；到 1943 年，平均每省收容人数已不足 10 万。[①] 自 1938 年 4 月起，至 1944 年 2 月底止，统计各救济区救济难民人数为 8 847 208 人；各省市振济会救济难民人数为 10 716 154 人；各慈善机关团体救济难民之人数为 30 151 531人。三项共计为 49 714 893 人。自 1938 年 4 月至 1944 年 12 月，各运配总站共计运配难民 2 651 998 人。同期由各省市振济会收容的难民，共计 3 914 029 人，均以老弱疾病者为对象。[②] 可见战时难民的救济工作取得了积极成效。

难民救济政策和措施是否科学合理，深刻影响抗战前途。难民救济分为消极救济和积极救济两种，各有优点和不足。消极救济主要是指发放救济金、药品、食物和衣物等，重在战局初起时保障难民基本的生活需要；对于老弱病残幼等没有劳动能力的难民，则设法长期收容救济，这是政府的职责所在。虽然消极救济十分必要，并且取得了重大成效，但大量难民于收容所内坐食山空，不但耗费宝贵的社会资源，且易养成难民不劳而获的懒惰性格，故消极救济是一种治标不治本的救济方式，只适用于临时性的紧急救助，或难民中无劳动能力的群体。与消极救济不同，积极救济注重协助难民参加各种生产经营事业，促使其自食其力，以减低资源消耗，厚积抗战的物质基础，是治本之策。行政院认为，难民救济"一

① 秦孝仪主编：《革命文献》，第 97 辑，第 433 页。

② 秦孝仪主编：《革命文献》，第 96 辑，第 9—10 页。

面固为保卫难民之安全，一面则在妥为配置，俾能致用”。① 也就是说，难民救济不但要救护冻馁伤亡，更应切实调查难民的技术能力，配置适当的工作，以减少失业恐慌，维持社会秩序，并增加后方生产。这样，不但可以使难民从需要救济的对象变成自食其力的劳动者，从根本上解决难民生计问题，而且还可以为抗战贡献一份力量。为此，国民政府主要对难民采取积极救济的方针，规定对有劳动能力的难民，在收容两个月后，一律安排参加各种生产。拒绝参加生产的，则停发其给养。积极救济主要有职业介绍、技能培训、小本借贷、难民工厂和移民垦荒，等等。

国民政府自全面抗战之初即确立了消极救济和积极救济相配合、以积极救济为主的方针。1937 年 10 月 9 日，非常时期难民救济委员会召开会议，通过《疏散及配置难民工作大纲》，提出难民救济的基本目标是：解决难民生活，安定社会秩序，在此基础上增加后方生产，充实抗战力量。该大纲提出三项具体工作：一是调查统计难民的数量、籍贯、职业、技能、志愿等，以作为难民配置的依据；二是筹划容纳难民的区域及场所，以后方或内地的垦殖区域中比较能谋持久生活者为宜，主要是农场、工厂、矿山及各种临时建设事业；三是在可能的范围内，以难民的籍贯、年龄、性别、职业技能和志愿等为标准，进行疏散和配置，以便悉数参加各种生产事业。② 这一工作大纲的核心思想是根据难民的年龄和职业技能，有针对

① 《行政院训令(第 105250 号)》，1937 年 9 月 9 日。《非常时期救济难民与难民垦殖案》，台北：“中央研究院”近代史研究所档案馆藏国民政府实业部档案，17－20－030－02。

② 《非常时期救济难民委员会总会第三次委员会议记录》，《非常时期救济难民与难民垦殖案》，台北：“中央研究院”近代史研究所档案馆藏国民政府实业部档案，17－20－030－02。

性地安排其从事各种生产工作，体现了积极救济的思想。此后，非常时期难民救济委员会积极推动各省设立难民收容所，拟定配置难民计划，确定配置难民人数。同时，与各工厂、矿山、农场及筑路机关商洽配置难民办法，安排难民从事各种生产工作。

小本贷款。即由救济机关向难民提供小额贷款，供其经营小本生意。中央振济委员会自 1939 年开始举办小本贷款，至 1942 年共计成立贷款处 84 个，贷款金额 501.7 万元。1939 年贷出 30 万元，1940 年增拨 145 万元，1941 年增拨 200 万元，1942 年增拨 126.7 万元。贷款金额标准分为三种：甲种为 50—200 元，乙种为 100—400 元，丙种为 200—800 元，均为无息贷款。此外，中央振济会还委托中国红十字会等民间组织办理贷款业务。据 1943 年 1 月统计，各贷款机关共贷出 13 925 324 元，若以 40 元救济一人计，受惠人数约达 33 万余人。①

介绍职业。自 1941 年起，中央振济会分令各救济区、运配站、救济分会等设立难民职业介绍所，为难民介绍工作，协助其谋生。截至 1941 年底，共成立难民职业介绍所 91 个，1942 年度增至 168 个。1941 年度介绍就业难民 101 444 人，1942 年 1 月至 11 月介绍就业难民 645 403 人。②

入厂做工。中央振济委员会设立难民工厂，招收缺乏工作技能的难民入厂培训，待其掌握工作技能后，即安排他们出厂自谋职业，或者代为介绍工作，再招收其他难民入厂培训。自 1939 年至 1941 年，中央振济委员会先后成立难民工厂 19 处，振济女子工艺社、振济妇女工艺所、振济实验农场各一处，分别设于川、康、湘、

① 秦孝仪主编：《革命文献》，第 96 辑，第 60 页。

② 秦孝仪主编：《革命文献》，第 96 辑，第 57 页。

滇、皖、粤、闽、陕、甘等省，主要从事纺织、毛织、染料、皮革、造纸、被服、刺绣、藤器、农艺等生产。截至 1942 年底，"各事业共收容训练难民 5 748 人"①。1943 年，训练成熟的难工在 3 000 人以上。② 1944 年度，计收容难工 3 089 人，除训练成熟代为介绍职业或自行出厂就业者外，在厂难工计 1 165 人。③ 期间，部分难民工厂受战事影响或经验不足等原因的影响，有所裁撤、归并，1943 年减为 15 厂，次年减为 13 厂。此外，国统区各省也陆续设立了一些省级、县级难民工厂，如江西省就设立了省属难民工厂 4 个，其中两个是委托经济部江西农村服务区办理，另两个由省振济会办理。另外设立 10 多个县级难民工厂，产品以草鞋、麻袋、布、竹器等手工业产品为主。

难民工厂大多规模小，资金不足，技术含量低，产品利润低下。随着通货膨胀加剧，原材料价格和难民生活成本大幅上涨，再加上招收的难民多为新手，工作效率低，工厂运转十分困难。本质上，难民工厂以收容难民并授予生产技能为原则，是对难民实施技能培训的场所，并非严格意义上的难民救济机关。

总体来看，以上各项措施未能大规模收容和救济难民。比较而言，垦荒无需特殊技能，能吸纳大量劳动力，且农耕生活较为稳定持久，因而逐渐成为国民政府救济安置难民的主要措施。

三、难民移垦的决策

随着战局演进，中国大片国土沦陷，难民急剧增加，生产严重

---

① 秦孝仪主编:《革命文献》，第 96 辑，第 59 页。

② 秦孝仪主编:《革命文献》，第 96 辑，第 71 页。

③ 秦孝仪主编:《革命文献》，第 96 辑，第 85 页。

不足。要坚持抗战，必须加强后方生产。难民是庞大的劳动力群体，安排难民从事生产是全社会的共识，但具体从事何项生产，则需要具体分析。总体来说，难民中的工人，适合安排进入工厂做工；而难民中的农民，则应安排进入农村垦荒，从事农业生产。行政院经过综合考虑，最终确定以“垦殖为配置难民的中心工作”的救济方针，战时难民移垦决策正式形成。

1938 年 10 月，日军先后占领广州和汉口，到 1938 年底，“日寇遂占有了中国土地的 1/3，农业生产的 40%，工业生产能力的 92%”，“敌人摄取了约占总生产量 50%— 55%的地区”。[①] 沦陷的区域多是中国经济发达的区域，如东北的大豆高粱产区、冀晋苏的棉产区、冀豫的杂粮产区、江浙的蚕丝产区、浙皖的茶叶产区、长江三角洲的稻麦产区、沿海的渔盐产区，均先后失陷。据时人估计，沦陷区域中的农田，约占全国已耕地面积的 50% 以上，计有 4 064 243 000公亩[②]，这意味着后方剩余的农地，不到耕地总面积一半，而因战争后撤的政府机关、厂矿企业和大量难民为数颇巨。沦陷区域越大，中国的经济损失就越大。生之者寡，食之者众，后方军糈民食发生严重困难。

中国是个农业大国，工业并不发达，故各厂矿企业并不能容纳多少难民。1937 年 8 月 24 日，国家总动员设计委员会致函实业部，请其会同内政部和中央赈务委员会积极办理灾难民众移民计划。非常时期难民救济委员会首先拟订了“矿山收容难民计划”，征询相关部会意见。关于难民中技术工人的安置，工业司提出四

① 张嘉璈：《旋风式的通货膨胀》，中国人民政治协商会议全国委员会文史资料研究委员会编：《工商经济史料丛刊》第 1 辑，北京：文史资料出版社 1983 年版，第 139 页、146 页。此处统计数据原文如此，存疑。

② 李积新：《垦殖合作之经营》，《合作事业》第 2 卷第 12 期，1940 年，第 21 页。

项建议：一是后迁的工厂应优先雇佣原有的工人；二是应调查难民中技术工人的年龄、性别、技能等，以便介绍工作；三是复工及扩充生产量的工作应尽先雇用难民中的技术工人；四是曾受政府奖励的工厂应尽量容纳难民中的技术工人。劳工司对此表示赞成，并认为全国国营及公营企业应尽量容纳难民中的熟练工人；对于不熟练的工人，可以安排参加筑路、水利兴修等工作；难民中的老弱妇孺，应在后方适当地点筹设养老院、教养所收容。[①] 安排难民入厂做工虽然相对较为快捷，但也并非易事。因为，战区后方较大的在地面上露天工作的矿场，沿江一带只有鄂、皖各省铁矿，但因受军事影响，加上禁止出口，已全部歇业。剩下的数处煤矿，也不适合安排难民工作。首先，煤矿均是坑内作业，比地面上的农场、工厂辛苦百倍，且危险性较大；其次，矿工必须经过相当时期的训练，才能单独工作，一般难民在短时间内不容易掌握工作技能；再次，各煤矿普遍规模不大，只能维持原有工人生活，无法容纳更多难民。长江以北的各大厂矿企业，平汉铁路沿线各大煤矿，因受战事影响，至1937年11月间多数已经停工，失业矿工已经很难安置，更不要说接收难民了；津浦铁路沿线较大煤矿，因受敌机轰炸，运输滞碍，不得不减产裁工，以求收支相抵，遣散旧有员工已经十分困难，更无法增添未经训练的新工人。因此，矿业司明确表示，非常时期难民救济委员会所拟以矿山收容难民的计划，“根据目前情况，战区后方各矿，实无法收容”，“安插难民，当以垦荒为最易实

---

①《国家总动员委员会致内政部、实业部、振务委员会第2034号函》，《非常时期救济难民与难民垦殖案》，台北：“中央研究院”近代史研究所档案馆藏国民政府实业部档案，17-20-030-02。

施，能收速效之事”。①

内政部也认为，同入厂做工，或者筑路、兴修水利等临时性工赈相比，移民垦荒能容纳更多难民，且更能长久安置难民，稳定难民生活；而且，垦荒对难民无特殊技术要求，只要智力正常，有一定体力即可，救济难民的方法“最好是垦荒”②。

另外，从增加粮食生产的角度来看，增产粮食的途径有多种，如改良品种、增加肥料、改良农具、防治病虫害等。据时人测算，改良品种可增产约10％，防治病虫害可增产约15％，但这些方法均受“边际效应递减律”所支配，效果有限。开垦荒地可以迅速扩大种植面积，一定程度上弥补被日军占领的粮食产区的损失。因此，抗战时期快速增加后方生产，垦殖是最重要、最快捷的途径，诚如时人所指“在短时期中，欲谋大量之增产，莫若垦辟荒地最为迅速而有效”。③

1937年8月31日，内政部召集实业部、中央赈务委员会开会，商讨难民救济问题，拟定四项原则，决定实行难民移垦：

(1) 垦民登记由各地赈务机关办理，汇送中央赈务委员会移往垦区，给地垦殖。

(2) 关于垦区的划定，由内政部、实业部派员分赴江西、湖北、广西、四川各省政府妥为商洽，并协助办理垦区一切规划事宜。

(3) 垦区采集体农场制为原则。

---

①《矿业司签呈》(1937年11月8日)，《非常时期救济难民与难民垦殖案》，台北：“中央研究院”近代史研究所档案馆藏国民政府实业部档案，17－20－030－02。

② 中国国民党中央执行委员会宣传部编印：《四年来的内政》(1941年7月7日)，第22页。

③ 李积新：《垦殖合作之经营》，第21页。

(4) 垦区经费以二十六年度国家总预算所列垦殖专款一百万元为基金,不足金额,呈请中央另行指拨。①

这次会议确定难民移垦主要由振务机关办理,垦区采取集体农场制,并决定先行在江西、湖北、广西、四川等荒地较多省份实施难民移垦计划。这几项规定虽然较为笼统,却成为后来实施难民移垦的重要原则。

9月27日,内政部、中央赈务委员会再次召集会议,讨论国家总动员设计委员会有关灾难民移民计划,决定由内政部、实业部先行致电有关省份,将各省垦地面积以及容纳垦民人数详细调查呈报,然后再派员前往各省商洽并划定垦区。②

这一时期,部分难民为敌伪所利用,以人力资敌,为国民政府军事委员会所察觉,亦凸显了移民垦荒的紧迫性。10月18日,军事委员会致函实业部,提出《肃清汉奸办法》,其第七项办法为:"移送难民从事生产耕耘者,由政府向地主租地,或垦官荒;从工者则令其修筑公路等,以安定难民之生活为目的,以工代赈为原则。"③10月20日,内政部、实业部致电江西、湖北、广西、四川四省政府,决议由四省政府划拨可以开垦的荒地,并呈报荒区面积及容纳垦民人数。10月26日,行政院催令内政部、实业部,要求两部根据各

---

①《实业部、内政部、振务委员会复国家总动员设计委员会密函》,《非常时期救济难民与难民垦殖案》,台北:"中央研究院"近代史研究所档案馆藏国民政府实业部档案,17-20-030-02。

②《非常时期救济难民与难民垦殖案》,台北:"中央研究院"近代史研究所档案馆藏国民政府实业部档案,17-20-030-02。

③《实业部致军事委员会第四部函(第3077号)》(1937年10月28日),《各省救济难民垦殖案》,台北:"中央研究院"近代史研究所档案馆藏国民政府实业部档案,17-20-030-01。

地实际情形，选定荒地及适当农场、工厂、矿山，收容难民垦荒与参加生产；拟定难民垦荒及参加生产事业计划书，并尽快分别实施。①鉴于难民移垦事务日益紧迫，11 月 10 日，实业部、内政部和财政部共同召开会议，首次专题讨论难民移垦问题，决定由实业部拟订“难民垦殖实施办法大纲”，呈送相关部会审核。11 月 13 日，三部再次召开会议，修正通过实业部所拟《非常时期难民垦殖实施办法大纲草案》，并送行政院审核。大纲指出：“难民移垦不独为救济失业维持后方之计，且可利用荒地增加生产以充实资源，诚非常时期急要之图。”②这是国民政府制订的首个有关难民移垦的专门法规，战时难民移垦事业正式进入立法程序。与此同时，国民政府为安置更多难民，决定扩大移垦范围。11 月 13 日，实业部致电湖南、安徽、陕西三省尽快划拨垦区，接收难民。

1938 年初，孔祥熙就任行政院院长，随即在行政院会提出“救济难民抚辑流亡”案，交非常时期难民救济委员会办理。为此，非常时期难民救济委员会拟具《救济难民抚辑流亡实施办法十条》，正式确定“垦殖为配置难民中心工作”，③要求各省市振济会积极救济难民，劝告各慈善团体广设收容所，将难民疏散到谋生较易、交通便利、远离战区的地方安置；同时要求各省市救济分会、支会调查登记难民年龄、技能、职业等，将难民分为壮丁、农夫等组，就地与各工厂、农场、矿山、垦区、筑路机关或师管区接洽，安排难民参加生产事

---

①《行政院训令(济 5934 号)》(1937 年 10 月 26 日)，《非常时期救济难民与难民垦殖案》，台北：“中央研究院”近代史研究所档案馆藏国民政府实业部档案，17－20－030－02。

②《非常时期救济难民与难民垦殖案》，台北：“中央研究院”近代史研究所档案馆藏国民政府实业部档案，17－20－030－02。

③《救济难民抚辑流亡孔在行政院提案救济总会令实施》，《申报》(汉口版)，1938 年 1 月 16 日，第 2 版。

业，或补充军队及协助军事运输。对于无法配置的难民，由中央振济会统筹垦殖办法，分别移送各垦区从事开垦。非常时期难民救济委员会首期划分陕甘、川滇及湘桂三大垦区，以容纳黄河、长江、珠江三流域下游难民，实行开垦。[①] 1938 年 1 月 15 日，行政院训令内政、经济两部，依照非常时期难民救济总会以上所提意见，拟具实施计划。两部随即召集会议，商定由非常时期难民救济总会负责办理难民垦荒，并由总会召集内政、财政、经济三部开会讨论具体实施办法。

开垦荒地、发展生产是复兴农村、支援抗战的重要举措。随着难民日渐增多，国民政府对此也更加重视。蒋介石指令“关于战时移民于川甘各省屯垦事宜，应由行政院规定整个计划实施”。[②] 行政院也认为利用各省荒地实施垦殖是“谋根本救济难民生计的切要之举”，[③]指示相关部会加紧研究对策。1938 年 1 月 28 日上午，内政、经济两部召集会议，决定在实业部 1937 年 11 月拟定的《非常时期难民垦殖实施办法大纲草案》基础上，经过修订，重新拟订《难民垦殖实施办法大纲》，划分陕甘、川滇、湘桂三大区域，大规模移送难民垦荒。两部认为难民垦殖属于难民救济事业的一种，为节省开支，决定不再另设机构，由非常时期难民救济总会及分会负责办理。该办法将难民移垦事务划分为两个阶段实施。第一阶段由

---

① 《非常时期救济难民与难民垦殖案》，台北：“中央研究院”近代史研究所档案馆藏国民政府实业部档案，17－20－030－02。

② 《经济部、内政部呈行政院》（1938 年 1 月 31 日），《非常时期救济难民与难民垦殖案》，台北：“中央研究院”近代史研究所档案馆藏国民政府实业部档案，17－20－030－02。

③ 《行政院（训令汉字第 1083 号）》（1938 年 3 月 3 日），《非常时期救济难民与难民垦殖案》，台北：“中央研究院”近代史研究所档案馆藏国民政府实业部档案，17－20－030－02。

非常时期难民救济委员会负责实施，主要是进行难民的调查、审查和登记，并将审查合格的难民运送至垦区。非常时期难民救济委员会在完成第一阶段筹备工作以后即算任务终了。第二阶段，主要是难民在垦区的生产生活的组织管理及经营垦殖等问题，由内政部、经济部督促地方政府主持办理。① 从大纲的安排可知，难民移垦的两个阶段分别由非常时期难民救济委员会和地方政府负责实施，国民政府并未打算设立专门的移垦管理机构实施难民移垦计划。《难民垦殖实施办法大纲》规定了移垦的实施机关、实施步骤、垦民管理和经费来源等，虽然较为笼统，但是大体确定了战时难民移垦的基本原则。

非常时期难民救济委员会事权不明、责任不专，垦务更不是其专业，推行起来存在诸多不便，进展缓慢。中央振济委员会成立后，战时难民移垦事务也划归中央振济委员会继续办理。2 月 25 日，行政院召集内政部、军政部、财政部、经济部、交通部等五部门开会，讨论《难民垦殖实施办法大纲》的执行问题，一致认为难民移垦由经济部筹办较好。经济部代表卓宣谋表示赞成，但同时认为“本案垦殖专重救济难民，事关两部以上，非寻常垦殖可比”②，建议由相关部门共同办理。后经会议讨论，决定由经济部、内政部、振济委员会统筹，并督促各省政府办理。至此，《难民垦殖实施办法大纲》基本定案，经行政院第 352 次会议决议通过，于 1938 年 3 月 3 日公布。3 月 10 日，经国民政府备案，《难民垦殖实施办法大纲》

① 《经济部、内政部呈行政院》(1938 年 1 月 31 日)，《非常时期救济难民与难民垦殖案》，台北：“中央研究院”近代史研究所档案馆藏国民政府实业部档案，17 - 20 - 030 - 02。

② 《行政院训令(汉字第 1083 号)》(1938 年 3 月 3 日)，《非常时期救济难民与难民垦殖案》，台北：“中央研究院”近代史研究所档案馆藏国民政府实业部档案，17 - 20 - 030 - 02。

正式实施。①

《难民垦殖实施办法大纲》共12条，对于移垦难民的资格限定为：身体强壮能耐劳苦者，无嗜好者，能耕作者。难民移垦经营制度分为三种：一是集团农场制，凡有工作能力之独身难民属之；二是贷款垦民制，凡有工作能力并有家眷，绝对无法生活或资力不足者；三是招垦制，凡难民有资力自耕者，应尽量鼓励其承领荒地从事垦殖。在中央与地方责任划分上，规定除中央指定区域由中央自行办理外，以地方办理为原则，中央对于地方办理垦殖应予以经济上及技术上的协助。难民在输送期间以及到达垦区尚未从事垦殖以前无力生活者，由政府设法维持。② 修正后的《难民垦殖实施办法大纲》扩大了实施难民移垦省份的范围，规定就各省荒山荒地划分区域分别办理，有利于发动各省大规模移送难民垦荒。中央振济委员会、经济部、内政部遵照行政院指示，随即组成“中央主管垦务机关”，负责办理难民移垦事务，由经济部具体指导垦殖业务。该大纲明确了难民移垦的具体负责机关、移垦难民的资格条件、垦区的经营制度、中央政府和地方政府的责任划分等等，使难民移垦事业的普遍推行有了统一的具体标准。

1938年3月，中国国民党临时全国代表大会在汉口召开。此时，大量难民群集武汉，参会代表纷纷认为“当时急务，莫过于移殖垦荒”③。大会通过《抗战建国纲领》，提出“以全力发展农村经济，

---

①《国民政府指令(渝字第201号)》(1938年3月10日)，《非常时期救济难民与难民垦殖案》，台北：“中央研究院”近代史研究所档案馆藏国民政府实业部档案，17-20-030-02。

②《难民垦殖实施办法大纲》，《非常时期救济难民与难民垦殖案》，台北：“中央研究院”近代史研究所档案馆藏国民政府实业部档案，17-20-030-02。

③《十年来之经济建设》，载谭熙鸿主编《十年来之中国经济(1938—1947)》(下册)，中华书局1948年版(南京古旧书店影印发行，1990年版)，V24。

奖励合作，调节粮食，并开垦荒地疏通水利”[1]。大会制订的《非常时期经济方案》，确定非常时期经济建设的七大原则，其中两项为："推进农业以增生产"，"筹办工垦以安难民"。会议认为，难民"对于生产工作，可以用力之处甚多，其最要者，厥为垦荒"。[2] 国民政府将"筹办工垦以安难民"作为战时经济的一项主要原则确定下来，并认为救济难民最重要的手段就是垦荒，足见国民党中央对于难民移垦的重视。

4 月 10 日，行政院令发《非常时期难民服役计划纲要》，规定非常时期难民服役，"分为兵役和工役两种，工役又分为筑路（铁路公路及军用路）、治水、垦荒、军事工作（运输、掩埋等）、自卫工程等"，并且规定"难民服何项役务，以依从本人志愿为原则，但如认为必要时，政府得统制支配"。[3]《非常时期难民服役计划纲要》明确规定垦荒属于服役的一种，从而使移垦难民可以免于被征服其他役务，有利于难民安心垦殖，发展生产。

1938 年 6 月，经济部制订《抗战建国经济建设实施方案》，作为抗战时期经济建设的方针。关于农业方面建设，提出"战区难民宜移殖垦荒，移民开垦西南、西北荒地"。[4] 至此，难民移垦事业正式成为战时国家经济建设的一项主要原则，这无疑有利于凝聚国民政

① 《中国国民党抗战建国纲领》（1938 年 4 月），《教育部公报》第 10 卷第 8 期，1938 年，第 8 页。

② 《非常时期经济方案》（1938 年 3 月 30 日国民党临时全国代表大会通过），浙江省中共党史学会编：《中国国民党历次会议宣言决议案汇编》（第 2 分册），1986 年（内部版），第 378 页。

③ 《非常时期难民服役计划纲要》〔《行政院训令（汉字第 1561 号）》，（1938 年 4 月 10 日）〕，《云南省政府公报》第 10 卷第 51 期，1938 年 5 月 14 日，第 33—34 页。

④ 《十年来之经济建设》，载谭熙鸿主编《十年来之中国经济（1938—1947）》（下册），V24。

府和全社会的共识，整合全国资源，推动难民移垦事业的发展。

1938年7月，第一届国民参政会在汉口开幕，参会代表极力主张推行难民移垦，并提出多项提案，推动政府实施。嗣后，内政、经济、财政等部和振济委员会依据第一届国民参政会关于难民移垦各提案，在《难民垦殖实施办法大纲》的基础上，重新拟订《非常时期难民移垦规则》。1938年10月15日，国民政府公布实施《非常时期难民移垦规则》，[①]同时废止《难民垦殖实施办法大纲》。与《难民垦殖实施办法大纲》相比，《非常时期难民移垦规则》的内容更加详细，也更具有操作性。关于垦殖经营方式，明确规定分为国营、省营和民营三种，并以省营为主，进而明确了战时难民移垦的责任主体。国营垦区由中央主管垦务机关办理，省营垦区由省政府办理，民营垦殖方式根据主体不同分为农户、农业合作社、特许团体机关等种类。各省政府须设立垦务委员会，专门负责移送难民垦荒，并由中央各派一到两人参加各省垦务委员会。难民移垦是一项长期事业，故难民一经移送垦区，非有特殊事故并经垦务主管机关核准者，不得任意迁出。此一规定旨在防止难民以垦荒为由，骗取救济经费或者国家贷款而不事耕种。按照要求，中央主管垦务机关、地方政府及垦区管理机关须先行筹划垦区的治安、水利、交通等事项，并在垦民到达前办理完竣。鉴于难民移垦同财政关系紧密，中央主管垦务机关后来又增加了财政部，以经济部、内政部、财政部和中央振济委员会四部门，统筹办理全国难民移垦事宜。

关于荒地地权的处理，《非常时期难民移垦规则》规定公荒直接分配垦民耕种；私荒必须申报地权，并在规定期限内垦种。为了

① 《非常时期难民移垦规则》(1938年10月15日)，《经济部公报》第1卷第19期，1938年，第837—841页。

鼓励私荒所有者开垦荒地，特规定私荒由原所有权人复耕或开垦的，可免缴以前所欠的捐税；逾期不垦种的，处理方式有三种：

> (1) 强制租佃与垦户。租佃契约的方式由垦区管理机关规定，其租额不得超过该土地正产收获总额的 15%，并自开垦之年起，免缴田租三年至五年。
>
> (2) 强制卖与垦户。由垦区管理机关按照当地最低荒地价格规定地价及支付方法与年限，令所有权人直接卖与垦户，地价分期支付，其年限不得少于十年，于收获后为之。
>
> (3) 强制征收。由垦区管理机关按当地荒地最低价格给价征收，并得以政府公债支付，其地分配垦户耕作后，地价由垦户分期偿还政府，年限不得少于十年，于收获后为之。①

如果私荒超过三年不申报，或不能确认所有权的，则视为公有荒地，直接分配垦民耕种。即便在战争时期，国民政府对私荒的处理仍然遵循“给价赎买”“限期申报”等常规做法，尊重荒地所有权人的合法权利，有利于减少地权清理的难度。难民从战区逃出，经过长途跋涉到达垦区，许多人已经身无分文，专靠救济度日，根本无钱购置田产。关于私荒地价的给付，规定垦民有收获后，分十年偿还，既减轻了难民的负担，又迎合了农民天然的重视购置田产的心理。当然，地权清理费时费力，而难民救济又刻不容缓，故国民政府规定各项地权处理手续未完时，可先将荒地分配垦民耕作，同时办理必要手续，从而为难民到达垦区后尽快垦殖扫除了障碍，不过这也为后来土客之间的地权纠纷埋下了隐患。

《非常时期难民移垦规则》最大的特点就是在荒地地权方面突

---

①《非常时期难民移垦规则》(1938 年 10 月 15 日)，《经济部公报》第 1 卷第 19 期，1938 年，第 837—841 页。

破了《土地法》的限制。国民政府于1936年正式实施的《土地法》规定“公有荒地垦竣后无偿取得耕作权，免纳土地税五年”，而《非常时期难民移垦规则》规定垦民开垦完毕公有荒地后“无偿取得土地所有权，取得所有权之土地应缴纳土地税，但得免缴五年至八年”，这比《土地法》给予垦民的权利大得多。土地是农民赖以生存的物质基础，是农家生活的基本保障。长期以来，农民对土地的渴望从没有消失过。然而，一方面土地因分家析产不断被细碎化，另一方面又不断被少数大地主兼并。很多农民在各种苛捐杂税、不平等交换以及天灾人祸的打击下，一步步沦为半自耕农，乃至佃农，从而滑入灾难的泥潭。国民政府为了鼓励难民积极垦荒，给予垦民土地所有权，同当时盛行的“扶植自耕农”的理念相契合，也是践行孙中山“耕者有其田”的理想的具体举措，是对《土地法》的重大突破。此外，为了扶植难民安心生产，尽早实现自给自足，还规定难民于初垦三年内可缓服兵役，这对于战时的中国老百姓来说，极具吸引力。总体来看，《非常时期难民移垦规则》给予移垦难民许多重大优待政策，对于推动难民移垦的快速实施具有重要作用。

中央主管垦务机关的建立及相关法律法规的颁布实施，标志着难民移垦作为一项国家政策正式形成。国民政府由战前的督垦阶段，进入直接举办垦务的阶段，垦务政策发生根本性的转变。

第二节　江西垦务的发展背景

江西水源充足，气候温暖，土地肥沃，适合发展农业生产。近代以来，江西战火不断，灾荒时有发生，人口锐减，土地荒芜。全面抗战爆发后，江西境内聚集大量难民。在中央振济委员会的统筹下，江西省政府迅速拨补经费，派出人员赴各战区收容、救济难民。难民救济工作逐渐由发放赈款、粮食、衣物等消极救济，向安排难民参加生产、介绍职业等积极救济转变。大量难民的到来，为江西垦务的发展提供了丰富的劳动力。南昌会战后，赣北长期为日军所占领，敌我双方在赣北形成了较为稳定的控制线，这为难民移垦赣西南提供了可能。

一、江西的垦殖环境

江西具有适合垦殖的良好的自然环境。江西除北部较为平坦外，东西南部三面环山，中部丘陵起伏，成为一个整体向鄱阳湖倾斜而往北开口的巨大盆地。全省气候温和，水网稠密，年均降水量 1 341 毫米到 1 943 毫米；无霜期长，为亚热带湿润气候。全省共有大小河流 2 400 多条，总长度达 1.84 万公里，除边缘部分分属珠江、湘江流域及直接注入长江外，其余均分别发源于省境山地，汇聚成赣江、抚河、信江、饶河、修河五大河系，最后注入鄱阳湖，经湖口县汇入长江，构成以鄱阳湖为中心的向心水系，流域面积达16.22万平方公里。鄱阳湖是中国第一大淡水湖，连同其外围一系列大小湖泊，成为天然水产资源宝库。江西是长江三角洲、珠江三角洲和闽南三角洲经济发达地区的共同腹地，境内建有浙赣铁路、南浔铁路，九江港是当时著名的长江口岸城市，交通发达。这些都为发展农业生产提供了较好的客观条件。

江西荒地较多，且多为熟荒①。荒地是垦殖的基础，战前江西

---

① 熟荒是指曾经耕种过但后来荒芜的土地。

荒地面积未进行过准确测量，各方数字不太准确。据江西省水利局战前调查，江西荒地有 1 651 189 亩。① 1934 年，国民政府内政部统计为 1 488 710 亩。② 据刘大钧估计，江西省国土面积远超过苏浙，几乎与湖北相等，而农田只有湖北的 1/4，江苏的 1/2。江西垦殖指数(即耕地面积与土地总面积之比)为 11.2%，只及苏、鄂的 1/4。③民国学者王树藩依据《江西统计年鉴》所载全省土地面积数，以及江西省经委会所估计的农地面积计算，得出江西垦殖指数为 18.5%，而鄂、苏、鲁、湘的垦殖指数都在 40%以上，湖南达到 59%。④ 这个数据同《江西统计》的调查相近。据《江西统计》调查所得，江西全省土地面积共 173 047 平方公里，合 259 569 000 市亩，耕地面积共计 47 383 000 市亩，占土地面积的 18%。⑤ 也有统计指出，江西全省总面积为 269 111 390 市亩，耕地面积为 53 186 762亩。⑥ 即便如此，耕地面积也仅占土地面积的 19.76%。另外，据江西省政府统计室估计，江西省耕地约 52 000 000 亩，约占全省土地面积的 19%。⑦ 唐启宇根据全国土地委员会调查，计算江西的垦殖指数为 20.71%。⑧ 以上各项统计中，刘大钧估计江西垦殖指数最低，只有 11.2%。其余几项统计来源不同、时间各

① 江西省政府统计室编：《江西年鉴》，1936 年。

② 施珍：《成长中之中国垦殖》，《中农月刊》第 6 卷第 9 期，1945 年，第 37 页。

③ 刘大钧：《中国农田统计》，中国经济学社编：《中国经济问题(社刊第 1 卷)》，北京：商务印书馆 1932 年版，第 48 页。

④ 王树藩：《江西人口问题的研究》，《大路月刊》第 7 卷第 4 期，1942 年，第 49 页。

⑤《各县土地面积与耕地面积》，《江西统计》第 1 卷第 1 期，1942 年，第 33—36 页。

⑥《江西难民垦殖事业现状》，《江西统计月刊》第 1 卷第 12 期，1938 年，第 1 页。

⑦《赣全省耕地统计》，《申报》第 22950 号，1937 年 3 月 29 日，第 4 版。

⑧ 唐启宇：《我国土地之垦殖指数与耕地指数》，《实业部月刊》第 1 卷第 4 期，1936 年，第 14 页。

异，但计算得出江西的垦殖指数均在18%—20%，可以认为比较准确地反映了江西的真实情况。相对于邻省来说，江西垦殖指数还是比较低的。

从分布情形来看，荒地主要集中在赣西南和赣东北等地区，其中荒地较多的县份有：宜春152千市亩，新喻1 397千市亩，高安458千市亩，吉水125千市亩，峡江203千市亩，永丰101千市亩，寻乌221千市亩，南城221千市亩，乐安145千市亩，临川934千市亩，东乡357千市亩。① 又据江西省垦务研究会调查，仅江西省吉安县就有成片熟荒15 684亩，吉水有熟荒8 634亩，泰和有熟荒5 260亩，永丰有熟荒5 200亩。②

江西人口稀少，且分布不均。民国以后，军阀干政，局势动荡，工农业生产屡遭破坏，民众饱受战乱之苦。战火所及，土地荒芜，生产凋敝，社会破败，人口大量流失。从民国时期江西历年人口统计来看，虽然各方估计及统计数据有所不同，但总体呈递减趋势，且分布不均衡。

表6　1912—1945年江西人口统计表

年代	户数	人口数	数字来源
1912	4 579 548	23 987 713	前内政部调查报告
1916	4 985 362	25 090 934	同上
1918	—	27 563 000	农商部统计报告
1921	—	20 000 000	九江调查估计
1921	—	24 534 000	海关调查估计

①《各县土地面积与耕地面积》，《江西统计》第1卷第1期，1942年，第33—36页。

②《难民垦荒问题之研究》，《江西统计月刊》第1卷第5期，1938年，第1页。

续表

年代	户数	人口数	数字来源
1922	—	24 466 000	内政部估计
1928	—	20 322 837	同上
1929	—	26 048 823	同上
1931	—	17 567 210	江西分县全图附设
1932	—	18 940 000	本省前经济委员会估计
1933	—	18 638 000	同上
1935	3 055 251	15 690 403	本省民政厅统计
1936	2 924 389	15 391 610	同上
1937	2 863 038	15 185 240	同上
1938	2 805 409	14 236 249	同上
1939	2 634 825	13 667 920	同上
1940	2 591 278	13 464 856	同上
1941	2 700 891	14 367 299	同上
1942	2 631 468	14 216 943	同上
1943	2 704 118	13 761 051	同上
1944	2 789 425	13 431 153	同上
1945	2 809 827	13 475 024	同上

资料来源：李中襄：《江西人口增减之变迁及其原因》，《户政导报》，1947 年第 3 期，第 47—48 页。

总体上看，民国时期江西省人口呈递减趋势，偶有增加，但数量不大。1912 年，江西有 2 398 万余人，1945 年降至 1 347 万余人，减少 1 000 余万人，减少人口占 1912 年总人口的 44%，足见人口损失数量之大。下降较为明显的时期集中在 20 世纪 30—40 年代。1931 年降至 1 756 万余人；红军长征后，1935 年复降至 1 569 万余人。考虑到1935年之前的数字多为估计得来,不太准确,但人口下降的趋势是可以肯定的。1931年,熊式辉继任江西省政府主席后,秉承蒋介石旨意,在江西首推保甲制度,以加强对社会的控制。江西保甲编组完成后,始有较为准确的人口及户口数字。因此,从1935年起,江西的人口统计较为可靠。据江西省政府战后统计,抗战时期,江西人口伤亡达504 450人之多,其中受伤191 201人,死亡313 249人,[①]人口呈继续下降趋势。

江西不但人口较少,而且分布也很不均衡。总体来说,南昌、九江、萍乡等大城市人口密度较高,赣西南、赣东北人口密度普遍较低,这一情况直至抗战期间仍未有根本改变。全省共约266万户,平均每户5.34人,鄱阳湖盆地各县大多在此数以上,赣南各县大多在此数以下。全省土地面积约17.3万平方公里,平均人口密度为81.98人。[②] 其中,鄱阳湖盆地人口密度最高,袁河、锦江及上游信江三流域位列第二,赣江、抚河二流域上游(吉安、南康除外)位列第三。以县份言,南昌县每平方公里269人,人口密度最高。第三行政区宁冈最低,每平方公里27人,该区其他县份人口密度也相对较低,如:吉水每平方公里58.33人、永丰每平方公里45.70人、峡江每平方公里30.39人、泰和每平方公里62.55人、万安每平方公里50.04人、遂川每平方公里47.88人、安福每平方公里40.02人。此外,第四行政区人口密度较低的县份有:崇义每平方公里36.89人,虔南[③]每平方公里34.28人,安远每平方公里35.25人,寻乌每平方公里47.10人。第五行政区人口密度较低的县份有:

① 江西省调查统计处编:《江西抗战损失总报告》,1946年,第4—5页。

②《江西户口分布(1941年6月)》,《江西统计》第1卷第1期,1942年,第43—48页。

③ 虔南,即今江西省全南县。

浮梁每平方公里 39.59 人，婺源每平方公里 30.98 人，德兴每平方公里 27.79 人。第七行政区人口密度较低的县份有：宜黄每平方公里 47.54 人，乐安每平方公里49.15人，资溪每平方公里 33.25 人，光泽[①]每平方公里 30.88 人，广昌每平方公里44.56人，石城每平方公里52.05人。[②] 以上区域，受战争影响，人口伤亡及逃散较多，人口密度普遍较低。除了人口缺乏、分布不均外，江西人口结构也不合理。据江西省政府统计，1941 年 6 月，江西 1 418 万余人中，男性 730 万，女性 688 万，男女性别比为 106∶100。男性中，壮丁约 188 万，占男性人口的 26%，占全省总人口的 13%。[③] 壮丁人数较少，劳动力严重不足，影响农业生产的发展。因此，耕种、栽培、收获等工作，多由妇女、老弱承担。熟田已经无力耕种，开垦荒田更无从谈起。各县督导人员虽然大力劝导农民垦荒，并承诺开垦荒地每亩给奖金 10 元，然而“言之谆谆，听之藐藐，劳力缺乏，实为根本原因。即令勉强开垦，已荒者固可变为熟地，而未荒者恐将变为荒区，割肉医疮，功不补患”。[④]

全面抗战爆发后，江西与前线接壤，大量难民被疏散到江西，其中无力后撤的农民人数很多，志愿从事垦荒者非常踊跃。南昌会战后，敌我双方在赣北形成比较稳固的防线，这为难民移垦赣西南创造了较好的条件。

---

① 光泽原属福建省，国民政府“围剿”红军时期曾短期划入江西省管辖。

②《江西户口分布(1941 年 6 月)》，《江西统计》第 1 卷第 1 期，1942 年，第 43—48 页。

③《江西户口分布(1941 年 6 月)》，《江西统计》第 1 卷第 1 期，1942 年，第 43—48 页。

④ 周鼎：《江西垦殖问题及改进意见》，农林部农业推广委员会编：《农业推广通讯》第 5 卷第 5 期，1943 年，第 31 页。

二、战时江西的难民救济

全面抗战期间，日军长期占据赣北 14 县市，中国军队在江西境内先后进行了赣北、南昌、上高和浙赣 4 次大会战，占抗战时期正面战场 22 次特大会战总数的近 1/5。中国军队的浴血奋战，牢牢坚守住了南昌会战后形成的战线，在前线与大后方之间构筑起一道坚实的屏障，阻挡了日本侵略军西进的脚步。江西既是抗战的前线，也是抗战的后方，境内有大量难民逃出。此外，东南战场江浙沪及武汉等地难民也纷纷被疏散进入江西境内。江西九江一带“沿江西上难民日多，厥状甚惨”。① 南昌撤退时，江西省政府主席熊式辉亲见“沿途难民牵扶盲者，掮行李，赶猪群，不绝于道”，“避难人民犹扶老携幼，陆续南行，风寒割面，惨象不堪入目”。②

为救济难民，1937 年 9 月，江西省政府奉令成立“非常时期难民救济会江西分会”，以民政厅厅长王次甫为主任委员，保安处处长廖士翘、省赈务会主席熊遂为副主任委员。各县市设立分、支会，以县、市长为主任委员，负责难民的收容、运输、给养、救护、管理及配置。分、支会在适当地方设立若干难民收容所，向后撤难民提供食宿、茶水、医药等服务。1938 年 5 月 28 日，非常时期难民救济委员会开会讨论武汉难民疏散及安置办法，决定派出委员分驻武汉区域以外各重要地点，劝导难民就近安置，以阻止难民继续向武汉涌进。先期派驻地点为九江、郑州和六安，九江由黄国勋办理。会后，黄国勋随即携带救济金到九江，考察救济情况。

---

①《申报》(汉口版)，1938 年 6 月 8 日，第 2 版。

② 熊式辉：《海桑集——熊式辉回忆录(1907—1949)》，香港：明镜出版社 2008 年版，第 248 页。

此间，长江下游战区难民纷纷沿江西上，日以万计，江西九江一带难民聚集。黄国勋于5月30日电请中央振济会汇赈济款5万元，交由江西省政府救济难民。① 江西省赈务会于6月1日派人前往九江、彭泽两处收容难民，运送赣南各县安置。自1937年9月成立起，至1939年1月，非常时期难民救济委员会江西分会直接收容难民6万余人，运配江浙皖过境难民240余万至湘粤桂各省，配置到江西省各县安插难民15.9万余人，动支经费43.8万余元。各县市支会共救济难民16万余人，自筹经费5万余元，动支积谷4 000余担。②

为整合全国救济资源，统一规划救济工作，提高难民救济效率，1938年4月27日，国民政府在汉口成立中央振济委员会。11月，行政院颁发《各省振济委员会组织规程》，通令各省市县赈务会和同级难民救济委员会合并，组成各级振济会。1939年4月，江西省政府第1167次省务会议决议，将原有的"非常时期难民救济会江西分会"及"江西省赈务会"合并，改组为"江西省振济会"，从省政府委员、省党部委员及民众团体、地方公正士绅中聘定委员17人。③ 委员会下设总务、财务、救济、查核等四组(后增设筹募组)，每组设组长一人，由委员兼任。5月1日，江西省振济会在战时省会泰和正式成立，主要从事难民救济工作，兼及一般性的灾荒救济。

---

①《振委会拨款，救济难民》(中央社南昌一日电)，《申报》(香港版)，1938年6月2日，第2版。

②《江西省振济会施政报告》(1940年1月至6月)，江西省档案馆藏民国江西档案，J006－1－00072。

③《奉行政院令以原设振济救灾各机关合并设置省振济会》(1939年4月28日)，江西省档案馆藏民国江西档案，J060－2－00003。

表 7　江西省振济委员会名单

主任	常委兼总务组组长	常委兼财务组组长	常委兼救济组组长	常委兼查核组组长	常务委员	委员
熊式辉	熊遂	文群	王次甫	彭程万	刘家树	李德钊
委员	委员	委员	委员	委员	委员	委员
熊在渭	伊敬让	王有兰	梁仁杰	欧阳武	萧赣	许森
委员	委员	委员	委员	总干事		
刘伯伦	张燊云	胡兰	刘厚生	王枕霞		

资料来源:《江西省振济委员会名单》,江西省档案馆藏民国江西档案,J060－2－00003。

江西省振济会由省政府主席熊式辉兼任主任委员,原省赈务会主席熊遂为常务委员兼总务组组长,财政厅厅长文群为常务委员兼财务组组长,民政厅厅长王次甫为常务委员兼救济组组长,省参议会议长彭程万为常务委员兼查核组组长。委员中,王有兰为省参议会副议长;萧赣、许森、刘伯伦、张燊云、胡兰均为省参议员。可见,江西省振济会组织规格高于非常时期难民救济委员会江西分会,有利于整合全省资源,提高救济效率。各市县设振济分会、支会,下设难民运送站、茶水站、收容所,对难民进行收容救济和运送。各县振济会亦于 1940 年春相继组织成立。江西省振济会的成立,标志着战时江西社会救济事业初步实现了整合,江西社会救济事业逐渐由消极的救济工作,转为积极的民众组训与生产建设工作,正式成为政府社会事业的一部分,社会救济在救济理念、制度、程序和救济措施等方面均有所改善,救济效率有所提高。

中央振济会先后在各战区附设 10 个救济区,对难民进行分区救济。其中,第 1—4 救济区均有大量难民输送往江西。此外,武汉聚集的大量难民也有很多经粤汉路转株萍路,疏散到江西樟树,再沿赣江向赣南输送。江西成为战时难民转运与安置的重要省份。中央振济委员会在南昌设立难民运配站南昌总站，并在沿途水陆交通要道设立分站，组织难民后撤。南昌总站下设分站58处，招待所6处。[①] 南昌沦陷后，南昌总站撤至吉安，改设吉(安)泰(和)总站，继续收容、救济和疏散难民。以中央振济委员会运配难民南昌总站为中心，战时江西省内难民运配网主要由赣中线、赣东线、赣东南线和赣西南线4条主线构成。赣中线以吉泰总站为中心，联系南北方向的运配分站，即：永丰、八都、新淦、樟树、新喻、峡江、三曲滩、吉安、凤凰圩、万安、赣县和遂川。赣东线和赣东南线承接来自江浙皖地区难民，赣东线分站有玉山、上饶及弋阳；赣东南线分站有南城、临川、崇仁、广昌、宁都、雩都、兴国。赣西南线主要是将内迁难民运送至西南大后方，分站有永新、莲花、萍乡、宜春、安福和固江。[②] 到1942年6月，全国仅剩5个总站，吉泰总站即是其中的一个，可见江西始终是难民收容、运配的重要地点。

江西省振济会设立直属难民收配所4所，是最接近战区的难民收配机关。每当战事爆发，就将难民收配所移驻到战区附近，配合军队政工人员抢收难民。难民收配所初设临川、新喻、清江、鄱阳4县，后因战局变化，第一所移驻乐平，第二所驻丰城，第三所仍驻临川，第四所移驻上高。1944年长沙会战爆发，中日双方在湖南北部地区作战。战火蔓延至赣西，驻丰城的第二所立即移驻宜春，接收难民。自1943年9月起，至1944年结束止，4所收配所共计

---

① 沈骏达:《振济委员会运送配置难民南昌总站一年来工作报告(1938—1939)》，转引自范静《官方与民间——抗日战争时期江西的难民救济》，硕士学位论文，南昌大学，2018年，第26页。

② 范静:《官方与民间——抗日战争时期江西的难民救济》，硕士学位论文，南昌大学，2018年，第33页。

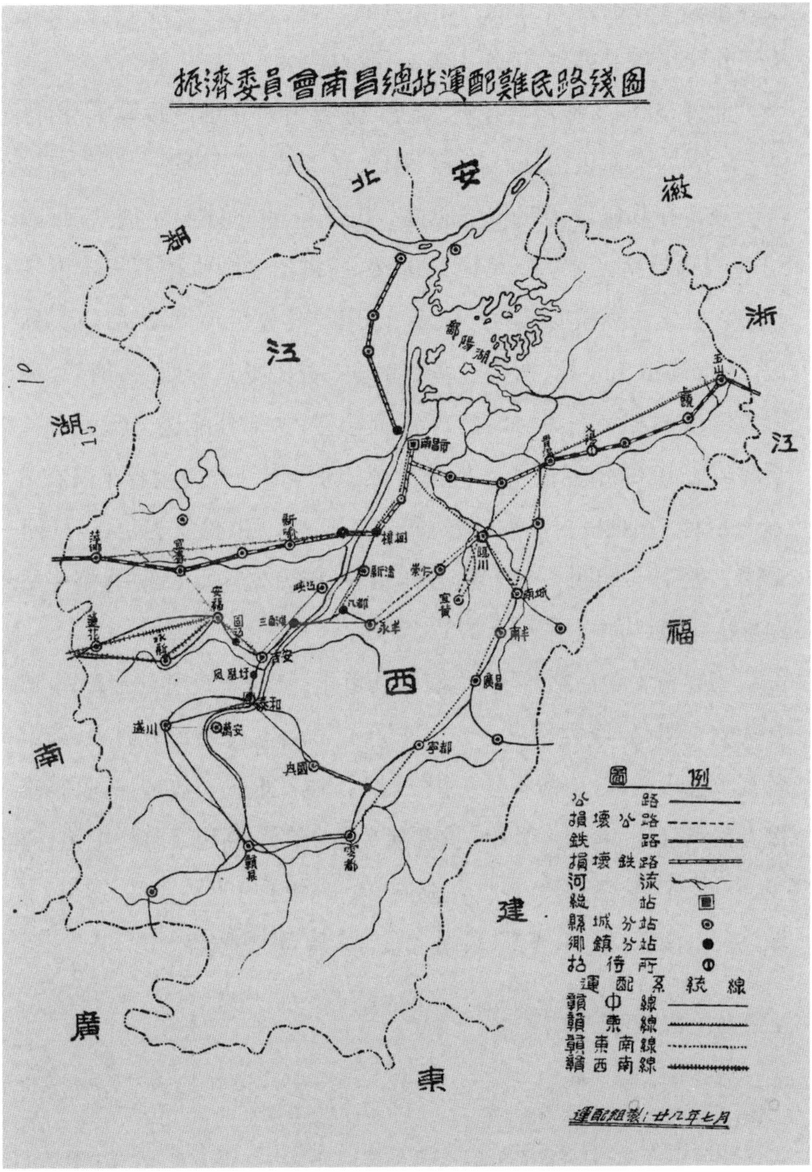

图 1　振济委员会南昌总站运配难民路线图

图片来源：江西省档案馆藏民国江西档案，J016－3－01799－0011。

收容难民 21 009 人。1944 年 12 月底，难民收配所被裁撤，难民收配工作交给各县办理，工作力度有所减弱。

此外，江西省振济会还在水陆交通要道设立难民收容所、招待站、茶水站，沿途供给难民茶水、稀饭等，帮助难民撤退。江西省振济会规定在县城设难民招待总站，相距 40 里之处设住宿站，每隔 20 里设稀饭站，每隔 10 里设茶水站，所需给养食米依照规定由各县积谷开支。据乐安、铜鼓、新淦、南康等县先后呈报设立住宿、稀饭、茶水等站 168 处，招待过境难民。① 难民抵达赣西、赣南后，大多数继续向湘、闽、粤、桂、黔等省份迁移，少部分配送至赣西南各县收容。1939 年春江西省振济会成立后，每月直接收容难民在 8 万人左右。② 难民主要来自苏、浙、皖、赣、粤、湘、豫等省份，以江西最多。至 1941 年止，江西省振济会共设难民收容所 165 所，招待站 248 处，前后共收容难民 1 295 715 人。③

为妥善安置后撤难民，均衡各县负担，江西省政府划定赣南 45 县为安全县份，收容难民，④并根据各县积谷状况及地方财力，确定各县收容人数，以均衡各县负担。此后，随着难民人数增加，收容难民县份增加到 69 个。其中，一级县 8 县：吉安、临川、浮梁、上饶、萍乡、南城、宁都、赣县，每县收容 4 000 人；二级县 10 县：泰和、遂川、丰城、清江、南康、南丰、雩都、兴国、崇仁、大庾，每县收容 3 000 人；三级

---

①《江西省振济会工作报告》(1943 年 9 月—1945 年 3 月)，江西省档案馆藏民国江西档案，J017-1-328。

② 许德瑗：《十年来之江西振济事业》，江西省政府《赣政十年》编纂委员会编：《赣政十年》(12)，1941 年 12 月编印，第 8 页。

③《江西战时救济事业之回顾与前瞻》，《江西统计月刊》第 4 卷第 4 期，1941 年，第 6 页。难民收容所后增至 167 所。

④《本省指定 45 县为收容战区难民地点》，《江西民国日报》，1938 年 3 月 22 日，第 3 版。

县21县：修水、新喻、永丰、吉水、弋阳、贵溪、玉山、乐平、婺源、龙南、瑞金、会昌、信丰、进贤、安福、余干、黎川、宜黄、金谿、宜春、鄱阳，每县收容2 500人；四级县21县：上高、宜丰、寻邬、万载、万安、铜鼓、永新、莲花、上犹、安远、广丰、铅山、万年、余江、东乡、乐安、广昌、石城、崇义、光泽、都昌，每县收容1 500人；五级县9县：新淦、峡江、虔南、定南、德兴、横峰、资溪、宁冈、分宜，每县收容1 000人。①

各县收容难民有的因家乡收复而离开，有的因找到谋生手段而离开，有的被政府选送做工或垦荒，因此难民人数时有变动。以1940年上半年为例：一月份各县共收容难民69 200余人；二月份72 700余人；三月份76 500余人；四月份72 200余人；五月份72 900余人；六月底77 500余人，②每月大体上保持在7万人左右。江西省振济会根据各县收置难民情况，随时进行调整，将各县超收的难民移送邻近县份收容。

表8　1940年6月江西省各县收容难民人数表

第一行政区	铜鼓										
	180										
第二行政区	新淦	清江	新喻	分宜	上高	宜丰	万载	宜春	高安	萍乡	
	1 223	2 085	305	294	779	356	282	1 332	2 744	909	

① 《江西省政府工作报告》(1942—1943年)，江西省档案馆藏民国江西档案，J016-3-3415。1940年3月，江西省调整难民收容县份等级为：一、收容难民2 000人以上至3 000人者为一级县；收容1 500人至2 000人者为二级县；收容1 000人至1 500人者为三级县；收容500人至1 000人者为四级县；收容不满500人者为五级县。暂定一级8县，二级10县，三级21县，四级21县，五级9县。后因难民人数较多，只得将各县收容难民人数上调。

② 《江西省振济会施政报告》(1940年1—6月)，江西省档案馆藏民国江西档案，J006-1-00072。

续表

第三行政区	安福	莲花	永新	吉安	遂川	万安	泰和	永丰	峡江	吉水	
	789	163	1 025	6 413	2 728	464	2 896	1 740	1 372	3 050	
第四行政区	赣县	大庾									
	1 445	99									
第五行政区	都昌	鄱阳	乐平	德兴	浮梁						
	57	492	1 707	354	2 389						
第六行政区	余干	万年	余江	弋阳	贵溪	铅山	上饶	玉山	广丰		
	1 827	1 298	1 027	670	507	740	748	461	1 042		
第七行政区	黎川	光泽	资溪	金溪	东乡	临川	崇仁	乐平	宜黄	南丰	南城
	2 976	241	611	3 079	915	4 915	2 982	954	3 490	3 200	5 044
第八行政区	兴国	雩都	宁都	瑞金	广昌						
	463	111	333	272	459						

注：1. 第九、十、十一行政区系游击区，未收容难民。2. 以上难民总计约 76 000 余人，连同 4 所难民收配所，共计约 77 500 余人。

说明：第七行政区乐平县应属第五行政区，此处“乐平”应为“乐安”之误。

资料来源：《江西省振济会施政报告》(1940 年 1—6 月)，江西省档案馆藏民国江西档案，J006 - 1 - 00072.

各县收容难民人数虽有规定，但接近战区的县份，或交通便利、商业繁荣的县，如临川、南城、吉安等，难民聚集，往往超额收容；而偏远的县份，因交通困难，难民大都不愿前往，无法配送，各县难民收容数量差别仍然很大。表 8 中，大庾、都昌收容人数不到 100 人，而南城、吉安等地收容难民多达五六千人。为均衡各县负担，调剂难民食米，江西省振济会拟定“移粟就民”办法，即划定部分县份不接收难民，而是将应缴的难民食米移送给附近收容难民超额的县份。江西省振济会规定，自 1940 年起，宁冈、南康、信丰等 14 县为移粟县份，每月将应缴积谷移送指定县份，补助给收容超额的县份，移粟县份则不配置难民。① 这一做法的原则是在难民不愿迁移的情况下，通过移送食米来平衡各县的负担。

“移粟救民”办法实行以后，因路途遥远，交通不便，粮食运输费用高、损耗过大而难于执行，各县欠缴积谷现象经常发生。江西省振济会只得要求各移粟县份由县政府会同商会、财委会、积谷仓管委会等各公法团体，照当地时价将应移送积谷出售，所得钱款解缴省振济会，再由省振济会统筹拨交收容难民过多或积谷不足各县，就地买米救济难民。即便如此，拖欠移粟款项情况仍时有发生。南康等 17 县自 1940 年 4 月起，至 1943 年底止，共计“移粟 177 800 石，先后呈缴价款 9 473 738 元，□米 117 046 石 7 升，尚欠 60 753 石 29 升”。② 江西省振济会共收入移粟款 2 906 937 元，配发新喻等 16 县米款 1 074 433 元。③ 1943 年底，随着难民潮趋缓，江西省停止征收移粟款。

大量难民坐食给养，显然不利于抗战的进行，必须尽量安排难民从事生产。为此，江西省政府公布实施《江西省救济难民实施办法》，对于难民登记、收容、给养、管理、教育、卫生等进行了详细规定，并特别注重协助难民生产自救，如其中规定：“有劳动能力的青壮年难民，于收容两个月后，须安排就业，否则停发给养”。④

---

① 具体指定宁冈、南康、信丰、上犹、崇义、龙南、定南、虔南、横峰、安远、寻乌、石城、会昌、进贤等 14 县为移粟就民县份，后增至 17 县。

② 《江西省振济会工作报告》(1943 年 9 月—1945 年 3 月)，江西省档案馆藏民国江西档案，J017－1－328。

③ 《江西省政府工作报告》(1942—1943 年)，江西省档案馆藏民国江西档案，J016－3－3415。

④ 《江西省救济难民实施办法》(1941 年 5 月 16 日)，江西省档案馆藏民国江西档案，J006－1－00165。

难民参加生产的方式主要有入厂做工、开垦荒地、小本贩卖等项。难民中有大量的非农业人口，不适合配置垦荒。同时，随着战区扩大，东南各工业发达地区相继沦陷，工厂生产停顿，生活日用品匮乏，这给战时江西工业的发展带来了机会。建立难民工厂，安排难民从事生产，不但可以救济难民，还可以增加日用品供给。难民工厂的生产主要以纺织、造纸、皮革、毛织等简易手工业为主。1938 年 9 月，经济部指令江西农村服务区管理处参与办理江西难民工厂事务。江西农村服务区管理处受江西省政府委托，于 1939、1940 两年间先后在吉安、赣县创设江西省难民第二、第四工厂，每厂开办费 7 万元。工厂专门生产麻袋，供给江西钨业管理处使用。因管理得当，产品销路好，工厂效益也很好。与此同时，江西省政府还在南丰、遂川设立两所省级难民工厂。至此，江西共设立省营难民工厂 4 所(含江西农村服务区所开办的第二、第四两厂)：第一厂设南丰，第二厂设吉安，第三厂设遂川，第四厂设赣县，共选收难民1 874人，资金共计 276 894 元，其中固定资金 185 529 元，流动资金91 365元。[①] 省振济会与省民政厅、省建设厅共同参与 4 厂生产经营的监督管理工作。

除了 4 所省营难民工厂外，江西省振济会 1939 年还拟订《各县设立难民工厂实施办法大纲》，通令各县筹设难民工厂。各县先后办理难民工厂的有吉安、宁都、南城、宜黄、浮梁、永丰、余江、上饶、湖口、乐平、铜鼓等，固定资金共 143 662 元，流动资金 263 009 元。[②] 出品有棉织、麻织、藤竹、草席、斗笠、布鞋、茶叶、缝纫、卷烟、

---

① 《江西省政府工作报告》(1942—1943 年)，江西省档案馆藏民国江西档案，J016 - 3 - 3415。

② 《江西省政府工作报告》(1942—1943 年)，江西省档案馆藏民国江西档案，J016 - 3 - 3415。

铁器等项。至1945年3月,共选收难民4 654人。[①]

从后来实施的情况来看,难民工厂的运行遇到诸多困难。例如,很多工厂"因资金不敷周转,未能增收难工"[②]。因缺乏资金投入,各工厂规模普遍较小,生产能力有限,盈利较少,工厂运转困难。招收的难工多是新手,工作效率低下,进行技能培训又费时费力。随着通货膨胀加剧,原材料和工人生活成本均大幅上涨,也加剧了工厂的经营困难。因此,难民工厂多处于艰难维持的状态,少数甚至以倒闭告终,更不要说大量招收难民发展生产了。

难民工厂之外,江西省振济会还成立职业介绍所,帮助难民介绍工作,以期难民能够自力更生,减少政府的物力消耗。1941年1月,省振济会派员分赴各县,会同县政府为难民介绍工作。至1941年底,共帮助26 791人介绍工作。1942年,照此方针继续督办,为12 249人介绍工作。[③] 至1942年底,总计介绍职业、配置生产的难民达53 506人。[④]

战时江西难民救济取得了积极成效。以1941年为例,据中央振济委员会统计,在后方的12个难民运配总站中,江西的吉(安)泰(和)总站运配难民41 980人,是运配难民人数最多的总站,占当

---

① 《江西省振济会工作报告》(1943年9月—1945年3月),江西省档案馆藏民国江西档案,J017-1-328。

② 《江西省振济会工作报告》(1943年9月—1945年3月),江西省档案馆藏民国江西档案,J017-1-328。

③ 《江西省政府工作报告》(1942—1943年),江西省档案馆藏民国江西档案,J016-3-3415。

④ 《江西省政府工作报告》(1942—1943年),江西省档案馆藏民国江西档案,J016-3-3415。

年各总站运配人数的25.63%。① 同年,江西省振济会共救济难民293 431人,位居后方各省之首,占后方各省救济总人数的37.20%。②截至1941年底,江西省振济会共救济难民1 026 481人,救济人数仅次于湖北的1 231 549人、江苏的1 083 150人③,位居全国第三。

当然,难民救济工作也存在一定的局限性。因经费缺乏,部分难民给养未能如期发放;随着物价高涨,原定柴米费标准过低,也无法及时增加。如1940年上半年,江西省振济会应发柴菜费216 000元,仅核发131 089元。自该年7月份起,中央振济会虽按月补助江西难民给养费5万元,但依照原定标准,尚不足以维持经常费用及清发积欠给养,更谈不上增加柴菜费了;难民医药卫生设施也无钱筹办,许多难民生病得不到及时的医治。再就生产救济来看,江西省振济会虽订有筹办难民工厂及迁移难民从事垦殖计划,均因缺乏专款难以实施。④ 各难民工厂既无固定资金添加设备,更缺乏流动资金作为周转,遂致无法筹办,或陷于停顿状态。安排难民从事生产自给虽是积极的救济措施,但由于政府财政枯竭,江西省振济会所能救济的难民只是一小部分,大量难民仍只得自谋生路。

总之,全面抗战时期,江西省振济会在资源极其匮乏的情况下,秉持"寓救济于生产"的理念,尽量扶助有劳动能力的难民从事

---

①《振济委员会各运送配置难民总站运送难民人数》,《统计月报》,1941年第56期,第63页。

②《各省市难民救济主管机关救济人数》,《统计月报》,1941年第56期,第63页。

③ 孙艳魁:《苦难的人流——抗战时期的难民》,第189页。

④《江西省振济会施政报告》(1940年1—6月),江西省档案馆藏民国江西档案,J006-1-072。

生产，使其逐渐自力更生，从而节约了宝贵的社会资源，减轻了政府的负担，为争取抗战胜利贡献了力量。

第三节　江西难民移垦制度的建立

战时江西地跨正面战场第三、第九两个战区，境内大军云集，难民众多，军糈民食需求极大。1938 年 7 月，为救济难民、发展生产、支援抗战，江西省政府成立垦务处，负责实施难民移垦事业。江西省垦务处颁布规章制度，制订垦殖计划，以移送难民垦荒为中心工作，初步建立了难民移垦制度，江西的垦殖事业亦由战前的督垦时期转入办垦时期。江西省政府积极实施难民移垦，既希望能救济难民、发展生产，也希望难民能逐渐转化为居民，补充江西历年的人口损失。

一、垦务的规划与设计

江西虽然荒地众多，但战前垦殖事业发展缓慢。自民国建立至 1928 年底，江西全省仅放垦官荒 41 074.5 亩。① 1931 年，熊式辉继任江西省政府主席，提出积极的经济建设计划，力图在短期内恢复江西经济，垦荒自是发展农业、复兴农村的重要内容，备受重视。1934 年 4 月，国民政府颁布《清理荒地实施办法》及《督垦规则》，督促垦荒。彼时，江西虽有大量荒地存在，但缺乏足够人力开垦；垦务机关兴废无常，放垦事务管理松懈；政府虽制订条例规章，有所倡导，但自身并未参与其中，垦务成绩寥寥，是为督垦时期。

全面抗战爆发后，大量苏、浙、皖、冀、鲁、豫等省难民撤到江

① 《江西水利局放垦一览表》，《江西建设公报》第 3 卷第 1 期，1929 年，第 122 页。

西，部分难民及社会团体陆续向政府申请登记，领垦荒地，生产自救。江西省政府对此表示欢迎，积极为各民间团体在江西垦殖提供帮助，如协助华洋义赈会在江西设立难民垦区，与西迁的浙江大学在泰和沙村合办示范垦殖场，协助战区难民移殖协会在吉水县设立垦区，接收该协会从上海战区移送来的难民垦殖。此外，江西省政府还拨款资助难民在泰和、新淦、丰城等县开垦荒地。

在协助民间团体垦殖的同时，江西省政府也在积极筹划省营垦务。1938 年 4 月，熊式辉指示成立“省垦务研究会”，指定刘体乾、熊遂、杨绰庵、熊漱冰、熊在渭、张劼、张福良等 19 人为研究员，以熊遂为主任研究员，陈启华为干事。江西省垦务研究会积极开展垦务研究和调查，制订垦殖计划。垦务研究会组织调查班，由农合会派 4 人，农业院、地政局各派 2 人，水利局、赈务会各派 1 人，分赴第二行政区吉安、吉水、泰和、永丰、万安等 5 县实地调查荒地，共查得荒地 47 891 亩，其中熟荒 34 918 亩，生荒 12 973 亩，可以容纳难民 9 579 人。① 根据调查结果，江西省垦务研究会制订《江西难民垦荒计划》，开始筹划难民移垦事务。

1938 年 3 月，中国国民党临时全国代表大会在汉口召开，通过《非常时期经济方案》，将“筹办工垦以安难民”作为战时经济的一项主要原则确定下来。② 江西省政府主席熊式辉于武汉参会时，趁机向蒋介石提出发展江西难民垦殖事业的计划，获得蒋氏赞成，蒋并表示“如果需要款项时，可由中央指拨”。③ 得到蒋氏首肯，熊式

---

①《难民垦荒问题之研究》，《江西统计月刊》第 1 卷第 5 期，1938 年，第 1 页。

②《非常时期经济方案》（1938 年 3 月 30 日），浙江省中共党史学会编：《中国国民党历次会议宣言决议案汇编》（第 2 分册）1986 年（内部版），第 378 页。

③ 唐启宇：《双十节固江垦殖区破土典礼献词》，江西省垦务处编：《江西省垦务概况》（1939 年 1 月），附录第 6 页。

辉立即将《江西省垦殖事业计划大纲》《江西难民垦荒计划》呈报蒋介石，并分呈行政院、经济部和振济委员会审查。①

根据《江西省垦殖事业计划大纲》规定，首期移垦区域为先前调查的吉安、吉水等5县，该区域熟荒较多，易于垦殖。垦区设施方面，垦民住宅每户一所，耕牛、种子、农具等基本的生产资料由垦区办事处代为采办，分配给各垦户；垦区管理依照江西省编组保甲办法进行，由县政府和垦务管理机关共同办理，使难民安居乐业，并逐渐土著化。由此可以看出，江西省政府在移垦之初，即有通过难民移垦补充江西人口的意图。经营方式上，在大片荒地设立垦区，采取合作经营；零星荒地则以个别经营为原则，垦民编入当地保甲。第一期拟招收一万难民垦荒。

中央振济会审核江西省"万人垦殖计划"后，认为该计划规模过大，难于实施，建议江西省政府将计划缩小到原来的十分之一，先期试办移殖难民1 000人的计划。江西省政府随即修改计划，将其规模缩小至1 000人，获得中央振济会的批准。垦殖经费预算，以每一千人经费73 500元为标准。其中，经常费35 400元，主要用作垦民生活费；临时费38 100元，主要用于建筑房屋，购置农具、家具、耕牛、种子、肥料等。以上每一千人73 500元经费，中央振济会拨发5万元，其余23 500元由经济部农本局贷给。②《江西省垦殖事业计划大纲》中还有一个十分重要的内容，就是为鼓励、推动垦荒事业而规定"鼓励事项"7条措施，即：

(1) 给予土地所有权；

① 《江西省垦殖事业计划大纲组织规程等》，台北："中央研究院"近代史研究所档案馆藏国民政府经济部档案，18－21－16－004－02。

② 《江西省移民垦荒调查表》，江西省档案馆藏民国江西档案，J060－2－00182。

(2) 豁免保证金；

(3) 宽展垦地升科之年限；

(4) 扶助垦区内水利交通工程；

(5) 保障垦区内治安；

(6) 特免一定期限内垦民之征调工役；

(7) 补助流动资金及推行地产长期金融制度。①

这7条措施基本上是根据《非常时期难民移垦规则》的主要内容制订的，对于战时垦殖事业的发展具有积极意义，特别是给予土地所有权、免除一定时期内的征调工役和推行地产长期金融制度，既能满足民众对土地的渴望，激发民众垦荒的热情，让他们安心垦殖，又能为垦殖事业的发展提供稳定长久的资金来源。

江西省政府计划在已进行荒地调查的吉安、吉水、泰和、永丰、万安等5县设立垦区。划有垦区的县份，垦区面积达2 000亩以上的，设立县垦务办事处，办理全县难民移垦事项。凡18—50岁之间、身体强壮、无不良嗜好的难民均可申请登记为垦民；每人以分配荒地20亩为原则；官荒于垦殖3年后升科；私荒自垦殖3年后起租。② 总体来看，该大纲还只是一些笼统的原则性规定，许多具体的技术性问题，如垦竣期限、地权清理、垦民选收及输送、经费筹措及分配、垦区建设工程、垦务技术指导等等，尚未明确规定。

中央振济委员会认为，江西省政府所拟订的难民移垦计划最为详尽，且江西荒地多为熟荒，交通便利，可以容纳大量难民，决定先在江西试办难民移垦。于是，中央振济委员会、经济部共同派员

① 江西省垦务处编:《江西省垦务概况》(1939年1月)，附录第11—12页。

②《江西难民垦荒计划》，江西省垦务处编:《江西省垦务概况》(1939年1月)，附录第13—15页。

前往江西筹办难民移垦具体事务，并决定“第一步先拨五万元为试办费用，用农村合作方式办理垦殖”。[①] 得到中央部门的支持，江西省的难民移垦事业由计划研究阶段进入正式筹办阶段。

江西能在全国较早实施难民移垦，并获得中央政府的大力支持，与时任省政府主席熊式辉积极争取分不开。熊式辉在这一时期深得蒋介石的信任，且与杨永泰、张群等政学系人物关系密切，“是最无可争议的政学系领袖人物”[②]。政学系是蒋介石所依靠的一支重要的政治力量，杨永泰是政学系首领，与张群同是蒋介石所倚重的重要人物。据熊式辉称，20 世纪 30 年代初，蒋介石于南昌设立行营“督剿”红军，“杨任南昌行营秘书长，余为参谋长，朝夕相处”，“张群与杨素相善”。[③] 蒋介石特地将熊式辉从上海保安司令任上调至江西，任南昌行营参谋长兼江西省政府主席，协助“剿共”及恢复发展江西经济，说明蒋介石对熊式辉的个人能力是比较认可的。熊式辉到江西后，不负蒋之厚望，力推保甲制度，倾力“协剿”；并以“赣人治赣”相号召，呼吁各方协力恢复发展江西经济。红军长征后，熊氏经过三年建设，使江西经济社会各项事业得到一定的恢复发展，深得蒋氏和同僚赞许，蒋介石并将蒋经国放至赣南任江西省第四行政区督察专员，锻炼其从政能力。熊氏因之得到蒋之器重，抗战时期很快被提拔为“中央设计委员会”主任委员，负责制订战后国家建设计划，继而被委以“对美军事交流代表团团长”职务，赴美进行军事考察与联络。抗战胜利前后，熊式辉又被指定陪同蒋经国赴苏交涉，并负责主持最重要的东北接收工作，等

---

① 《垦殖赣南》，《申报》（汉口版），1938 年 6 月 16 日，第 2 版。

② 金以林：《蒋介石与政学系》，《近代史研究》，2014 年第 6 期，第 45、43 页。

③ 熊式辉：《海桑集——熊式辉回忆录》（1907—1949），第 656 页。

等，足见蒋介石对熊式辉是十分信任的。熊式辉与蒋介石的良好关系，有利于战时江西难民移垦事业的推行。

二、垦务管理体系的建立

战前江西垦务机关兴废无常，管理松懈。1923 年，江西设垦务总局办理放垦，成立一年左右即被裁撤。1928 年 6 月，江西省政府颁布《江西垦荒暂行条例》，推行放垦。同年，江西省水利局成立，放垦事务由水利局接办。不久，放垦事务又从水利局划归地政局办理。

1938 年初，江西省政府修改《江西省难民移垦计划大纲》后，得到经济部、振济委员会等部门同意。熊式辉决定成立省垦务处负责难民移垦事业，邀请著名农学家唐启宇担任省垦务处处长。1938 年初，赣北战事激烈，江西环境险恶，很多人劝唐启宇留在重庆任职，不要去江西，以免发生危险。但唐启宇认为“垦殖事业足以增加生产，救济难民，为战时后方第一急务”①，故婉拒了亲朋好友的劝阻，辞去教育部的工作，到江西主持省垦务处工作。1938 年 5 月，唐氏离开战时陪都重庆，到达战区江西，立即同中央振济会、经济部等部门沟通，开始筹划战时江西垦务。

1938 年 7 月，江西省政府第 1089 次省务会议通过《江西省垦务处组织规程》及编制经费预算，决定成立江西省垦务处，主管全省垦务行政，直隶于江西省政府。7 月 14 日，江西省政府将《江西

---

① 唐启宇：《上大岭遇险记》（自传稿），1940 年 1 月 28 日记于泰和杏岭，第 1 页。台北：“中央研究院”近代史研究所档案馆藏国民政府农林部档案，20-08-022-11。

省垦务处组织规程》及编制预算等呈内政部备案，获得批准。① 7月16日，江西省垦务处在赣西吉安正式成立，唐启宇任首任处长。《江西省垦殖事业计划大纲》明确“江西省政府为推进垦殖事业、调剂人口、救济难民、增加生产起见，设立江西省垦务处，负责筹划开垦荒地”。② 由此可知，战时江西省垦务行政，以救济难民为主，同时含有发展生产、调节人口分布等政治、经济目的。

根据《江西省垦务处组织规程》，省垦务处初设秘书室及第一、第二两科，分掌行政及技术事项。其人员组成为：科长二人，秘书一人，技正一人，技士三人，技佐四人，办事员四人，雇员七人。其中，第一科掌管垦地的选择、耕作，改良指导牲畜饲养，农业林业的经营，新式农具的推广应用，垦区水利交通建筑工程规划，农产品加工，生产技术推广，垦地登记及清理，垦地的升科移转，垦地分配授佃、授田等事项；第二科掌管垦民的召集、移殖、教育、卫生、自治、自卫、合作、救济及其他村政设施的建设，垦殖贷款的核定，农产品运销，农仓管理及监督等事项。③ 专设垦务处负责全省的难民移垦事业，直隶省政府，这在后方各省中是唯一的一个。

江西省垦务处成立后，以办理难民移垦为中心，立即制订法规政策，勘查荒地，选收难民，稳步推进垦殖事业。经过两个多月的准备，1938年10月10日，江西省首个省营垦区——固江垦殖区在吉安固江成立，战时江西省政府主办的难民移垦事业正式启动。

江西省垦务处初期人员较少，机构较为简单，部分职能科室尚

---

①《江西省政府秘肆3第2544号咨》(1938年7月14日)，台北：“中央研究院”近代史研究所档案馆藏国民政府经济部档案，18－21－16－004－02。

②《江西省垦殖事业计划大纲组织规程等》，台北：“中央研究院”近代史研究所档案馆藏国民政府经济部档案，18－21－16－004－02。

③《江西省垦务处组织规程》，《江西省政府公报》第1083期，1938年，第1—3页。

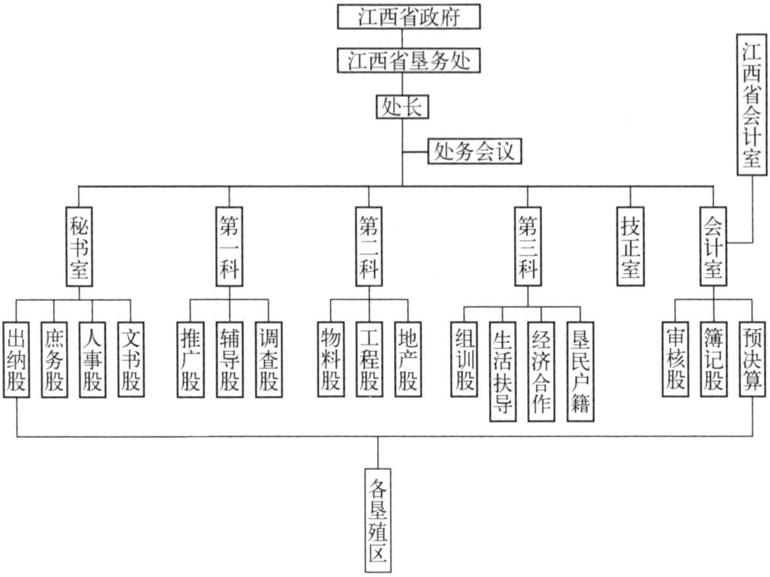

图 2 江西省垦务处组织机构图(1941 年)

绘图依据:《修正江西省垦务处组织规程》。

资料来源:《江西省政府公报》第 1231 期,1941 年,第 37 页。

未能建立。随着垦殖事业的发展,省垦务处逐渐增设一些职能科室,专门开展相关垦务工作,工作效率有所提高。1941 年 2 月 18 日,第 1330 次省务会议对《江西省垦务处组织规程》①进行了修正。与初期相比,垦务处增设了第三科、技正室、会计室。各科室职能也相应进行了调整和规范。第一科负责垦地选择,指导耕作和牲畜饲养,农业林业经营,农场产品加工,生产技术推广等事项。第二科掌管垦地测量、登记、地权清理,授田授佃,地价评定,升科移转,农具推广,垦区水利及交通工程等事项。第三科负责垦民选收、垦区教育、卫生、自治、自卫、合作、救济、贷款、农仓管理,纠纷调处等。技正室负责拟订垦殖计划、垦殖章则及报告,开展垦殖试

① 《修正江西省垦务处组织规程》,《江西省政府公报》第 1231 期,1941 年,第 10—12 页。

验设计等。①至此,江西省垦务处职能科室的建设基本完成,垦区社会建设、技术指导、经营管理等均有专门人员负责实施,垦务制度更加完善。1942年2月,江西省政府修正《江西省垦务处组织规程》②,将江西省垦务处改为隶属江西省建设厅,省垦务处的地位随之下降。自1943年10月29日起,江西省垦务行政正式划归江西省建设厅主管。

表9　江西省垦务处主要人员一览表(1943年)

职别	姓名	性别	年龄	籍贯	到职年月	备考
处长	詹纯鉴	男	38	江西婺源	1941年9月	国立农业大学毕业,比利时国家农学研究院农学工程师
秘书	古文亨	男	37	江西寻邬	1941年12月	国立劳动大学
第一科科长	孙育万	男	36	浙江诸暨	1942年6月	
第二科科长	施珍	男	37	江苏启东	1938年7月	私立南通大学
第三科科长	潘世纶	男	43	江西武宁	1943年1月	
技正	秦含章	男	36	江苏无锡	1943年9月	比国国立农学研究院③
会计主任	杜芳留	男	24	江西新建	1940年3月	
督导	王二铮	男	33	江西婺源	1941年9月	
督导	万良材	男	49	江西南昌	1941年9月	省立农专
督导	王秉琳	男	34	江西安福	1942年5月	
督导	胡建柳	男	36	江西南昌	1943年9月	

资料来源:《江西垦务概况》,江西省档案馆藏民国江西档案,J060-2-00075。

---

①《江西省垦务处内部各单位权责简明表》,江西省档案馆藏民国江西档案,J060-2-00161-018。

②《修正江西省垦务处组织规程》,《江西省政府公报》第1278期,1943年,第4—6页。

③ 即比利时国家农学研究院。

江西省垦务处人才济济，从处长、科长到科员，多为农学相关专业出身，对于推动垦务发展十分有利。省垦务处首任处长唐启宇早年毕业于金陵大学农学院，后赴美留学，获乔治亚大学农学硕士学位、康奈尔大学农业经济学博士学位。回国后，唐启宇历任东南大学、国民党中央政治学校及地政学院教授，全国经济委员会技正、黄河水利委员会技正等职，著有《农政学》《垦殖学》等专著20余部，①长期研究并倡导垦殖事业，有着丰富的垦殖理论和实践经验。农林部成立后，1941年初，唐启宇调农林部任职，詹纯鉴继任省垦务处处长。詹纯鉴毕业于国立农业大学，比利时国家农学研究院农学工程师，历任西北农学院、四川教育学院、中正大学、中兴大学、复旦大学等院校教授。1945年3月，王泽农继任省垦务处处长。王泽农是我国著名茶学家、茶学教育家、茶叶生化专家，早年考入北京农业大学，后于上海劳动大学毕业，获农学士学位；1933—1937年在比利时国家农学研究院攻读农业化学，毕业后获比利时国家农业化学工程师称号；抗战期间参与筹建复旦大学农学院，并在复旦大学、中正大学等高校从事教学工作。1946年11月，曾庆人担任第四任省垦务处处长，直至省垦务处并入江西省农业改进所，并继续担任所长一职。此外，省垦务处还聚集了施珍、李积新、周承澍、秦含章、万良材等一批农业专业人才。

组织机构方面，江西省垦务处以下采取垦区制，附属机关分设

① 如：《中国农史稿》《垦殖学》《农村经济》《中国的垦殖》《农业经济学》《农政学》《历代屯垦研究》《难民与垦殖》《我国垦殖事业的方针和方式》《建农论》《耕与战》《民生主义与土地政策》《民生主义与土地问题》《运销合作之经营》《中国近年来合作教育之概况及其改进意见》《垦殖方法论》《我国土地之垦殖指数与可耕地指数》《近百年来中国农业之进步》《中国作物栽培史稿》《运销合作之经营》《合作概论》《农业政策》《重要作物》《中国农业改造刍议》，等等。

两级，第一级为垦殖区，第二级为耕作单位（后改称“垦殖场”）。为了加强对垦场的业务指导与管理，省垦务处在荒地较多的县，每县设立一个垦区，以县名作为垦区名称，作为一级管理机构，统管该县所有的垦场。垦殖区设主任一人，由省垦务处遴选人员，呈请省政府委任；另设技士一人，技佐、指导员、助理员、医务员若干人，由省垦务处委派；设干事若干人，从垦民中选派。垦殖区设总务、农事、村政三股，办理下列事项：

(1) 垦地整理分配及改良水利等事项。

(2) 垦民住宅修建及农具、牲畜、种子购置与分配。

(3) 垦民编组及人事管理督导。

(4) 农事指导及农产品加工、储藏、运销。

(5) 垦民教育、卫生、自治、自卫、合作、救济。

(6) 乡村道路修筑及村容整理。

(7) 垦殖区文书会计庶务。

(8) 其他省垦务处命令办理及垦民请托办理之有关垦殖事项。①

垦区以下，设立耕作单位（即垦殖场），具体推行垦务。垦殖场设管理员一人，由省垦务处遴选，呈请省政府委任，职责为综理场务；设技佐、事务员、医师各一人，由省垦务处派充。垦殖场是难民移垦事业的具体实施机关，主要办理下列事务：

(1) 关于垦民选收配置及垦民组织事项。

(2) 关于畜牧、农具、种子、肥料、家具、房屋、水利工程及其他垦殖设备之置办及支配事项。

---

①《修正江西省垦务处组织规程》，《江西省政府公报》第1278期，1943年，第4—6页。

(3) 关于开垦、种植及其他农事进行之指导事项。

(4) 关于垦民副业经营之指导事项。

(5) 关于产品储藏、加工、运销之指导事项。

(6) 关于垦民劳作之督导事项。

(7) 关于垦民贷款之贷放及收回事项。

(8) 关于垦民卫生、教育、合作、自卫、自治及其他公益事业设施事项。

(9) 关于垦民纠纷之调解事项。①

垦殖场须于每年年度开始前拟具本年的业务计划和生产计划，呈送省垦务处核定实施；在平时则需要按月造具工作报告，呈送省垦务处审查。成立初期，省垦务处设 2 个垦区、6 个耕作单位，即吉安县固江垦殖区和泰和县东成村垦殖区，直属吉安县凤凰圩耕作单位。1939 年 12 月 16 日，各耕作单位一律改名为垦殖场，仍隶属各垦区。垦区制运行三年后，省垦务认为，垦务处与垦场之间间隔垦区一级机关，指挥不够灵敏。因此，自 1941 年起，省垦务处将各垦殖区裁撤，各垦殖场直属省垦务处。

各垦区撤销后，各垦殖场在组织机构上直属省垦务处，但在地理位置上仍是散落各处，受交通及通信手段的限制，各场与省垦务处联系困难，下情难以上达，同时也造成政令难以贯彻执行，垦务督导很难实施。1942 年，为加强对垦殖场的指导与管理，省垦务处在办理效果较好的垦殖场中，选择 8 所成立“中心垦殖场”。② 中心垦殖场除办理普通垦殖场的事务外，还负责督导附近各垦殖场业务。不过，中心场仅有督导属场垦务之权，没有人事权。

---

①《修正江西省垦务处组织规程》，《江西省政府公报》第 1278 期，1943 年，第 4—6 页。

②《江西垦务概况》，江西省档案馆藏民国江西档案，J060－2－00075。

表 10　江西省垦务处垦殖督导区概况表

区域名称	办理督导机关	督导县份	备考
第一垦殖督导区	第二中心垦殖场	泰和、万安、遂川、兴国	中心垦殖场增设视导员一人
第二垦殖督导区	第三中心垦殖场	安福、永新、莲花	中心垦殖场增设视导员一人
第三垦殖督导区	第四中心垦殖场	吉安、新喻	中心垦殖场增设视导员一人
第四垦殖督导区	第五中心垦殖场	吉水、峡江、新淦	中心垦殖场增设视导员一人
第五垦殖督导区	第六中心垦殖场	永丰、乐安、崇仁、宜黄	中心垦殖场增设视导员一人
第六垦殖督导区	第七中心垦殖场	南丰、广昌	中心垦殖场增设视导员一人
第七垦殖督导区	第八中心垦殖场	南城、资溪、黎川、光泽、临川	中心垦殖场增设视导员一人
第八垦殖督导区	专任视导员二人	瑞金、宁都、石城、雩都、会昌	视导员驻瑞金
第九垦殖督导区	专任视导员二人	安远、寻邬、信丰、龙南、虔南、定南	视导员驻安远

资料来源:《江西省垦务处 1944 年度施政计划》,江西省档案馆藏民国江西档案,J060－2－00144。

为了加强对各场工作的指导和管理,自 1942 年起,江西省垦务处还增设督导员两名,巡回各场督查指导。1944 年,省垦务处将荒地较多而且比较安全的县划为 9 个督导区,指定各中心垦殖场督导所辖垦场业务,其未设中心垦殖场的区域,由垦务处派员常驻督导。1944 年底,因经费困难,江西省政府调整机构、裁减人员,这给战时垦务的推行带来不利的影响。因经费不足，该年垦务督导机构未能设立，不得不列入 1945 年度计划实施，同时取消第八、九督导区。与此同时，省垦务处所属各中心垦殖场也进行了调整，除名称仍然保存、场长仍须负督导责任外，其他业务完全降至与普通垦殖场相同，场内人员仅留场长、技士及办事员三人，其余一律予以裁撤，所有各场会计人员亦撤回省政府会计处。① 各中心场场长督导时间原为每月巡视一次，后因人员减少，自 1945 年起改为每三个月巡视一次，督导力度大为减弱。

江西省垦务处原计划在设有垦殖区各县组设县垦务委员会，以县长与垦区主任为正、副主任委员，以协助推进垦务。后因江西省推行“新县制”，精简机构，各县垦务委员会并未能设立。垦殖事业的基础全在乡村一级，垦务处作为省级行政机构，缺乏相应的县级行政机构配合，所有垦务政令的推行全靠省政府转令县政府，再由县政府转达基层政权机关执行，垦务实施遭受窒碍，垦殖成效大受影响。

江西省垦务处成立后，陆续建章立制，筹设垦殖区、场，逐步建立了“省垦务处——垦殖区（后改为‘中心垦殖场’）——垦殖场”的三级垦务管理体系，初步建立了战时垦务管理制度。这一制度后来虽有所调整，但抗战时期基本稳定存在，为战时江西难民移垦的推行奠定了基本的制度保障。1948 年，江西省垦务处与江西省农业院合并，成立江西省农业改进所，省垦务处正式结束历史使命。

三、“委员制”和“处长制”之比较

战前各省主管垦务的机关隶属多有不同，有的省归建设厅管

---

①《为本处奉令裁员为调整人事起见各中心场会计人员应请即予撤回函请查照由》（1944 年 12 月 16 日），江西省档案馆藏民国江西档案，J060-2-00068-0107。

辖,有的省归地政局管辖。有些省份设有独立的垦务管理机关,有的省份未设专门的垦务管理机关,垦务管理仅作为某些行政部门的职能之一。如湖南垦务由湖南省农业改进所主管,广东、陕西均为省地政局主管,四川由省建设厅主管,浙江由省民政厅主管,广西由省政府主管,江苏省则是在农矿厅下设垦务委员会,等等,不一而足,这给全国垦务统筹规划和推行带来障碍。

战时全国省级垦务管理机关有"委员制"和"处长制"两种不同的模式。比较而言,"委员制"结构较为松散,而"处长制"人员相对固定,事权集中,对于垦务推行较为有利。

1938 年 10 月 15 日,国民政府颁发《非常时期难民移垦规则》,规定战时难民移垦以督促各省政府办理为原则,各省须设立专门的垦务委员会负责其事。为督促各省切实推行难民移垦事务,行政院特别要求各省垦务委员会须由中央主管垦务机关派一到两人为委员。从后来的实践来看,仅陕西、云南、四川、宁夏、西康等少数省设垦务委员会,其余多未设立垦务管理机关。设立垦务委员会的省份,中央也并未一一派员参加。因委员多为兼任,组织较为松散,垦务推行与督导力度不大。如陕西、四川等省均是如此。

1938 年 6 月 17 日,陕西省政府成立省垦荒委员会,以省政府主席为主任委员,民政厅、建设厅、财政厅三厅厅长兼任委员。下设黄龙山垦区办事处,负责黄龙山的荒地开垦事务。1939 年 4 月,黄龙山垦区改为中央直辖,设立国营黄龙山垦区管理局,黄龙山垦区办事处结束。1939 年 2 月 10 日,陕西省政府依据《非常时期难民移垦规则》,制订《陕西省垦务委员会组织规程》,拟在省垦荒委员会的基础上,增加委员的数量,组织成立省垦务委员会,所有委员及专门委员均为义务职,不领薪资。1939 年 3 月 10 日,陕西省政府第64次委员会决议撤销原陕西省垦荒委员会，成立陕西省垦务委员会，[①]仍以省政府主席为主任委员，以民政厅、财政厅、建设厅三厅厅长为委员，并根据《非常时期难民移垦规则》的要求，增加中央振济委员会朱庆澜、经济部安汉两人为省垦务委员会委员。朱庆澜、安汉分别担任国营黄龙山垦区管理局局长、国营黎坪垦区管理局局长，主管陕西黄龙山垦区和黎坪垦区的难民移垦事务。1942年1月，因经费紧张，陕西省政府撤销了省垦务委员会，垦务先后由省民政厅、建设厅接管。1942年3月15日，陕西省地政局成立，垦务划归省地政局管辖，不再专设机构管理。

1939年2月，四川省遵照《非常时期难民移垦规则》，设立四川省垦务委员会。委员会之下，根据垦区人数，分别设立垦务管理局或垦区办事处。其中，垦区在1 000人以上或100户以上者，设垦区办事处管理；在5 000人或1 000户以上者，设垦务管理局；垦区不足1 000人的，由所在地县政府办理移垦事宜。[②] 当时设垦务管理局的有：雷马屏峨垦务管理局、平北垦务管理局、松理懋茂汶靖垦务管理局。设垦区办事处的有：东西山垦区办事处，彭水垦区办事处。四川省垦务委员会成立仅一年即遭裁撤，垦务工作划归建设厅管辖。

福建省未专门设立省级垦务管理机关，仅在农业改进所下设垦务所，并在荒地较多的几个县设立县级垦务所，垦务管理机构未能健全。战时西南、西北边疆省份如云南、西康、新疆等，并未认真

---

① 《陕西省垦务委员会组织章程》，陕西省档案馆，9－5－250。转引自化世太：《民国后期陕西黄龙山垦区研究》，硕士学位论文，西北大学，2011年，第14页。

② 《统筹规划难民移垦，省政府组设垦务委员会》，《新新新闻》，1939年11月19日，第8版。转引自周云容：《抗战时期四川垦殖运动初探》，硕士学位论文，四川大学，2007年，第22页。

推行难民移垦工作，亦未成立相应的垦务管理机构。

江西省政府采取“处长制”。《江西省垦务处组织规程》呈行政院审查后，行政院认为垦殖事务本属省主管厅执掌，江西省在省政府下设立直属垦务处专管机关，与《省政府组织法》第八条规定冲突，照理不能批准，但考虑到江西省是实行合署办公省份，垦务处的设置又是为救济难民办理移垦事业，故“暂准备案”①。这样，江西成了唯一采用“处长制”的省份。比较而言，处长制比委员制更利于推动垦殖事业的发展。首先，委员制是一个临时性的协调议事机构，委员来自省政府各部门，多为兼职，不给薪饷。委员们各有专职，并无多少精力可用于垦务。其次，即便有少数是专任委员，但因并非农学或相关专业出身，对垦务知之甚少。以外行推动垦务，效果自然不够好。再次，即便组成这样一个协调性的机构，仍不免很快遭到裁撤，各省垦务嗣后再无专管机关。比较而言，江西省垦务处是一个专设机构，事权专一，责任明晰，抗战期间一直稳定存在；垦务处所有人员均为专任，且大多数为农学相关专业出身，业务能力强。最后，江西省垦务处直隶江西省政府，可直接向省政府主席汇报工作，地位较高，有利于垦务的推行。

① 台北：“中央研究院”近代史研究所档案馆藏国民政府经济部档案，18－21－16－004－02。

第二章　寓赈于垦——难民移垦事业的发轫

江西省垦务处成立后，一面派员调查荒地，筹设垦场，一面赴各难民收容所选收难民，战时江西难民移垦事业正式启动。发展垦殖事业所需生产资金及垦民生活给养，除向中央主管垦务机关申请经费补助外，主要靠向金融机关贷款解决。为确保贷款安全，江西省垦务处要求垦民以财产作为担保，并组织信用合作社办理贷款手续。垦民的生产生活须严格遵守省垦务处制订的各项规章制度，按照省垦务处所制订计划进行。生产经营方面，省垦务处所属各垦场(省营垦场)原采取集团合耕制，后因弊端较多，无法调动垦民的生产积极性，改为集团分耕制(分户耕作)，推动了垦区生产的发展。与此同时，省垦务处还在垦区开展各项社会事业建设，如设立诊所和学校，组训垦民，以改善垦民的生活条件。经过一两年的艰苦工作，多数省营垦场都取得较快发展，垦民逐渐自给自足，初步达到救济难民的目的。

第一节　身份的转变:从难民到垦民

选收难民是移垦的首要工作。江西省对难民入垦的资格条件有着较为严格的限制，以便能尽量选收到合格垦民，顺利发展垦务。总的来说，垦民的选收以难民中的农民为主，一般不选收非农业的难民，仅选收少量的垦区生产生活所必需的工匠，如木匠、铁匠、泥瓦工、理发师等，以满足垦区正常生产生活的需要。此外，选收垦民还需注意难民人口的年龄结构和性别比例要适中，以便难民人口的再生产。难民被选为垦民后，救济机关即完成对难民的救济责任，将难民从救济机关转入垦务机关的管理之下，由垦务机关负责安排难民从事各项生产和建设，并负责他们的给养、医疗、教育、组训等工作。难民经垦务机关登记为垦民，即取得了垦籍，自此实现了从难民到垦民身份的转变。

一、垦民的选收

行政院确定战时垦务以难民移垦为中心工作，只有移送难民垦荒，才能获得中央的经费补助，并享受有关垦民优待的政策。战时各公私营垦场主要招收合乎条件的难民垦荒。垦民以选收难民中的农民为主，兼收少量手工业者，以满足垦区各项建设的需要。

难民来自四面八方、各行各业，男女老幼都有，但只有符合一定条件的难民才能被选收为垦民。1938 年 3 月 3 日，行政院公布《非常时期难民垦殖实施办法大纲》，规定移垦难民的资格为："身体强壮能耐劳苦者"，"无嗜好者"，"能耕作者"三项。10 月 15 日，国民政府令发《非常时期难民移垦规则》，关于垦民的选收条件较"大纲"的规定有所放宽，垦民不仅限于能耕作者，如难民中有木匠、铁匠、裁缝等，也可以适量招收，因为垦区建设同样需要此类人才。总体来看，国民政府对难民入垦资格条件的规定较为笼统和宽泛。

江西省政府对垦民选收的条件则作了较为严格、细致的规定。

省垦务处规定所有垦民均需从难民中选收，且必须是难民中的农民。① 因为非从事农业的难民，不掌握农事生产技能，且难以承受农事劳作的辛苦。这类难民一旦选收为垦民，很难适应垦荒生活，易导致垦荒的失败。此外，难民一家三口中，至少要有一名壮丁，壮丁的年龄须在18岁至50岁之间，身体强壮，能吃苦耐劳。为适应垦区生产生活的需要，省垦务处还酌量招收少数具有特种技能的难民，如理发师、接生婆、铁匠、木匠等。省垦务处还特别要求工作人员通过观察、谈话等办法，了解难民的品性是否端正，难民从垦的意图是否坚定，以最大限度选择合适的垦民。难民户主或其家属中有不良嗜好的，有恶性传染病或精神疾病的，或肢体残废足以影响其家属生产工作的，则不能选收为垦民。②

垦民由垦务机关会同振济机关赴各难民收容所选收。江西省垦务处成立后，即派科长陈启华驻南昌非常时期难民救济委员会江西分会，就近选收难民，同时还派人会同各县振济会和战工队人员，赴吉安、清江（今樟树）、分宜、吉水、永丰、新淦、安福、泰和、南城、临川及浙江金华等县难民收容所中选收垦民。具体选收方法是，先由垦务工作人员到难民收容所召集难民开会，详细说明垦荒政策，然后由志愿垦殖的难民申请登记。登记时，主要进行三个方面的工作，即：观察、口试、测验，目的是确保所选收的难民是真正的合格农民。就观察来说，一是从难民的体貌特征来观察他是否为农民，二是观察其体格是否健全，三是观察其品性是否善良。口试，即通过询问的方式，了解难民是否符合选收标准。首先询问难民的来历、职业、家庭状况。其次，询问难民对于从事垦殖的志愿，

---

① 江西省垦务处编：《江西省垦务概况》(1939年1月)，第16—17页。

② 江西省垦务处编：《江西省垦务概况》(1939年1月)，第16—17页。

说明垦殖工作的艰巨及相关垦殖章则的主要内容，以观察难民是否具有从事垦殖的决心。再次，详细询问难民对于农事的经验，并提出农事上的具体问题，如某种作物的播种期、播种量等，根据难民的回答判断其是否为真正的农民。有家属的，询问其家属人数、姓名、性别、年龄及其职业，分别填入志愿垦民登记调查表。

经过观察和询问，了解难民的大概情况后，还要对难民的体力和劳动能力进行测验。测验的方法主要是让难民抬举或搬运重物，以判断体力强弱；或者让难民从事实际劳动，以作判定。省垦务处规定，凡农民一律测验农事工作，比如犁田、耙田等，以观察其是否为真正的农民，以及其劳动技能是否熟练。

经过以上三个方面考察合格的难民，即进行登记。垦民选定后，即通知地方政府停发给养，并协助将难民运送至指定的垦区。省垦务处根据各垦区路途远近及荒地面积，统筹分配垦民。

难民到达垦场后，由垦场管理机关进行编号和登记，填写垦民入籍册，办理入籍手续。向入籍垦民户主发垦民证，家属每人发一张垦民家属证，同时吊销其难民证。办理完入籍手续、取得垦民证的难民，即失去难民身份，取得垦民身份，实现了从难民到垦民身份的转变。难民自此由救济机关转入垦务机关的管理之下，整个难民选收程序即告结束。

虽然战时有大量难民流入后方各省，但要从难民中选到合格的垦民却并非易事。首先，难民中农民所占比例不高。小农经济社会中，农民安土重迁的观念浓厚，一般不轻易外逃。土地是农民生存的凭借，家乡熟悉的人际关系是他们的情感寄托。土地和人际关系网络为他们的生活提供了物质上和心理上的安全保障。一旦远逃他乡，他们即失去这些基本的生活保障，而逃难生活又要面对更多的危险和不确定性。因此，战争爆发时，很多农民并不急于逃跑。如附近有战事发生，或者敌军经过，他们往往只是扶老携幼，带上行李、器具和耕牛等，迁到附近的亲戚家中，或到山林中躲避一阵子，并随时派人回村中探视。一旦战事平息，或敌军远离，他们又返回家中，大多数人没有远逃或者长期外逃的打算。另外，从流动能力来说，农民受经济和交通条件的限制，除非有政府机关或社会团体有组织地协助撤退，否则基本没有能力逃到更远的地方。据振济委员会代委员长许世英说："自东战场逃来的难民中，文化教育者占百分之五十五，党政即国营事业者占百分之二十一，商人占百分之十，工人占百分之六，而农民仅占百分之二"。[①] 后撤难民中，农民并不占多数。振济委员会运送配置难民万县总站的统计显示，从 1938 年 11 月到 1939 年 9 月，经过万县难民总站救济的难民共 12.6 万多人，其中城市小商人占 50%，工商学界人士占 15%，农民仅占总数的 23%。[②] 孙艳魁指出，难民文化程度越高，其经济地位亦较高，逃难人数也就越多，反之则越低。从战时难民的绝对数量来看，仍然以农民占绝对多数，但因为条件的限制，流亡到大后方的难民中农民并不占多数，而以工商业者、知识界人士、工人等占大多数。[③] 总体来看，难民中的农民并不是多数，且各地差别较大，这给垦民选收带来一定的困难。

其次，愿意参加垦荒的难民不多。垦荒生活非常艰辛，而且农业生产的收获期很长，有时候受各种自然灾害等影响，即便经过一年的辛勤劳作，也不一定能收获多少粮食。再加上难民们普遍对

---

① 《许委员长讲救济难民问题》，《新华日报》，1938 年 5 月 22 日，第 2 版。转引自孙艳魁：《苦难的人流——抗战时期的难民》，第 74 页。

② 《中央日报》，1939 年 9 月 27 日。转引自孙艳魁：《苦难的人流——抗战时期的难民》，第 74 页。

③ 孙艳魁：《苦难的人流——抗战时期的难民》，第 77—78 页。

战局存在观望态度,以为战争很快能结束,一旦家乡很快收复,他们就可以纷纷返回家乡,那么在垦区的劳动将白费。因此,他们往往宁愿沿路乞讨,或者打零工,也不愿意垦荒。例如,江西高安难民收容所的难民,在达到收容期限、被收容所按规定停发给养后,就跑到附近山上,以砍柴烧炭为生。后来看到战争久拖不决,感觉家乡一时无法收复,才不得不作长久打算,从事垦荒。另外到达垦区的垦民,多有思乡之情,时时想着回家。省内的垦民,如永修、新建等地的难民,即时不时潜逃回家乡。比较而言,省外垦民,如河南、湖南等地难民,因路途遥远,反而能安心耕种。更有甚者,有懒惰的难民,宁愿躲在收容所等待救济,也不愿意出来垦荒。如果一个收容所停发了他们的给养,他们又会跑到另一个收容所请求收容。

再次,收容所里面的难民往往成群结队、合乡合保自战区逃出来。能耕作的人仅是其中一部分,不能耕作的掺杂其中,靠耕作者维持生活。因此,在选收难民时,往往是整群选收就愿意来,如果仅选收其中一部分,则整群都不来。1939 年 6 月,江西省垦务处技正周承澍在 5 天时间内仅从收容所里选到 61 位难民,"其中还有好几位是不务农的识字先生,收容所里有 1 300 多名难民,但是有家室的农民只有 24 家,而愿意垦荒的只有 1 家"。[①] 这些人有的不愿意离开南昌,有的要西上去寻找亲友,甚至有人怀疑周承澍是来骗他们离开收容所的。因为那时候收容所人满为患,正在疏散难民到各乡村去,而难民大多不愿意离开收容所。经过周承澍反复解释,才有部分难民愿意去垦荒。临启程的时候,61 位难民中又有些人改变主意不愿意走了,可见垦民选收之困难。为防止此类事情

① 周承澍:《我所见到的难民移垦问题》,江西省垦务处 1938 年编印,第 28 页。

持续发生，江西省政府特规定，“各县收容之难民，经选为垦民后，如有不服配置者，得派军警押送配置地点”。①

最后，思想纯正、有奉献精神、吃苦耐劳的合格垦民不多。难民中的农民多未受过文化教育，有些人思想保守、愚昧无知、自私自利，影响垦荒工作的进行。江西省垦务处称难民“比较散漫，不易团结，有浓重的封建地域观念”。② 周承澍也指出垦民的一些缺点，比如“私心太重，公共劳作时不肯出力，但孳孳矻矻为自己作私的工作，如打草鞋、补衣等；体格不佳，有残疾，不能胜任所分配的工作；脾气坏，成天和同伴吵架；懒惰、敷衍、旁观”，这种人“虽然不多，但是已经对全盘工作发生了不良的影响”。③

垦民是垦殖的实际实施者，垦民的能力、体格、品性是否优良，对垦殖事业的前途影响巨大。如果选收了不合格的垦民，就会影响生产，达不到救济的目的。而要辞退不合格垦民却又并非易事，一方面，垦民贷款很难追回，政府的投入将遭受损失；另一方面，难民收容所原本已经人满为患，也不会接受垦民再回收容所里。垦民一旦被辞退，即成为无家可归的流浪者，影响社会稳定。因此，垦务管理机关往往陷入两难的境地。1944 年 1 月，永丰县龙村垦殖场垦民张浪根退垦事件就很典型地反映了这一矛盾。

张浪根全家原是做油漆业为生的，并非农民，垦务人员为求工作速效，未细加甄别就将其选为垦民。入垦后，张浪根全家因体力不胜，大小常在病中，入垦数年也没能垦熟半亩荒田，毫无成绩可

① 《江西省政府令》(1940 年 8 月 14 日)，江西省档案馆藏民国江西档案，J060－2－00269－104。

② 《江西省垦务处所属各垦殖场垦民入垦的报告、报表及垦务处指令》，江西省档案馆藏民国江西档案，J060－02－00276。

③ 周承澍：《难民移垦问题》(中)，《国是公论》第 19 期，1938 年，第 16—17 页。

言。[1] 如再在垦场从事垦殖，一家生活都将无以为继，因此强烈要求退垦。龙村垦殖场的上级主管单位第五中心垦殖场派员调查后，向江西省垦务处报称“该民所称各节均属实情”，建议“准予全户照章退垦，以示体恤”。江西省垦务处虽不得不同意其退垦，但也批评了下级垦场的错误：“垦民张浪根既非业农，早应遵照垦民甄别调整办法予以退垦，该场未照章办理，足见平时对于垦务未加注意，嗣后务须认真。”[2]

实际上，垦场未趁早辞退张浪根，并非工作疏忽。1944 年 5 月，永丰县龙村垦殖场主任陶广钧在给江西省垦务处的报告中称，该场垦民“系杨、张二任先后选收，与张浪根户无异者实居多数，前曾一再考虑，若经依法甄审，势难保留四分之一，故对于非业农张浪根户，未便独予退垦者，实属迫于事实，并非办理疏忽也”，并请示省垦务处：“现此应予退垦多数垦民，是否一律予以退垦，任其关门，抑仍一律保留，维持原状？”[3]也就是说，因选收垦民不当，龙村垦殖场合格垦民不到四分之一，如果全部依照垦民选收标准严格甄审，势必要辞退大部分垦民，这样，垦场就面临关门的局面。在垦民退垦不断增多的情况下，垦场前期投入的损失也在增加，故省垦务处自然不能随意允许大批垦民退垦，永丰县龙村垦殖场陷入进退两难的境地。

从后来的垦殖实际来看，因垦民选收不当而造成垦荒失败的

---

① 《江西省垦务处所属各垦殖场垦民退垦的报告、报表及垦务处指令》，江西省档案馆藏省垦务处档案，江西省档案馆藏民国江西档案，J060－02－00276。

② 《江西省垦务处所属各垦殖场垦民退垦的报告、报表及垦务处指令》，江西省档案馆藏省垦务处档案，江西省档案馆藏民国江西档案，J060－02－00276。

③ 《江西省垦务处所属各垦殖场垦民退垦的报告、报表及垦务处指令》，江西省档案馆藏省垦务处档案，江西省档案馆藏民国江西档案，J060－02－00276。

案例不在少数，这阻碍了战时垦殖事业的发展，浪费了大量宝贵的社会经济资源。例如，淞沪会战爆发后，上海慈善团体和热心人士成立战区难民移殖协会，积极组织上海难民到江西垦殖。由于初期经验不足，对垦民的选收条件把握不当，致使运到江西吉水县水南垦区的难民中，有不少是上海各大工厂的工人。这些人虽然身体强壮，垦荒意志坚决，但对农事缺乏基本的认识和技能，对垦荒工作的艰苦缺乏必要的思想准备。他们到达垦区后，"旧染偷懒滋事之习惯未除，又畏惧田间劳作之劳苦"，[①]只得退出垦区，另谋生计，垦殖事业大受影响。此后，战区难民移殖协会改变难民选收条件，主要招收难民中的农民垦荒，垦殖事业才得以发展。"上海大路社"在江西新淦唐村设场垦荒。"上海大陆社"所收容的难民以江南的青年学生为多，他们虽富有热情，但缺乏劳动能力，田地劳作的辛苦是这些十几岁的孩子所无法承受的。在经历大半年的辛苦劳动、耗费许多宝贵的资金后，该社并未能垦出多少荒地，收获寥寥，最后大部分人不得不离开垦区另找出路。相反，农民出身的难民，熟知农事的程序及劳动的艰巨，对此有思想准备，往往能安心耕作，取得好成绩。江苏武(进)宜(兴)溧(阳)难民垦殖团 280 人，在江西泰和寺下村从事垦荒。他们自 1938 年 4 月中旬开始工作，至 8 月间已垦荒地 800 亩。[②] 垦区生产不断发展，取得了较好的成绩。这一反一正的结果充分说明垦民选择的重要性。为避免大量不合格难民被选进来，江西省垦务处特编印《选择垦民须知》[③]，发给垦务人员参照。"须知"规定，对于不是农民，或有残疾

① 唐启宇：《难民与垦殖》，江西省垦务处丛刊第二种，第 3 页。

② 唐启宇：《难民与垦殖》，江西省垦务处丛刊第二种，第 3 页。

③《选择垦民须知》，江西省垦务处编：《江西省垦务概况》(1940 年 1 月)，第 154—155 页。

的，或品性狡黠、意志不坚的难民坚决不选。

江西省垦务处制订的垦民选收办法虽然很详细，但垦民的选收程序还是存在一些缺点，影响垦殖事业的发展。首先，垦务机关和救济机关未能协调配合。难民调查统计是选收垦民的基础性工作，主要包括调查难民的数量、籍贯、职业、技能、志愿、性别等，这是难民选收配置的依据。1937 年 10 月 9 日，非常时期难民救济委员会总会召开会议，通过《疏散及配置难民工作大纲》①，提出对难民进行详细的调查统计。但各地垦务机关和收容机关大多没有认真执行，对难民情况不甚了解。垦务机关不可能常驻难民收容所选收难民，只能随到随选，故短期内很难选到足够合适的垦民。其次，缺乏完善的垦民退出机制。有些垦民品行不端、工作不力，教育督促无效，对其他垦民也造成不良影响。垦场想将其淘汰，而难民收容所又不再接收退回的垦民。如果强行将此类垦民辞退，垦场所贷发的各种款项又难以追回，垦务机关势必要遭受经济损失，故只能任其留在垦场。甚至有的垦民主动提出退垦的要求，因其无法归还贷款，垦场方面也不能批准其退垦。再次，经验不足，选收不当。选收垦民的条件虽有明确的规定，但往往因缺乏经验，各垦场仅依据规定按图索骥，或者仅凭耳闻目击，仍然难免陷于误判，选收了一些不合格垦民。为杜绝此类现象发生，江西省垦务处规定自 1940 年 1 月起，垦民由省垦务处统一选收，各场不再自主招收垦民。为了加快选收垦民进度，省垦务处还放宽了垦民选收条件，将以前的“三口一丁”，改为“四口一丁”，即“全家人口有健全壮

① 《非常时期救济难民委员会总会第三次委员会议记录》，《非常时期救济难民与难民垦殖案》，台北："中央研究院"近代史研究所档案馆藏国民政府实业部档案，17-20-030-02。

丁四分之一以上”①，即可选收为垦民，但仍只以难民中农民为限。

垦民到达垦场后，垦场管理机关办理入籍手续的同时，对垦民进行编组，以便管理。一般来说，同一地区的垦民尽量编为一组。各垦场初期采取生产队制度进行管理，每一生产集团内部，以 5 户垦民组成一个生产队，推选队长一人，负责管理本队日常的生产事务。垦民入籍时，同时办理联保手续。同一生产集团的垦民，互相联保，填具联保切结。为加强对垦民的管理，各垦区陆续实行垦民特编保甲制度，以每一垦场垦民编成一保为原则，每保 6—15 甲，每甲 6—15 户。② 保甲编成后，取消原有的生产队长制度，队长的职责由保甲长接办，保甲长即相当于原先的生产队长。垦民编入保甲后，同一甲内之垦民，仍须办理联保切结手续，具体内容为：“今结得本队内各户垦民俱系身家清白安分守己，参加垦殖之后，绝对遵守江西省垦务处所颁各项章则，倘发现违反上列各项及意图潜逃与其他违背法律之行为，各负检举之责，如有故意隐匿秘不揭报者，愿受连坐之处分”。③

为确保垦区的稳定，垦务机关对垦民的入垦、退垦、出生、死亡、除名等情况进行严格的管理。新垦民入垦时，垦场管理人员须填写志愿垦民调查表，登记垦民的年龄、籍贯、人数等信息，呈报省垦务处，同时报送当地县政府及乡（镇）公所备查。通过调动、投亲、螟蛉、嫁娶或顶替等方式加入垦区者，均作为新入垦垦民办理入垦手续。垦民出生或死亡的，须报告省垦务处和当地县政府及

---

①《江西省垦务处各垦殖场办理难民选收及管理注意事项》，江西省垦务处编：《江西省垦务概况》（1943 年 1 月），第 107—110 页。

②《江西省垦务处各场垦民保甲户口编查办法》（1943 年 2 月 2 日），江西省垦务处编：《从垦人员手册》（年代未详），第 37—39 页。

③ 江西省垦务处编：《江西省垦务概况》（1940 年 1 月），第 154 页。

乡(镇)公所。如户主死亡,还需要清理垦民贷款及遗留财产。垦民入垦后,没有特殊理由,不准退垦。垦民确需退垦的,必须清偿贷款,或找到顶替人,经批准后才能退垦。垦民违反垦场规章制度不得不除名的,同样需要清偿贷款,或者找到顶替人,经省垦务处批准才能离场。如果垦民不能偿还贷款,或者找不到顶替人,垦场实际上很难将其开除。

垦民在垦区的各项生产生活完全处于省垦务处的管理之下。垦民除了遵守各项法律法规外,还需要遵守省垦务处的各种规章制度。如垦民须加入垦区的各种合作社,对于垦地耕种、作物选定、种子选用、栽培方法、耕作计划、轮作制度及产品运销等,必须接受省垦务处的指导及监督。垦民有义务参加垦区内自治、卫生、消防、水利、交通等各项公共事业。垦民离开垦区,或家庭人口有增减时,须将原因及人数报告垦区办事处。垦民容留外人居住时,须报告垦区办事处,并征得同意。对于省垦务处所贷发给垦民的房屋、耕牛、农具、家具等,因属于贷款性质,垦民在没有清偿贷款之前,禁止转移这些财产,以作为贷款的担保。垦务处还对垦民日常行为作了具体规定,如:垦民不得吸食鸦片,不准赌博或有其他违法行为。同时教育垦民应疾病相扶,守望相助,出入相友;遇有重大纠纷时,须呈请省垦务处调解,不应诉诸暴力;等等。垦务机关通过制订各项规章制度,约束垦民行为,树立垦区良好的社会风气,以推动生产的发展。

二、垦民的人口学分析

垦区是一个全新的社会,垦民的选收必须遵守人口学的基本原则,垦区的生产生活才能正常进行。垦民的性别、籍贯、年龄结构、职业等因素,均会影响垦殖事业的发展。垦民籍贯方面,江西省垦务处所选收的难民以江西本省籍为主，另外还招收一部分苏、浙、皖、豫、粤、湘、鄂等省逃入江西的难民。抗战初期江西省垦务处所选收的首批垦民的籍贯分布如表11所示。

表11 江西省垦务处所属各垦殖场垦民原籍统计表

年份	1939年1月		1940年1月	
省市别	人数	百分数(%)	人数	百分数(%)
江西省	512	50.44	1 700	72.71
浙江省	30	2.96	16	0.68
安徽省	69	6.80	25	1.07
江苏省	174	17.14	42	1.80
湖南省	88	8.67	196	8.38
湖北省	32	3.15	151	6.46
河南省	107	10.54	207	8.86
南京市	1	0.10	1	0.04
上海市	2	0.20	0	
总计	1 015	100	2 338	100

资料来源：1.《江西省垦务概况》(1939年1月)，第18—19页。2.《江西省垦务概况》(1940年1月)，第21页。

上表中，省垦务处所招收的垦民以江西本省籍难民为主，其比例有逐年增长的趋势。如1939年1月招收的1 015人中，江西籍的难民占50.44%。至1940年1月，这一比例增加至72.71%。其余为江苏、浙江、湖南、河南等省的垦民。日军侵入广东后，大量粤东难民涌入赣南，粤籍难民人数仅次于江西本省籍难民。比较而言，农林部在江西设立的国营安福垦区所招收的难民，则以外省籍为主，江西本省籍难民相对较少。一般来说，来自同一地区的垦民语言、生活习惯、耕作习惯和文化背景相近，省垦务处尽量将他们分配到同一个垦场耕作，以方便垦场管理，垦民间也能互相照应。

表12　江西省垦务处所属各垦场垦民原职业统计表

职业别	农	工	商	学	其他(儿童等)	总计
吉安县固江垦殖区	356	11	2	8	195	572
泰和县东成村垦殖区	164	4	1	4	161	334
吉安县凤凰圩耕作单位	66	3	2	1	40	112
总人数	586	18	5	13	396	1 018
百分比(%)	57.5	1.8	0.5	1.3	38.9	100

说明:统计截至1938年底。

资料来源:《江西省垦务处1938年7月16日至年底办理垦殖事业设施概略》,江西省档案馆藏民国江西档案,J060-2-00028-062。

江西省垦务处初期招收垦民中,农民占57.5%,工商业者占比极低,总体上按照规定的选收标准执行。农民耕作经验丰富,习惯于农耕生活,对农事劳作的艰苦有心理准备,因此,农民所占比例越高,垦殖事业就越容易成功。反之,非农业难民习惯城市生活,耕作经验不足,很难忍受垦荒的艰苦,往往入垦很久也不能自给自足,潜逃的情况也较多。虽然垦民以选收难民中的农民为主,但是也酌量选收其他职业难民,如医生、铁匠、木匠、泥瓦工、教师、理发师、接生婆、小商贩等,因为他们同样是垦区建设所需的人才。

表13　江西省垦务处所属各垦殖场垦民性别及年龄统计表

		1939年1月		1940年1月	
性别	年龄	人数	百分数(%)	人数	百分数(%)
男	18—50岁	345	33.99	703	30.06
	17岁及17岁以下	208	20.49	487	20.82
	51岁及51岁以上	43	4.24	116	4.96
	小计	596	58.72	1 306	55.86

续表

	1939 年 1 月			1940 年 1 月	
性别	年龄	人数	百分数(%)	人数	百分数(%)
女	18—50 岁	229	22.56	548	23.44
	17 岁以下	142	13.99	336	14.37
	51 岁以上	48	4.73	148	6.33
	小计	419	41.28	1 032	44.14
总计		1 015	100	2 338	100

资料来源:1.《江西省垦务概况》(1939 年 1 月),第 19—20 页。2.《江西省垦务概况》(1940 年 1 月),第 22 页。

男女人口比例也是选收垦民时必须要注意的问题。如果一个垦区男女比例失调,垦区的人口再生产就会受到影响,垦区人群的稳定性就差。如果比例适中,则群体稳定性强,垦民往往能够长久居住,并逐渐转化为居民。从表 13 中垦民的性别结构来看,移垦初期,垦民中男性明显多于女性。1939 年,女性占总人口的 41.28%,男性占总人口的 58.72%。到 1940 年,男女比例差异出现缩小的趋势。1940 年所招收的垦民中,女性占 44.14%,男性占 55.86%。1946 年初,江西省垦务处所属各场共有垦民 11 463 人,其中男性 6 080 人,女性 5 383 人,①人口性别比为 112.95∶100。这一比率与男女人口比的正常值(104—107)虽有一定的偏离,但相较于移垦初期来说,已经有了较大的改善。

壮丁是生产力的体现,壮丁人数越多,说明垦区劳动力越强。如果一个垦区壮丁太少,老幼病残人口太多,必然会影响生产效率。1939 年初,江西省垦务处各垦场男性壮丁占总人口的 33.99%,1940

① 《江西省垦民垦户》(1946 年),江西省政府统计处编:《袖珍江西统计提要》,1948 年(原件无年代,此为作者推算的年代),第 90—91 页。

年初下降为30.06%；女性壮丁从22.56%增至23.44%，较1939年略有增加，壮丁所占比例总体上有所下降。1942年，江西省垦务处所属各垦场实有垦民9 330人，其中有耕作能力者5 940人，[①]占垦民总数的63.67%，说明垦民整体劳动力有所增加，人口结构趋于合理。

垦民的选收除了考虑性别和年龄外，还需要注意土地和人口的比例关系。各垦场须根据荒地面积大小决定配置垦民人数。人数过多，则荒地不敷分配，人均耕地面积过小，垦民收入低，生活难以自给自足；人数过少，则垦荒进度慢，影响事业发展。

表14 江西省垦务处所属各垦殖场垦民人口异动表(1938—1945)

年份	增设垦场数	垦场累计数	招收难民数	累计招收数	减少数	实有人数
1938	6	6	1 015	1 015	—	1 015
1939	6	12	1 523	2 538	200	2 338
1940	12	24	3 372	5 910	606	5 104
1941	16	40	6 375	12 285	2 284	9 195
1942	6	46	1 003	13 288	968	9 330
1943	5	51	1 060	14 348	—	10 390
1944	3	54	572	14 920	—	10 962
1945	7	61	1 529	16 449	135	10 827

说明：1.“实有人数”是指垦民人口经过出生、退垦、潜逃、死亡等异动以后实有人数。“减少数”是指该年份经过异动后实际减少的人数。2.1940年累计招收垦民人数存疑。据《江西省垦务概况》(1941年1月)第13—14页载，至1940年12月底，各垦殖区场所收容难民人数计6 877人，经出生、死亡、退垦等异动后，实有垦民计5 104人。故1940年招收难民数应为4 339人，“累计招收数”为6 877，而不是5 910；减少数为1 573人，而不是606人。3.1942年减少人数录自《江西省垦务概况》(1943年1月)第18—19页。但据《江西省垦务处历年简况统计表》(J060-2-00163)，1942年实际增加135人，至该年底实有人数为9 330人。据此推测，该年减少人数应为868人，而不是968人。4.1945年减少人数的数据缺失。该年共计招收1 529人，但该年人口经过异动后，实际

① 江西省垦务处编：《从垦人员手册》(年代未详)，第70页。

比 1944 年反而减少 135 人,据此推测 1945 年共减少 1 664 人。

资料来源:1.《中日战争地方抗战史实本省垦务部分资料》,江西省档案馆藏民国江西档案,J060-2-00015。2. 江西省垦务处编:《江西省垦务概况》(1941 年 1 月),第 13—14 页。3. 江西省垦务处编:《江西省垦务概况》(1943 年 1 月),第 18—19 页。4. 江西省垦务处编:《垦务通讯》第 1 期,1944 年 10 月 1 日,江西省档案馆藏民国江西档案,J060-2-00043。5. 曾庆人:《江西之垦务》,江西省档案馆藏民国江西档案,J060-1-00003。6.《江西省垦务处历年简况统计表》,江西省档案馆藏民国江西档案,J060-2-00163。

难民的选收与战局密切相关。全面抗战时期,江西地跨正面战场第三、第九两个战区,省境及周边连续发生赣北会战、南昌会战、上高会战、长沙会战、浙赣会战等重大战役,大量湖南、浙江及江西难民涌入赣南。由表 14 看,战时省营垦场的垦民在 1939、1940、1941 年几乎呈倍数增长,主要是因为抗战初期,日军快速推进,大片国土沦丧,大量难民后撤所致。另外,日军入侵广东后,封锁出海口,广东粮食来源受阻,加上自然灾害影响,农业歉收,大量广东难民逃往赣南谋生,使垦民人数增加较快。不过,自 1942 年起,省营垦场即不再大量招收难民。1942 年,江西省垦务处仅增设垦场 5 所,招收垦民 1 003 人,同时却损失垦民 968 人,[①]两相抵消,垦民人数实际增长 135 人。自 1942 年至 1945 年,江西省垦务处 4 年间共招收垦民 4 164 人,平均每年仅招收 1 000 人左右。究其原因,首先是经费缺乏。此间原本有大量粤灾难民进入江西,但省垦务处受经费所限,未能大量选收难民入垦,扩大垦殖规模。其次,受战局变化的影响,未敢贸然增设垦场。如 1942 年因赣东战事影响,局势不稳,仅增设垦场 5 个,招收垦民千余人。最后,难民人数回落。进入战略相持阶段后,随着江西周边战局渐趋稳定,各难民收容所的难民经过前期消化,适合垦荒的难民所剩无几,垦民不易选到。

① 江西省垦务处编:《江西省垦务概况》(1943 年 1 月),第 1 页。此处原文数字似有误。综合其他数字来源计算,1942 年实际损失垦民 868 人。

虽然自 1942 年起招收垦民人数几乎停滞不前，但垦民退垦、潜逃也大幅度下降，说明旧有垦民经过两三年的耕作，整体生活渐趋稳定。江西省垦务处自 1938 年 7 月成立起，到 1945 年底止，总共招收垦民 16 449 人，经过出生、死亡、退垦、潜逃、除名等异动后，实有垦民 10 827 人。①

三、垦民给养

《非常时期难民移垦规则》规定，移垦难民入垦后，在未有收获之前，给养由政府负责维持，以体现政府救济难民的责任。为促使垦民勤劳耕作，节约给养，避免垦民养成不劳而获、坐食给养的懒惰性格，垦务机关对垦民给养供给作出两点特殊规定：一是给养的发放时间一般以一年为限，一年后原则上不再发放垦民给养。这是因为，垦民入垦后，经过一年的耕作，正常情况下收获的粮食基本可以自给，无需继续贷发给养。二是给养主要以贷款的形式发放给垦民，垦民生活自给以后，再分期偿还。不过，给养贷款均不收取利息，以示对垦民的救济。垦民归还的贷款，又可以贷放给新来的垦民使用。因此，垦民越早归还贷款，就越能提高贷款的利用率，救济更多难民。

垦民的给养分为伙食费和零用费两大类。集团合耕制时期，省垦务处对垦民的给养采取统制政策。伙食方面，为节省劳力、力求经济起见，采取公炊制度。垦区办理公共食堂，由垦务机关指导垦民组织膳食会，从垦民中指定人员办理膳食。零用费的支出以必需的费用，如理发等为限，且需经过垦场管理人员的批准。垦民给养如有结余，由垦场主管人员代为保管。结余的给养费，在垦民有特定用途

① 曾庆人：《江西之垦务》，江西省档案馆藏民国江西档案，J060－1－00003。

时,可以支用,也可以抵偿垦民的其他贷款。实施这一举措,可以鼓励垦民节约给养费用。为了增加管理的透明度,伙食或零用费用账目由垦场管理人员会同垦民代表共同办理,每月公布一次。

移垦初期,江西省垦务处垦民给养发放标准为"大口 1 角,小口减半",即八岁以上每人每天 1 角,七岁以下每人每天 5 分,每月结清。这一给养标准相对较低,只能勉强维持垦民基本生活。不过,随着战局的发展,通货膨胀越来越严重,原定给养标准远不能维持生活,垦民生活清苦。省垦务处多次请求追加预算,以便增加给养。自 1940 年 1 月 1 日起,各垦区给养标准增至每人每天 1 角 5 分。1941 年 2 月,再次提高至大口 3 角、中口 2 角、小口 1 角 5 分。然而,随着通货膨胀的加剧,"每日 3 角已不敷买菜之资,遑论其他。"①不过,即便这微薄的给养,很多地方仍然无法按时足额发放,拖欠给养成为家常便饭,有的甚至拖欠长达半年以上。垦民求告无门,只得另寻他途。

垦民给养虽然规定只贷发一年,但很多垦民在一年后仍无法自给,只得请求继续贷发给养。这是因为新开垦的荒地,土质未充分改良,产量往往很低,很难维持第二年的最低生活。有的垦民入垦时错过农时,也只能坐等下轮收获。如垦民在四五月间入垦,因不能播种夏季作物,一年后很难达到自给程度。为改善垦民生活,各垦场有时只得向当地县政府借用积谷,以弥补给养不足。

借用积谷只是临时性的措施,且需要支付较高的利息,垦民损失较大,也不能从根本上解决问题。垦民给养主要购自周边市场,受粮价波动影响较大。每当新谷登场时,往往价格较低,而等到青

---

①《十年来之江西垦务》,江西省政府《赣政十年》编纂委员会编:《赣政十年》(13),第 9 页。

黄不接时,粮价暴涨,此时购买积谷成本较高。此外,农业生产受自然环境影响较大,难免发生各种灾荒。垦民生活原本十分艰苦,一旦灾荒发生,即便是很小的灾荒,对垦民来说,往往都是毁灭性的打击。最好的办法,就是在新谷登场、价格较低时,购买一定量的粮食储存在垦场,以备不时之需。为节约给养支出,有条件的垦场开始实行垦民积谷仓制度。省垦务处制定《江西省垦务处各垦殖场举办垦民积谷暂行办法》,要求各垦场设立积谷仓,举办垦民积谷,以应对荒歉。鉴于垦民普遍比较贫困,初期积谷由省垦务处贷款购买,每场贷款最多不超过 5 000 元。积谷基金以积谷仓名义承贷,全体垦民同负保证责任,月息 8 厘,自贷款第二年起,分 8 至 10 年偿还,每年偿还 10%—12.5%。积谷仓成立 5 年之后,即不再向市场购买积谷,而由全体垦民按比例缴纳积谷,每亩缴纳最高不超过 5 斤至 10 斤稻谷。积谷的借用有着严格的规定。垦民借谷时,须有 3 人担保,向积谷仓申请借款。第二年秋收时,再依照原借款数量加二成归还。积谷仓的业务不含盈利性质,所积稻谷因价格涨落而有盈亏时,由积谷仓自行负责。总体上看,积谷仓制度的推行,有利于调剂粮食余缺,救灾备荒,保障垦民的基本生活。

第二节 垦殖资金的筹措与使用

垦殖资金是垦务发展的基础。公营垦场的经费有政府补助和银行贷款两种途径,民营垦场的经费主要靠自筹。总体来看,中央补助款只占很小的比例,大部分资金通过向金融机关贷款解决。在垦殖资金的分配上,绝大多数投入公营垦殖机关,民营垦殖团体所获资金微乎其微。江西难民移垦成效显著,因而成为获得中央经费补助和垦殖贷款较多的省份之一。为确保贷款安全,江西省垦务处要求垦民组织信用合作社,办理贷款事务,并对资金贷放、担保、使用和归还进行了严格规定。经费不足是各垦区普遍面临的困难,严重阻碍了战时难民移垦事业的发展。

一、垦殖资金的筹措

公营垦场经费的来源,主要有政府补助款、银行贷款两种。其中,国营垦区经费主要由中央补助款承担,省营垦区经费除由中央和省政府分别补助一部分外,另向金融机关贷款一部分。抗战初期垦殖经费主要靠中央政府拨款补助,后期主要靠向金融机关贷款。经费用途方面,垦务机关实施垦务管理,属于政府行政行为,行政管理费用由政府财政承担,这部分费用无须垦民偿还。垦民生活费由政府贷款解决,因生活贷款属于消费性质,且政府有救济的义务,故无须支付利息。发展垦殖事业所必需的生产资金,主要靠向金融机关贷款解决,因属于投资行为,故需支付一定的利息。无论是中央补助款,还是银行贷款,均由垦民分期偿还。战时垦殖经费采取贷款制的办法解决,符合经济活动的基本原则,有助于筹措到更多的经费,并提高垦殖事业的经济效益。

(一)"中央主管垦务机关"补助费

1939 年 5 月,行政院公布《中央补助各省难民移垦经费办法》,规定各省办理难民移垦,可以呈请中央补助经费,但补助经费以直接用于垦民的事业费为限,各省办理移垦必需的行政经费由各省政府筹拨,不得挪用。① 垦殖事业费分给养费、生产资金和副业资金三种。给养费是指移垦难民在输送期间及到垦区尚未有收获以

---

①《中央补助各省难民移垦经费办法》(1939 年 5 月)。行政院经济部编:《经济法规汇编》第 4 集第 1 册,商务印书馆 1940 年版,第 65—66 页。

前的生活费用，如住房、家具、粮食、衣被、医药、教育等费用。生产资金主要指垦民开垦荒地所需农具、耕牛、种子、肥料、饲料、种畜等生产投入的资金，副业资金是指经营垦区副业，如养鸡、养猪、各种农产加工制造等所需费用。

垦民生活费由中央政府以无息贷款方式拨发，以体现政府对难民的救济责任。生产资金和副业资金除中央补助一部分外，主要靠向金融机关贷款解决。生产资金因属于投资性质，须收取利息，并于垦地农产收获后，由垦民分年偿还。偿还年限除土地贷款不少于 10 年外，其他贷款不少于 5 年，贷款利息不超过年利 3 厘。为督促垦民勤劳耕作，提高贷款的利用率，各种贷款以贷给开垦第一年的垦民为限。一年后原则上即不再贷给资金，除非遇灾或其他不可抗力造成损失，经垦务机关批准后才可继续贷款。

中央补助各省移垦经费的成数及数额，由经济部会同内政、财政、振济委员会所组织的“中央主管垦务机关”，根据各省移垦难民人数及实际工作成效审核后，转呈行政院核定，再由振济委员会拨发。各省申请垦殖经费补助，只能以移垦难民为限，这也体现了战时垦务对难民的救济性质。此外，各省申请中央经费补助时，有一个不成文的规定，即中央主管垦务机关一般只补助其预算的七成，其余部分需要自筹解决。一般来说，以移送难民 1 000 人垦殖计算，约需事业费 11 万元，中央补助其中七成，即 7.7 万元左右。如移垦人数不足原计划所列数额时，中央主管垦务机关则相应减少或停发补助费。

从江西省的情况看，难民移垦初期，垦殖资金主要来自振济委员会、经济部农本局和农产促进委员会的补助。这些补助费以贷款的形式拨发给省垦务处，省垦务处将其贷给垦殖场，再由垦殖场将款项转贷给垦民，具体贷放办法如表 15 所示。

表 15　江西省垦务处垦民贷款贷放方法表

来源	类别	项别	贷放方法	贷放期限及偿还方法	利率		
					垦务处借入	垦务处贷予合作社	合作社贷予社员
振济委员会补助贷款	生活贷款	1. 生活费(给养)2. 医药费 3. 埋葬费 4. 衣被费 5. 教育费 6. 自卫费 7. 运输费 8. 其他	由各垦殖区场直接贷放,无利息	分 8 年还清,第一年至第八年每年分别还 3%、6%、10%、13%、14%、16%、18%、20%	无利息	无利息	无利息
	生产贷款	1. 种子 2. 肥料 3. 药剂 4. 建筑 5. 家具 6. 修缮 7. 土地 8. 测量 9. 其他	由各垦殖场合作社转贷	同上	无	无	周息 1 分
农本局垦殖贷款	生产贷款	农具	同上	分 3 年还清,前两年各还 33%,第三年还 34%	月息 6 厘	月息 8 厘	月息 1 分
		耕牛及饲料	同上	分 5 年还清,每年还 20%	月息 6 厘	月息 8 厘	月息 1 分

续表

来源	类别	项别	贷放方法	贷放期限及偿还方法	利率		
					垦务处借入	垦务处贷予合作社	合作社贷予社员
农产促进委员会农业推广贷款	生产贷款	经营期较短之副业	同上	贷款期以8个月为限，一次还清	无	月息6厘	月息8厘
		经营期较长之副业	同上	贷款期以3年为限，在规定年限内分年摊还	无	月息6厘	月息8厘

说明：
1. 凡1939年9月9日以后之贷款一律照此表办理。
2. 规定由合作社转贷之款项，在合作社未成立前暂由垦殖区场直接贷放。
3. 第一期垦民在1939年及1940年所贷之生活救济贷款及其他临时性质之救济贷款，一律于1940年12月底前全部归还。
4. 菜园垦民贷款偿还期限及方法比照农产促进委员会副业贷款办理。
5. 农产促进委员会农业推广补助费偿还期由垦殖场视副业种类，临时呈请省垦务处核定。
6. 凡本表未规定之其他贷款，由垦殖场拟具贷放方法，呈请本处核定。

说明：中央振济会补助生产贷款中，合作社贷予社员规定“周息1分”为原文错误，应为“月息1分”。
资料来源：江西省垦务处编：《江西省垦务概况》(1941年1月)，第111页。

难民移垦初期，所有贷款主要靠中央补助解决。贷款的利息、偿还时间等，依据贷款来源及用途的不同而有所区别。中央振济委员会的贷款占绝大部分，其用途分为两部分，一部分为垦民生活贷款，如垦民给养、医药费、衣被费等；另一部分为生产贷款，主要有种子费、肥料费、建筑费、家具费等。中央振济委员会的贷款共分 8 年偿还，具体为，垦民自收获第一年至第八年，每年分别偿还 3%、6%、10%、13%、14%、16%、18%、20%。贷款偿还期最长，有利于减轻垦民负担。中央振济委员会的贷款属于救济性质，因此全部以无息贷款的方式贷放给江西省垦务处。江西省垦务处在转贷给垦民时，除生活贷款仍不收取利息外，生产贷款部分则收取 1 分的月息。

中央农产促进委员会和经济部农本局的贷款全部用作生产贷款。中央农产促进委员会的贷款因带有农业推广的性质，主要用于垦区的副业推广，发展副业生产，也是无息贷款。其中，经营期较短的副业，贷款期以 8 个月为限，一次还清。经营期较长的副业，贷款期以 3 年为限，分年摊还。虽然中央农产促进委员会的贷款是无息贷款，但江西省垦务处在贷放给各垦场时，仍收取 6 厘月息；各垦场转贷给垦民时，收取 8 厘月息。①

经济部农本局的贷款属于生产贷款，专用于购买农具、耕牛等。用于购买农具的贷款，分 3 年还清，前两年各还 33%，第 3 年还 34%；用于购买耕牛及饲料的贷款，分 5 年还清，每年还 20%。农本局的贷款为有息贷款。农本局贷给江西省垦务处的利息为月息 6 厘，江西省垦务处贷给垦场的利息为月息 8 厘，垦场再加 2 厘月息转贷给垦民，垦民贷到这笔贷款实际须支付 1 分月息。

---

①《江西省垦务处暂订各种垦民贷款贷放方法表》，江西省垦务处编：《江西省垦务概况》（1941 年 1 月），第 111 页。

综上，垦民所获得的贷款，除给养贷款为无息贷款外，所有生产贷款均由省垦务处以 6 厘至 8 厘月息贷放给垦场（或垦民信用合作社），垦场（或垦民信用合作社）在原利息基础上，再加 2 厘月息转贷给垦民。

各省办理难民移垦，虽然按照规定可以申请中央政府补助款项，但在实际申请时却十分困难。首先，贷款批准难度大，战时军需浩繁，财匮力绌，用于救济难民的资金十分有限，即便获得批准，也只能获得预算总额的七成，其余三成还需要各省自筹。1938 年初，行政院批准江西省首批试办一千人难民移垦的计划。垦殖经费预算，以每千人 11 万元为标准。中央拨款在此基础上打七折，实际只批准 7.35 万元贷款。[①] 其次是申请手续繁琐，申请期较长，缓不济急。1939 年初，省垦务处决定扩大难民移垦规模，增辟垦区 2 万亩，预备增收难民 4 000 人，事业费预算 29.4 万元，请求中央拨款补助。经行政院核准，其中 20 万元由中央振济会筹拨，另 9.4 万元生产贷款由经济部农本局拨发。农本局农业调整处依照相关贷款规定，与江西省垦务处处长唐启宇多次协商后，于 1939 年 5 月 27 日达成贷款协议，其贷款分配如下：农具 28 000 元，耕牛及饲料 17 360 元，种子、肥料 15 160 元，食粮 33 480 元。借款期限自签订合同之日起，其中农具借款以 3 年为限；耕牛及饲料借款以 5 年为限，种子、肥料、食粮借款以 1 年为限。贷款以江西省财政厅为承还保证人。[②] 然而，贷款合同虽然在 1939 年 5 月 27 日即协商拟定，但直到 1940 年 5 月 31 日才签字盖章，完成双方批准程序，前后耗时

① 《江西省移民垦荒调查表》，江西省档案馆藏民国江西档案，J060－2－00182。

② 《经济部农本局筹办江西省难民垦殖贷款案》，中国第二历史档案馆藏国民政府经济部档案，四/30752。

整整1年。另由中央振济委员会拨发的20万元,1939年仅拨款5万,1940年续拨15万。而这期间物价日渐上涨,贷款延期不放,自然失去当初预算的时效。1938年至1940年,中央振济会共补助江西省难民移垦经费27万余元,中央农产促进会补助近4万元,总体获得中央补助费并不多。1941年,农林部核定补助江西省难民移垦事业费共35.8万元,其中,补助江西省振济会5万元,补助省垦务处30.8万元,但是直到1941年11月份,两项补助费均只拨发50%。① 1941年11月4日,垦务总局才呈准农林部拨足剩余部分补助费。

鉴于农业生产对于抗战建国至关重要,1940年,国民政府组织成立农林部,负责战时全国农林行政。农林部成立后,立即于1940年底筹设垦务总局,负责主持全国垦务。农林部垦务总局成立后,前由中央振济委员会、经济部、内政部等机关组成的"中央主管垦务机关"撤销,所有战时难民移垦事务一概划归农林部垦务总局办理,中央补助各省难民移垦费也改由农林部负责审核和贷放。1941年1月,江西省垦务处处长唐启宇调任农林部参事,协助农林部部长陈济堂主持垦务总局事务(垦务总局局长由农林部部长兼任)。在唐启宇的支持下,江西难民移垦事业更受重视,对江西难民移垦贷款也有所增加。

表16 农林部垦务总局1941年度各省营民营垦殖事业补助费分配预算表

请求补助机关及项目	请求补助费额度(万元)	拟核定补助费额(万元)	理由
陕西省政府汧山垦殖区难民垦殖补助费	41.49	7.7	请求2 000人移垦,补助1 000人,每千人照11万元之七成补助,计7.7万元。

① 台北:"中央研究院"近代史研究所档案馆藏国民政府农林部档案,20-86-029-16。

续表

请求补助机关及项目	请求补助费额度(万元)	拟核定补助费额(万元)	理由
山西省政府难民移垦补助费	97	15.4	请求 6 000 人移垦,补助 2 000 人,每千人照 11 万元之七成补助,计 15.4 万元。
江西省垦务处垦殖事业补助费	37.75	30.8	请求本年度增收 5 000 人,补助 4 000 人,每千人照 11 万元之七成补助,计 30.8 万元。
江西省振济会难民移垦事业补助费	13.79	5	请求垦民 3 758 人,每千人补助 5 万元。除已准先拨 5 万外,因经费不敷分配,拟不再拨发。
预备费	—	41.1	—
合计	—	100	—

资料来源:台北:"中央研究院"近代史研究所档案馆藏国民政府农林部档案,20-86-028-06。

表 16 中,农林部垦务总局 1941 年组建,该年度难民移垦补助费预算仅 100 万元。鉴于江西、陕西、山西三省难民移垦事业较具规模,故该年农林部仅补助三省 58.9 万元移垦费用,其余 41.1 万元作为预备费。该年江西共获得 35.8 万元补助,其中,江西省垦务处申请补助 5 000 人,批准补助 4 000 人,共补助 30.8 万元。而同时期山西省政府提出补助 6 000 人预算,实际仅批准补助 2 000 人;陕西省政府提出补助 2 000 人计划,实际仅批准补助 1 000 人。不仅如此,即使江西难民移垦已经由江西省垦务处统筹办理,江西省振济会请求补助难民移垦费时,仍然获得 5 万元的补助费。1941 年批准赣陕晋三省 58.9 万元补助费中,补助江西共 35.8 万元,占补助总额的 60.78%;补助陕西 7.7 万元,占补助总额的

13.07%；补助山西15.4万元，占补助总额的26.15%。江西获得的补助额度比陕西、山西两省的总和都要多，于此可见农林部对江西难民移垦事业之重视，而这与唐启宇对江西垦务的支持密切相关。

农林部成立后，加速推进难民移垦事业，贷款数量有所增加，江西每年获得的贷款数也快速增长。

表17　中央垦务机关补助江西省垦务处垦殖费统计表(1938—1942)

（单位：万元）

拨款机关	数量					总计	指定用途
	1938	1939	1940	1941	1942		
行政院	—	—	—	—	30	30	垦殖事业费
农林部	—	—	—	30.8	26.6	57.4	垦殖事业费
中央振济委员会	7.35	5	15	6.65	—	34	垦殖事业费
中央振济委员会	—	—	—	4.66	7.09	11.75	垦民教育费
中央农产促进委员会	—	1.5	2.47	1	—	4.97	垦民副业及种畜费
合计	7.35	6.5	17.47	43.11	63.69	138.12	

资料来源：江西省垦务处编：《江西省垦务概况》(1943年1月)。

自1938年江西省垦务处成立起，至1942年止，中央补助江西省垦务处垦殖资金共计138万余元。其中，中央振济会委员自1938年起，每年对于江西难民移垦事业均有补助资金贷放，5年间共拨发江西45.75万元，体现了战时垦务救济难民的特殊目的。农林部成立后，垦民生产生活费开始由农林部拨助。两年间，农林部共补助江西垦殖事业费57.4万元。自1941年起，中央振济委员会虽不再补助垦民生产生活费用，但仍补助江西垦民教育费11.75万元。从指定的资金用途来看，中央补助费主要用作垦殖事业，占补助金额的91.49%，教育投入仅占8.5%，相对较少。

随着战争持续，通货膨胀日益严重，政府财政愈加困难。1941年，国民党五届八中全会决议对政府财政收支系统进行改革，各省财政划归中央财政系统，并经第三次全国财长会议议决，自1942年度起实行。据此，行政院决定自1942年起，各省难民移垦事业补助费改由行政院统筹支配，农林部不再编列此项预算。总体来说，政府补助款项由财政承担，属于政策性贷款，受各种政策因素影响较大，不具有持续性和稳定性，难民移垦所需的资金，主要还是靠向金融机关贷款解决。

（二）金融机关贷款

与中央补助经费性质不同的是，金融机关贷款属于投资性质，不具有救济的义务，仅用于生产投资，故须支付一定利息。因中央财政收支系统改革，自1941年起，农林部对各省发放的垦殖补助款逐渐减少，从金融机关贷款逐渐成为各省难民垦殖资金的主要来源。为此，1941年4月，江西省垦务处修改贷款贷放办法（见表18），规定农林部贷款专用于发放垦民生活费，由各垦场直接贷放给垦民，仍为无息贷款。生产贷款及副业贷款由中中交农四行联合办事处贷放。

江西省垦务处每年编具垦殖计划及经费预算，呈请农林部垦务总局核准后，转四联总处办理。四联总处批准贷款后，指定中国农民银行以8厘月息，将款项贷放给江西省垦务处。江西省垦务处以1分月息将款项贷放给垦民信用合作社，垦民信用合作社以月息1分2厘转贷给垦户。所有贷款根据用途分为三大类，一是生活贷款，二是生产贷款，三是副业贷款。贷款偿还办法有所调整，生活贷款以1年为期偿还。生产贷款分为3种，其中，土地改良费用与私荒征收费用，因数额较大，以10年为期，分期偿还；耕牛、饲料、家具、被帐、房屋、水利、工程等项贷款，以5年为期，分期偿还；

表 18　修订江西省垦务处各种垦民贷款贷放方法表

来源	类别	项别	贷放方法	贷放期限及偿还方法	利率		
					垦务处借入	垦务处贷予合作社	合作社贷予社员
农林部	生活贷款	生活费（给养）、医药费、埋葬费、教育费	由各垦殖区场直接贷放，无利息	分 8 年还清，第一年至第八年每年分别还 3%、6%、10%、13%、14%、16%、18%、20%	无利息	无利息	无利息
中中交农四行联合办事处	垦殖生产贷款	农具、耕牛、家具、种子、肥料、药剂、耕牛（防疫、保险、饲料）、修缮农具家具、建筑（房屋、仓库、水利）、衣被、测量、运输、自卫、土地	由各垦殖场合作社转贷	分 5 年还清，第一年至第五年每年分别还 12%、17%、20%、25%、26%	月息 8 厘	月息 1 分	月息 1 分 2 厘
	副业生产贷款	纺织工具及设备	同上	分 4 年还清，第一至第四年每年分别还 14%、20%、33%、33%	同上	同上	同上

续表

来源	类别	项别	贷放方法	贷放期限及偿还方法	利率		
					垦务处借入	垦务处贷予合作社	合作社贷予社员
		畜牧及纺织原料	同上	贷款期以8个月为限，一次还清	同上	同上	同上

说明：
1. 凡1914年4月贷款一律照此表办理，3月底以前所贷之款，仍照前颁贷款贷放方法表办理。规定由合作社转贷之款项，在合作社未成立前暂由垦殖场直接贷放。
2. 菜园垦民贷款还款期限及方法比照副业贷款办理。
3. 凡本表未规定之其他贷款，由垦殖场拟具贷放方法，呈请本处核定；其由本处临时另行规定之贷款贷放方法并照本处另行规定办理。
4. 副业贷款偿还期由垦殖场视副业种类临时呈请江西省垦务处核定。
5. 贷放方法修订时间：1941年4月。

资料来源：江西省垦务处编：《江西省垦务概况》(1941年1月)，第114页。

农具以及经营期较长的副业贷款，以 3 年为期，分期偿还。种子、肥料及经营期较短的副业贷款，以 8 个月为期，一次还清。

农林部规定各省公营(国营及省营)和民营垦殖均可请求政府贷款，但需要组织信用合作社，以合作社名义办理，以确保贷款安全。公营垦务机关申请金融机关的贷款，需要先将预算计划、垦殖计划直接呈报农林部垦务总局，由垦务总局核准后，转四联总处办理。民营垦殖团体申请贷款，须先呈请省政府核转农林部垦务总局，经垦务总局核定后，再转金融机关介绍贷款。中央补助款项由财政支出，属于政策性贷款，只能用于救济难民生活，且数量有限；而生产贷款属于投资性质，需求量极大，因此主要靠向金融机关贷款解决。

表 19　江西省垦务处金融机关垦殖贷款统计表

贷款机关	贷款数量（单位：万元）			总计	指定用途	利率	备考
	1940	1941	1942				
中中交农四联总处	—	48	—	48	垦殖贷款	月息 8 厘	已还一部分
中中交农四联总处	—	12	—	12	副业贷款	月息 8 厘	已还一部分
中国农民银行	—	—	100	100	垦殖贷款	月息 9 厘	尚未领到
经济部农本局	7.88	1.52	—	9.4	耕牛、农具、种子等贷款	月息 6 厘	此款已还清
裕民银行	—	5	—	5	垦殖贷款	月息 9 厘	此款已还清
江西省库	—	5	—	5	垦殖贷款	无息	此款已还清
总计	7.88	71.52	100	179.4	—	—	—

资料来源：江西省垦务处编：《江西省垦务概况》(1943 年 1 月)，第 25 页。

由表 19 可以看出，自 1941 年起，难民移垦的资金来源已由初期的主要靠中央财政补助，转为主要靠向金融机关贷款解决。1940 年至 1942 年底，三年间江西省垦务处共获得金融机关贷款总计 179.4 万元。其中，160 万元由四联总处和中国农民银行贷放，在难民移垦事业的经费来源中占绝大部分。银行的贷款主要用作生产费。1943 年，为加快发展战时难民移垦事业，农林部与中国农民银行土地金融处商定，将各省垦殖贷款总额扩大至 4 000 万元，仍分为生产、生活、副业三种贷款。[①] 其分配数额如下：

表 20　农林部垦务总局 1943 年度扩大各省公营民营垦殖贷款额度分配表

省别	开垦荒地亩数	每亩贷款数(元)	贷款总额(万元)
江西	—	120	600
四川	—	150	750
陕西	—	150	600
甘肃	—	150	500
广西	—	120	360
广东	—	150	350
福建	—	140	300
贵州	—	140	200
湖南	—	150	200
其他	—	140	140
总计	—	—	4 000

资料来源：《农林部垦务总局 1943 年度扩大各省公营民营垦殖贷款办法》，江西省档案馆藏民国江西档案，J045－2－01871。

金融机关和行政院对各省贷款额度的确定，主要是依据各省

① 《农林部垦务总局 1943 年度扩大各省公营民营垦殖贷款办法》，江西省档案馆藏民国江西档案，J045－2－01871。

难民移垦的规模和成绩大小。从表 20 来看，江西、陕西、四川、甘肃四省在后方移垦省份中获得贷款均在 500 万元以上，相对较多。其中，四川是战时陪都所在地，是国民政府重点经营的后方省份，省政府主席张群又是蒋介石倚重的重要幕僚之一，获得贷款最多。陕西因黄龙山和黎坪垦区接收大量黄灾和战争难民，规模最大，获得贷款也较多；甘肃作为西部重要省份，是国民政府抗战的后方基地，是西部开发的重点区域之一，国民政府拟在战后移送数百万军民至甘肃屯垦，因此甘肃获得贷款也较多。作为内地战区省份，江西省与陕西省均获得 600 万元贷款，仅次于四川省，并列各省贷款总额第二位，可见战时江西垦务成绩较好，并受到中央重视。此种贷款期限、偿还办法及利率规定如下：

(1) 生活贷款、生产贷款之土地、建筑、农具、家具、役畜，以及具有长期性质贷款之各项费用，自借款之第四年起，分年摊还。每年还本之百分数由各贷款机构团体斟酌当地情形自行决定，但其年限不得超过 12 年。

(2) 生产贷款之种子、肥料、饲料、药剂及具有短期性质贷款之各费部分，自借款之第二年起，分 3 年摊还，第一、第二两年各偿还 30%，第三年偿还 40%。

(3) 经营较短时间之副业贷款，养猪、养鸡之种畜及工业为料费之贷款期限不得超过 1 年。

(4) 经营较长时期之副业贷款及纺织及其设备之类贷放期限，5 年为限，在约定年限内分年摊还。贷款利率规定为月息 1 分至 1 分 5 厘，视当地情形及资金成本酌量增减。①

① 《农林部垦务总局 1943 年度扩大各省公营民营垦殖贷款办法》，江西省档案馆藏民国江西档案，J045 - 2 - 01871。

受通货膨胀因素影响，以上贷款利息较之前有所提高，但仍属于低息贷款。对于投资回报周期较长的生产贷款，规定垦民自第4年起，分12年偿还，大大减轻了垦民还款压力。而对于短期经营的副业贷款，还款期为1年，亦有助于促使垦民勤劳耕作，争取早日还款。自1943年起，鉴于垦民贷款均是向中国农民银行借入，依照该行土地改良放款规则，一律应付利息。为此，江西省垦务处再次修订垦民贷款贷放办法，规定自1943年1月起，垦民生活贷款（包括结欠未还数及新贷出数）一律比照生产贷款利率计算利息。具体为，江西省垦务处贷给信用合作社月息2分6厘，信用合作社贷给垦民月息2分8厘。垦民生活贷款不再享受无息贷款的优惠条件。

1943年度中国农民银行分配给江西省垦殖事业的贷款600万元中，江西省垦务处先期贷出250万元用于发展省营垦殖事业。嗣后，江西省垦务处向农林部呈送《1943年度扩展民营垦殖事业计划书》，拟将剩余的350万元贷款借出，用于扩展民营垦殖事业。中国农民银行认为，已批准的江西省1943年度600万元贷款额度中，除省垦务处之前已贷出的250万元外，另由农林部江西省推广繁殖站及国营江西安福垦区管理局先后贷出垦殖贷款350万元。至此，中国农民银行协议贷放江西省1943年度600万元垦殖贷款已经全部贷放完毕，故未再批准江西省垦务处所请350万元民营垦殖事业贷款。① 即1943年度批准江西省600万元垦殖贷款确实如数贷发，但仅分配给江西省垦务处250万元，另350万元拨给国

①《中国农民银行总管理处致农林部垦务总局函：为借用垦殖贷款查现无余额可资分配由》（1943年12月21日），台北："中央研究院"近代史研究所档案馆藏国民政府农林部档案，20-26-057-09。

营江西安福垦区，民营垦务分文未得。

表21　中国农民银行赣州分行1941—1944年度贷放江西垦殖贷款表

贷款团体名称	贷款种类	贷款日期	贷放金额（万元）
江西省垦务处	垦殖及副业贷款	1941年4月	142
江西省垦务处	水利	1942年5月	9
江西省垦务处	土地改良	1943年12月	250
正大专署合办赣县园艺场	生产	1943年8月	63
正大专署合办赣县园艺场	土地改良	1943年12月	49.54
泰和太湖义和自耕农场	土地改良	1944年5月	5
江西群力垦牧场	土地改良	1944年7月	4.8
合计			523.34

资料来源：《农林部驻皖赣两省垦务视导专员办事处呈报江西垦殖贷款三年间贷放情形》（1944年12月16日），台北："中央研究院"近代史研究所档案馆藏国民政府农林部档案，20-00-14-048-03。

江西省垦务处所获得金融机关垦务贷款由四联总处指定中国农民银行贷放。表21中，中国农民银行赣州分行自1941年至1944年四年间共贷放江西省垦殖贷款523万余元。其中，贷给省垦务处401万元，占贷款总数近77%，贷放中正大学与专署①合办的赣县园艺场112.5万余元，占贷款总数的21%，这两项贷放公营垦殖贷款占贷款总数的98%；贷放私营太湖义和自耕农场、群力垦牧场共计9.8万元，不到贷款总额的2%。截至1943年12月底，省垦务处实领垦殖事业费5 619 410元。其中，中央补助费计有中央振济委员会拨发451 688元，中央农产促进委员会拨发49 722元，农林部拨发574 000元，江西省政府拨发100 000元，合计

① 指江西省第四行政专员公署，设赣州，蒋经国任专员。

1 175 410元。金融机关贷款计有中国农民银行贷放 4 300 000 元，经济部农本局贷放 94 000 元，裕民银行贷放 50 000 元，合计 4 440 000元。① 省垦务处所领的 5 619 410 元贷款中，金融机关贷款占总额的79.08%，政府补助款仅占 21%不到。

此后，随着战争持续，经济枯竭，金融机关贷款也很难获批。1944 年，江西省垦务处继续呈请垦务总局介绍金融机关贷款 800 万元，其中 500 万元用于发展省营垦务，300 万元用于民营垦殖。垦务总局将其转至四联总处，四联总处最终仅批准江西省垦务处垦殖贷款 300 万元，对于所请拨发 300 万元民营垦殖贷款则未予批准。② 总体来看，战时金融机关贷款主要流向公营垦殖领域，民营垦殖获得贷款微乎其微。

战时难民移垦费用采取“贷款制度”筹措。救济难民是政府的行政行为，因此，政府补助款只能用于救济移垦难民的生活费，以及必要的行政支出，如垦务机关的行政费用。除垦务机关办公费因属政府行政行为，无需垦民偿还外，垦殖事业费均以贷款形式发放给垦民，规定垦民于一定期限内偿还。其中，生活贷款因属于救济性质，不收取利息；生产贷款因属于投资性质，收取较低的利息。难民移垦资金采取贷款制度，是一种较为合理可行的做法，符合经济活动的原则。一方面，战时需要救济的难民人数众多，所需资金庞大。如果这些经费全部由国库承担，在战时条件下显然不现实。采取贷款制度，虽然初期投入较大，但两三年后即开始回收利息和

① 《江西垦务概况》，江西省档案馆藏民国江西档案，J060－2－00075－0044。原文此处计算有误，实际应为 4 444 000 元——作者注。

② 《垦务总局准中国农民银行函以关于江西省垦务处 1944 年度借款办理垦殖事业一案函请查照由》(1944 年 5 月 1 日)，江西省档案馆藏民国江西档案，J045－2－00098－0145。

本金，这些资金又可以用于扩大再生产，救济更多难民。另一方面，如不采取贷款制度，垦民无还款压力，易养成懒惰和依赖心理，既影响垦殖事业的发展，又降低贷款的利用率。采用贷款制度，垦民自然会省吃俭用，努力耕作，早日还款。据垦务管理员周承澍观察，很多垦民“起早贪黑，辛勤耕作，但他们的消费，除伙食外，衣百结而不补，家具、农具都不愿意添置而慎用，他们所以这样的唯一理由是多用多债，少做难还”，[①]这就是贷款制度好处的具体证明。

垦殖经费一旦告罄，不但垦民生活困难、生产停滞，而且垦殖事业也将陷于失败。总体上看，公营垦务的经费来源较为稳定，垦务机关可以按照预算，制订合理可行的垦殖计划，稳步推进，垦民可以安心耕作，垦殖成功的可能性较大；民营垦务因经费不足，来源不稳定，常常无以为继，发展较为困难。

二、垦殖资金贷放与监管

江西省难民移垦贷款，统一拨发到省垦务处，由省垦务处统制使用。垦殖贷款作为生产投资，本身即存在一定的风险。垦场有时会因为自然灾害或管理不善等，导致粮食歉收，垦民生活困难，无力偿还贷款，有些垦民甚至因此逃离垦区，致使贷款无法收回。再者，由于垦区自卫力量薄弱，治安环境差，垦场保存的资金也容易被盗抢。垦殖资金一旦无法收回，垦务机关将背负巨额债务。因此，江西省垦务处要求各场组织垦民信用合作社，办理贷款业务，同时严格限定垦殖资金的贷放与使用，以确保资金安全。

（一）贷款程序

难民移垦初期，各垦场并没有成立垦民信用合作社，垦民贷

① 周承澍：《难民移垦问题》（中），《国是公论》第19期，1938年，第14—15页。

款的申请、领发、归还、监督等，均由垦场机关负责办理。垦民申请贷款时，垦殖场按照垦户的实际需要及每种用途贷款的额定数目标准，造具“分户贷款预算表”，连同“请款书”一并呈送省垦务处核准后，再填具“领款书”，向省垦务处会计室领款。垦民生活贷款由各垦场以现金形式直接贷放给垦民。生产贷款(包括副业贷款)，则不直接发放现金给垦民，而是由垦场代为购办实物，再将实物以贷款的形式发放给垦民，以防止垦民贷到现金后挪作他用，而不投资于生产。垦殖场代办垦民实物时，须有垦民代表1—3人参与购办实物，以示公正。垦殖场代办垦民物品需取具正式单据，并经垦场管理人员、会计、经办人员和垦民代表签字后，呈送省垦务处审核。

战时物价飞涨，不少管理员在向省垦务处请领贷款后，并不将贷款及时发放给垦民，而是偷偷倒卖物资牟利。有的管理员代办垦民物品时，并不通知垦民代表一起去购买，而是独自外出购办，回来以后以次充好，或低价买进、再高价卖给垦民，侵犯垦民利益以自肥。更有甚者，如吉安大白垦殖场管理员徐涛，从省垦务处领到垦民贷款数千元后，即卷款潜逃。为保证贷款安全，1939年10月，江西省政府第1212次省务会议通过《江西省垦务处各垦殖区垦民贷款办法》①，规定垦民借款除了生活贷款由户主直接向垦殖区场贷借外，所有生产贷款业务均由垦民组织信用合作社办理。信用合作社的主要业务是审核垦民贷款申请，然后向垦殖场申请贷款，再将贷款转贷给垦民，并负责贷款催收。因此垦殖场各种合作社中，以垦民信用合作社发展最快。截至1942年底，省垦务处

① 《江西省垦务处各垦殖区垦民贷款办法》(1939年10月)，江西省垦务处编：《江西省垦务概况》(1940年1月)，第110页。

各垦场共成立信用合作社 38 所，社员约 3 000 人。①

原则上，每个垦殖场设立一个信用合作社，社员以垦场内的垦民户主为限，一社社员不得参加其他信用合作社。合作社的业务范围也仅以本垦殖场为准，不向场外营业。如一个垦区的信用合作社在两个以上时，则在垦区办事处所在地设立联合办事处，办理各社联系事务，并接受合作社委托办理的事务。信用社以垦民参股的方式组成，股金为每股两元，社员每人至少需认购一股，入社后还可以随时添任社股，但最多不得超过股金总额的 20%。为确保债务安全，社员股金不可抵偿其对于信用社的债务，也不得转让社股，或用股金担保债务。信用合作社的责任定为保证责任，社员以其所任股额为限负其责任。退社社员对于退社前信用社所负债务的责任，自退社之日起两年后解除。

垦民贷款不论有无抵押品，其属于联合性质的贷款，由全社或者全生产集团垦民共同出具借据，并共同负连带偿还责任；属于分户性质的贷款，由借款人出具借据，同社或生产集团全体垦民均须列名，并负保证之责。也即是说，一户垦民借款，同一生产集团的垦民须共同为其提供担保。省垦务处此举目的在于使垦民之间互相负有担保责任，以便互相监督，不致潜逃。垦民在债务未还清以前，所有财产及收获的产品均作为贷款的抵押品，不得移转或变更财产。信用合作社须在垦殖区及垦殖场的监督指导下工作。垦殖场指派职员一人充任垦民信用合作社稽核，常驻稽核、指导各项社务及业务，监督款项的保管、贷款支配及会计、司库、账目等。垦殖区及垦殖场在贷款借出之前，负有调查垦民信用状况的责任，贷款

① 《江西省垦务处 1943 年度工作计划》，江西省档案馆藏民国江西档案，J060-2-00147。

时负有稽核的责任，贷借后负有催偿贷款的责任。

垦民信用合作社业务有三种：一是贷款业务，贷放生产资金给社员，这是信用社的主要业务。二是供给业务，信用社代社员购办各种物品，作为一种兼营业务，赚取一定的利润。三是吸收社员存款。信用合作社根据其业务性质，分为信用部及兼营供给部两部。信用部的职责是向垦殖场借款，再将款项转贷给社员。垦殖场贷款给垦民信用合作社，以及合作社贷款给社员，一般以代办实物或代价券的形式贷给，代办实物依照原价折算成现款。垦殖场代办物品时，合作社须推派代表参加购办，合作社代办物品时，也应呈请垦殖场派员监同办理，并应取具单据，由信用社理事会送交监事会审核后，呈江西省垦务处审核。所有垦殖贷款必须经省垦务处批准才能贷发，且专款专用，不得改变贷款用途。省垦务处对每户垦民的贷款额度和每个垦殖场的贷款总额进行控制，超过部分不予贷放。

信用社贷款以社员为限，社员向信用社借款时，需要填写“借款请求书”，由信用社理事会考察垦民借款用途及信用程度后，再决定是否借款。必要时，理事会可以要求社员提供保证人或者提出担保品。垦民贷借生产资金包括土地（土地改良费用及征收私荒费用等）、耕牛、农具、种子、肥料、饲料、家具、建筑、副业资金等等。信用社放款利率由理事会根据原款项借入利率决定，一般在原利率上加上 2 厘月息，贷给垦民，但利率最高不得超过月息 1 分 2 厘。所赚取的利息，用于弥补业务损失和信用社的经常费。社员借款到期如不能归还，垦场即负责追缴贷款，并在延欠期内在原定利率基础上加征月息 1 厘作为延期利息。

兼营供给部向信用部借款充做资本，经营供给业务，供给社员各种物品。信用部贷给兼营供给部的营业资本不计利息。兼营供给部分的经济与贷款业务须完全独立于信用部,其资金、会计账目以及营业盈亏分配须单独计算,不同贷款业务相混淆,以维护贷款的安全。社员购买物品时,先向信用部借款,由信用部发给代价券,再凭券向供给部购买物品。供给部以出售物品所收进的代价券偿还其向信用部的借款。营业盈余的代价券,在年终时向信用部结算,兑取款项。相对于贷给实物而言,代价券的使用更为灵活,极大地便利了垦民的生产生活。

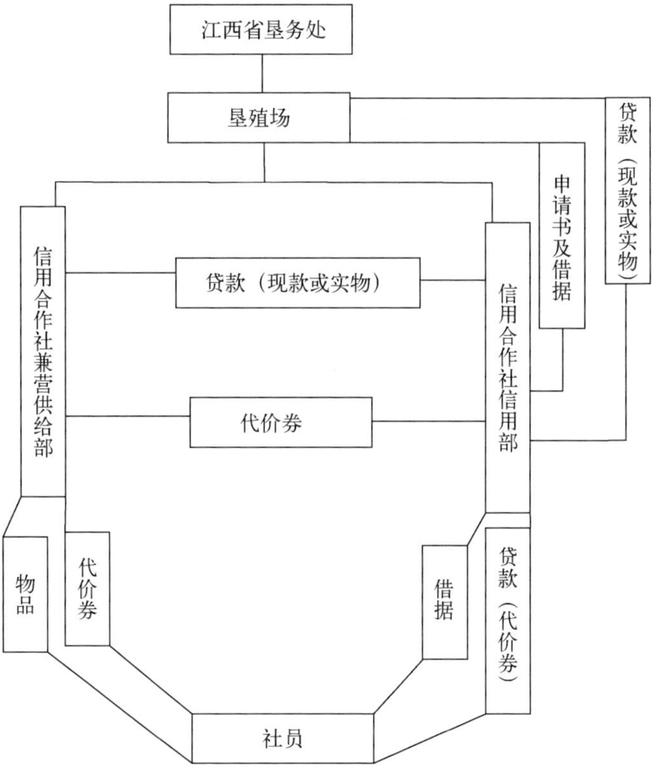

图 3 联系经营应办手续图

资料来源:江西省垦务处编:《江西省垦务概况》(1941 年 1 月),第 137 页。

信用合作社借款手续分为两部分。第一步,信用合作社向垦殖场借款。信用合作社造具“借款申请书”，送请垦殖场核定。信用合作社借款数额必须在本垦场规定贷款预算数额范围内。垦殖场对于信用合作社的借款申请书作初步核定后，呈垦殖区加具意见，转呈省垦务处核定后，通知信用合作社。信用合作社缮具借据呈送垦殖场，垦殖场将借据转呈省垦务处核发贷款。省垦务处将贷款发放给垦殖场，再由垦殖场转发信用合作社。第二步，社员向信用部借款。社员填写借据呈信用部，信用部根据借据核发贷款。社员申请借款数额不能超过该户的最高借款额度。信用部所有贷款均发代价券，不发放现款。社员凭代价券向信用社供给部购买物品。

信用合作社设有社员大会、理事会与监事会等机构。理事会设理事7人，由理事会互选主席1人、经理1人、司库1人。理事会主席总理社务，代表信用社经理专管信用社业务的执行。监事会设监事3人，设主席1人，由监事互选产生。监事会监察信用社财产状况及业务执行状况。理事和监事均由社员大会从社员中选任，其他职员如经理、副经理、司库及事务员等，由理事会选任，并须取具保证，呈准省垦务处核准始得任用。理事会之外，信用社还设信用评定员5人，组成信用评定会，评定信用社社员的信用，作为是否贷款的依据。信用评定员由社员大会推选，任期1年。理事、监事、信用评定员均为义务职，不取薪金，但经理、副经理及事务员须酌量付给薪酬。

社员大会是信用社的最高权力机关，每年召集一次。社员大会必须全体社员过半数出席才能开会，并且由出席社员过半数同意才能作出决议。社员大会开会以理事会主席为主席。垦民信用合作社每年度业务报告书、资产负债表、损益计算表、财产目录及盈余分配等，由理事会送监事会审核后，报告社员大会，并将副本送省垦务处备查。

合作社的利润分配方面，信用部在年终结算时，如有盈余，首先弥补累积损失及支付社员股息年息 8 厘，剩余部分以 20%作为公积金，生息公积金专用于弥补信贷损失。其次，以 5%为公益金，作为发展信用社业务范围内的合作、教育及其他公益事业费用。再次，以 10%作为理事、经理、副经理、司库及事务员的酬劳金。最后，以 65%作为社员分配金，按照借款社员已缴纳的利息及存款社员已支付的利息比例分配。兼营供给部盈余分配参照信用部办法进行，但 65%的社员分配金依照社员交易额大小的比例分配。如信用社结算有亏损时，以公积金、股金顺次抵补。

垦民信用合作社成立后，垦殖场不再办理生产贷款的业务，而将其转归垦民信用合作社办理，垦殖场处于审批、监督和管理的地位，从而避免垦务机关与垦民个人之间发生直接的借贷关系，贷款的责任和风险由垦场转移到信用合作社，由全体社员共同承担。

（二）贷款的监管

为了确保贷款的安全和垦民按时还款，省垦务处制订了一些具体措施对垦民贷款加以管制，并对还款进行了详细规定。总的来说，消费贷款额度低，还款期限较短；生产贷款额度高，还款期限相对较长。

贷款的偿还以垦民生产收入为主。理想状况下，垦民经过一年耕作，均会有产品收获。因此，通常以垦民入垦一年后开始算起，分年偿还所贷款项。垦民入垦第一年由省垦务处贷给生产和生活费用，到第二年秋收为止，原则上即不再贷给生活费，垦民生活依靠自给。此举有利于督促垦民加快垦荒，勤劳耕作，也有利于提高贷款的利用率。然而，初垦荒地，因垦民不谙水土，种植不当，或遇上自然灾害等原因，常导致收成欠佳。不少垦民经过一年耕作,收获寥寥,生活无法自给,更谈不上归还贷款。为此,省垦务处于1940年底颁布《江西省垦务处垦民贷款办法》①,规定垦民因天灾及其他不可抗力遭受经济困难,经省垦务处核准,可以展期偿还贷款。为了体现对垦民的救济责任,对于生活特别困难的垦民,经省垦务处批准,可以免偿一部分或全部的给养、医药、衣被等生活贷款。垦民提前偿还贷款的,可酌减利息;延迟不还者,在延迟期间内可酌加利息,作为惩罚。

为确保贷款安全,除规定必须专款专用外,贷款未清偿前,垦民所有财产及产品均作为偿还贷款的担保。② 垦民不得移转其财产所有权,也不得以其担保其他债务。③ 省垦务处还报经省政府批准,对垦民的财物和生产采取一些特殊的管制措施。主要有:

1. 物权抵押。省垦务处要求各垦场建筑公仓,垦民须将所收获作物放入公仓,集中保管,严禁垦民任意售卖,以作为偿还贷款保证。垦民每年所收获的农产品,在归还当年应还贷款本息后,剩余的才归垦民自己所有。此外,垦民领垦公荒,按规定在荒地垦竣后,可以取得所垦荒地的耕作权。但是在贷款未还清以前,荒地耕作权属于省垦务处,实际上也就是将耕作权抵押给省垦务处。

2. 物品烙印。垦场耕牛、农具、家具等生产生活物品,都是以贷款形式发放给垦民的。垦民潜逃时,常有盗卖耕牛、农具等情况

---

①《江西省垦务处垦民贷款办法》(1940年11月),江西省垦务处编:《江西省垦务概况》(1941年1月),第110页。

②《农林部垦务总局1943年度扩大各省公营民营垦殖贷款办法》,江西省档案馆藏民国江西档案,J045-2-01871-0173。

③《江西省垦务处垦民贷款办法》(1940年11月),江西省垦务处编:《江西省垦务概况》(1941年1月),第110页。

发生，致影响贷款收回。[①] 自 1942 年起，省垦务处对耕牛、农具、家具和其他重要物品一律烙印，以兹识别。同时呈请江西省政府通令各县，凡有烙印的耕牛及农家具，均不得购买，否则以赃物论处，此举收到了良好的效果，“以是此种盗卖情形即不复有”[②]。

3. 督导生产。垦民贷款主要靠耕作收获偿还，垦民收获量直接影响贷款的偿还。各垦场管理员随时督导垦民努力耕作，安心垦种。省垦务处还经常派员到各场视导，指导种植方法，采用优良品种，促使垦民尽早自给自足，按期归还贷款。

4. 整理账目。移垦初期，部分垦场账目管理混乱，甚至无账可查，影响贷款安全。为此，省垦务处陆续派员分赴各场整理贷款账目，少数无账目可查的，则根据实有物件或垦民口述立账。至 1942 年底止，各场贷款均整理完毕。

5. 严格奖惩。垦民对于各项贷款能依照规定使用、按时还款的，省垦务处给予一定的现金及荣誉奖励，对于奉行不力或者违反贷款法令的，则予以惩处。

垦民信用合作社成立后，贷款贷放和催收工作由合作社负责办理。各场贷款在 1942 年以前从未归还。自 1942 年起，省垦务处分别派员前往各场催缴贷款，取得一定的成效。所有到期应归还的贷款，“除第七、八两中心场因受战事影响稍有困难外，均得如期收回”，“其余陆续归缴，缴到者逾十万元”。[③]

截至 1943 年 12 月底，省垦务处向金融机关共贷款 444.4 万元，其中，经济部农本局、裕民银行贷款全部还清，中国农民银行贷

① 詹纯鉴：《一年来之江西垦务检讨》，《农业推广通讯》第 5 卷第 5 期，1943 年，第 30 页。
② 詹纯鉴：《一年来之江西垦务检讨》，《农业推广通讯》第 5 卷第 5 期，1943 年，第 30 页。
③ 詹纯鉴：《一年来之江西垦务检讨》，《农业推广通讯》第 5 卷第 5 期，1943 年，第 30 页。

款归还29万元，实际结欠中国农民银行401万元。[①] 垦民经过短短几年的辛苦劳作，不但实现自给自足，且已开始偿还部分贷款，可见难民移垦事业已取得初步成效。

表22　江西省垦务处各垦殖场1938—1942年投资累进统计表

（单位：元）

贷款种类		生产贷款	生活贷款	公益贷款			其他贷款	总计
				教育	卫生	自卫		
1938年	贷款数	12 739	5 291	—	—	—	981	19 011
1939年	贷款数	57 514	37 165	53	972	95	2 198	97 997
	累计数	70 253	42 456	53	972	95	3 179	117 008
1940年	贷款数	107 347	102 957	292	3 184	544	—	214 324
	累计数	177 600	145 413	345	4 156	639	3 179	331 332
1941年	贷款数	428 897	525 137	247	646	131	85 501	1 040 559
	累计数	606 497	670 550	592	4 802	770	88 680	1 371 891
1942年	贷款数	80 473	60 345	—	—	—	700	141 518
	累计数	686 970	730 895	592	4 802	770	89 380	1 513 409

说明：1942年度尚有经行政院核定30万元及农行核贷100万元为未拨到，故未统计在内。

资料来源：《江西省垦务概况》(1943年1月)，第24—25页。

由表22可知，战时江西省的垦殖贷款主要用于垦民生活和生产投入，且生活贷款有逐渐超越生产贷款的趋势。截至1942年底，省垦务处共发放各种贷款1 513 409元。其中，生活贷款730 895元，占贷款总额的48.29%；生产贷款686 970元，占贷款总额的45.39%；公益贷款（教育、卫生、自卫）仅占0.4%。这是因为一方面垦民人数不断增加，生活给养需求增大；另一方面通

① 《江西垦务概况》，江西省档案馆藏民国江西档案，J060－2－00075－0044。

货膨胀不断增加，从而导致生活贷款居高不下。这一定程度上影响了生产贷款的投入，导致生产不能适时扩大规模，说明垦场的生产生活整体上处于较低的水平。此外，生活及生产贷款占有绝对多数，垦区公益事业贷款微乎其微，公益事业发展严重受阻。1941 年，省垦务处增收垦民 6 375 人，增垦荒地 24 811 亩，是省垦务处历年增收垦民和开垦荒地最多的一年，导致 1941 年贷款总额由前一年的 21 万余元，猛增至 104 万余元，增幅最大。1942 年，贷款总额下降至 14 万余元。此后，省垦务处每年招收垦民均在1 000人左右，每年增垦荒地保持在 6 000 亩左右，生产及生活贷款未再出现大规模增长。

随着战局持续，物价不断上涨，通货膨胀日益严重，进而威胁到贷款币值。如江西安福谷价，1940 年每百斤市价 40 元，1942 年每百斤市价涨至 100 元，1943 年每百斤市价涨至 250 元左右，三年间谷价上涨 5 倍。物价暴涨导致法币购买力大跌，贷款机关损失较大，“原放资金核算现在价值已缩小数百倍有奇，全失收旧贷新用以资助新事业之意义”。① 为保持贷款价值，1945 年 1 月，皖赣区垦务视导专员王重呈请农林部，准予将垦民贷款“免本金半数及全部利息后，折谷分年偿还”，即按稻谷时价折算贷款后，改收稻谷。此议遭农林部否决，理由是，垦民贷款是根据农林部公布的《垦民贷款办法》办理，在法令未修订前，不能改变贷款收回方式，以免失信于民。更重要的是，农林部认为“贷放之款，国家不在牟利，所云‘系保存贷款价值，免还原本半数，折收实物’，名似正大，

① 《农林部驻皖赣两省垦务视导专员办事处收回前江西安福垦区管理局垦民贷款暂行办法》，台北：“中央研究院”近代史研究所档案馆藏国民政府农林部档案，20－26－054－01。

实近剥削”。① 农林部指令王重仍照原办法收回现款核销，此举助于减轻垦民的负担，体现了贷款的救济性质。

第三节　垦场的生产与经营

为移送难民垦荒，国民政府在参考中国历史上屯垦制度和苏联集体农场制的基础上，参照农业经济发展条件，首创公营垦区，规定采用集团农场制经营。其特征是土地公有、共同生产、合作经营、共同分配。集团农场制是一种集体生产和合作经营相结合的新型生产经营模式，在生产上强调共同耕作，在经营上采取合作经营，目的在于发挥大规模集团化生产的优势，以提高农业生产效率。集团农场制分为“合耕制”和“分耕制”两种。难民移垦初期实行“合耕制”，后因弊端较多，改为“分耕制”。集团“分耕制”实施以后，垦民的生产积极性提高了，垦区农业生产得到较快发展。集团农场制是国民政府对农业生产经营模式的有益探索。与此同时，垦务机关还积极发展垦区副业，增加垦民收入。随着垦区生产的发展，垦民生活逐渐改善，垦民生活日趋稳定。

一、荒地调查与地权清理

荒地调查是施垦的首要步骤，目的在于掌握垦区面积、水利设施、土质、地权及风土人情等自然及社会状况，以此作为制订垦殖计划、确定容纳难民人数、编订预算、决定垦殖经营方式等的参考。

① 《农林部驻皖赣两省垦务视导专员办事处收回前江西安福垦区管理局垦民贷款暂行办法》，台北：“中央研究院”近代史研究所档案馆藏国民政府农林部档案，20 - 26 - 054 - 01。

选择垦区须遵循一定的条件。首先,须有大片荒地,以便实施规模化经营;其次,应尽量选择官荒,以免垦熟后发生业权纠纷,并免除与当地土著杂居而带来的管理上的不便;再次,须选择土质、地形、水利、交通等基础条件较好的荒地,便于开展垦殖工作;最后,垦区应尽量选择在远离战区、匪患较少的地方。若垦区离战区太近,不但劳动果实可能资敌,而且会打击垦民生产信心。一旦垦区沦陷,则前期投入化为乌有。因此,划定垦区前,荒地调查和地权清理尤为必要。

江西虽然荒地众多,但战前较少进行过实地勘测。1936 年 4 月 17 日,江西省政府咨请内政、实业、财政三部核准,颁布《江西省清理荒地实施办法》《江西省督垦规则》,要求各县政府查报荒地。但各县政府所列报的荒地面积多为估算而来,极不精确,且多未区分荒地类型,常将不能垦殖的荒山、沼泽等视作荒地。表面看来有荒地 1 万亩,实际能垦殖者仅两三千亩,而这两三千亩又常夹有当地民众已垦地在内。如果以此为基础制订移垦计划,一旦难民入垦,必然发生人多地少的矛盾,整个移垦计划将大受影响。

抗战爆发后,为实施难民移垦,江西省政府加快进行荒地调查。江西省垦务研究会成立后,在吉水、吉安、永丰、泰和、万安 5 县共查得荒地 47 891 亩,其中熟荒 34 918 亩,预计可容纳 1 万人左右入垦。江西省垦务处成立后,继续进行荒地调查,分为省垦务处自主调查和分函各县政府代为查报两种方式进行。省垦务处的自主调查有三种:一是垦务机关直接派员实地调查;二是令各垦殖场就近调查;三是组织荒地调查团分赴各县勘查。省垦务处派人赴荒地较多的吉安、泰和、万安等县境内调查荒地,筹备设置垦场,还要求各县查报荒地面积,但真正遵行的很少,直至 1938 年底,仅有南丰、德兴、安福、资溪4县呈报有荒地48179亩。①

1939年，江西省垦务处在行政计划内列有调查全省荒地实施方案。调查区域选定南丰、南城及赣南较安全的20县，分三路进行。第一路：调查南丰、南城、黎川、资溪、光泽、广昌6县；第二路：调查永丰、吉水、安福、莲花、宜黄、乐安、崇仁7县；第三路：调查万安、兴国、于都、宁都、石城、瑞金、会昌7县。调查内容分为荒地概况考察和荒地勘查两方面。荒地概况考察，即对每一荒地的区域范围、自然情形、农产情形、经济情形、社会情形、土地制度等概况分别考察。荒地勘查，则主要将荒地区域内各块荒地的位置、面积、地势、土质、地权、水利等分别实地详细勘查。工作内容分调查、督查和统计三种，每组10人。调查员设主任调查员1人，调查员5人，办理调查事务。设巡回督察员1人，巡回各县督查荒地调查事宜，并聘请办理荒地调查各县县长兼任名誉督察员。设统计员1人，统计佐理兼缮写员2人，办理调查结果统计、缮写事宜。为了提高调查质量和效率，省垦务处还举办荒地调查人员讲习会，对参加荒地调查的人员进行为期两周的培训。调查时间定为9个月，其中，讲习及准备半个月，三路调查及统计各两个半月，编具报告一个月。

1940年，江西省因收容难民人数增加，规模扩大，原有荒地不够分配。省垦务处又组织荒地调查团，分赴南城、安福、黎川、光泽、崇仁、乐安等县实地勘查；同时指示省垦务处设在万安、泰和、南丰、吉安、吉水等县的垦场，分别派员实地调查垦场周边荒地。前后查得荒地总计17万余亩。② 1941年，江西省政府颁布《地方

---

① 江西省垦务处编：《江西省垦务概况》(1939年1月)，第36—37页。

② 江西省垦务处编：《江西省垦务概况》(1943年1月)，第4页。

自治实施方案江西省实施要领》，正式实施地方自治运动，其中对于荒地开垦有专门规定，为开展全省各县荒地的普遍调查提供了政策依据，荒地调查得以普遍推行。为此，省垦务处制订《江西省各县调查荒地荒山实施办法》，经省政府批准，于1942年7月14日正式实施，要求各县对荒山荒地实施普遍调查。调查分为普查、抽查、复查和造册登记等环节。普查以保为单位，由县政府命令各保长负责调查，并由区乡长督导推进。各保长须将本保内所有公私荒地荒山一律详细填报。抽查由各县政府指派人员进行，复查由省垦务处派员进行，以提高荒地普查准确性。各县政府须将查到的荒山荒地编造清册，分别呈报省政府和省垦务处。① 省垦务处虽要求各县切实调查荒地，但“时际抗战，社会动荡”，各县对于荒地调查“类多忽视”，“所报数字，显不准确，更未普遍”。② 到1943年初，“全省荒地荒山究有若干，迄犹未得确切统计”③。

在所查得荒地中，往往官荒、私荒混杂。因此，荒地调查结束后，必须根据调查结果，对荒地地权进行清理和登记，为顺利施垦扫除障碍。公荒地权的处理相对较为简单。国民政府1930年颁布的《土地法》规定：“承垦人自垦竣之日起，无偿取得其土地耕作权”，“耕作权，视为物权，除本法有规定外，准用民法关于永佃权各条之规定”。④ 这一规定明确了垦民对所垦荒地的权利，奠定了荒地开垦的法律基础。抗战初期，为了吸引更多难民垦荒，1938年10月15日，国民政府公布《非常时期难民移垦规则》，规定：“公有荒地分配垦户耕作，于

①《江西省各县调查荒地荒山实施办法》(1942年7月14日)，江西省垦务处编：《江西省垦务概况》(1943年1月)，第68—69页。

② 曾庆人：《江西之垦务》，《经建季刊》第5期，1948年，第31页。

③ 江西省垦务处编：《江西省垦务概况》(1943年1月)，第4页。

④《土地法》(国民政府1930年6月30日公布)，载《司法公报》第80号，1930年。

垦竣后无偿取得土地所有权”①，难民只要将土地开垦完毕，就能无偿获得土地所有权，这对难民而言无疑有着巨大吸引力。这一政策是对《土地法》的重大突破，对于推动难民移垦具有积极意义。只是这一政策实施了半年多即遭取消，垦民并未能获得土地所有权。1939 年 5 月 6 日，国民政府颁布《非常时期难民移垦条例》，废止《非常时期难民移垦规则》。《非常时期难民移垦条例》与前颁的《非常时期难民移垦规则》内容大体相近，最大的不同在于取消了《非常时期难民移垦规则》中关于“垦民无偿取得所垦荒土所有权”的条款，规定“公有荒地分配垦民耕作，于垦竣后无偿取得耕作权。适用土地法关于耕作权的规定”。② 也就是说，垦民所垦公荒的所有权归国家所有，垦民拥有永久耕作权。从江西省的实施情况来看，《非常时期难民移垦规则》虽曾短期规定给予垦民荒地“所有权”，但由于江西省难民移垦初期实施集团合耕制，荒地为耕作集团所共有，而非垦民个人所有，因此垦民并未真正取得过土地所有权。1939 年 5 月，《非常时期难民移垦条例》实施后，江西省垦务处亦于同年实行集团分耕制，各场垦民按户分配荒地，各自管理耕种。合耕制时期共同开垦的荒地，也一并分配垦户耕种。土地虽然分配给垦民单独耕种，但土地所有权仍归垦场集体所有，垦民仅依照规定取得耕作权。即便如此，取得永久耕作权后，垦民与土地的关系相对固定，垦民心理益加稳固，耕作更加积极，也更加注重对土地的使用和保养。此外，把耕作权视作物权，也有利于维护垦民利益，其积极意义仍值得肯定。

国民政府将土地“所有权”更改为“耕作权”的原因主要有三个

---

①《非常时期难民移垦规则》(1938 年 10 月 15 日)，《经济部公报》第 1 卷第 19 期，1938 年，第 837 页。

② 内政部编：《内政法规汇编·地政类》，重庆：商务日报馆 1940 年版，第 104 页。

方面：首先，“垦民无偿取得所垦荒地所有权”的规定同《土地法》关于荒地开垦只能取得土地“永久耕作权”的规定相抵触；其次，《非常时期难民移垦规则》的这一规定与当时的“难民移垦”政策主旨不符，国民政府规定垦区实行集团耕作制，集团耕作制是建立在土地国有基础之上的农业生产经营制度。如垦民取得土地所有权，垦区土地为垦民私有，则集团耕作制将无法实施；最后，从实践的角度来说，此举也是为防止一些富贾大户和农场公司趁机大量购买并囤积土地，做土地投机，而不事垦种。

私荒地权的清理相对较为复杂，也最易引起纠纷。私荒分为有主荒地和无主荒地两种。无主荒地是指“逾三年不申报，或不能将所有权确认”的私荒。国民政府规定，无主荒地视为公有荒地，直接分配垦民开垦。有主荒地，由垦区管理机关通知荒地所有权人，在规定期限内垦种。为了鼓励私荒所有者开垦荒地，所有权人复耕或开垦私荒的，可以豁免以前所欠的捐税。私荒逾期不垦种的，其处理方式有三种：

> （1）强制租佃与垦户。租佃契约之方式由垦区管理机关规定，其租额不得超过该土地正产收获总额的15%，并自开垦之年起，免缴田租三年至五年。
>
> （2）强制卖与垦户。由垦区管理机关按照当地最低荒地价格规定地价及支付方法与年限，令所有权人直接卖与垦户，地价分期支付，其年限不得少于十年，于收获后为之。
>
> （3）强制征收。由垦区管理机关按当地荒地最低价格给价征收，并得以政府公债支付，其地分配垦户耕作后，地价由垦户分期偿还政府，年限不得少于十年，于收获后为之。①

---

①《非常时期难民移垦规则》(1938年10月15日)，《经济部公报》第1卷第19期，1938年，第837页。

难民移垦的目的在于救济难民，发展生产。规定私荒“强制租佃与垦户”，由垦区管理机关协助难民与业主建立业佃关系，虽然加速了荒地的开垦，但难民变为佃奴，仍然逃脱不了不合理的地租束缚，而受地主剥削。从长远角度看，这一做法并不利于改善难民生活。不仅如此，垦民如果仅仅是租种地主土地，必然不会爱惜地力，从而造成对土地的过度使用。私荒的处理，较为妥当的办法是通过一定手续，将私荒收买后，转交垦民耕种。这样，垦民与荒地建立固定的权利关系，不但使垦民更加爱护、合理使用耕地，而且能稳定垦民心理，促使其安心垦种。因此，对于私荒的处理，合理可行的办法是上述第 2、3 两项。难民本身就比较贫困，他们从战区逃出，经过长途跋涉到达垦区，许多人专靠救济度日，无钱购置田产，这两项载明垦民于收获后 10 年内分期偿还购地款，大大减轻了难民负担。国民政府对于私荒地权的转移采取给价赎买的办法，相对来说较为公正，遇到的阻力也较小。相比而言，江西省政府对私荒的处理，比国民政府的规定更加严格。江西省政府规定，无主荒地视作公荒，直接分配垦民开垦。有主荒地需调查其有无契据及粮单，并查其有无拖欠钱粮。如查无契据或在粮单上拖欠之数超过地价，亦认作公荒。如无拖欠，或拖欠数目低于地价，由垦务机关给予补偿费，以补偿其地价，并将其土地征收。

地权清理需时较久，如果按部就班进行，必然会耽误农时，影响耕作。为了抢收难民、顾及农时，江西省政府一面通令各县清理地权，一面批准将未清理地权的荒地先行分配垦民耕作，同时办理必要手续。这一规定虽加快了移垦工作的开展，但也为后来垦区的地权纠纷埋下隐患。垦区时常出现“荒地无人耕，耕了有人争”的现象。如赣南一难民垦区内，一片四五十年没有人问津的荒地，经难民垦种大半年后，忽然有业主起而争夺地权。难民只好呈诉地方政府，地方政府则裁定难民应于垦竣三年后向业主交租。[①] 地方政府的裁定显然是偏向于本地业主。难民生活原本艰苦，三年后能否在缴纳巨额地租后维持生活很成问题，如此，难民垦荒的积极性大受打击。

为了厘清垦区地权归属，减少土客纠纷，1942 年 5 月，江西省垦务处制订《荒地清查步骤》，指令各中心垦殖场会同所在地县政府，布告业主限期登记荒地。荒地经过清查，如果是公荒，或私荒逾期不申报而收归公荒的，垦民耕竣后无偿取得耕作权，免缴地租 5 年。如果所垦荒地经调查确定为当地业主的私荒，垦民垦竣后无偿取得永佃权，垦务机关协助垦民与业主建立业佃关系，但依照规定垦民可以免缴地租 3 年至 5 年，且租额均不超过该土地正产收获总额 15%。[②]

二、集团合耕制的实施

农业生产经营制度须符合一国特定政治、经济、文化和生产力水平，才能促进农业经济发展、提升农民生活水平。20 世纪上半叶，苏联的“集团农场制”，德国的“内地殖民法”，美国的“家宅律”，以及中南欧国家施行的“土地改革法案”等，“皆根据于时代之潮流，以及国家社会之背景与环境以为转移”，[③]因而推动了农业生产的发展。我国农业生产历来采取一家一户单独经营制度，各农户的资金和耕作能力有限，抗风险能力较小。土地被

① 周承澍：《难民移垦问题》(上)，《国是公论》第 18 期，1938 年，第 4 页。

②《江西省垦务处垦民应征须知》(1940 年 8 月)，江西省垦务处编：《江西省垦务概况》(1943 年 1 月)，第 126—127 页。

③ 唐启宇：《我国垦殖事业的方针和方式》，江西省垦务处丛刊第一种，第 1 页。

碎化为小块，导致无法使用机械动力耕作，劳动生产率低下，阻碍了农业生产进步和农村经济的发展。农民租种地主的土地，长期受高额地租剥削，生活困难。西方合作思潮的传入，以及苏联集团农场制的实施，给中国农业生产和经营制度的变革提供了借鉴方案。要改善农民贫苦生活，挽救农村危亡，必须破除不合理生产关系，集团农场制和合作经营制度在当时是较好的选择。

集团农场制是由国家在大片荒地上设立生产集团，进行规模化生产和经营。农民受雇于集团农场，类似于国家的"农业工人"，一切生产经营事项均由垦务机关统一安排。集团农场制便于实行大规模机械化耕作，有利于提高农业生产效率；农民不受私人农场主的剥削，生产收益实行按劳分配，也有利于保护农民的利益，推动垦殖事业的发展，"过去各地所办垦务强半无成绩可言，考其原因，系垦务中生产之利益，一部分为外界人所剥削。垦殖事业以合作组织经营之，则农垦利益可以完全归之于垦民，垦务即不易失败。"①国民政府规定"垦区管理机关得于垦区内采用集团农场制经营难民垦殖"②，这意味着"集团农场制"是公营垦区难民移垦的主要经营制度。

江西省各垦场经营方式有集团经营、单独经营和合作经营三种。集团经营，即垦民组成生产集团，由省垦务处授田给生产集团经营；单独经营，即授田给各垦民独自经营；合作经营，即由各垦民组织合作社，省垦务处授田给合作社经营。无论集团经营还是合作经营，对于生产运销、消费等，均采用合作方式

---

① 李积新：《垦殖合作之经营》，《合作事业》第 2 卷第 12 期，1940 年，第 21 页。

②《非常时期难民移垦规则》，《经济部公报》第 1 卷第 19 期，1938 年，第 837 页。

办理。

集团经营分为集团合耕制和集团分耕制两种。难民移垦初期，省垦务处所属各垦场一律采取集团合耕制，在生产上实行集体耕作(共耕制)，经营上实行合作经营。集团合耕制的要义是：土地共有、共同生活、共同劳作、按劳计酬。具体做法是，根据荒地面积大小，分配若干垦户，成立一个"耕作单位"(通常为 1 千亩，垦民 200 人左右)①。省垦务处将荒地授予耕作单位，由耕作单位内的垦民共同开垦和耕种，地权归耕作单位共有，一切业务共同经营。经营以一个"耕作单位"为一个生产集团为原则。如果一个耕作单位的人数过多，则将耕作单位再分为数个生产集团，但每一生产集团内的壮丁人数不少于 5 人，由垦民自愿组合到一起。在生产集团内，耕牛共同饲养，农具共有，吃饭采用公炊——即公共食堂，以

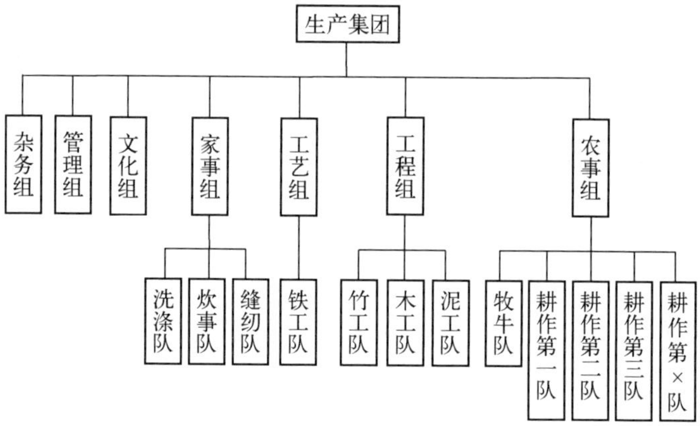

图 4　集团合耕制组织结构图

资料来源：《江西省垦务概况》，1939 年 1 月，第 60 页。

① 自 1939 年起，江西省垦务处一律将各"耕作单位"改名为"垦殖场"。

节省每家每户做饭的时间，并免去各户制备炊具的开支。住宿以公寓为主，这一方面是因为垦场初办，所建屋舍不够分配，同时也是为了节约建筑材料和费用。每个耕作单位以“生产集团”为最基本的经营单位，各集团的生产收益分别独立计算。集团内部仍采取集体生产、分配和消费的“共有制度”，集团与集团之间则为私有关系。各集团的公共劳作及公益费用，视其性质按受益田地面积或受益人数或收益多寡比例分担。①

集团合耕制下，垦民按各类劳作性质编组分队进行劳作。每个生产集团主要分为农事、工程、工艺、家事、文化、管理、杂物 7 组，每组设组长、副组长各 1 人，从垦民中推选。每一组根据人数的多少，再分为若干队劳作。例如，农事组分为耕作队、牧牛队，有的还细分为犁工及牛耙队、播种队等，耕作队人员占绝大多数。虽然各组进行了分工，但是每当遇到农忙时，垦场管理员可以根据情况，将各队力量集合到一起，共同劳动。

表 23　江西省垦务处所属各垦区难民编制表(1938 年)（单位：人）

	参加人数						
	固江垦殖区					东成村垦殖区	凤凰圩耕作单位
	枧洲上耕作单位	山背村耕作单位	大陂头耕作单位	办事处	合计		
农事组	116	84	41	—	241	70	38
耕作第一队	14	15	5	—	34	18	9
耕作第二队	7	15	5	—	27	9	8
耕作第三队	8	13	6	—	27	5	14

① 江西省垦务处编：《江西省垦务概况》(1940 年 1 月)，第 76 页。

续表

	参加人数						
	固江垦殖区					东成村垦殖区	凤凰圩耕作单位
	枧洲上耕作单位	山背村耕作单位	大陂头耕作单位	办事处	合计		
耕作第四队	15	12	7	—	34	13	7
耕作第五队	14	12	3	—	29	—	—
耕作第六队	12	—	3	—	15	—	—
耕作第七队	13	—	—	—	13	—	—
耕作第八队	9	—	—	—	9	—	—
牧牛队	24	17	12	—	53	25	—
工程组	13	—	3	2	18	13	—
泥工队	4	—	1	—	5	5	—
木工队	2	—	—	—	2	3	—
竹工队	2	—	—	—	2	3	—
工艺组	—	1	—	2	3	1	—
家事组	36	33	25	2	96	35	22
管理组	2	—	3	1	6	3	2
杂务组	20	9	5	57	91	17	2
总计	187	127	77	64	455	139	67

资料来源：江西省政府秘书处统计室编：《江西统计月刊》，第1卷第12期，1938年，第6页。

1938年10月，江西省垦务处先后成立吉安县固江垦殖区、泰和县东成村垦殖区。其中，吉安县固江垦殖区下辖3个耕作单位，即山背村耕作单位、大陂头耕作单位和枧洲上耕作单位。泰和县东成村垦殖区下辖东成村和沙村两个耕作单位。此外还成立直属吉安县凤凰圩耕作单位。固江垦殖区共455人，其中，农事组241人，大部分编入耕作队中。各垦场耕作队少的有5队，多的有8队。小的耕作队有3至8人，大的耕作队有14至18人。其他老幼妇孺则分别编入牧牛队、家事组或杂务组等，参加劳作。

耕牛是垦荒的主要动力，各垦场对于耕牛的饲养和使用主要采取合作社方式进行。最初，各垦场采取“联合饲养、统制使用”的原则，由垦场内一个生产集团或者数个生产集团联合，成立“耕牛供给社”，以各垦户为当然社员。垦场预先以男工工价的一倍为最低价格，订定耕牛工价，再根据耕牛的工作效率适当提高牛工价格。耕牛供给社内各垦户使用牛工时，登记其使用的工价；主作物收获后，垦户需要偿还工价，或以饲养工及饲料抵偿工价。牛工除本社社员使用外，有余工时，可租给社外其他垦户或附近农民使用，均收取一定的费用。各垦殖场或耕牛供给社根据工作的轻重缓急，决定各垦户使用耕牛的次序，必要时以抽签方法决定使用次序。同时，限定耕牛使用时间，防止垦民虐待耕牛或过度使用耕牛。耕牛供给社的牧童及其他饲养人员，以雇佣社员家属担任为主，并适当给以少量报酬。

集团合耕制下，垦民劳作须服从垦场管理员指导及监督。垦民每天的劳作时间，由垦场管理员按照劳作性质和类别规定，垦民须依照规定时间到工、散工，不得迟到、早退、旷工。垦场管理员每天将垦民劳作按等级分别计分。

表24 垦民集团劳作类别及劳作量计算方法表

类别	事项	劳作量计算方法
农事	耕耙、播种、间苗、中耕、培土、除草、移植、灌溉、施肥、收获、调制、樵牧等	以日计

续表

类别	事项	劳作量计算方法
工程	建筑房屋、闸坝,开掘塘渠、道路等	以日计
工艺	纺织、制豆腐、豆豉、干粉、制糖、提薄荷油、制木器、竹器、铁器等	以生产量计
家事	炊事、洗涤、缝纫、扫除、结草绳、编制草鞋等	以件计或以日计
文化	垦民及垦民子弟之教育、书信代笔等	以件计或以月计
管理	保管、记录、司账等	专负管理之责者以日计,兼任者酌予津贴
杂务	采办、运输,及一切不属于以上各类之工作	以日计或以件计

资料来源:《江西省垦务处各县垦殖区垦民集团劳作管理规则》,江西省垦务处编:《江西省垦务概况》(1939 年 1 月),附录,第 42 页。

江西省垦务处还根据各组工作性质不同,订定相应劳作量计算方法,以便对垦民劳作量进行登记核算。例如农事组、工程组因劳作量大,采取以日为单位计算工分,工艺组则以生产量计算。

表 25 垦民日工计分标准表 (单位:分)

等别	甲等	乙等	丙等	丁等	戊等
第一级,高级工	29	28	27	26	25
第二级,熟练工	24	23	22	21	20
第三级,普通工	19	18	17	16	15
第四级,学习工	14	13	12	11	10

资料来源:《江西省垦务处各县垦殖区垦民集团劳作管理规则》,江西省垦务处编:《江西省垦务概况》(1939 年 1 月),附录,第 42 页。

确定了劳作量计算方法,接下来就是要对垦民劳作能力评定等级,以便具体确定个人劳作分数的计算标准。如表 25 所示,各类劳作依个人劳作能力分为高级工、熟练工、普通工、学习工四级，并按照劳作的难易、繁简、优劣，分为甲、乙、丙、丁、戊五等。垦民劳作按其性质、级别成绩评定分数，每天由指导员或记账员按等级分别登记。每年主作物收获完毕时，垦场首先核算生产集团所有收获产品的总价值，以及垦民劳作分数总额。然后根据垦民劳作分数，按比例分配产品。各集团的产品收获和垦民劳作分数独立核算。垦民收获除扣除应还的各项贷款外，其余全归垦民所有。各集团的公共劳作及公益费用，则视其性质，按受益田地面积或受益人数或收益多少的比例分担。合耕制下，垦民收益采取按劳计酬，有利于减除剥削。垦民劳作与其收益息息相关，集团收益大，垦民收获也多。

表 26 江西省垦务处垦民劳作工数统计表 （单位：工）

劳作类别	吉安垦殖区（554 人）	直属凤凰圩垦殖区（220 人）	泰和垦殖区（535 人）	吉水垦殖区（633 人）	合计
农事类	17 934.5	9 074	25 186.5	9 401	61 596
工程类	14 245.5	2 005	5 892	1 597	23 739.5
工艺类	5 188.5	617.5	1 735	957	8 498
家事类	38 633.5	2 594	7 293	188	48 708.5
文化类	1 691.5	35.5	755.5	75	2 557.5
管理类	4 076	461	3 472.5	813	8 822.5
杂务类	15 362.5	2 937	4 583	1 248	24 130.5
总计	97 132	17 724	48 917.5	14 279	178 052.5

说明：该表为 1938 年 11 月至 1939 年 12 月底劳作工数。
资料来源：《江西省垦务概况》，1940 年 1 月，第 79 页。

由表 26 可知，垦民参加各种劳作记分，自 1938 年 11 月至 1939 年底止，共计 178 052.5 个工。各垦场劳作工数以农事、家事、工程和杂务类为多。其中，农事类最多，共 61 596 个工；家事类次之，共 48 708.5 个工，工程类和杂务类劳动量相近，均在 24 000 个工左右，可见垦区劳作以农事生产为主。其中，吉安垦区和泰和垦区人数相近，但吉安垦区垦民劳作工分数要比泰和垦区多出一倍，说明吉安垦区各项建设速度较快。吉水垦区因开办较晚，虽然人数最多，但垦民劳作数量在各垦区中最少。

垦务机关对垦民劳作考成分为集团考成和个人考成两种，分别进行。省垦务处对各垦场首次劳作考成以垦民到达垦区之日起，至 1939 年 8 月底间劳作成绩为计算基础。集团劳作考成由各生产集团独立进行，以该集团平均每人每月种植作物亩数及 1939 年早稻平均每亩产量为比较标准。其中，平均每人每月种植作物亩数占总成绩的 80%，平均亩产量占总成绩的 20%。规定以平均每人每月种植作物 1 市亩为 100 分，平均每亩早稻产量 2 市石为 100 分，计算劳作成绩比例。如某生产集团共有男女老幼垦民 20 人，于 1939 年 1 月到达垦区，至 1939 年 8 月底止，共劳作 8 个月，各种作物种植亩数共计 240 市亩，该集团 1939 年共栽培早稻 160 市亩，产稻 200 市石，则个人劳作成绩计算为：

首先，计算平均每亩劳作成绩得分：

(1) 平均每人每月种植作物亩数为：240 市亩÷20÷8＝1.5 市亩。

(2) 规定以平均每人每月种植作物 1 市亩为 100 分，平均每人每月种植作物亩数的指数为：1.5×100 分＝150 分。

(3) 规定以平均每人每月种植作物亩数占劳作总成绩 80%，则平均每人每月种植作物亩数的劳作成绩为：150 分×80%＝120 分。

其次，计算平均每亩产量得分：

(1) 该年早稻产量 200 市石，则平均每市亩早稻产量为：200

市石÷160 市亩=1.25 市石/市亩。

(2) 规定以平均每市亩早稻产量 2 市石为 100 分，则平均每市亩早稻产量之指数：1.25×100 分÷2=62.5 分。

(3) 规定以平均每市亩早稻产量占劳作总成绩 20%，则平均每市亩早稻产量的劳作成绩比率 62.5 分×20%=12.5 分。

因此，该集团劳作总成绩为：平均每亩劳作成绩+平均每亩产量劳作成绩，即：120 分+12.5 分=132.5 分。

集团劳作成绩的优劣总体上反映该集团的劳作效率，是对该集团进行奖惩的主要依据。奖惩也仅以该生产集团为对象，不涉及个人。奖励办法为：第一名 1 名，奖奖旗 1 面、特等奖状 1 张，现金 20 元。第二名 1 名，奖一等奖状 1 张，现金 10 元；第三名 1 名，奖二等奖状 1 张，现金 5 元；第四名 2 名，奖三等奖状 1 张，现金 3 元；第五名 2 名，奖四等奖状 1 张，现金 2 元。集团劳作成绩太差的，则视其程度予以警告或申诫。总体来看，集团劳作奖惩以奖励为主，惩戒为辅，以激发垦民的集体荣誉感和劳作积极性。

个人劳作考成以 18 岁以上的男性壮丁为对象，采取减法计算，规定每个人基本分数为 100 分，违规则扣除相应的分数。个人劳作考成以下列各项为比较标准：

> (1) 平均每月劳作分数多寡(自到垦区至 8 月底止各月平均数)，50 分；
>
> (2) 劳作技术优劣，10 分；
>
> (3) 旷工与否(每旷工一次扣 2 分)，20 分；
>
> (4) 事假多少(每请事假一次扣 1 分)，5 分；
>
> (5) 犯过与否(每犯过一次扣 3 分)，15 分。①

---

① 江西省垦务处编：《江西省垦务概况》(1941 年 1 月)，第 86 页。

如果旷工、事假或犯过次数过多,分数不够扣时,可从其他项目中扣除相应分数。个人劳作成绩优劣均奖惩垦民个人,以管理人员所评定之分数为主要奖惩标准。奖励的办法为:95分以上者,奖现金1元至5元;90分以上者,奖现金1元;85分以上者,奖现金5角;80分以上者,奖现金3角。

劳作成绩低劣的垦民,垦场会实施一定的惩戒。惩戒的办法有:60分以下者,申诫;50分以下者,记过;40分以下者,罚工5日;30分以下者,罚工10日。罚工为罚做公共劳动。垦民中行为卑劣、劳作成绩特别低劣的,垦场管理员可以另外拟定办法惩戒,但须呈请省垦务处核准后实行。如果垦民个人劳作成绩低劣是由于患病,或其他不得已事故,而并非自身不努力,则免于惩戒。

此外,为激发垦民劳动积极性,省垦务处还制订特别奖惩措施。垦民如果有"劳作勤奋""爱护公物""提前完成工作"等优秀表现的,则予以奖励。奖励方式有记功、加工记分、加等记分等方式。对于垦民中不服从垦场管理员支配、指导指挥的,则视情况予以惩戒。如上工迟到或早退的,未经允许擅自离工的,不能如期完成的,劳作不力成绩低劣的,以及损坏公物等情况,则给予一定的惩罚。惩罚视情况严重程度分为申诫、记过、罚工、降等记分直至除名。被除名的垦民,吊销垦民证或土地耕作权证书,并追偿各项垫款及地租。

垦场管理员随时对垦民劳作情形进行考核,如认为有需奖惩的情形,须报请垦区主任核定,分别奖惩。垦区主任每月将奖惩情形登记列表,呈报省垦务处备案。但是,对于"加等记分"或者"除名"的情况,则须经省垦务处核准后才可执行。对垦民的奖励,由各耕作单位召集全体垦民,举行颁奖仪式,公开奖励,以激发垦民的劳动热情。个人奖金归受奖人个人领取;集团奖金按照该集团内各垦户田间劳作人数，平均分配。对垦民的劳作进行奖惩，有利于激发垦民的生产积极性，加强对垦场的管理。在物质极其匮乏的抗战时期，记功或者加等记分可直接增加垦民收入，改善其生活，而对于垦民的惩罚则会恶化其生活，甚至迫使其失去在垦场谋生的机会。垦场管理人员拥有奖惩垦民的大权，却几乎不受任何监督，部分品质卑劣的管理员趁机压迫垦民，侵害垦民利益，造成管理人员与垦民关系紧张。

垦民收入分配方面，1939 年依照集团合耕制相关规定执行，以集团为单位进行核算，核算时间自垦区开办之日起，至 1939 年 8 月底为止。分配方法为：

（1）统计该集团的总收入（未变价之产品、牲畜等照时价折算计入）。

（2）计算该集团本年度应偿还公共贷款额，并计算集团内各户垦民本年度应偿还私人贷款额。

（3）统计该集团各户劳作分数，并将劳作分数相加，得全集团之劳作总分数。

（4）估计该集团下年度所需之种子、肥料、水利工程、农具修理等公共费用。

（5）计算每劳作分应得之收入数，计算公式如下：

$$\text{集团每劳作分应得收入数}=\frac{\text{全团总收入}-(\text{本年度应还公共贷款}+\text{预算下年度公共费用})}{\text{全团劳作总分数}}$$

（6）垦户应得收入数＝（全户劳作总分数×该集团每劳作分应得收入数－该年应还私人贷款数）

按照以上方法计算垦民的劳作收获，扣除其该年应还的贷款，剩下的归垦民自己支配。

集团合耕制下，土地为生产集团所共有，采取共同耕作、合作经营、按劳分配的方法进行生产。理论上，这种分配方式较为公平，有利于消除剥削，提高生产效率。但是实施结果却不尽人意，正如时任江西省垦务处处长唐启宇所说“弊多利少”①，很难激发垦民生产积极性和主动性。原因在于：

其一，垦民没有土地所有权，完全受制于垦场管理员，类似于“农业工人”。由于土地的所有权和使用权不固定，垦民对土地进行掠夺式的使用，不利于土地肥力保养和改善，垦民甚至将垦殖视为权宜之计，并无久居之意，随时准备离开垦区。

其二，计分制很难准确客观评定垦民劳动价值。垦务机关虽制订详细标准，对垦民劳动工分进行监管、登记和稽核，但实际上很难将各种不同性质、不同种类、不同技能、不同成绩的劳作，均作恰如其分的评判，勤惰能拙不能得到应有的公允报酬。少数懒惰垦民工作不力，使勤能者灰心，觉得出力多太吃亏，不愿全力以赴地耕作。各种管理规章制度看似完备细密，实则琐碎，劳作评定计分手续繁杂，各垦场管理员人手不足，对此深感困难。

其三，垦民对收获的产品没有直接处分权，认为其辛苦劳动所得属于公家或公共财产，养成了“吃公饭、用公具、做公活”的“大锅饭”思想，心理趋于消极。垦民虽不敢明确反对，却养成了消极怠工、不爱惜公物、互相推诿等不良习惯，劳动效率低下。垦场管理员虽严密监督垦民劳作，“垦民怠工现象仍屡禁不止”②。曾亲身参加江西难民移垦管理工作的江西省垦务处技佐施珍对此有着非常直观的观察，他说：“江西省垦务处各垦殖场垦民在集团经营制度

① 江西省垦务处编：《江西省垦务概况》(1940年1月)，第1页。

② 江西省垦务处编：《江西省垦务概况》(1941年1月)，第17页。

时期，垦民惰于工作，五垦民[①]之效率不及一普通垦民，稻已成熟而无人收获，且潜逃颇众。”[②]

其四，赣西南地形地势不适合推行合耕制。集团合耕制适合在大面积荒地设立的垦区，并引入机械化耕作，才能发挥其优势。赣西南地形复杂，山地、谷地、沼泽、平原等相间，连片可耕地在5 000亩以上的较少，且战时也缺乏引进大型农业机械的条件，无法大规模使用机械动力耕作。受制于客观条件，垦民认为无需采用合耕制。

集团合耕制是一种“乌托邦”式的集体生产制度，最核心的矛盾在于垦民与土地关系不固定，不占有土地所有权和使用权，且垦民对产品没有直接的处置权，产品分配方式不能充分体现劳动价值。农业生产经营上权责不对等，生产经营自主权基本被剥夺，劳动付出与回报不对等，导致垦民劳动积极性、主动性不高，劳动效率低下。因此，耕作制度改革势在必行。

三、从合耕制到分耕制——垦殖经营制度的变革

鉴于集团合耕制弊端较多，严重阻碍生产的发展。1939 年 9 月 14 日，江西省垦务处颁发《江西省垦务处各垦殖区集团分耕制经营准则》《江西省垦务处各垦殖区集团分耕制荒地及已垦地分配暂行办法》[③]，正式将所属垦场从合耕制改为分耕制。集团分耕制以“户”为基本经营单位，各垦场垦民集合 5 户(单身壮丁以一人为

① 五垦民即一个生产集团，当时规定每个集团最低要有 5 个能耕作的垦民。

② 施珍:《垦殖辅导与合理垦殖》,《中农月刊》第 4 卷第 11 期，1943 年，第 8—9 页。

③《江西省垦务处各垦殖区集团分耕制经营准则、各垦殖区集团分耕制荒地及已垦地分配暂行办法令仰遵照办理由》，江西省档案馆藏民国江西档案，J060 - 2 - 00022 - 0018。

一户)以上,组织生产集团,以户主为团员。[①] 如果某一垦户从事田间工作的壮丁在5人以上时,则视为一个生产集团。这样,虽然在形式上仍保持集团耕作的模式,但实质上是分户耕种。

集团分耕制分户耕作与集团合耕制分组劳动的区别在于,分耕制下,垦民以户为单位,组织生产集团,各户独立耕作,土地单独经营。分耕制仍然以生产集团为最基本的生产单位,其组织原则是:

(1) 土地单独经营;

(2) 收益各自享受;

(3) 劳作交换;

(4) 耕牛合作饲养,统制使用;

(5) 大农具公有或合作所有,小农具分户所有;

(6) 联合性质之事业,如种子、肥料、饲料、食粮及物品之采购、工程设备、产品储藏运销等,以组织合作社办理为原则;

(7) 种植作物种类、品种、轮作制度及面积等,由集团统筹支配之。[②]

"土地单独经营",即"分田到户",由各垦户单独耕作。分耕制下,土地分配的基本单位由之前的"生产集团"缩小为"垦户",将土地由生产集团分到具体垦户头上,由垦户各自管理耕种。当然,土地所有权仍然归生产集团所共有,垦户仅取得耕作权。"收益各自享受"确定了垦民对劳动产品的处置权,是"土地单独经营"的必然要求。这两项规定明确了垦民的权利和收益分配,是分耕制与合耕制最根本的区别。对于耕牛、大农具以及具有联合

---

① "生产集团"后改名为"垦殖队",其组织方法不变。

② 江西省垦务处编:《江西省垦务概况》(1941年1月),第26页。

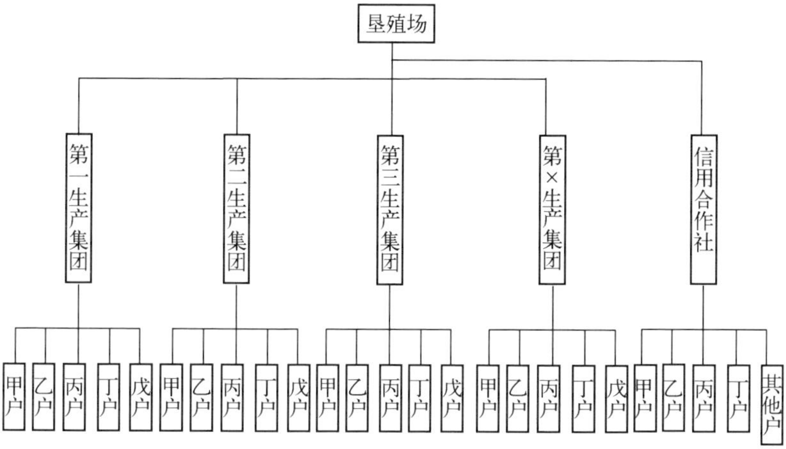

图 5　集团分耕制组织结构图

资料来源:江西省垦务处编:《江西省垦务概况》(1941 年 1 月),第 15 页。

性质的事业,仍同合耕制时期一样组织合作社,以合作形式办理。分耕制就是单独耕作与合作经营相结合的一种农业生产经营模式。

实行分耕制后,首先需要对土地重新进行分配。省垦务处所属各垦场以每人分配 5 至 7 市亩土地为原则,一般不少于 5 市亩。其中,有家属的垦民,每户分配 20 至 25 市亩;壮丁单身的,每人分配 10 至 15 市亩。① 同时根据地形地势、土壤肥瘠、该户垦民人数及耕作能力酌量增减,并将水田、旱地、菜园用地等适当搭配,分给各垦户,使各垦户享受均等的耕种机会。分配办法视地形确定分配起点和终点,然后召集各垦户抽签,决定分配次序。

对于原来集团合耕制时期由各集团共同开垦的荒地,改采集团分耕制后,将本集团所垦田地根据各垦户能从事田间劳作壮丁

① 《江西省垦务处各垦殖区集团分耕制经营准则》(1939 年 9 月),江西省档案馆藏民国江西档案,J060 - 2 - 00022 - 004。

的人数，按比例分配给各垦户。其分配方法为，以每户有1个田间劳作壮丁为标准，每多1个田间劳作壮丁，增拨地1/2。[①] 例如，一个生产集团内有甲、乙、丙、丁、戊5户，甲户有1个壮丁，乙户有3个壮丁，丙户有壮丁2人，丁户有壮丁1人，戊户有壮丁2人。假如该集团已垦地70市亩，则5户分配比例为：甲1∶乙2∶丙1.5∶丁1∶戊1.5，共计7份，每份地正好10市亩。所以，甲户应分已垦地10市亩，乙户分20市亩，丙户分15市亩，丁户分10市亩，戊户分15市亩。如果已垦地不够分配，则加拨荒地补足。荒地分配垦户后，由垦殖区规定限期开垦完竣。

集团分耕制下，各垦户经济独立，土地生产收支及盈亏各自负责。人均拥有土地面积比合耕制时有所提高。各垦场平均每户分配土地达23.7亩，大多数垦场每户分配土地都在20亩以上，少数每户分配土地甚至超过30亩，土地分配面积最低的每户也有14亩。[②] 从荒地分配的实际情况来看，江西省大多数垦区在初期都能达到规定的标准，有的甚至远超过分配标准。垦户虽然在经济上独立核算，自负盈亏，但垦场及生产集团仍然有决定垦户“种植作物种类、品种、轮作制度及面积”[③]的全权。此外，垦场还有权统筹支配各垦户劳力。垦户如遇劳力不足、缓不济急或劳力有余时，垦场可以指派垦户交换工作。垦户交换工作时，须在“垦民劳作交换摺”上分别记录其所交换工数或工作件数，以及估定的工值。各户之间交换的工值，在每年主作物收获终了时进行结算，除助人、人助相互抵消外，工值不足数的须照价补偿，工

---

① 《江西省垦务处各垦殖区集团分耕制荒地及已垦地分配办法》(1939年9月)，江西省档案馆藏民国江西档案，J060-2-00022-0014。

② 江西省垦务处编：《江西省垦务概况》(1941年1月)，第28—29页。

③ 江西省垦务处编：《江西省垦务概况》(1941年1月)，第27页。

值多的取得溢出的工值。集团内各垦户间、同垦殖场内各集团间，以及同垦区内各垦殖场间的公共劳作及公益费用，例如水利工程、道路工程及各垦殖场雇佣的干事、技工等的津贴，视其性质按受益田亩面积，或受益人数多少，或收益多少的比例分担。公共劳作以垦民轮流担任为原则，按户分别记录其参加工数或工作件数，折算成工值，到每年主作物收获终了时结算总数，再分别计算各垦户应分担数。担任公共劳作不足数的垦户，应照价补足工值；担任公共劳作多余的垦户，则获得溢出工数的工值。公益费用由全体垦民按同样比例分摊。

集团分耕制下，耕牛由集团合作饲养、统制使用，由垦场组织耕牛供给社办理。由于耕牛使用“手续较繁，施行颇感困难，且耕牛不由鼓动垦户饲养，每易发生过度使用及虐待等不良结果”①。为适应分耕制的劳动需要，1941 年 1 月 14 日，江西省垦务处修改耕牛饲养和使用规则，规定耕牛由一集团内两垦户或数垦户合作饲养、轮流使用为原则。如果一垦户全家人数在 8 人以上，或者分配垦地面积在 50 亩以上，则由其一户单独饲养。这样，耕牛由原先的集团内各户共同饲养、共同使用，变成 2 至 3 户合作饲养和使用。垦户与耕牛的关系相对固定，也能更加爱护耕牛，节省牛力。各垦户的牛工有余或不足，或缓急不等时，垦殖场及耕作集团也可支配交换牛工。牛工交换的方法，依照人工交换方法办理。每件牛工工值的估定，由垦殖场办事处参酌当地价格规定。各垦户农具视种类大小，分为共有或私有两种。一般来说，大农具因为价格较高，垦户一般无力购置，就由生产集团内各垦户或数垦户共同购

① 《江西省垦务处训令》(1941 年 1 月 14 日)，江西省档案馆藏民国江西档案，J060－2－00022。

置使用，或组织合作社合作使用。大件农具由合作社或生产集团负责人保管，使用次序由垦殖场或生产集团视工作缓急决定，必要时则召集各垦户，以抽签的办法轮流使用。小件农具分户使用，由各垦户自行保管，但如果垦户中农具有余或不敷使用时，垦殖场及生产集团仍可以支配交换借用。各垦户种子、肥料、粮食等物品，以及家具、住屋、农仓水利设备等，以合作举办、分别利用为原则。

集团分耕制下，虽然收获的农产品归垦户所有，但仍必须集中储存于联合设置的农仓，以联合运销为原则。省垦务处此举是为了对垦民财产进行一定的控制，以作为垦民偿还贷款的保证。农仓由每个垦场内各生产集团的垦户联合设置，每个生产集团推选1—2人担任农仓管理员，组成农仓保管会。如果农仓由一个集团单独设置，则由集团内各垦户互选 3—5 人担任保管员。农仓保管会设主席 1 人，司库 1 人，由保管员互选担任。产品入仓或出仓，须填写出纳证，经垦场管理员核准盖章后方可。农仓出纳及结存情况须按月统计上报省垦务处。农仓建筑费、修理费及储藏设备费，按各垦户田地面积比例分摊；农仓职员酬劳金及其他储藏上临时消耗费用，按各垦户储存农产品之多寡比例分摊。① 各生产集团由团内各垦户选举理事 1 人，办理日常事务；选举监事 1 人，监察该集团各项事务的开展。理事和监事选举时，须选加倍人数，由垦殖场加具考语，转报垦殖区决定。如理事、监事有违法行为时，垦殖场管理员可以随时停止其职权，重新改选。

至 1940 年 12 月底，省垦务处所属各垦场共有垦民 5 104 人，1 417户，编为 235 个生产集团，平均每生产集团 6 户垦民。这其

---

①《江西省垦务处各垦殖区农产品储藏管理规则》(1939 年 10 月)，江西省垦务处编：《江西省垦务概况》(1940 年 1 月)，第 178—180 页。

中，户数最多的是泰和菜园，平均每生产集团 14 户，其次是南丰洽村垦殖场，平均每集团 12 户，其余均在 10 户以下。人数最少的是南丰仙人石垦殖场，平均每生产集团仅 3 户，吉安大陂、澧田两垦场平均每集团 4 户，其余大部分均在 5—9 户之间。①

从集团分耕制的具体实施内容来看，土地分户耕作，其他重要生产资料合作购置和使用，集团的作用已经大大弱化。各场虽然仍冠以"集团"之名，但已无"集团经营"之实，更多强调的是合作经营。为此，江西省垦务处于 1941 年 3 月将《江西省垦务处各垦殖区集团分耕制经营准则》改为《江西省垦务处各垦殖场垦民合作经营垦殖暂行准则》，正式将"集团分耕制"改为"合作经营制"。两者基本内容相同，只是将"生产集团"改为"垦殖队"。垦民以户为单位，集合 5 户以上，组织 1 个垦殖队，以户主为队员。垦殖队及各垦户经营上的所有业务，垦殖场同样有指导监督的权力。各垦户种植作物种类品种，及轮作制度、饲养牲畜的种类及数量、苗木等，垦殖队有统筹支配权。各垦殖队由队内各垦户选举队长 1 人，办理日常事务。队长即相当于耕作集团的理事。选举监事 1 人，监察该队各项进行事宜。同一队内的各户垦民，互负联保责任，须缮具联保切结。

至此，"集团耕作制度"正式被"合作经营制度"所取代。不过，虽名为"合作经营"，但其核心仍是"单独经营"，政府及有识之士力主倡导推动的"集团耕作制"，终敌不过现实的条件限制，又回归到"单干"的路子上来。不过，这种"单干"模式，同农村普遍存在的"一家一户"的小农经营模式又有明显区别，因为这是在"土地公有"基础上的分户耕作，土地归生产集团所有，垦民不占有土地所

① 江西省垦务处编：《江西省垦务概况》(1941 年 1 月)，第 15 页。

有权，但取得永久耕作权，在若干方面采取“合作经营”方法，在种植计划、轮作制度和运销等方面，仍须接受垦场的支配与管理。因此，从这个意义上来说，垦区所实行的“合作经营”，是“合作思潮”对“小农经济”的部分改造，仍具有一定的积极意义。

总体来看，集团分耕制的实施产生了较好的效应：

首先，激发了垦民生产积极性。垦民分户自耕，按照《土地法》规定，垦竣后即取得永久耕作权。垦民与土地的关系相对固定，心理趋于积极和稳定，纠正了其吃公饭、用公具、做公活的不良观念，鼓励了垦户勤恳劳作，提高了劳动效率，因而萌生定居的想法。集团合耕制时，垦民怠工现象屡禁不止，实行分耕制后，垦民无需监督即自动努力耕作。诚如省垦务处技佐施珍所言：“自民国二十八年九月改采合作分耕制，以户为单位经营后，垦民潜逃之风顿戢，无需督促而自动的努力工作，凤凰圩垦殖场有一垦殖队之垦民垦殖成绩，在未改分耕制前，位居最末，改行分耕制后，一跃而居全场之冠！此何为故？盖垦民之一般心理皆愿分户自耕，不乐于集团耕作之故。”①

其次，推动了垦区农业生产的发展，改善了垦民生活。实施分耕制以后，1940 年垦荒面积增加了 3 倍以上，春夏间雨量充足，早稻发育良好，即便是初垦荒田，收获量多的达到每亩 2—3 担，平均收获量也在 1.1 担以上。以主要粮食作物稻谷为例，1939 年收获稻谷 3 120 担，1940 年收获 11 688 担，是 1939 年的 3.7 倍。② 由于垦地收获量增加，至 1940 年底，大部垦民均达到自给自足的地步。1940 年秋收以后，谷价一再上涨，其他物价连带上涨。垦民收获的农产品，少的可以维持一段时间的口粮，多

① 施珍：《垦殖辅导与合理垦殖》，《中农月刊》第 4 卷第 11 期，1943 年，第 8—9 页。

② 渝松汶：《江西的垦殖事业》，《中国农村》第 7 卷第 2 期，1941 年，第 18 页。

的还可以出售获利，垦民的经济力量日渐增长。1939 年、1940 年之交，垦民屡屡自动退垦，或相率潜逃。自 1940 年夏季后，"一般难民对垦荒心理趋向好转，踊跃入垦，垦民心理亦愈加稳固，垦民人数增加 2.1 倍。"①

再次，实行分耕制后，管理人员只需指导垦民业务经营，无需监督垦民劳作，垦民反而能勤劳耕作，减轻了管理员负担，使管理员能有更多精力放在垦场的规划发展上。

集团分耕制虽然较合耕制有很大进步，但也有其不足之处。例如，垦殖场有指导监督各集团及各垦户所有经营业务的全权，垦户种植作物种类、品种、轮作制度、牲畜和苗木的种类及数量等，以及垦户的劳动力、劳动工具等，仍受集团统一支配。垦务管理机关对垦户的生产干预仍然较多，垦户生产不能完全自主决定，经济上却又要自负盈亏，垦户在农业生产经营上权责不相匹配的矛盾并未彻底解决。

四、省营垦场的生产与绩效

1938 年 7 月，江西省垦务处成立，积极制订垦殖计划，筹备设立垦场。1938 年 10 月 10 日，省垦务处第一个垦区——吉安固江垦区正式成立，战时江西省营难民移垦事业正式启动。省政府主席熊式辉指示省垦务处处长唐启宇："农垦重点在尽力扩充难民收容量。耕作为主，手工为副。生产数量为重，质次之。"②这虽不是发展垦殖的合理做法，但在战时有限条件下，有利于尽量增收难民，并使之尽快自食其力。

① 渝松汶：《江西的垦殖事业》，《中国农村》第 7 卷第 2 期，1941 年，第 18 页。

② 熊式辉：《海桑集——熊式辉回忆录》(1907—1949)，第 237 页。

垦民住房尽量利用垦场附近祠堂、庙宇及空余民房，进行简单修缮。住房不足时，由垦场贷给一定的建筑费用，供垦民搭盖茅棚居住。各场垦殖设备均由省垦务处预先购办，再以贷款形式发放给垦民。例如，每户贷发一套家具和小农具，两户或数户贷发一套大农具。耕牛是垦场的主要生产力，因牛价较贵，只能根据每户耕地面积大小，以两户或数户贷发耕牛一头为原则。垦区建设工程，如修建塘坝、桥梁、道路等，由省垦务处贷发材料费，所需人工由各场调派垦民承担。

为了快速发展生产，提高粮食产量，尽快解决垦民的生计问题，省垦务处综合考虑垦区当地的风土、农情、市场及垦民原有的耕作习惯等情况，制订了详细的种植计划和轮作制度，在各垦区推行。科学的轮作制度有利于减少病虫害，增加土壤肥力，提高农产品的产量。各垦区依据本地地势、土质和水利等实际情形，参考采用。种植计划和轮作制度一旦选定后，垦民必须绝对遵守。各垦场经营计划、种植作物种类虽有不同，但均以种植粮食作物为主业，兼营少量副业。主业方面，夏季以播种早晚稻为主，其次为甘薯、芝麻、棉花、大豆等；冬季以播种芸苔、蚕豆、豌豆、小麦为主，其次为萝卜、紫云英等。

1. 甲种轮作制。在水源充足的熟荒，进行“紫云英(绿肥)——晚稻——小麦——晚稻”两年三熟制。为充分发挥土地肥力及保养土地、防止病虫害，采取该种轮作制度的地区分为两区，互换轮作。

区别	轮种作物			
	冬作	夏作	冬作	夏作
甲区	紫云英	晚稻	小麦	晚稻
乙区	小麦	晚稻	紫云英	晚稻

2. 乙种轮作制。在水源比较缺乏的地方，采行“早稻——小粒秋大豆——萝卜（绿肥）”连作。

冬作	夏作	冬作	夏作
萝卜	早稻——秋大豆	萝卜	早稻——秋大豆

3. 丙种轮作制。在水源比较缺乏的地方，采行“小麦——晚大豆——油菜——陆稻——豌豆（绿肥）——中棉”三年五熟制，并将采行该种轮作制度的地区分为三区，互换轮作。

区别	轮种作物					
	冬作	夏作	冬作	夏作	冬作	夏作
甲区	小麦	晚大豆	油菜	陆稻	豌豆	中棉
乙区	油菜	陆稻	豌豆	中棉	小麦	晚大豆
丙区	豌豆	中棉	小麦	晚大豆	油菜	陆稻

4. 丁种轮作制。在水源极不充足、不能利用山水灌溉的地方，采行“蚕豆——中棉——萝卜（绿肥）——早芝麻——荞麦”两年四熟制，并将采行该种轮作制度的地区分为两区，互换轮作。

区别	轮种作物			
	冬作	夏作	冬作	夏作
甲区	蚕豆	中棉	萝卜	早芝麻——荞麦
乙区	萝卜	早芝麻——荞麦	蚕豆	中棉

注：本制比较适合肥瘠适中之沙质土壤。

5. 戊种轮作制。在水源极不充足、不能利用山水灌溉的地方，采行“大麦——花生——萝卜（绿肥）——早芝麻——荞麦”两年四熟制，并将采行该种轮作制度的地区分为两区，互换轮作。

区别	轮种作物			
	冬作	夏作	冬作	夏作
甲区	大麦	花生	萝卜	早芝麻——荞麦
乙区	萝卜	早芝麻——荞麦	大麦	花生

注：本制比较适合沙性较甚土壤。

6. 己种轮作制。在水源极不充足之地，采行“油菜——山芋——萝卜(绿肥)——早绿豆——荞麦”两年四熟制，并将采行本制的地区分为两区，互换轮作。

区别	轮种作物			
	冬作	夏作	冬作	夏作
甲区	油菜	山芋	萝卜	早绿豆——荞麦
乙区	萝卜	早绿豆——荞麦	油菜	山芋

注：本制比较适合肥沃之沙质土壤。

各种轮作制度和种植计划，主要依据垦区附近水源状况确定。水源充足的地方，主要种植水稻和油菜等农作物；水源不足的地方，根据水源缺乏的程度，相应种植芝麻、棉花、荞麦等各种耐旱作物，以弥补主要粮食作物的不足。垦区种植计划和轮作制度的执行较为顺利。为了指导垦民科学耕种，省垦务处大量引种江西省农业院改良的稻、麦、棉种等新品种。垦区轮作制度和新品种的推广，有利于改善粮食产量。经过垦民的辛勤劳作，省垦务处各垦区在垦场数量、垦荒面积、垦民人数、资金投入以及收获产量方面，均有较快速的增长。

1938 年冬，因垦民陆续到达，且患病人数超过一半，仅开垦荒地 1 100 余亩，且未能照预定计划种植，冬季仅种植小麦、大麦、油菜、蚕豆、蔬菜等作物 326.5 亩，“各场垦民以初垦之地，尚未收获，所发给养，为数有限，年来物价高涨，生活极感艰苦”①。为解决垦民的吃饭问题，省垦务处呈准省政府，通令垦场所在地各县借给垦民积谷，补充垦民给养。另督促各垦场举行荒地业权清查，以便尽快垦种作物。如果是公荒，则由垦民依法领垦，并取得永久耕作权；如是私荒，则依照法令强制征收，或协助垦民与业主建立业佃关系。此外，省垦务处还通令各场组织垦务咨询委员会，协调垦场与地方关系，以解决土客矛盾，推动垦务发展。自 1939 年起，省垦务处大量招收难民，荒地开垦速度明显加快。1939 年共开垦荒地 4 275 亩，比前一年增加 3 000 多亩；1940 年各垦场共开垦荒地 5 730 亩。至 1940 年底，各场开垦荒地已经达11 124亩。

表 27　江西省垦务处所属各垦殖场垦地累进统计表(1938—1945)

年份	1938	1939	1940	1941	1942	1943	1944	1945
垦地增加数(市亩)	1 119	4 275	5 730	24 811	16 951	6 445	6 847	6 400
垦地累计数(市亩)	1 119	5 394	11 124	35 935	52 886	59 331	66 178	72 578

资料来源：1. 江西省垦务处编：《江西省垦务概况》(1943 年 1 月)，第 17 页。2.《江西省垦务处历年简况统计表》，江西省档案馆藏民国江西档案，J060－2－00163。3. 曾庆人：《江西之垦务》，J060－1－00003。

1941 年，江西省政府将垦殖事业列为地方自治重要内容之一，通令各县切实办理，江西垦殖事业的实施开始同地方行政系统相扣合，得到有力推进。省政府规定自 1942 年起，力争 3 年内肃清全省荒山荒地，并确定每年的实施进度。因此，自 1941 年起，省垦务处所属各垦场开荒速度明显加快，其中以 1941 年、1942 年增加最多。1941 年新增开垦荒地 24 811 亩，是 1940 年

① 詹纯鉴：《一年来江西省垦务工作检讨》，农林部农业推广委员会编：《农业推广通讯》第 5 卷第 5 期，1943 年，第 30 页。

的4.3倍；1942年新增开垦荒地16 951亩，虽然比1941年少约8 000亩，但总量仍然是1940年的4倍多。到1942年底为止，省垦务处所属各垦场共计开垦荒地52 886亩。自1943年起，省营垦务从前期的快速扩张阶段，转入到巩固提高阶段，不再大规模扩充垦务，而是主要对现有垦务进行整理和充实。荒地开垦速度明显放缓，但年均开垦荒地仍保持在6 000亩以上。抗战胜利前后，省营垦场共开垦荒地72 578亩，人均开垦荒地7亩左右，基本达到预定的目标。

表28 江西省垦务处所属各垦场垦务概况表

年度	垦殖单位(个)		垦民人数(人)		荒地面积(亩)	
	增设数	累计数	招收人数	实有人数(累计)	配垦面积	累计数
1938年	6	6	1 015	1 015	1 119	1 119
1939年	6	12	1 523	2 338	4 275	5 394
1940年	12	24	3 372	5 104	5 730	11 124
1941年	16	40	6 375	9 195	24 811	35 935
1942年	6	46	1 003	9 330	16 951	52 886
1943年	5	51	1 060	10 390	6 445	59 331
1944年	3	54	572	10 962	6 847	66 178
1945年	7	61	1 529	10 827	6 400	72 578

说明：实有人数是指垦民人口经过出生、退垦、潜逃、死亡等异动以后实有人数。

资料来源：1.江西省垦务处编：《垦务通讯》第1期，1944年10月1日，江西省档案馆藏民国江西档案，J060－2－00043；2.《中日战争地方抗战史实本省垦务部分资料》，J060－2－00015。3.曾庆人：《江西之垦务》，J060－1－00003。

垦场增设数量和分布情况。因1940年和1941年垦民招收较多，垦场增设也较快，其中1940年增设12处。至1940年底，省垦务处先后在吉安、泰和、吉水、南丰、南城、万安、安福、永丰等县设立垦场22处,垦民菜园2处。1941年,省垦务处增设垦场16处,是增设垦场最多的一年。至1941年底,共有垦场40处,垦民9 000余人。不过,自1942年起,省垦务处未再大规模招收垦民,增设垦场。每年增设垦场大体在3—7个左右,增长较为平稳(见附表1)。垦场的分布方面,战时江西难民移垦主要集中在赣西南地区,以万安、泰和、吉安、吉水、永丰、安福、南丰、南城、宜黄、乐安、崇仁、广昌等县为主,这些区域人口较缺乏,荒地较多,且大多数为熟荒,是战时江西难民移垦的主要区域。垦场散布各县,其间交通不便,通讯困难。省垦务处无法切实掌握各场垦务办理情况,垦务督导更是难于开展。为此,省垦务处于1942年1月在办理得较好的垦场中,选择8所成立中心垦殖场,每个中心垦殖场下辖普通垦殖场若干。中心垦殖场除需要办好垦殖业务以作示范外,还兼带负责巡视、督导所辖垦场业务的工作。中心垦场管理员定期巡视、督导所属普通垦场的业务。如第一中心垦殖场兼管凤凰圩、沿溪渡、高塘圩和苍岭4个垦殖场。此外,为加强对各场工作的督导,自1942年起,省垦务处设置督导员2人,负责巡视各场业务。

虽然垦荒生活艰苦,但多数垦民因获得栖身之所和生活来源,垦荒的热情高涨,从而表现出吃苦耐劳的精神。实际参与难民移垦管理工作的周承澍称垦民每天"天不亮就起来工作,除仅少的休息外,一直忙到天黑。天热怕用坏了牛,情愿在月下耕田而让牛在中午休息。"[①]在垦民辛勤耕作下,垦场生产逐渐发展,多数垦民生活有所改善。据第八中心场场长陈达民调查,"魏坊垦殖场截至1941年12月底止,报告垦荒980亩,据视察,所垦之地照报告之数约70%,垦民稍有承种土籍人民之田,1942年收获甚好,垦民痛苦

① 周承澍:《难民移垦问题》(中),《国是公论》第19期,1938年,第14—15页。

甚少，副业多推手车或经营小商业，妇女纺织，但生病者颇多；洒源垦殖场所垦之地照报告数约 70%，垦民稍有承种土籍人民之田，本年收获颇好。副业大多推手车，贩卖，劈柴等，垦民足衣足食居多；仙人石垦殖场，人事甚为协调，垦地面积约照报处之数实 80%，1940 年入垦垦民足衣足食，生活甚为安定；新垦民秋收少数杂粮，多数未经冬耕，新收垦民患病占十之八九，医药、衣食均无法维持，副业除砍柴外，余为手工纺纱。”①1942 年度各垦场“农产品丰收，垦民生活既得安定，垦荒兴趣亦见浓厚。”②

生产方面，各垦场主要作物为水稻，其次为豆、麦、甘薯、芝麻等杂粮，再次为棉花、芸苔、紫云英等杂作。下表统计江西省垦务处所属垦场自 1939 年至 1943 年间产量及产值。从表中不难看出，期间各项生产均取得较快增长。

表 29　江西省垦务处各垦殖场生产累进统计表(1939—1943)

种类		稻谷	杂粮	杂作	猪	鸡	鸭	鹅	鱼	木炭	其他	累计价值
1939 年	产量	3 120 担	148 担	16 担	404 只	94 只	23 只	—	—	41 000 斤	—	—
	价值(元)	9 360	296	32	6 060	94	23	—	—	2 050	1 502	19 417
1940 年	产量	11 689 担	887 担	443 担	522 只	2 714 只	574 只	20 只	—	95 480 斤	—	—
	价值(元)	233 776	13 301	6 638	26 100	10 856	2 296	80	—	9 548	2 226	304 821

① 陈达民：《奉令视察南丰南城两县垦场及彻查各场纠纷案件经过情形附具调查表等乞鉴核由》(1942 年 1 月 5 日)，江西省档案馆藏民国江西档案，J060－2－00033。

② 詹纯鉴：《一年来江西省垦务工作检讨》，农林部农业推广委员会编：《农业推广通讯》第 5 卷第 5 期，1943 年，第 30 页。

续表

种类		稻谷	杂粮	杂作	猪	鸡	鸭	鹅	鱼	木炭	其他	累计价值
1941年	产量	41 371担	4 703担	17 542担	834只	9 552只	1 928只	513只	1 820尾	—	—	—
	价值(元)	1 326 496	94 052	350 840	83 400	47 760	9 640	2 565	1 820	—	18 988	1 935 561
1942年	产量	80 000担	10 000担	1 600担	1 864只	9 896只	2 334只	372只	930尾	35 197斤	—	—
	价值(元)	5 600 000	900 000	320 000	2 516 400	285 005	52 515	28 570	10 416	12 671	3 600	9 729 177
1943年	产量	102 611担	3 123担	9 728担	2 179只	13 851只	3 349只	792只	4 180尾	321 300斤	—	—
累计产量		238 791	18 861	29 329	5 803	36 107	8 208	1 697	6 930	492 977	—	—

说明：1941、1942年养鱼数量和产值原文如此，疑有误。

资料来源：1.《江西省垦务概况》(1943年1月)，第34—35页；2.《江西垦务概况》(1944年)，江西省档案馆藏民国江西档案，J060-2-00075-004；3、江西省垦务处编：《垦务通讯》第3期，1944年11月1日，J060-2-00043。

由表29可知，1939年省垦务处各垦区产稻谷3 120担，杂作产品若干，估计总价值约2万元。1940年共种植夏作13 141亩，冬作3 399亩，产稻谷11 689担，是1939年的3.7倍；另收获甘薯445担，花生229担，大豆67担，油菜籽37担，总计价值约30万元，是1939年产值的15倍之多。1941年收获稻谷41 371担，是1940年的3.5倍。花生17 058担，芝麻183担，甘薯3 799担，棉花1 637斤，养猪1 812头，鸡9 552只，鸭1 928只，鹅513只，鱼1 820尾，农林造产约值50万元左右。

在前期投入的基础上，1942年各场业务获得较大发展，该年共收获稻谷8万担，是1941年的近2倍；另产杂粮1万担，杂作1 600

担,以时值计算,共约值价 682 万元。① 自创办至 1942 年底止,历年累计产谷 136 180 担,杂粮 15 738 担,杂作 19 601 担,以时价计算,约价值 8 854 790 元。② 1943 年度产量较之前有更大幅度的增长,该年共计生产稻谷 102 611 担,占前 4 年稻谷产量总和的 75%;收获棉花 494 担,花生 1 879 担,芝麻 640 担,甘薯 9 465 担,芋艿 262 担,靛蓝 110 担。③

粮食生产之外,各场还积极发展副业生产,以改善垦民的营养结构,提高垦民生活水平和经济收入。垦场初创时期,以种植粮食作物为主,以解决垦民的吃饭问题,受资金和劳力所限,副业方面尚未有多少发展。垦民生活稳定后,各垦场即开始发展副业。垦民经营副业以自主经营为限,不得雇工或委托他人代营。为防止垦民过多经营副业而影响垦荒进度及粮食生产,省垦务处规定,副业只能利用老弱劳力经营,凡田间工作的壮丁只能在农闲时间经营副业,不得妨碍垦殖主业。为防止病疫传染,副业经营方式以分户经营为原则,有联合经营必要的养殖业,则组织合作社经营。

垦殖场根据垦民的技能、原料来源及市场需要,并征询垦民志愿,择定副业经营的种类。各场副业以农艺为主,分为种植、养殖、简易手工业和农产制造等,主要经营种类有:养殖业,如养猪、养鸡、养鸭等;简易手工业,如织布、纺纱、织袜、织毛巾、制鞋等;农产制造、林

① 詹纯鉴:《一年来江西省垦务工作检讨》,农林部农业推广委员会编:《农业推广通讯》第 5 卷第 5 期,1943 年,第 30 页。

② 詹纯鉴:《一年来江西省垦务工作检讨》,农林部农业推广委员会编:《农业推广通讯》第 5 卷第 5 期,1943 年,第 28 页。(副业产值原文如此,似有误,据推算应为 906768.24——作者注)

③《江西省垦务处施政报告》(1944 年 5 月 17 日),江西省档案馆藏民国江西档案,J060-1-00001。

产制造，如竹器、木器、铁器、制糖、烧炭、制粉丝等。养殖方面，以养猪、鸡、鸭等为主，各场均有大量养殖。种畜繁殖方面，分为种猪和种牛繁殖，设立种畜繁殖场办理，采用农业推广机关推广的改良种畜养殖。耕牛繁殖方面，设立耕牛繁殖场经营，采购种牛黄牛108头。

垦民副业经营资金主要靠贷款解决。为保证垦民副业能正常进行，省垦务处规定，垦民副业贷款不得移作他用，只能用于发展副业生产。副业贷款以贷发实物给垦民为原则，实物以原价折算成现款，以免垦民将副业贷款乱作他用。如因实际需要必须贷给现款的话，则垦殖场办事人员须监同垦民采办实物。移垦初期因缺乏经费，副业发展缓慢，仅吉安垦区有零星经营，其中，木器制造共出农具7种，32件；家具21种，185件；工具1种，1件。铁器制造共出农具33种，1 262件；家具6种，49件。竹器制造共出农具5种，194件；家具6种，24件。[①]

1939年，中央农产促进委员会为增加粮食生产，在后方各省大力推广农村副业，拨发江西省垦务处农业推广补助费，作为副业及种畜贷款，垦区副业生产开始积极进行。中央农产促进委员会1939、1940、1941年分别拨给江西省垦务处副业贷款15 000元、24 722元、10 000元，三年共计拨款49 722元。1940年，省垦务处各垦场共养猪522头，连前累计926头；养鸡2 714只，连前累计2 808只；养鸭574只，连前累计597只。吉安的枧洲、大陂、凤凰圩及吉水水南4个垦区共制鞋4 452双，其中蔴鞋2 952双，草鞋1 500双。[②] 缝纫方面，吉安垦殖区大陂、枧洲两垦场垦民代江西省

---

① 江西省垦务处编：《江西省垦务概况》(1940年1月)，第99—100页。

② 江西省垦务处编：《江西省垦务概况》(1941年1月)，第49—50页。

保安处缝纫工厂缝单衣纽扣，总计 8 700 套。此外，吉安垦区大陂垦场经营烧石灰副业，出石灰 37 976 斤；泰和垦区沙村垦殖场和吉水垦殖区水南垦场制粉丝共 4 170 斤。泰和垦区中村及沙村垦殖场垦民兼营副业，碾米 303 000 斤。万安白水垦场、吉水白水、吉安大陂和泰和垦区垦民经营烧炭业，共产炭 95 480 斤。① 1940 年垦民副业共计约值 12 万元，②比 1939 年有较大的增长。

中央农产促进委员会补助款只是副业资金来源的一小部分，远不能满足副业生产的需要，副业资金主要是靠向金融机关贷款解决。1941 年起，四联总处开始向垦区贷放垦民副业贷款，该年江西省垦务处共获得副业贷款 12 万元，各场副业得以快速发展。各垦场须事先拟定副业生产计划及预算，经省垦务处核准后实行。省垦务处对各垦场副业总额和单项贷款额度进行限制，初期各垦场垦民副业贷款额度较低，平均每户以 15 元为准。后随着副业规模的扩大和通货膨胀加剧，贷款额度有所提高。调整后，垦民副业贷款的发放标准为：饲养家禽家畜贷款，每户每次不超过 30 元。纺织贷款，分为工具设备贷款和原料贷款两种。工具设备贷款中，纺纱工具和设备贷款，每户每次不超过 25 元，每场贷款总额不超过 250 元。织布工具及设备贷款，每户每次不超过 50 元，每垦殖场贷款总额不超过 500 元。原料贷款中，纺纱原料贷款每户每次不超过 40 元，每垦殖场贷款总额不超过 400 元；织布原料贷款每户每次不超过 60 元，每垦殖场贷款总额不超过 600 元。农林制造贷款，每户每次不超过 20 元，每垦殖场贷款总额不超过 100 元。

---

① 江西省垦务处编：《江西省垦务概况》(1941 年 1 月)，第 50 页。

② 唐启宇：《一年来江西之垦务推广》，农产促进委员会编：《农业推广通讯》第 3 卷第 1 期，1941 年 1 月，第 29—31 页。

副业贷款的大量发放促使各垦场副业生产快速发展。1942年,省营垦场垦民副业生产呈现快速增长趋势,该年垦民副业收入共计2 650 905元。[①] 到1943年底为止,省垦务处各垦场养猪由1939年的404只增长到2 179只;养鸡由1939年的94只增长至13 851只;烧炭由1939年的41 000斤,增长至3 213担(约合321 300斤)。1943年还养鱼4 180尾,养鸭3 349只,羊51头;生产米粉115担,纺纱550斤。[②] 各场副业生产,截至1943年底统计,饲养猪、鸡、鸭、鱼及烧炭、粉丝、石灰等项,以时价计算,约价值90 676 824元。[③] 垦民"咸获厚利,有时竟以支持年节之用度"[④]。总体来看,副业生产取得了积极的成效,但由于省垦务规定的贷款标准相对较低,只能用于发展零星的家庭养殖和小手工业,尚不足进行较大规模的副业生产。

表30　江西省垦务处1938—1945年经费统计表

年度	经费(单位:元)		
	经常费	事业费	共计
1938年	16 516	30 000	46 516
1939年	33 929	83 507	117 436
1940年	101 323	175 222	276 545
1941年	182 717	171 500	354 217
1942年	518 296	567 008	1 085 304

① 江西省垦务处编:《从垦人员手册》,第71页。

②《江西省垦务处施政报告》(1944年5月17日),江西省档案馆藏民国江西档案,J060-1-00001。

③ 詹纯鉴:《一年来江西省垦务工作检讨》,农林部农业推广委员会编:《农业推广通讯》第5卷第5期,1943年,第28页。(副业产值原文如此,似有误——作者注)

④ 江西省垦务处编:《江西省垦务概况》(1941年1月),第2页。

续表

年度	经费(单位:元)		
	经常费	事业费	共计
1943 年	389 547	1 088 180	1 477 727
1944 年	2 353 520	136 000	2 489 520
1945 年	14 073 248	—	14 073 248

说明:1944、1945 年省营垦场垦殖经费数据原文如此。

资料来源:《垦务处历年简况统计表》,江西省档案馆藏民国江西省政府档案,J060-2-00163-70。

垦殖事业投资方面,自 1938 年至 1942 年间(1941 年除外),事业费投入普遍高于经常费,说明这期间垦场投资以发展生产为主。自 1941 年起,垦殖经费进入快速增长阶段。这其中,既有生产扩大的原因,也有通货膨胀因素在内。1941 年,垦殖事业费和经常费持平,且均出现较快增长,主要是该年招收难民人数激增所致。1942 年垦务经费共计约 109 万元,是 1941 年的 3 倍多,其中经常费 52 万元,事业费 57 万元。① 该年省垦务处以 109 万元的经费投入,养活 9 000 多垦民,且创造 973 万元产值,所垦熟的荒地价值尚未计算在内。1943 年,垦殖经费继续保持快速增长势头。其中事业费比前一年增长近 1 倍,接近 109 万元;该年经常费却出现负增长,降至 38 万余元。这主要是江西省政府为节省财政开支,大幅缩减各机关的经费所致。截至 1943 年 12 月底,省垦务处共向金融机关贷款 430 万元,还款 29 万元,实际结欠 401 万元。② 以产值计算,实际上早已收回成本。

全面抗战时期,省垦务处先后办理垦场 61 所,收容难民

①《垦务处历年简况统计表》,江西省档案馆藏民国江西档案,J060-2-00163-70。

②《江西垦务概况》,江西省档案馆藏民国江西档案,J060-2-00075-0044。

16 449人，除去死亡、潜逃、退垦等异动，到1945年底，实有垦民10 827人，开垦荒地72 578亩，[①]人均垦地6.7亩，接近省垦务处人均开垦土地7亩的预定标准。增加生产方面，单以稻谷计算约80万石。[②] 多数垦民经过一两年的辛苦耕作后，均达到自给自足的程度，并逐渐开始偿还贷款。可见，省营垦务取得了较好的成绩。

第四节 垦区社会事业

在解决基本的吃穿住行问题后，垦区的社会建设必须同步跟进，垦民的生产生活才能稳定，才有可能逐渐转化为居民。垦区管理机关除督促垦民加紧生产外，还逐步筹办垦区内的医药卫生、教育组训和自卫等社会事业。垦务机关以当时流行的“新村建设”为目标，在垦区推行多带有试验性质的社会建设，其目标是传播现代知识，树立良好的社会风气，养成现代公民。

一、垦民教育

战前中国平民教育并不发达，国民受教育水平普遍较低。抗战爆发后，大量难民聚集后方，失学失业。垦民以难民中的农民为主，大多数是文盲，很多人只知有家族，而不知有国家，故难民教育对于抗战建国十分重要。战时难民的教育与组训，主要是树立难民的民族国家观念，使其确信“建国必成、抗战必胜”的信心，以达

---

① 曾庆人:《江西之垦务》，江西省档案馆藏民国江西档案，J060－1－00003。

② 江西省垦务处:《中日战争地方抗战史实本省垦务部分资料》，江西省档案馆藏民国江西档案，J060－2－00015－44。

成统一思想、努力生产、共同抗敌的目标。

对于垦殖而言，精神、物质、技术是事业发展的三个基本要素。物质条件的满足，可以通过增加资金投入来实现；技术的改进，只需有长时间的研究，也可以渐渐提高。难民精神的提振单靠金钱和时间是不够的，还必须通过适当的教育和训练才能达成。难民来自四面八方，生活习性各不相同，要带领他们披荆斩棘，把荒地开垦成良田沃土，工作十分艰辛。因此，对垦民实施一定的教育与组训，可以促使他们认真遵守垦场规章制度，坚定其垦荒的意志，鼓舞其生产的积极性，勤劳耕作。少年儿童是"国脉所系"，对难童实施学校教育，更是政府的责任。因此，垦民的教育除办理垦民组训，实施垦民精神总动员外，最主要的就是设立垦民学校，对难童进行学校教育。

垦民教育注重民族意识、国家观念、国民道德之培养及身心健康之训练，并切合实际需要，以养成自卫、自治之能力与自给自足之生产技能为宗旨。① 垦区教育依据教育对象和目的不同分为：宣传、教导和组训三大块。宣传方面，通过演讲、壁报、挂图、戏剧、电影、广播、宣传册等方式，宣传"三民主义公民常识"，增加生产及日常生活的知识技能，唤醒民众民族意识，增强道德观念，报告抗战消息，宣传敌人暴行，增强垦民的抗战建国意识及爱国情绪。教导方面，主要是设立国民学校，针对垦区内的儿童，实施生产教育和学校教育，内容为国语、常识、算术等。对于垦区内应受教育的成人，开办初级班、高级班或妇女班，实施民众补习教育；并根据需要，开设职业补习班，培养

---

①《江西省垦务处实施垦民教育计划纲要》(1943 年 3 月)，江西省垦务处编：《从垦人员手册》，第 45—49 页。

垦区干部人才；一些大的垦区还设立阅览室、娱乐室等文化娱乐设施，以提高垦民的文化水平，对垦民的合作事业、生产技术、卫生健康、地方自治和新生活运动等事务进行指导，组织垦民开展劳动竞赛，以推动垦殖事业的开展。垦民组训方面，主要是为适应战时需要，对壮丁和妇女加以组织训练。对壮丁的组训，以军事训练为主，作为开展自卫、服行兵役的准备；对成年妇女，主要是训练她们从事生产、救护、慰劳等知识技能。此外，还组织垦民成立运输、侦查、工程等战时服务队，使他们在必要时，能实际参加战时服务。

战时难民的教育与组训，虽然条件不如和平时期完备，但也有其有利之处。难民因日寇的侵略而亲人离散，家园被毁，颠沛流离，受尽了辛酸与苦难。难民亲身经历了日寇的暴行，对日寇充满仇恨。战时难民的教育与组训，主要是被“家仇”激发，进到“国难”的来临，以民族国家观念开导、教育难民努力生产、共同抗敌，其效果比对和平时期普通民众的教育要好。

江西难民垦殖筹办初期，垦民教育因无具体实施方案，也缺乏专门经费，除少数成立较早的垦区自发办理几所学校外，其他各垦区多数没有建立垦民学校，垦民儿童少数被送入当地保立学校学习，多数失学。

表 31　1938 年江西省各难民垦殖区教育设施概况

垦区名称	垦民学校设置情况
江西省垦务处所属垦区	拟就各耕作单位分别设立垦民学校，开办成人、儿童两班，正筹办中；此外并商请省教育厅在各垦区设立中山民校。
浙江大学代办江西省立沙村示范垦殖场	垦民子弟均进小学读书，另设垦民教育馆及成人补习班。

续表

垦区名称	垦民学校设置情况
江苏武宜溧难民垦区	设保学一所，并办成人补习班。
战区难民移殖协会吉水水南垦区	设仇耻小学一所，日班教儿童，晚班教成人。
中国华洋义赈救灾总会江西分会安福洋溪垦殖区	设小学一所，规定垦民子弟均须入学。
大陆社青年服务团新淦唐村垦区	团员从事农垦外，同时补修文化知识，课程与普通学校同。

资料来源：《江西省难民垦殖事业现状》，江西省政府秘书处统计室编：《江西统计月刊》，1938 年第 1 卷第 12 期，第 7 页。

从上表调查来看，1938 年，省垦务处所属各垦场并未设立垦民学校，垦民教育尚未开展起来。各民营垦场，如华洋义赈救灾总会、战区难民移殖协会、浙江大学沙村示范垦殖场和江苏武宜溧难民垦区等，因开办稍早，则陆续设立简易学校，开展垦民教育。

1940 年 4 月，教育部颁布《难民垦殖区国民教育实施办法大纲》，规定规模较小的垦区，教育行政仍由地方教育行政机关统筹办理。如垦区特设行政机关者，其机构内应有主管教育部分，办理全垦区国民教育事宜；垦区教育依照《国民教育纲要》的精神来实施，教育方针为："推行三民主义，增进国民道德，以使能自信信道；充实公民常识，增进自治能力，以使能自治治事；增加生产职能，改进日常生活（如卫生娱乐），以便能自养养人；增强抗战建国意识，实施军事训练，以使能自卫卫国。"①这一教育方针主要是适应战时

① 《难民垦殖区国民教育实施办法大纲》（1940 年 4 月），《湖南教育月刊》第 9 期，1940 年，第 40—42 页。

体制的需要，同时兼顾垦区的特点，从生产技能、民族意识、道德修养、科学文化知识等几个方面，对难民进行教育。由于散落乡村各地，有些规模较小的垦场没有力量办学，为此，《难民垦殖区国民教育实施办法大纲》还提出在各难民垦区内，组织设立国民教育工作队，巡回各垦场，推行国民教育。

垦区学生一律实施免费教育，但学生需自备书籍、纸笔及其他应用物品。江西省的垦民教育分为义务教育和补习教育两种。其中，6—12 岁儿童接受义务教育；12—15 岁儿童，根据具体情况，分别进行义务教育或补习教育；15 岁以上的难民则接受补习教育。垦区义务教育教授四年制初级小学课程，采取每学期日间上课，课程及时数依照小学课程标准或短期小学课程标准办理。补习教育主要在农闲时期或者夜间，课程及教学时数依照民众学校课程修正办理。

经费方面，中央直辖垦区的教育费用由中央振济委员会拨助，各省所属垦区由省政府拨助。教员由垦区主管机关委派，教育部也选派部分战区教员或社会人员担任教员。虽然教育部要求各省筹办垦民教育，但垦区学校初期并无固定经费，仅由垦场兼办，各垦场限于条件不足，能真正落实的并不多。江西省垦务处为节省经费，规定垦场附近有其他学校者，不论学童多少，均送入当地学校附读，不另设立学校。附近没有国民学校或乡中心小学可借读的，学龄儿童达 40 人以上，则在垦场内设立国民学校。对于垦民居住零散，没有适中地点可设立校舍的，省垦务处组织设立巡回教学班，进行巡回教学。垦民学校校长由各垦场主管兼任，综理全校行政；设专任教员 1 人(学生满 60 人，增聘教员 1 人)，负责教学。

表 32 1939—1940 年江西省垦务处各垦区学校概况表

垦殖场名	教育设施	学生数(人)						课程及教学情形
		1939 年底			1940 年底			
		成人	儿童	合计	成人	儿童	合计	
吉安垦殖区枧洲垦殖场	民众学校	52	15	67	—	—	—	成人班与儿童班合授一二册民众课本，高级班则授高小一年级课本。
吉安垦殖区大陂垦殖场	垦民学校	19	22	41	123	99	222	采用教育部编(乙种)民众课本,在垦民每日工作之余教授。
直属吉安凤凰圩垦殖场	垦民学校	34	27	61	30	23	53	成人班用民众课本，儿童班用小学课本，利用农闲时教授。
泰和垦殖区中村垦殖场	垦民学校	1	2	3	—	—	—	—
泰和垦殖区沙村垦殖场	垦民学校	—	10	10	—	45	45	国语、算术、常识三种主要知识并特别注意生产劳作、抗战常识。
吉水垦殖区白沙垦殖场	垦民学校	32	42	74	—	40	40	初级小学教材。

续表

垦殖场名	教育设施	学生数(人)						课程及教学情形
		1939年底			1940年底			
		成人	儿童	合计	成人	儿童	合计	
吉水垦殖区白水垦殖场	借读当地保立小学	—	—	—	—	20	20	—
泰和垦殖区大白垦殖场	借读当地保立小学	—	—	—	—	3	3	公民、常识、国语、算术、劳作。
南丰垦殖区治村垦殖场	借读当地保立小学	—	—	—	—	30	30	—
南城垦殖场魏坊垦殖场	垦民学校	—	—	—	—	52	52	生产、劳作及抗战常识。
总计		138	118	256	153	312	465	

资料来源：1.《江西省垦务概况》(1940年1月)，第28页；2.《江西省垦务概况》(1941年1月)，第35页。

1940年，省垦务处共设立24个垦场，共有垦民5 100多人。从表32来看，由于经费缺乏，仅7个垦场设立了垦民学校，另有3个垦场学童借读当地保立小学，受教育儿童共计312人，其余垦场则未设立垦民学校。①

自1941年5月起，中央振济委员会按月拨款补助垦民教育。

①《谨将本处各场附设国民学校五至九月份工作汇报及九月份难童清册呈请鉴核备查由》，台北："中央研究院"近代史研究所档案馆藏国民政府农林部档案，20-00-14-051-15。

江西省垦务处所属各场国民学校设备费、办公费及教员薪俸，由省垦务处呈请中央振济委员会补助。中央振济会1941年补助江西垦民教育费4.66万元，1942年补助7.09万元，两年共计补助11.75万元，[①]各场垦民学校陆续筹建。截至1942年底止，省垦务处所属各垦场先后共设34所学校，招收学生1 482人。[②] 学生数在两年内增加了1 100多人。

由于中央振济会补助教育经费有限，许多垦场还在垦区内另划荒地，利用垦民义务劳动开辟为学田。学田每年收获产品充作学校基金，或补助学生购置书籍等费用。此外，校长还向各垦户征收教员公粮，以弥补教育经费不足。征收标准为每月六斗到一石之间。对于赤贫垦民，不论有无子弟入学，均酌量减免征收公粮。对于垦民子弟附读垦场当地学校的，省垦务处根据学生人数多少，酌量补助当地学校部分经费。1943年底，江西省垦务处决定垦民户数在50户以上的垦场，由垦民自筹经费办理垦民学校。自筹经费主要分两大类，一是学费，以预算规定的数目为限；二是学谷，以教员应发食米数量为限，均不超过垦务处规定的学校经费支付预算标准范围。[③] 垦民不论有无子女入学，均须按户分摊学费、学谷，但贫苦垦民以及遭遇灾欠的垦民，经省垦务处核准，可以免收或减收。

省垦务处虽要求各垦殖场办理垦民教育，但切实执行的并不多，“垦民儿童多半失学，而其父兄且责以助理耕作之事，下代完全公民之养成，实受影响。而成人缺乏国家社会意图，于公共利益形

---

① 江西省垦务处编:《江西省垦务概况》(1943年1月)，第35页。

② 江西省垦务处编:《江西省垦务概况》(1943年1月)，第35页。

③《江西省垦务处各垦殖场附设国民学校筹集经费注意事项》(1943年12月23日)，江西省档案馆藏民国江西档案，J045-2-01871-0390。

成漠视之态度。”①为此，省垦务处规定，凡应受义务教育的垦民子弟，一律强迫入学。拒绝入学的，垦场将学生家长姓名张榜公布，并对垦户罚款双倍教员公粮，以示惩戒。所罚公粮用于奖励自动入学或成绩优异的学生。一奖一惩两个方面，督促鼓励儿童尽量入学接受教育。省垦务处在每年年终时，对各场办学成绩进行考评。各场办学成绩作为主要内容列入场长年终考核中，并分别予以奖惩。

农林部江西安福垦区原定每场设立垦民学校 1 所，以便垦民子弟能入学读书。后因经费有限，加上部分垦民居住分散，至 1944 年 2 月垦区管理局撤销之前，仅第一、二、四垦场各设立垦民学校一所，由垦区管理局各派教员 1 人负教学责任。3 场共有教员 4 人，学生 157 人。其余垦场因垦民居住分散，儿童不能集中，仅实施巡回识字教育，或进入附近乡保小学就读，垦区管理局酌量补助经费。

二、医疗与卫生

难民长途跋涉，辗转流亡，加上水土不服，饮食无法保障，普遍体质较弱。垦区卫生条件差，容易感染疾病。因此，移垦初期，垦民患病及死亡率较高。患病垦民不但自身不能工作，重病者还需人服侍，对垦荒工作影响很大。省垦务处除了督促各垦场成立诊所，为垦民诊治疾病外，同时对垦民进行卫生常识教育，加强垦区环境卫生整治。随着垦区生产的发展，垦民营养和医疗卫生条件有所改善，垦民患病及死亡率有所降低。吉安固江垦殖区和直属

---

①《江西省垦务处各垦殖场附设国民学校筹集经费注意事项》(1943 年 12 月 23 日)，江西省档案馆藏民国江西档案，J045－2－01871－0390。

凤凰圩垦殖场是省垦务处成立最早的两个垦区。从这两个垦区的统计数据来看，垦民患病率非常高。

表 33 江西省垦务处固江垦区 1938 年 10—12 月份垦民患病人数统计表

性别	年龄	10 月份		11 月份		12 月份	
		患病人数	占总人数百分比(%)	患病人数	占总人数百分比(%)	患病人数	占总人数百分比(%)
男	18—50 岁	96	56.8	89	41.6	158	45.3
	17 岁以下	58	63	37	29.6	65	30.5
	51 岁以上	4	57.1	6	33.3	11	27.5
	小计	158	58.5	132	36.4	234	38.9
女	18—50 岁	33	41.8	37	31.4	57	25
	17 岁以下	12	30	12	16.2	19	13.5
	51 岁以上	4	50	3	13	8	17
	小计	49	38.5	52	24.2	84	20.2
总计		207	52.4	184	32	318	31.2

资料来源:《江西省垦务概况》,1939 年 1 月,第 65 页。

固江垦殖区是省垦务处设立的第一个垦区，成立于 1938 年 10 月 10 日。10 月份，固江垦区垦民中，男性垦民患病率达到 58%以上，女性患病率为 38%，总体患病率达 52%，说明大多数垦民健康状况差。不过，到 11 月、12 月份，虽然垦民人数在增加，但患病率开始下降。男性患病率由初期的 58.5%降到 38.9%；女性患病率由 38.5%降到 20.2%。这一方面是因为进入冬季，一些流行性疾病不易爆发；另一方面是因为对垦民进行了初步的诊治后，健康状况有所好转。

表 34　江西省垦务处凤凰圩垦殖场 1939 年垦民患病人数统计表

性别	年龄	总人数	患病人数	占总人数百分比(%)
男性	18—50 岁	43	37	86.0
	17 岁以下	50	47	94.0
	51 岁以上	14	12	85.7
	小计	107	96	89.7
女性	18—50 岁	27	21	77.8
	17 岁以下	25	20	80.0
	51 岁以上	15	10	66.7
	小计	67	51	76.1
总计		174	147	84.5

资料来源:《各垦殖场工作月报》,江西省档案馆藏民国江西档案,J060-02-00245。

凤凰圩垦殖场直属省垦务处,医疗卫生工作本应相对较好,但从统计数据来看,凤凰圩垦殖场的垦民患病情况较严重,无论男女垦民,患病率都很高。其中,男性垦民整体患病率高达 89.7%,女性垦民整体患病率略低,但也达 76.1%;垦民总患病率高达 84.5%,也就是说,整个垦场中绝大多数人都患有疾病。无论男女,均以 17 岁以下青少年患病人数最多,其中,男性青少年患病率高达 94%,女性青少年高达 80%。可见,垦民普遍体质弱,抵抗力较差。

表 35　江西省垦务处固江垦区 1938 年 10—12 月垦民患病种类统计表

病名	10 月份		11 月份		12 月份	
	患病人数	占患病总人数百分比(%)	患病人数	占患病总人数百分比(%)	患病人数	占患病总人数百分比(%)
疟疾	76	36.8	67	36.4	113	33.1
赤痢	19	9.2	17	9.2	—	—

续表

病名	10月份		11月份		12月份	
	患病人数	占患病总人数百分比(%)	患病人数	占患病总人数百分比(%)	患病人数	占患病总人数百分比(%)
胃病	17	8.2	—	—	—	—
疟疾赤痢并发	25	12.1	—	—	—	—
疟疾胃病并发	10	4.8	—	—	—	—
赤痢胃病并发	2	1	—	—	—	—
脚肿	12	5.8	—	—	—	—
湿症	—	—	40	21.7	69	20.2
其他	46	22.2	60	32.6	159	46.6
总计	207	100	184	100	341	100

说明:本表统计12月份患病总人数为341,但据表33统计12月份患病人数应为318,此处存疑。

资料来源:江西省垦务处编:《江西省垦务概况》(1939年1月),第65页。

从患病种类来看,以感染性疾病为主,固江垦殖区垦民患疟疾及相关疾病的人数最多,占患病总人数的36%。这主要是因为垦民生活条件差,缺乏必要的生活防护措施,从而导致疾病快速传播。此外,垦民因抵抗力差,患感冒的也占很大比例,仅次于疟疾。

表36 江西省垦务处凤凰圩垦殖场1939年垦民患病种类统计表

病名	患病人数	占患病总数比例(%)
疟疾	49	33.3
痢疾	16	10.9

续表

病名	患病人数	占患病总数之比例(%)
痧	19	12.9
口内炎	5	3.4
胃肠炎	3	2.04
感冒	31	21.1
其他	24	16.3

资料来源:《各垦殖场工作月报》,江西省档案馆藏民国江西档案,J060-02-00245。

凤凰圩垦场垦民患病种类同固江垦殖场类似。总体上以疟疾、赤痢和胃病最多,占患病总人数的近50%,这主要是由于居住和饮食卫生条件较差所致。此外,患湿症和感冒的比例相对也较高,说明垦民整体身体素质差,抵抗力较弱。

其他垦场垦民患病率同样也很高。省垦务处第四中心垦殖场场长陈达民调查称,“魏坊垦殖场垦民生病者颇多;仙人石垦殖场新收垦民患病占十之八九,医药、衣食均无法维持。垦民患病率居高不下,严重影响垦民的身体健康和垦区的农业生产”①。由浙江大学和江西省政府合办的泰和沙村示范垦殖场,初期,垦民中不能工作的重病人占11.2%,患重病的十几个人还需要其他垦民服侍照料。这些重病垦民不但自己不能劳作,还会影响到其他人劳作。1938年8月下旬,这一比率增长至13.2%,且有继续增高的趋势。因此,8月份的工作指数只有76.2%,这就无形中减少了垦区四分之一的生产能力。② 赣南地区气候湿热,沙村示范垦区“最可怕的

① 陈达民:《奉令视察南丰南城两县垦场及彻查各场纠纷案件经过情形附具调查表等乞鉴核由》(1942年1月5日),江西省档案馆藏民国江西档案,J060-2-00033。

② 周承澍:《难民移垦问题》(中),《国是公论》第19期,1938年,第19页。

是脚气病，最猖獗的疟疾，伤寒、痢疾也相当的可怕”，“皮肤病也最普遍的疾患，小的创口，或者抓碎的地方，很容易溃烂，利害的时候同样的可以耽搁做工”。垦区虽然备了些药品，但因无医生，轻病还可对付，重病就无计可施。泰和垦区离最近的泰和市也有50里，垦民要是生了急病的话，无论抬送就医，或请医生来垦区，都是缓不济急，“甚至可以说是只有等死”。① 泰和沙村示范垦区是江西省政府和浙江大学合办的示范垦区，据管理员周承澍说垦区的“卫生条件还算是好的”，但也是“毫无现代医疗设备”，“那些离城市更远，交通更困难，以及气候比赣南更湿热的地区，疾病的猖獗一定会到了使事业无从进行的地步”。②

省垦务处对于垦民疾病卫生比较重视，要求各垦场聘请医师，设立诊所，置备常用药品，为垦民作简易治疗。1938年9月30日，吉安固江垦区设立诊疗所，为垦民诊治各种疾病。同时还请行政院卫生署于1938—1939年派医疗防疫队第十六大队，长驻吉安垦区办理医疗及环境卫生事业。抗战时期，西医、西药十分匮乏，加上经费紧张，省垦务处很难购买到足够的医疗器械。因此，能够按照规定聘请医生、设立诊所的垦场并不多。各垦场只好尽量动员当地中医对垦民进行诊治，并大量采用中草药治疗。为了从根本上预防疾病的发生，省垦务处还加强对垦区环境卫生的清洁检查，传授垦民各种卫生常识，并对垦民进行疫苗的预防接种。

农林部所属国营安福垦区情况亦不容乐观。安福为江西省疟疾较重的区域，疾病种类以疟疾、赤痢最多，溃疡次之，感冒又次

---

① 周承澍:《难民移垦问题》(中),《国是公论》第19期,1938年,第19页。

② 周承澍:《难民移垦问题》(中),《国是公论》第19期,1938年,第19页。

之。每年秋季都是疟疾、痢疾流行的时期，难民体质大多很差，容易生病，且死亡率较高。据统计垦民死亡率为 8%，而生产率为 2%。[①] 农林部东南视导团主任陈惕庐巡视安福垦区后报称："安福疫病过多，该局卫生设备不周，以致垦民死亡者甚多，据本团在各方面探询结果，1942 年度由湖南移来未登记之垦民由疟疾死亡者有七八百人之多"。[②] 安福垦区管理局设有医疗所为垦民治疗疾病，并指派医生 1 人，护士 2 人，雇员若干人，组织巡回医疗队，往各垦场巡回治疗，并向垦民及当地居民宣传卫生常识，指导垦民改善环境卫生。1942 年 6 月，安福垦区为 1 298 名垦民注射伤寒霍乱混合疫苗；12 月份，又为全体垦民布种牛痘以防天花。

即便如此，垦民患病率仍然居高不下。1943 年 3 月份，安福垦区管理局在工作报告中称"累计患病人数 3 415 人，死亡 113 人；死亡者以湖南籍垦民为最多，占死亡总数 90%，广东籍占 6%，江西籍占 4%。"[③]1943 年，安福垦区总计有垦民 4 104 人，据此推算，垦民患病率高达 83.21%。垦区虽然增聘医师，设立诊所，但药品设备来源困难，价格高昂，所能添购的也很有限。此外，"该局医师因意见不合被迫辞职，故医师职位尚虚悬"[④]，也是导致垦民患病率居

---

① 《安福垦区管理局局长周长信呈报 1942 年工作》(1942 年 12 月 30 日)，台北："中央研究院"近代史研究所档案馆藏国民政府农林部档案，20－87－246－07。

② 《据东南视导团报称该局优点缺点暨应行改进之点令仰遵照改善由》(1943 年 6 月 12 日)，台北："中央研究院"近代史研究所档案馆藏国民政府农林部档案，20－26－058－10。

③ 《农林部江西安福垦区管理局 1943 年 3 月份工作简报》，台北："中央研究院"近代史研究所档案馆藏国民政府农林部档案，20－87－248－04。

④ 《据东南视导团报称该局优点缺点暨应行改进之点令仰遵照改善由》(1943 年 6 月 12 日)，台北："中央研究院"近代史研究所档案馆藏国民政府农林部档案，20－26－058－10。

高不下的重要原因。因西医、西药十分缺乏，垦务机关除号召采用中医中药治疗外，主要靠改善垦民生活环境，增强垦民卫生观念，以预防疾病发生。此后，随着垦民生活条件的改善，垦民患病率逐渐下降。

三、垦区治安

垦区安全是影响垦务发展的重要因素。战时社会动荡不安，散兵游勇和土匪常常出没乡野，基层政府控制力和防卫能力有限，社会治安较差。难民移垦区多设在人烟较少的荒区，垦区常有大量粮食、款项及耕牛等重要财物储存，易成为土匪抢劫的目标。垦民多是外来移民，且散居乡间，人地两生，势单力薄。每当垦民遭到盗匪洗劫，呼援无应，往往有坐以待毙之困。

从维护垦区安全的角度来说，建立常规的警察制度，加强垦区管理是十分必要的。垦民来自四面八方，良莠不齐，生活习惯及文化背景各有差异，垦民之间、垦民与当地土著之间容易产生各种纠纷。垦民办理自卫，或派遣军队驻防，虽然可以防卫一时，但终究还是消极的办法。根本途径还是要靠建立完善的警察制度，严格管制，才能建立长治久安的基础。此外，垦区作为重新建立的社会，推行垦务政令，编查户籍人口，保护农业生产，发动公益事业，协调土客关系，均有赖于警察的协助和指导，因而垦区的警政建设特别重要。由于战时枪支弹药管制较严，且价格昂贵，绝大多数垦区基本无法购买到枪支弹药，省垦务处也仅部分垦场配有少量枪支弹药，警察机关更无从建立。大多数垦场因无枪支自卫，只能聘请警察训练垦民壮丁，组织冬防队、自卫队等，以增强自卫力量，维持垦区治安，但效果有限。1939 年 6 月间，受战局影响，省垦务处奉令疏散至吉安上大岭山下一村落。上大岭是吉安县境娑罗山的一座山岭，距吉安县城约20公里，距赣粤公路上的凤凰圩车站约1公里。此地虽处崇山峻岭中，较为偏僻，但交通却很便利。刚迁到这里时，省垦务处本打算设立警卫队，后因经费拮据而作罢。垦区警卫力量薄弱，这给垦区治安带来较大的隐患。1939年11月26日晚，省垦务处处长唐启宇入睡不久，即被枪声吵醒。唐启宇自知遭遇劫匪，正要起身，即有数名盗匪持枪而入，胁迫交出公款。唐启宇因此款为救济难民专款，拒绝交出，盗匪向其连射击两枪。唐启宇手部及胸部各中一枪，头部受刀伤两处，腿部受刀伤一处，因伤势过重昏倒地。匪徒离去后，唐启宇被同事救起，连夜送往泰和省立医院治疗。经医生诊断，唐启宇被枪击伤胸部，自胸前射入，前后射穿，造成“胸部贯通创伤，肺穿孔”。① 经此事件后，省垦务处立即迁往较为安全的泰和杏岭。1940年1月28日，唐启宇伤愈出院，返回省垦务处继续工作。

国营垦区的警政建设相对较好。在农林部的支持下，1942年6月1日，安福垦区管理局成立警察所，就地招收垦警，配备枪弹，组织警卫队，实施训练。管理局设立警察所，各垦场设立警卫室，由管理局派警长1人，警士3—5人，驻场防卫。垦区共有警卫人员20人，购买各类枪支26支，其中七九步枪6支，德国造套同步枪15支，土枪5支，子弹850发，分遣各场服役。② 安福垦区虽然成立警察所，但因垦区面积较大，垦民散居各处，仅20人的警卫力量仍然不够分配，垦场遭劫事件仍不免发生。1942年，第一垦场就遭匪徒洗劫，损失约1万元。1943年，安福垦区垦警增加到30名，并增购

---

① 江西省立医院：《唐启宇病例摘要》，载《上大岭遇险记》(自传稿)，第7页。台北：“中央研究院”近代史研究所档案馆藏国民政府农林部档案，20-08-022-11。

②《据江西安福垦区管理局呈报该局警察所已正式成立一案转请备查由》，台北：“中央研究院”近代史研究所档案馆藏国民政府农林部档案，20-87-229-08。

一批枪支手榴弹，建筑碉堡两座，[1]垦区防卫力量有所加强。

缺乏安全保障是大多数垦区普遍面临的问题，垦场遭盗匪洗劫的情况时有发生。究其原因，除缺乏枪支弹药组建警政力量外，更主要的还是战时环境下，社会动荡，大量失业流民和散兵游勇充斥乡野所致，诚如唐启宇所说："匪警之发生，反映人民生活之艰困，所谓强者铤而走险也！论法固万无可恕，衡情亦殊可悯"，"战后将大量无业游民和复员军人妥为安置，开垦荒地，发展生产，使其自力更生，更加重要。"[2]这也从另一方面说明难民移垦事业对于稳定社会秩序的重要意义。

---

① 《农林部江西安福垦区管理局1943年3月份工作简报》，台北："中央研究院"近代史研究所档案馆藏国民政府农林部档案，20-87-248-04。

② 唐启宇：《上大岭遇险记》(自传稿)，第4页。台北："中央研究院"近代史研究所档案馆藏国民政府农林部档案，20-08-022-11。

第三章　多措并举——难民移垦的普遍推行

自1941年起，垦务被列为江西地方自治要政之一，开始同地方行政系统相扣合，得以运用行政力量普遍推行。省营垦场受经费所限，从初期的快速扩张，逐渐进入到巩固发展阶段，不再大规模招收垦民，开垦荒地。省垦务处在继续办理省营垦殖的同时，重点督促、辅导省内公私营垦殖事业发展，以救济更多难民。省垦务处一方面督促各县发展垦务，协助省振济会移送难民开垦零星荒地，通过多种措施安置粤东难民；另一方面以利用民间游资普遍推行垦务为原则，积极推动民营垦殖事业发展。江西公私营垦殖事业自此进入普遍推行的阶段，一定程度上弥补了省营垦殖事业的不足。

第一节　战时各县垦务的实施

江西省垦务处主要在大片荒地设立垦场，进行集团开垦。限于资金和人员不足，省垦务处无法全面开垦所有荒地，也无法将所有符合条件的难民移送垦荒。各县大量零星荒地也不适合成立垦场，进行集团开垦。为此，省垦务处大力督促各县政府和公私营机关团体开垦零星荒地。1941 年,江西省政府开始编制《地方自治江西省实施要领》,垦殖被列为地方自治中心工作,规定各县自 1942 年起,在三年内肃清全省荒地,省垦务处于此获得督导各县垦务的政策依据。为配合地方自治中有关垦殖工作的推行,江西省垦务处一方面制订垦殖章则,完善垦务制度,加紧督导各县政府推行垦务,另一方面协助省振济会移送难民开垦各县零星荒地,以最大限度救济难民。

一、地方自治与各县垦务的发动

抗战初期,大量难民流入江西。为救济难民,省政府拨款交由泰和、新淦、丰城等县政府,划拨荒地,安置难民。其中,泰和县政府办理的江苏武(进)宜(兴)溧(阳)难民垦区成绩最好。1937 年 11 月,江苏武进、宜兴、溧阳先后沦陷,279 名难民逃出战区,于 1938 年 1 月到达南昌,主动向省政府请求垦荒,以生产自救。1 月 24 日,江西省政府雇船将该批难民运往泰和。2 月初,泰和县政府从难民中选拔 202 人,组织成立"江苏武(进)宜(兴)溧(阳)难民垦殖团"。泰和县政府划定第三区仙洞乡寺下村为难民垦殖区,分配荒地 1 500 亩供难民开垦。2 月 16 日,难民到达泰和寺下村。4 月,"江苏武(进)宜(兴)溧(阳)难民垦区"在寺下村正式成立,江西省政府拨款 6 200 元作为生产费用,用于购买牲畜、种子、农具、家具等生产资料。垦民在有收获前的给养由泰和县难民救济支会发给,标准为大口每日发米 1 升(折合 4 分),柴菜费 4 分,合计 8 分,每月共计 2 元 4 角,小口减半。虽然这一标准较低,但至少为他们的生活提供了基本的保障。此外,泰和县政府另拨 250 元,供垦民兴办教育事业。

垦区管理方面,泰和县政府从 15 名垦民代表中,选举 7 人为干事，组成干事会，负责日常管理。干事会下设总务、生产、教育、卫生、妇女 5 股。一切生活消费采取计划制，吃饭采取“公共会食”的公伙制，每日 3 餐，每餐 1 个素菜，每月荤菜 2 次，蔬菜靠自己种植。每人每月剃头 1 次，写平信 2 封，每两月发给布鞋 2 双，肥皂、灯油、卧具等均由集体发给。因垦民患病率较高，尤以疟疾为重，省政府下拨 300 包八卦丹和 300 包万金油，此外，垦民自行购备部分药品。

江苏武(进)宜(兴)溧(阳)难民垦区以组为生产生活单位，采取共耕制。垦民依据籍贯分为三组耕作，即武进组、宜兴组、溧阳组，每组自成耕作单位。所有难民均按技能分配不同工作，其中，参加耕作的壮丁有 80 人，小手工业者如泥水匠、木匠负责盖房子、制家具，知识分子负责组织、管理和教育等工作。妇女从事割草、拔秧、炊事、洗衣、缝纫、饲养等工作，总务组负责登记各人的工作量。生产方面，因缺乏必要的生产工具，难民多凭借双手垦荒，甚至不得不以人工代替牛工耕地。因为采取共耕制，所以垦区禁止私人小本商业及一切有碍集体利益的行为。农事、制造、副业等经营，全由垦殖团派人负责，收益完全归集体所有。在他们辛勤劳动下，开荒当年即收获早稻 180 石，晚稻 140 石，甘薯 45 石，花生 11.5 石，蔬菜 3 400 斤，另养猪 14 头，鸡 300 只，鸭 600 只，水牛 9 头，黄牛 10 头；仅 1 年多的时间即开垦水田 695 亩，旱地 110 亩。[①] 到 1943 年底，垦民增至 356 人，开垦荒地 3 189 亩，垦民生活较为安定。

虽然处在抗战的艰难时期，但垦区并没有放松教育，垦民经过

---

① 艾明：《处女地的拓荒群——介绍江苏难民垦殖团》，《中国农村》第 6 卷第 2 期，1939 年，第 24—26 页。

努力，建立小学1所，由团体中几位热心的知识分子负责教学。除对儿童每天6个小时的教育外，垦区还组织难童宣传队，向周边的民众宣传科学知识和抗战形势。为了提高难民文化水平，丰富文化生活，集团里面还建立“老百姓看书室”，订有报纸，并购买大众读物。集团还经常组织时事报告会，教育难民，帮助难民了解抗战形势，树立抗战必胜的信心。垦殖团还组织排演抗战戏剧，参加各种抗日救亡工作，如向驻军献旗、慰劳伤兵、出版壁报、发起慰劳信运动，动员妇女制作100双布鞋献给出征将士。

省政府先后还拨款成立新淦县难民垦区、丰城县苏民村垦区、高安县难民垦区、宜黄县难民垦区、武宁县难民垦区、黎川实验区难民垦殖场等。这些难民垦场有部分或因经费困难，或管理不善，或因战局关系等原因停办。总体来看，抗战初期各县级政府垦务的推行较为缓慢，效果有限。

表37 全面抗战初期江西省各县难民垦殖情况表

垦区名称	主管者	设立年月	地址	垦民人数（人）	垦地面积（市亩）	备考
江苏武（进）宜（兴）溧（阳）难民垦殖团	泰和县政府	1938年4月	泰和县第三区寺下村	202	1 550	—
大路社少年服务团新淦唐村垦区	新淦县政府	1938年5月	新淦县唐村	48	300	后停办
新淦东岳庙及楼前村垦区	新淦县政府	1938年夏	新淦县第一区东岳庙及楼前村	47	68	后停办
丰城县苏民村垦区	丰城县政府	1938年	丰城县第六区傲背村	—	—	后停办

续表

垦区名称	主管者	设立年月	地址	垦民人数（人）	垦地面积（市亩）	备考
武宁县难民垦殖区	武宁县政府	1939	武宁县第三区牛皮洞	836	1 045	后停办
宜黄县难民垦殖区	宜黄县政府	1940	宜黄江河洲	34	600	—
高安县难民垦殖区	高安县政府	1941	高安第三区民兴乡	136	800	—
黎川实验区难民垦殖场	黎川县政府	1941	黎川横村	—	660	—

资料来源：1. 唐启宇：《一年来之江西垦务》，《江西统计月刊》第3卷第2期，1940年，第58页；2.《江西省垦务概况》，1943年1月，第38—41页。

为便于督导各县政府切实推行垦务，江西省垦务处于1939年制订《江西省非常时期垦殖事业推进办法》，规定垦殖事业为各县政府非常时期特急要政，各县须设立县垦务委员会专司其职，并商承省垦务处积极办理，接受省垦务处指导。省垦务处按各县办理垦务成绩优劣，呈请省政府予以奖惩。① 该办法原则上规定了各县政府推行垦务的责任，但由于省垦务处对各县政府并没有直接的行政管理权，故各县政府实际执行者寥寥无几。

为配合《江西省非常时期垦殖事业推进办法》的实施，1940年9月21日，江西省垦务处公布《各县垦务委员会组织通则》，规定各县设立垦务委员会，隶属省垦务处，以便指导开展垦务。这一制度如能实行，必然有利于推动各县垦务。遗憾的是，江西省政府为节

①《江西省非常时期垦殖事业推进办法》，《江西省政府公报》第1185期，1940年，第36—38页。

省行政开支，推行新县制改革，大幅度裁并政府机构，各县垦务委员会终未能成立。1941年1月，江西省《各县政府组织规程》颁布，规定"所有农垦事项，明定由县政府建设科办理，各县垦务委员会自无设立必要"①。省垦务处作为省级垦务行政主管机关，却没有县一级具体执行机关，所有工作均需要通过省政府转发县政府实施，显然不利于推动战时各县垦务工作的开展。

与此同时，国民政府颁布施行《地方自治实施方案》，推行地方自治运动，要求各省据此制订实施细则。1941年，江西省开始编制《地方自治实施方案江西省实施要领》。省垦务处参与制订其中有关开垦荒地的内容，主要有：

(1) 调查公私荒地荒山。

子，普遍调查荒地荒山。

丑，抽查荒地荒山。

寅，编造荒地荒山清册。

(2) 管理公有荒地荒山。

子，实施公有荒地荒山垦殖及造林之分配。

丑，招致人民开垦及造林。

(3) 督导私有荒地荒山之垦殖及造林。

子，督促荒地荒山所有者施垦或造林。

丑，指导垦殖及造林之方法。②

1942年1月16日，江西省政府第1427次省务会议通过《地方自治实施方案江西省实施要领》，要求各县依据"实施要领"编订具

---

①《为废止各县垦务委员会组织通则令仰遵照》(1941年1月3日)，《江西省政府公报》第1210期，1941年，第56—57页。

②《地方自治实施方案江西省实施要领》，《国民教育指导月刊》1942年3月号，第63页。

体的实施计划，编入年度行政计划中，并自 1942 年度起推行方案中规定的内容，规定于 3 年内肃清全省荒山荒地。《地方自治实施方案江西省实施要领》颁布后，垦荒被列为战时特急要政，正式成为各县政府日常行政工作之一，江西垦殖事业的推行开始同地方行政相扣合，运用行政力量普遍推动，省垦务处也获得督导各县垦务的政策依据。

为配合《地方自治实施方案江西省实施要领》的实施，督导各县办理垦务，自 1942 年起，省垦务处先后制订一系列法规章则，陆续呈奉省政府颁布施行，其重要者如《修正江西省非常时期垦殖事业推进办法》《江西省限期垦殖荒地实施办法》《江西省奖励垦荒暂行办法》《江西省各县办理垦殖事业奖惩办法》《各县实施地方自治分期进度表》《各县开垦荒地县乡工作划分原则》《各县组织垦殖督导团督促人民垦荒办法》等等，逐步完善了战时垦务管理制度。省垦务处一方面督促各县开垦荒地，另一方面对各县垦荒成绩进行考核，并分别予以奖惩。

督导方面，主要是限期开垦公私荒地，规定承领各县公有荒地但逾期未开垦的，撤销其承垦权；私有荒地逾期未开垦的，由县政府无偿收归公有。① 为了使各县推行垦务有所遵循，江西省政府颁布《江西省各县荒地承垦规则》，对荒地承垦手续和办法做了详细规定。对于整片荒地面积在 5 000 亩以上的，由省政府统筹办理。各县公有荒地由县政府招人承垦，代垦人提出承领书，经省地政局核准，每亩缴纳保证金 5 角后，发放代垦证书。荒地面积在 100 亩以下的，竣垦年限不超过 3 年；在 100 亩以上 1 000 亩以下的，不超

① 《江西省各县荒地督垦办法》（1941 年 2 月 25 日），《江西省政府公报》第 1216 期，1941 年，第 14—15 页。

过6年;1 000亩以上的,不超过10年;承垦人自竣垦之日起,无偿取得其土地耕作权,自取得耕作权之日起,免纳地租5年,地租额以不超过该土地正产物收获总值15%为限。[①] 从内容来看,这些措施基本上参照《土地法》和《非常时期难民移垦条例》相关规定执行,但规定各县荒地承垦须向省地政局登记,而不是向省垦务处登记,省垦务处仍然不能有效督导各县垦务。因此,虽然法令有所规定,但各地督垦成绩并不理想。1942年7月21日,行政院催令各省政府限期垦殖荒地,以期大量增产粮食,充实抗战力量。[②] 为此,江西省粮食增产总督导团、省垦务处联合拟订《江西省限期垦殖荒地实施办法》,于1942年9月16日呈准江西省政府实施,重申所领荒地必须限期垦竣。

此外,省垦务处还制订一系列措施,对各县政府和民众办理垦殖事业进行考核与奖惩。如,省垦务处制订《江西省各县办理垦殖事业奖惩办法》,要求各县政府切实推行垦殖事业,省垦务处于年终时考核其成绩优劣,呈请省政府予以奖惩。受考核的人包括县长、县民政科及建设科科长、地政科科长,其他办理或协助垦务人员以及垦区所在地区长。奖励情形及标准为:

(1) 设立垦区收容垦民200人以上,开垦荒地1 000亩以上具有成绩者;

(2) 协助选收垦民500人以上具有劳绩者;

(3) 协助调查荒地5 000亩以上具有劳绩者;

---

① 《江西省各县荒地承垦规则》(1941年2月25日),《江西省政府公报》第1216期,1941年,第15—18页。

② 《行政院训令(动信字第42号)》(1942年7月21日),《江西省粮食增产总督导团公函(粮增字第831号)》(1942年9月3日),江西省档案馆藏民国江西档案,J060-2-00041。

（4）协助开办垦区具有劳绩者；

（5）督促人民自垦荒地在 2 000 亩以上具有劳绩者；

（6）奉行垦殖功令从未违误者。[1]

奖励分五等：升叙、加俸、记大功、记功、嘉奖。对于功令奉行不力、办垦成绩低劣的，则视情形予以惩戒，惩戒也分为五等：降级、减俸、记大过、记过、申诫。随后，江西省政府将《江西省各县办理垦殖事业奖惩办法》呈奉行政院备案，行政院认为，对县长办理或协助垦殖事业的奖惩，“应于年终举行县长考绩时，列入百分数比率，备案办理”[2]。相较于单纯奖惩而言，对县长办理垦务成绩进行制度性的量化考核，有利于督促各县切实推行垦务。

《江西省各县办理垦殖事业奖惩办法》主要是对各县政府官员推行垦务进行奖惩。为鼓励私人或民众团体积极从事垦殖，省垦务处制订《江西省奖励垦荒暂行办法》，对于私人或团体经营垦殖事业成绩显著的，同样予以奖励。代垦人垦殖公私荒地 500 亩以上，团体达 1 000 亩以上，在限期前垦竣且均达成预定生产目的，由省政府奖励；农户 1 年内开垦荒地 10 亩以上者，奖给 5 元至 50 元，承领荒地者免交保证金。[3]

随着垦务推行，省地政局在垦务行政中的地位越来越重要。1941 年 8 月，江西省政府将《修正江西省非常时期垦殖事业推进办

---

①《江西省各县办理垦殖事业奖惩办法》（1942 年 11 月 23 日修正），《江西省政府公报》第 1274—1275 期合刊，1943 年，第 20—21 页。

②《行政院秘书长张厉生致内政部函》（1943 年 4 月 28 日），中国第二历史档案馆藏国民政府内政部档案，十二/10499-6。

③《江西省奖励垦荒暂行办法》（1942 年 11 月 5 日），《江西省政府公报》第 1274—1275 期合刊，1943 年，第 21 页。

法》《江西省各县荒地督垦办法》《江西省各县办理垦殖事业奖惩办法》呈送行政院核准备案时，地政署在核签的意见中，将以上条文中数处“省垦务处”字样均改为“省地政局及省垦务处”，以增加省地政局在垦务行政中的地位和作用。如《修正江西省非常时期垦殖事业推进办法》原办法第六条：“各县荒地荒山在总清查未完毕前，承垦人得呈由当地县政府转省垦务处核准后，先行分配垦殖，再补行清查。”原办法第十条：“可垦之私有荒地荒山，应由县政府报请省垦务处规定其竣垦限期。”①《江西省各县办理垦殖事业奖惩办法》原办法第二条：“各县政府对于办理或协助垦殖事业，应视为特急要政，切实办理，由省垦务处于年终考核其成绩优劣。”②以上条文中，地政署均将“省垦务处”改为“省地政局及省垦务处”。不仅如此，《江西省各县荒地督垦办法》中还规定各县县长“应秉承省地政局，督同各区乡镇长，将全县可垦公私荒地全部招垦，或责成业主开垦；各县政府办理垦荒事宜，随时由省地政局派员考核其成绩优劣，分别呈请省政府予以奖惩。”③这一系列法律法规的颁行，形成了省垦务处、省地政局分头管理垦务行政，共享垦务行政权的局面，且省垦务的垦务行政权明显要小于省地政局，有不断弱化的倾向。事权既不统一，推行更加不易。农林部对此即颇有异议，并建议江西省政府将垦务行政权统一到省垦务处：“查贵省设有垦务处主持垦务，一切垦务事宜，自应由该处统筹办理，而原计划中列

① 《修正江西省非常时期垦殖事业推进办法》(1942 年 11 月 5 日)，《江西省政府公报》第 1274—1275 期合刊，1943 年，第 19—20 页。

② 《江西省各县办理垦殖事业奖惩办法》(1942 年 11 月 23 日修正)，《江西省政府公报》第 1274—1275 期合刊，1943 年，第 20—21 页。

③ 《江西省各县荒地督垦办法》(1941 年 2 月 25 日)，《江西省政府公报》第 1216 期，1941 年，第 14—15 页。

有保安团队推行军垦，地政【部】门亦列有办理督导垦殖事权，似应统一，应请调整。”①

至1943年底，省垦务处共督导各县开垦荒地43 899亩，荒山80 051亩，收获水稻76 824市担，杂作16 449市担。② 不过，这一数字究竟有多少是真实的，就连省垦务处也很怀疑，诚如省垦务处所指出的：“关于各县垦殖事业，如调查荒地，开垦荒地，虽曾订定规章，督导办理，惟均现于纸面之报告，所收成效尚未显著。”③截至1944年底止，总计督导全省44县移送人民25 466人，开垦荒地68 197亩，督垦荒山165 760亩。④

省垦务处利用推行地方自治的机会，制订垦务章则，完善垦殖制度，督促各县切实推行垦殖事业，但是成绩有限。究其原因，首先是赣西南地区长期战乱，人口流失严重，劳动力十分缺乏。其次，开垦荒地初期需要大量资金、人力和技术投入，对于县政府来说，在既没有省政府资金扶助，又缺乏有效激励和监督机制的情况下，要求各县政府切实推行垦务只是一句空话。再次，战时江西垦务出现多头管理的弊病，影响垦殖事业推行。省垦务处主要负责战时难民移垦事务，各县垦务行政权则属于省地政局，具体由各县政府建设科或地政科负责实施，故战时江西垦务形成了省垦务处和省地政局分头管理的局面。省垦务处在垦务行政方面对各县政

① 江西省政府训令：《准农林部咨复对于本府1943年度施政计划补充意见等由令仰遵照由》(1943年8月18日)，江西省档案馆藏民国江西档案，J060－2－00046－084。

②《江西省垦务处1943年工作概况报告》，台北：“中央研究院”近代史研究所档案馆藏国民政府农林部档案，20－00－14－051－14。

③《江西省办理垦务概况》，江西省档案馆藏民国江西档案，J045－2－00053－0018。

④ 江西省垦务处编：《垦务通讯》第8期，1945年7月16日。江西省档案馆藏民国江西档案，J060－2－00043。

府没有行政管理权，即便推行垦务被列入各县地方自治要政，但各县政府对于省垦务处的种种指示多应付了事，认真遵照执行者寥寥无几，这说明地方自治对垦务的促进效果有限。

二、各县难民零块垦殖

江西省垦务处主要在荒地面积较大区域筹设垦场，移殖难民垦荒，以便集中安置难民，实施规模经营。各县零星荒地因不适合筹设垦场，仍大量闲置。此外，各地难民收容所里符合垦荒条件的难民仍有不少，省垦务处也无力将他们全部组织起来垦荒。为此，省振济委员会参照省垦务处难民移垦的相关规定，从各县难民收容所中选择部分有劳动能力的难民，移送各县开垦零星荒地。

难民零块垦殖由江西省振济委员会负责实施，省垦务处负责技术指导，各县政府负责荒地勘查、划拨、垦民管理和给养筹措。垦民权利、义务依照"战时难民移垦"相关规定办理。省振济委员会所举办难民移垦以分散垦殖为原则，不集中设立垦场，不成立专门管理机关，而是将难民编入各区乡镇保甲实施管理。

1939 年 12 月，省振济委员会拨款交彭泽县政府，筹办彭泽高坂及乐观坂两个垦殖场，移送难民垦荒。两垦场共招收垦民 660 人，开垦荒地 2 500 亩。1940 年，江西省振济委员会拟定办理"四千难民零块垦殖计划"，连同垦殖费预算 20 万元，呈送中央振济委员会核准。期间公文往返数月，"始奉准拨发垦殖费五万元"①。因拨发经费过少，且已过耕种期，故原拟"四千难民零块垦殖计划"未能完全执行。

---

①《江西省振济会施政报告》（1940 年 1 月至 6 月），江西省档案馆藏民国江西档案，J006-1-00072。

表 38　江西省振济会办理“四千难民零块垦殖计划”概况表

县别		光泽	资谿	广昌	南丰	宜黄	彭泽		泰和	乐安	泰和	合计
垦区地点					康都	江坊	乐观坂		高坂	灌溪	寺下村	
垦民人数	预定	500	500	1 500	423	80	315	445	300	—	270	4 333
	现有	—	—	—	193	80	315	445	—	—	134	1 167
开垦亩数	预定	5 300	—	1 000	800	600	600	800	800	—	1 500	11 400
	已垦	—	—	—	800	400	530	4 555	—	—	1 000	7 285
垦殖经费(元)		—	4 940	4 015	3 633	2 480	1 320	1 500	3 000	—	7 595	28 483
主办人		—	—	县长	县长	县长	县长	县长	许啸天	—	县长	
备考	—	筹办中	该县经费核准,因难民仅183人，不敷配置,未据具领。	该县因难民谋生甚易,多不赴垦，且逾春耕时期，已呈准缓办。	垦殖费1939年拨发2 833元,1940年拨800元，共拨3 633元。	—	同右	该区1939年3月开始垦殖。	主办人另有他就，已据缴回垦殖费另行选民垦殖。	该县计划不合,经指饬更正呈报。	该区系江苏难民垦殖团,1938年开始垦殖。	—

统计时间:1940 年 7 月。

资料来源:《江西省振济会施政报告》(1940 年 1 月至 6 月),江西省档案馆藏民国江西档案,J006－1－00072。

从上表统计来看,至 1940 年夏,江西省振济会办理难民零块垦殖的仅泰和、彭泽、宜黄和南丰 4 个县,广昌、乐安、资溪、光泽等县因种种原因未能办成。省振济会共投入经费 28 000 多元,原计划招收难民 4 333 人,实际只招收 1 167 人,平均每县仅约 292 人。原计划开垦荒地 11 400 亩,实际只开垦荒地 7 285 亩,人均垦荒约 6.2 亩。

为加强对难民移垦零荒的管理,推动垦务发展,救济更多难民，江西省振济会于1941年颁布《江西省振济会难民移垦实施办法》，规定难民移垦零荒由各县政府会同县振济会办理。各县政府负责调查荒地，估计可容纳难民人数。移垦难民必须是身体强壮、无不良嗜好，且具有耕作能力的难民，比省垦务处所规定的难民入垦条件要宽松许多。难民管理方面，由县政府、县振济会以户为单位进行登记，并编组成队送往垦区，每队在5户至30户之间。这一编制是参照省垦务处各垦场的编制执行，以垦民每人分配10亩荒地为标准。垦殖经费方面，省振济会负责垦荒所需的生产费用和柴菜费，如购买耕牛、农具、种子等费用；垦民给养食米由各县政府动用积谷支付，直至有收获为止。垦民的管理由各区乡镇保甲长负责，垦民的教育、卫生由当地政府负责办理。①

从这一规定来看，难民移垦零荒由省振济会、县政府和基层保甲组织分工负责。其中，省振济负责总体实施，并负责难民的生产费用和柴菜费；县政府负责划拨荒地，并提供垦民食米；区乡镇保甲负责将垦民编入本地保甲组织，实施管理，并负责提供教育、卫生等服务。与省垦务处筹设垦场相比，难民移垦零荒在管理上相对松散，但灵活性更强，也无须成立专门机构，因此所需费用也相对较少。此后，难民移垦零荒进入快速推进阶段。

表39　1941年江西省各县难民零块垦殖概况

县别	垦民人数(人)	已垦亩数(亩)
黎川	896	5 022
彭泽	760	1 400
瑞金	684	1 174

①《江西省振济会难民移垦实施办法》，《江西省政府公报》第1211期，1941年，第19—21页。

续表

县别	垦民人数	已垦亩数(亩)
石城	539	868
泰和	486	2 440
乐安	266	750
铜鼓	256	840
南城	175	1 217
吉安	165	400
安福	160	750
南丰	142	800
高安	136	800
东乡	134	666
宜黄	85	450
德兴	45	150
总计	4 929	17 727

资料来源:《江西统计》第 1 卷第 1 期,1942 年,第 115 页。

1941 年,江西省举办难民零块垦殖的县份增加至 15 个,其中开垦荒地在千亩以上的有南城、瑞金、彭泽、黎川、泰和 5 县。黎川共招收难民 896 人,开垦荒地 5 022 亩,成绩最好。零块垦民总人数增加至4 929人,开垦荒地 17 727 亩,超额完成 1940 年所制订的“四千难民零块垦殖计划”,但人均开垦荒地仅 3.6 亩,仍然偏少。

江西省振济会虽积极筹办难民移垦零星荒地,但垦殖并非其专业,其在人力、物力、财力及技术等方面均感不足。为此,江西省政府于 1942 年颁布《江西省配置难民移垦零荒施行细则》,明确省垦务处和省地政局也有协助办理难民移垦零荒的责任。各县政府负责勘查、划拨荒地，并分报省振济会、省垦务处、省地政局备案。[①]垦民每人分配荒地以5亩为原则，配垦荒地的面积较此前有所减少。

经费方面，垦民生产费用由省振济会或省垦务处以贷款的形式发放，不过并不直接发放现金，仍然是购办实物，再折合成现金贷放给垦民。垦民给养由省振济会和县政府共同承担，省振济会负责柴菜费，各县政府负责垦民食米，自垦民编组归队之日起，发放至有收获时为止。给养标准为：大口（16岁以上者）每天发给糙米8合，柴菜费1角；中口（7岁以上未满16岁者）每天发给糙米6合，柴菜费8分；小口（未满7岁者）每天发给糙米4合，柴菜费5分。食米动用各乡镇积谷拨付，拨付的顺序是，先指定垦地附近各仓积谷，再次第推远。积谷不足的部分，由省振济会在救济难民食粮的移粟变价款内拨助。

管理方面，配垦难民选定后，由县政府督同县振济会、区署或乡镇公所编组成垦殖队，每队垦民在5户到20户之间，由县政府发给垦民证及垦民家属证。垦民须编入当地保甲，由区乡镇保甲长负责管理。非有特殊情形，经省振济会或省垦务处批准，并偿还一切贷款及给养后，不得擅自离开垦区。垦民编入当地保甲后，须协助办理地方公共事业，但免服兵役及摊派任何款项。县政府负责办理垦民教育、卫生等事项，省垦务处负责垦殖技术指导。

为督促各级人员认真办理垦务，江西省政府规定各县政府、区署、乡镇公所均以垦荒为中心工作，并对其工作成绩实施考核。考核人员包括县政府县长、社会科长、民政科长、地政科长、建设科

① 《江西省配置难民移垦零荒施行细则》，《江西省政府公报》第1247期，1942年，第30—33页。

长、教育科长、区署区长、乡镇公所乡长或镇长，等等。考核成绩优秀的，按等次发给奖金，其中甲等100元，乙等50元，丙等30元。

总体来看，难民移垦零荒有关手续和垦民权利义务，大体依照战时难民移垦相关规定办理，因为有省垦务处、省地政局在经费筹措、地权清理和垦殖技术方面提供协助，有利于推动难民移垦零荒的进行，弥补省垦务处难民移垦事业不足，救济更多难民。不过，难民移垦零荒采取单独经营方式，未能形成规模效应，垦务进展缓慢，招收难民人数有限。

第二节　救济粤东难民运动

战前，广东即是一个缺粮省份，每年粮食不足之数约在千万担以上[①]，所缺粮食主要依靠向外省或外国购入。日军入侵广东后，封锁海岸线，海外粮食来源断绝。由于日军实行经济掠夺，加上运输困难，邻省粮食又不能充分接济，而奸商则乘机偷运粮食出口以图暴利，从而加重了广东粮食危机。此间，粤东连续发生风、虫等自然灾害，粮食歉收。在战争和灾害的双重打击下，大批难民逃往赣南谋生。在行政院的协调下，赣粤两省政府合力救助粤东难民。省垦务处采取多种措施，安排粤东难民垦荒自救。

一、赣粤合作，共济难民

1942年春，广东东江一带惨遭虫灾，粮食歉收，其中以潮、惠、

①《发动难民开垦荒地》，《国家总动员画报（三日刊）》第25期，1938年3月7日第2版。

梅三州所属十余县灾情尤为惨重，“处于亘古未闻之饥荒中，现在每日饿毙饥民数逾两万，流徙之江西、福建彷徨无计，饮露餐风，辗转沟壑者已达六七十万人，千万饥民坐以待毙，悲天惨地，满目凄凉”①。饥荒导致严重社会问题，如丰顺猴子寮一天内劫案 70 余起，有饭吃的人家，吃饭前必先关门，否则必遭抢劫。有一镇长收容门前一弃婴，第二天发现门前有五六个弃婴，第三天门前弃婴又增加十余个。

粤东难民迫于饥馑，纷纷扶老携幼，背井离乡，外出谋生。因赣南人口稀少，谋生较易，故不少难民逃往赣南。筠门岭是赣粤交界处的一个重要市镇，大量粤东难民自 1942 年起经筠门岭入赣，然后再由筠门岭转赴赣南各县。其来赣路线为：(1) 由筠门岭经会昌，转雩都、兴国，到吉安、泰和，走这条路线的比较多，经常一批在 5 000 人以上。(2) 由三南(龙南、定南、虔南)经信丰、赣州，转吉安、泰和，取道这条路的较少，每群约百人左右。② 1943 年 3 月间，难民猛增，一时间筠门岭难民聚集，“一个个面黄肌瘦，蓬头垢面，脸上深深地镌刻着疲劳皱纹。有的为求搭船便利，在城外居住，就地起炉灶煮饭，有的借宿庙宇祠堂中，沿户求衣食，苦雨凄风中跋涉千里，尝尽辛酸苦难。”③赣南《正气日报》的一篇报道，详细记述了筠门岭粤籍难民的苦难生活：

> 每天从早到黑，难民像雨后的山洪般从岭上的入口流进来，他们身穿褴褛的衣衫，挑着装满了锅头、棉被和食具的竹

---

①《为粤东饥难民流亡困苦电请救济由》(1943 年 5 月 8 日)，江西省档案馆藏民国江西档案，J037－1－00303。

②《粤省难胞移赣垦殖》，《中央日报》，1943 年 5 月 20 日第 5 版。

③《粤省难胞移赣垦殖》，《中央日报》，1943 年 5 月 20 日第 5 版。

箩，扶老携幼地来到了岭顶，彷徨地向下面的市街张望。迟疑了一会，便懊丧地拖着疲乏的步伐拐着走。街上满是鸠形鹄面的难民，从难民群中，不时发出疾病的呻吟和饥饿的哀号。统计自去年到了现在，粤东移赣的难民大约有15万人。

没有庙宇和祠堂可供安身，难民们只得露宿于街头巷尾，但是市街狭窄，短短的几条街路，容不下这么多的人，所以有的人找不到住宿的角落。六月的炎阳，吐出如火的红光，晒热了大地，亦晒热了□□无掩的难民们的家，好像干涸的池塘，里面住满了成团的鱼儿，咄咄地吐着泡沫，听任阳光蒸晒得头焦额烂。有时天空黑云满布，接着狂风暴雨，淋湿了大地。夜，黑沉沉的天空闪烁□灭着电光，雨继续倾盆地落着，好像要把整个宇宙毁灭。晨曦中，成群的难民们围绕湿漉漉的行装，像落汤鸡般通宵达旦地呆站着。

随处都可碰到骨瘦肌黄的潮州乞丐，托着钵碗，沿门求食，那饥饿的哀声，好叫人伤心啊！因为乞丐多，人家少，有的终日讨不到一口饭吃，只得忍饥挨饿，身体终因缺乏养料，中气不足，脚盘渐渐向上肿胀起来，到了不能支持的时候，便在街头巷角栽仰下去，瞪大白眼，肚皮一起一落地哮喘着，终于停止了呼吸，每天见到这样情形的至少十起，死在这年头是平凡的事情，对于这般埋骨异乡的饿死鬼，自来很少听见怜悯的同情声。①

粤东难民悲惨命运引起各方关注，广东各同乡会积极协助遣送难民赴赣谋生，广东兴宁的潮汕同乡会，给难民每人每天发米一斤半，另给6元零用钱，将难民送到筠门岭。广东旅赣县同乡会每

① 陈维屏：《在饥饿鞭挞下的筠岭潮州难民》，《正气日报》，1943年8月25日第4版。

天派专人负责招待事宜，同时为难民发起募捐运动。

赣粤两省政府商定共同救济难民，并请行政院拨款相助。江西省政府主席曹浩森致电中央振济会称："粤省难民来赣日众，虽勉设法暂行维持藉免发生枝节，惟待款万急，请迅拨汇五百万元，以便分配俾资安定。"①振济委员会副委员长屈映光致电中央振济委员会："查省政府情形确有必要，拟请准予迅转请拨为祷。"②农林部部长沈鸿烈在江西泰和时，"适逢粤省潮梅灾民数千人逃难到泰和，续来者络绎不绝，状极可悯"③，立即致电行政院设法救济。振济委员会运配难民吉泰总站也致电中央振济委员会称："粤潮梅饥难民廿万移赣，经两省主席商定陆续抵泰，以每人两元计，须运配费 40 万元，恳速电汇济急。"④一时间，各方纷纷电请中央振济会拨款救济粤东难民。

赣粤两省政府经过协商，于 1943 年 4 月 28 日组织成立"江西省救济粤东移民委员会"，统筹救济粤东难民事宜。委员会以省政府主席曹浩森兼任主任委员，其余委员由省政府遴聘各有关机关、团体主持人及热心社会慈善人士充任。委员会下设总务、管理、配遣、保健、垦殖 5 组。管理组负责难民的调查、登记、编组及给养等事项，配遣组负责配置运送等事项，保健组负责难民的医药、治疗、

---

①《曹浩森致中央振济会寅宥秘电》，台北："中央研究院"近代史研究所档案馆藏国民政府农林部档案，20－26－030－16。

②《屈映光致中央振济会寅陷韶电》，台北："中央研究院"近代史研究所档案馆藏国民政府农林部档案，20－26－030－16。

③《农林部部长沈鸿烈致行政院卯东泰电》，台北："中央研究院"近代史研究所档案馆藏国民政府农林部档案，20－26－030－16。

④《振济委员会运配难民吉泰总站致中央振济会寅寝电》，台北："中央研究院"近代史研究所档案馆藏国民政府农林部档案，20－26－030－16。

卫生等事项，垦殖组负责筹办移民垦殖等事项。①

表40　江西省救济粤东移民委员会委员一览表

职务名称	姓名	原任职务
主任委员	曹浩森	江西省政府主席
副主任委员	王志远	广东省政府委员
副主任委员	李尚庸	第七战区司令长官部顾问
副主任委员	黄光斗	江西省社会处长
常务委员	王绍沂	中央振济委员会运配难民吉泰总站主任
常务委员	王次甫	江西省民政厅厅长
常务委员	胡嘉语	江西省粮政局局长
常务委员	詹纯鉴	江西省垦务处处长
常务委员	许德瑗	江西省振济会常务委员
委员	杨亮功	皖赣监察使
委员	梁栋	江西省党部主任委员
委员	彭程万	江西省参议会议长
委员	王有兰	江西省参议会副议长
委员	胡家凤	江西省政府秘书长
委员	文群	江西省财政厅厅长
委员	程时煃	江西省教育厅厅长
委员	杨绰庵	江西省建设厅厅长
委员	萧纯锦	江西省农业院院长
委员	熊遂	江西省政府委员
委员	方颐积	江西省卫生处处长

① 《江西省救济粤东移民委员会组织规程》(1943年4月23日)，台北："中央研究院"近代史研究所档案馆藏国民政府农林部档案，20-26-030-16。

续表

职务名称	姓名	原任职务
委员	郭觫	泰和警备司令
委员	欧阳武	前江西省参议员
委员	许用之	前江西省参议员
委员	辛安世	前江西省参议员
委员	钟维兴	江西省警【察】总队总队长
委员	周子实	江西省商联会理事长
委员	余建臣	江西省实业银行董事长
委员	刘南山	江西省立医院院长
委员	张法钧	华侨垦殖团理事长

资料来源：台北："中央研究院"近代史研究所档案馆藏国民政府农林部档案，20-26-030-16。

除由省政府主席曹浩森担任主任委员外，救济粤东移民委员会常务委员和委员基本上均由江西省政府相关厅局负责人担任，可见江西省政府对救济粤东移民工作十分重视。救济粤东移民委员会成立后，共收到中央振济委员会救济粤东移民赈款 900 万元，①主要进行以下几项工作：

登记。省政府在会昌、寻邬、信丰各设登记指导站 1 所，办理难民登记及给养事宜，发给运配证及中途给养。至 1943 年底，共登记粤东难民 23 307 人，仅泰和一地即登记 1 万余人。②

收容。移民登记后，由各县难民收容所尽量就地收容。收容的贫苦儿童，则分别送永新保育院、泰和儿童教养院、江西省社会处示范育幼院等机关收容教养，并拨款 52 万元办理移民儿童保育

① 《江西省社会处 1943 年工作报告》，江西省档案馆藏民国江西档案，J020-1-00125。

② 台北："中央研究院"近代史研究所档案馆藏国民政府农林部档案，20-26-030-16。

教养事宜。

筹备难民给养。难民运送途中每人每日发给 2 元。难民收容期为两个月,收容期间的给养,动用乡镇仓积谷支付,拨振款 280 万元,通令各县配售移民平价米;拨款 180 万元,制发移民棉背心;拨款 40 万元作为难民中途给养、生育补助及死亡埋葬等费。难民医药方面,江西省设中医诊疗 5 所,施诊施医。截至 1943 年底止,共发药费 7.1 万元,诊治病人 3 556 名。

安排难民参加生产。各收容所在收容期内,设法安排难民参加各种生产事业,如介绍职业、小本经营、简易手工业和移民垦荒等。共拨发小本经营贷款 16.8 万元,其他职业救济 9.69 万元,临时救济费 53.55 万元,生产补助费 2 万元。①

二、移民垦荒,救扶并举

救济难民,首推垦荒,这是粤赣两省政府的共识。粤省政府一面呈请中央拨款救助,一面派民政厅长何彤赴赣,磋商粤难民移赣垦荒事宜。第七战区司令余汉谋、江西省政府主席曹浩森、广东省政府主席李汉魂联名致电中央振济会:“粤省惠潮梅各属粮食奇缺,难民移垦赣省络绎于途,倘不及早设法处理,恐与治安、抗战均受影响,粤省南路战事展开后,益盛严重。”②余汉谋等为统筹救济难民起见,请中央振济会迅速拨款 500 万元以备分别移垦。粤赣双方经过商量,决定由江西省政府指定南丰、新喻、新淦、德兴、资溪、永丰、峡江、乐平、宜黄、莲花、崇仁 11 县为开垦区域,总共可容

①《江西省社会处 1943 年工作报告》,江西省档案馆藏民国江西档案,J020-1-00125。

②《余汉谋、曹浩森、李汉魂等致中央振济会寅梗电》,台北:“中央研究院”近代史研究所档案馆藏国民政府农林部档案,20-26-030-16。

纳难民13万余人。预计首批移民5万人,开垦所需耕牛、种子、农具等费用,由政府每人补贴100元,共计须款500万元,请行政院拨款补助。

行政院将此案转交中央振济委员会和农林部办理。中央振济委员会认为,第一期移民5万人,须款500万,振济委员会无法筹拨,故请行政院拨款200万救济难民。行政院立即指令财政部拨款200万给江西省政府,用以救济粤灾民。① 农林部提出4项解决办法,即:介绍投佃,介绍为雇农,介绍工厂、矿场雇佣和移民垦殖。② 农林部决定移民垦殖由江西省垦务处与农林部江西安福垦区管理局统筹办理,费用交给两部门使用。省垦务处依照战时难民移垦有关政策,移送粤东难民垦荒。难民登记收容后,按照各县荒地大小,配置开垦零星荒地。

难民移垦主要采取以下方式:

一是直接安置到省垦务处所属垦场。省垦务处首先在所属各垦场中,选择荒地较多垦场,安置粤东难民500人垦荒。1943年5月,江西省垦务处拟定"救济粤东移民配置垦殖第一期计划",初步选收500人,以每户4人,共125户,配置省垦务处已成立各垦殖场。③ 配置地点为泰和、万安、吉安、吉水、安福等县。此外,省垦务处还筹备设立新垦场3所,专门配置粤东移民。其中,在乐安竹山及沙堆地方勘定荒地7 000余亩,筹设新垦场2所;在万安百嘉地

---

①《行政院训令(仁玖字第9741号)》(1943年4月3日),台北:"中央研究院"近代史研究所档案馆藏国民政府农林部档案,20-26-030-16。

②《农林部复行政院秘书处函》(1943年7月16日),台北:"中央研究院"近代史研究所档案馆藏国民政府农林部档案,20-26-030-16。

③《江西省救济粤东移民配置垦殖第一期计划草案》(1943年5月),江西省档案馆藏民国江西档案,J060-2-00148。

方勘定荒地 2 000 余亩，筹设新垦场 1 所。新设 3 所垦场共安置粤东移民 1 000 人，由省社会处拨款 15 万元作为生产费用。移民配垦后，在第一次收获前的给养，由救济粤东移民委员会发给一部分，并由各县政府从乡镇积谷中拨出一部分，补助垦民给养，其数额以每人每月发食米 3 市斗为标准。另外，垦民医药、卫生、生育、埋葬等费用，则在救济粤东移民费中拨发。

垦殖费用分为两部分，其中，江西省救济粤东移民委员会所拨发款项主要用于生产资金和给养两大部分，无需偿还。生产费每户 2 400 元，以代办实物的形式发给，包括购置农具、家具、修理房屋、饲料等费用。给养费按月发给，不论大小口每人每月发给 90 元，一律发至 1944 年 8 月底为止。此外，还发给每户垦民教育费 72 元，发给医药费每人 10 元。以上费用不足的部分，由省垦务处向中国农民银行贷款，按户贷发，由垦民按期偿还。①

移民入垦后，所有权利义务均与该场老垦民相同，垦殖经营事宜由各垦殖场派员指导，垦民须绝对接受。荒地分配以每人 7 市亩为原则，垦民应在规定期限内垦竣，且不得转租他人耕种。荒地垦竣后，垦民依照规定取得耕作权或永佃权。

二是联合社会力量安置难民。除直接设场安置粤东难民垦殖外，省垦务处还利用江西国际救济委员会等社会团体的力量，协助安置难民。江西国际救济委员会抗战时成立于赣州，是国际性教会合作救济团体，接受美国教会援华委员会物资与经费援助，在江西省若干县成立分会，所有会务均由教会热心人士义务担任，其工作人员均为义务性质，不支薪津。1944 年 1 月，经江西省政府批

① 《江西省垦务处所收粤东移民入垦后应享权利及应尽义务说明》，江西省档案馆藏民国江西档案，J060－2－00024。

准，省垦务处与江西国际救济委员会商定，在黎川县樟村合办垦殖场1所，从该会所收容的粤东难民中选收500人配置垦荒，具体由省垦务处所属第八中心垦殖场就近与赣南国际救济委员会黎川实验区共同办理。垦民给养由江西国际救济委员会补助，标准为每人每月补助食米3市斗、副食费60元，补助期为6个月。省垦务处负责设立垦殖场，将难民编组成队，并负责管理和指导垦民垦种，所需生产费用由省垦务处贷发。① 这是省垦务处联合社会慈善力量办理难民垦殖的首次尝试。此外，对于江西各县无法设立大规模垦场的零星荒地，省垦务处还督导各县政府尽力配置粤东难民零星开垦。

三是辅导粤东难民投资民营垦场。对于有一定资本，且志愿从事垦殖的粤东难民，省垦务处予以鼓励和支持，并加以辅导，帮助他们设场垦殖。为此，省垦务处制订《江西省粤东移民私营垦殖登记办法》②，其中规定：粤东难民可在江西省境内自行查勘荒地经营垦殖，但应于实施垦殖前向江西省垦务处申请登记。难民每户(其为合股经营或合作社经营时，每1股东或每1社员)壮丁单身者可承垦荒地15市亩，有家属者，每增加1人，可增垦荒地7市亩，但1户承垦荒地最多不得超过70市亩，并以自耕为限，不得雇人耕种，或转租给其他人耕种。荒地地权依据《非常时期难民移垦条例》及《江西省非常时期难民移垦区荒地清查暂行办法》的规定办理。为免误农时，方便难民开荒，省垦务处允许难民先行开垦，然后再补办相关领垦手续。这一政策专为粤省难民制定，所有人必

---

①《赣南国际救济委员会江西省垦务处合作办理救济粤东移民配置垦殖办法》(1944年1月5日)，江西省档案馆藏民国江西档案，J045-2-00078-0101。

②《江西省粤东移民私营垦殖登记办法》，台北："中央研究院"近代史研究所档案馆藏国民政府农林部档案，20-00-14-045-04。

须经粤东移民登记机关或各县政府证明，确系粤省难民方可申请垦荒。经核准登记的难民，由省垦务处发给登记证。难民承领的荒地应于1年内开垦完竣，逾期未垦荒地，则撤销其登记。至1943年9月底止，经省垦务处辅导成立的粤东难民垦场共16家，移民3 358人，配垦荒地21 242.55市亩。① 可以看出，辅导粤东难民投资民营垦场取得了显著成效。

移垦初期，垦民没有任何收获，给养无着，为此，江西省政府从救济粤东难民赈款中，拨出一部分购买粮食，资助垦民。鉴于战时粮食控制较严格，省政府主席曹浩森致电粮食部，请准予照平价米价九五折购米8 400石，以示对难民的救济。粮食部复电指示可以援引安福垦区管理局成案办理，即在1942年度粮食征实项下筹拨，但应依《价拨征实余粮调剂民食办法大纲》的规定，“照市价九五折作价，以期兼顾库收”②。粮食部并未同意平价购粮的要求，而是指示照市价九五折购粮。此后，随着粤东难民逐渐增多，粮食部再次指示江西省政府，安福垦区以外所配垦的粤籍难民，也可比照前例，“在限价地区照限价、非限价地区照市价九五折作价，在卅一年度征实余粮项下价拨”③。此举一定程度上缓解了垦民给养不足的压力。

总体而言，粤东难民经江西省垦务处配置到省营各垦场只占

---

①《呈复本处办理粤东移民从事垦殖情形请鉴核备查由》(1943年11月30日)，台北：“中央研究院”近代史研究所档案馆藏国民政府农林部档案，20-00-14-051-03。

②《准函以江西安福垦局收容粤省灾民粮食不足请在征实项照平粜价格拨食粮转请查核见复一案函复查照转知洽购由》(1943年9月11日)，台北：“中央研究院”近代史研究所档案馆藏国民政府农林部档案，20-87-245-09。

③《粮食部代电：准贵部垦务总局函为安福垦局登记广东灾民开垦嘱由安福县征实项下价拨粮食等由电请查照由》(1943年11月3日)，台北：“中央研究院”近代史研究所档案馆藏国民政府农林部档案，20-87-245-09。

少数，另有部分难民被安排至农林部江西安福垦区管理局、战区难民移殖协会等公私营垦场从垦；更多的难民则是自主向当地政府申请垦荒，或者租种当地居民田地。经费方面，总计中央振济委员会所拨 900 万元救济粤东难民专款中，移民垦殖费 273 万多元，零垦配荒费 78 万余元，两项共计 351 万余元，振济移民 10 488人①，垦殖经费占拨款总额的 30%以上，使部分粤东难民得到救济。

三、从难民到居民：庄义刊的难民生涯

赣粤两省政府虽然积极行动，合作救济难民，但救济人数毕竟有限，大部分难民仍只能流落各地，自谋生路。这其中，难民庄义刊一家从广东逃难至赣南的经历，较为典型地反映了难民自谋生路，以及转化为居民的情况。②

庄义刊 1932 年农历十一月出生于广东陆丰县上山区赤岭乡，1942 年他全家从家乡逃难到江西于都县梓山圩。4 年之后，庄义刊又举家迁至会昌县文武坝镇黄珠坑（今属联丰村下屋）正式定居。庄义刊有五兄妹，他上面有两个哥哥，大哥在老家读过几年书，二哥曾随父亲到南洋学酿酒，也读过几年书，下面还有一个弟弟和妹妹，家中还有父母和祖母。父亲庄德胜以种田为生，母亲叶裕（音），在家里做家务、照顾小孩。此外，他还有叔叔、大伯等亲戚。据庄义刊说："在老家时，我家有田地、菜地，如果不是因为日

①《江西省社会处 1943 年工作报告》，江西省档案馆藏民国江西档案，J020－1－00125。

② 本材料通过访问粤东难民庄义刊所得。访谈时间：2015 年 8 月 31 日。地点：江西省会昌县文武坝镇联丰村下屋小组 17 号。感谢江西会昌县委党史办主任曹树强提供访谈材料。

本打来广东,我家的生活一般,还算过得去。”[①]1942 年正值抗战的特殊时期,社会形势不稳定,庄家因人口多,在家乡很难谋生。庄父听别人说江西更容易谋生,所以决定全家迁至江西。庄义刊父母挑着担,担里装着棉被、席子、衣服、小铁锅等家当,全家 7 口人从广东一路讨饭过来。当时庄义刊二哥在叔父家放牛,没有随同去江西,后来庄家在会昌黄珠坑定居后,庄父才把他从广东接过来。庄义刊大哥十八九岁,庄义刊才十多岁。走到江西寻乌澄江时,没有米吃,他们只好买豆腐渣煮着充饥。庄义刊全家先是到了江西于都县离梓山圩不远的地方落脚,马路头有一间没人住的破屋,成为庄家的住处。为了谋生,庄义刊父亲打肩担,帮人挑盐、挑油,母亲在家做家务,大哥在梓山圩区公所做乡丁,奶奶带着庄义刊和弟弟挨家讨饭。大方的人家有时喂来一大木勺的饭,贫穷人家有时只舀来 1—2 调羹的饭。讨饭讨得多的时候一天可讨到 10 多斤饭,可供全家人吃。

在于都住了 4 年后,庄义刊父亲打听到会昌的情况较好,故决定迁往会昌县文武坝乡黄珠坑定居。当时整个黄珠坑(包括现在的联丰村、东乡村)有十姓人,如谢、蓝、邱、黄、邹、欧、朱、刘等。到了黄珠坑的下屋,庄家住在一间没有人住的烂屋里。为了谋生,庄家租种了一点当地人的山寮田为生,并在附近山岭里砍柴、做窑、烧火屎[②]补贴家用。庄义刊每天和母亲两人挑着 3 担火屎到县城北街于都人开的铁匠铺卖,因为庄家烧的火屎用的都是杂树柴,质量好,铁匠铺包销,一担火屎约 30 斤重,只卖 3 角钱,卖 6 担火屎才

① 曹树强:《访问庄义刊记录》,2015 年 8 月 31 日。

② 火屎,赣南方言,指木柴燃烧熄灭之后剩下的什物,质轻,易碎,易燃,可供取暖用,但燃烧时间较短。

能买到1斗米,供全家食用。当时的生活十分艰苦,庄义刊说:“一年冬天下起漫天的大雪,父亲照样催我去县城卖火屎,当时只有布鞋穿,在大雪天里走路鞋会湿透,我不愿去,父亲不理解我。我一气之下,打着赤脚挑着火屎去县城卖,回来时两只脚被冻肿,这样的辛苦只有我们这些从广东逃难过来的人才能深刻体会到。”①抗战胜利后,庄家并未返回广东,而是继续留在会昌生活。

1951年3月,在当地政府号召下,庄义刊参军,开始在�门岭进行剿匪,后调至江西暂编6团任战士。1952年9月在中南军区暂编23团某营6连任战士。后赴朝鲜战场,历任中国人民志愿军21军某部通信连战士、21军军部电话员,并被调至前线任重机枪手,参加了朝鲜战场第五次战役,直至朝鲜停战。1956年3月,庄义刊随部队回国后,复员回乡务农。1960年,庄义刊与当地富城乡桂村人吴发仔结婚,生育二男四女。

庄义刊一家逃亡江西的主要原因是日本军队入侵,家乡生活困难。因为当时有大量广东人逃到江西谋生,庄家人听说江西比较容易谋生,所以自发逃难到江西。他们一路乞讨,到达江西于都后,靠给人打零工和要饭维持生活。后举家迁至会昌,靠砍柴、做窑、烧火屎售卖,以及租种当地人的山寮田谋生。此后生活虽然很清苦,但勉强能维持生计。庄义刊一家的逃难生涯基本上是靠自身力量解决生活问题,并没有获得政府或救济团体的帮助,也没有申请加入任何公私营垦场从事垦荒,而是自己租种当地人的田地耕种。事实上,因政府力量有限,无法安置更多的难民垦荒,这种靠租种当地人田地谋生的大有人在。值得注意的是,庄义刊表示当地人并没有像外界所说的那样欺负他们外来难民。而且,定居

① 曹树强:《访问庄义刊记录》,2015年8月31日。

时间长了以后，生活逐渐融合，庄义刊一家人还先后与彭迳村曾姓、联丰村邹姓等人家结了亲。抗战胜利后，庄家并没有像很多外来难民一样返回家乡，而是留在当地继续生活。中华人民共和国成立后，庄家在当地分了3—4亩田，8—9亩山林，生活逐步改善和稳定。所谓“有恒产者有恒心”，分得土地后，庄家生活上有了保障，经济情况好转；而与当地人联姻，则使庄家进一步融入当地的人际关系网络，从而由移民转化为居民。庄义刊的难民生涯说明，土地和联姻关系，是促使难民转化为居民两个至关重要的因素。

第三节　战时江西的民营垦殖

民营垦殖是指由民间力量投资创办的垦场。全面抗战爆发后，许多慈善组织和救济团体陆续组织难民垦荒；有的难民则自发组织起来，单独或者成立团体，向政府申领荒地，生产自救。

南昌会战结束后，江西战局趋于稳定，市场游资充斥。为了加快难民移垦事业发展，救济更多难民，省垦务处积极鼓励民间资本投资难民移垦事业，以弥补政府资本不足。自1942年起，省垦务处所属公营垦场不再大量招收难民垦殖，转而以利用游资普遍推行为原则，民营垦殖获得较大发展。省垦务处对民营垦殖虽有监督、指导和扶助的责任，但也仅限于登记、管理等程序，无法提供资金和技术等实质性的支持。民营垦殖因无法享受与公营垦殖同等的待遇，虽一时风起云涌，但多因资金不足、技术缺乏以及管理不善，大多规模狭小，旋起旋落。抗战时期，江西省先后成立120多个民营垦殖场，其中以战区难民移殖协会所创办的垦区规模最大、成效最好。

一、民营垦殖的兴起

全面抗战爆发初期,大量难民由东南沿海地区流入江西。江西省振济委员会和各慈善机构虽尽量收容、救济难民,但因人力、物力和财力有限,仍有大量难民得不到救济。此间,政府虽积极谋划移民垦荒,但一切尚停留于纸面,未有实际行动。部分慈善团体、社会组织则开始向地方政府申请登记,移送难民开垦荒地,从而先于官方揭开了难民移垦的序幕。经营性质方面,战时民营垦殖,既有官商合办的垦殖公司,也有私人性质的垦殖公司,而更多的则是难民自发组织的合作式垦殖团体。民营垦殖虽然规模较小,但形式灵活,反应迅速。大量民间资本投资垦殖领域,招收难民垦荒,促进了战时难民移垦事业的发展,成为战时垦殖一大亮点。

抗战初期,江西省的民营垦殖主要有中国华洋义赈救灾总会、浙江大学等机构筹办的垦区。日军入侵浙江后,大量浙江难民沿浙赣路线涌向江西。经江西省政府批准,中国华洋义赈救灾总会在吉安组织支会,推定夏家珖为会长,组织难民垦荒。夏氏四处勘查,于1938年3月在安福县洋溪镇田心村附近勘定垦区,名为“中国华洋义赈救灾总会江西安福县洋溪垦殖区”,设立办事处。中国华洋义赈救灾总会江西安福县洋溪垦殖区,是战时经江西省政府核准成立的首个民营垦区,也是江西省成立最早的难民移垦区。垦区成立后,夏家珖开始筹备一切农事器具,并派车辆将南昌选收难民送至洋溪。难民到达后,分批上山搬运木竹,割茅草搭建茅屋,建设新村。洋溪附近山上竹木为大宗出产,但交通不便,难民每天往返数十里,抬运木头两支,山路崎岖行走困难,搭建茅屋进展缓慢。为此,很多难民往往是两家人共住一所棚屋,住室在两边，中为堂屋，两家公用，家庭应有的家具器具，均由华洋义赈救灾总会提供。因为一部分难民被派出搬运竹木，因此，初期下田耕作的难民仅有一小部分。由于垦区多是私荒，华洋义赈会筹资购地750 亩，每亩 2 元，共计 1 500 元。垦殖区主要采取雇工式经营的模式，由各户单独经营，以户为单位，每户授田 15 亩。① 垦民第一年的给养、耕牛、农具、种子、房屋、家具等，均由会方供给。中国华洋义赈救灾总会规定，开垦 3 年后，会方将田地、耕牛、农具等照原价卖给垦民。如垦民不买田地，则照当地惯例向会方按亩纳租。

垦区初有垦民 30 户，129 人，其中男性 72 人，女性 57 人；成年 91 人，儿童 38 人。后来，垦民增至 197 人。就籍贯而言，除 1 人是江苏淮阴籍外，其余均为浙江杭县籍。就职业来说，除 1 人是汽车司机外，其余均为农民，能参加耕作的壮丁计 45 人。② 垦区第一年预算 18 378 元，其中垦民给养以 250 人计算，每人每月 3 元，共需 7 500元。建筑房屋 50 座，每座 20 元，共计 1 000 元。此外，农具 400 元，家具 500 元，耕牛 1 000 元，种子 400 元，肥料 450 元，垦民教育费 700 元，垦民卫生费 360 元，员工薪饷 2 088 元，办公费及旅费共 980 元。该垦区经费来源较为固定，无匮乏之虞。③ 垦民中患病者极多，以疟疾为主，华洋义赈会聘请中医一人，为垦民诊治疾病，但药品十分缺乏。教育方面，设有小学一所，规定垦民子弟均须入学读书，课本及用品由会方供给，学生 22 人。学校请到教师

---

①《江西省难民垦殖事业现状》，江西省政府秘书处统计室编：《江西统计月刊》第 1 卷第 12 期，1938 年，第 7 页。

②《中国华洋义振救灾总会江西分会洋溪难民垦殖区办事处工作概况》，江西省档案馆藏民国江西档案，J060－2－00180－66。

③ 施珍：《中国华洋义赈救灾总会江西分会洋溪难民垦殖区视察报告》(1938 年 10 月 8 日)，江西省档案馆藏民国江西档案，J060－2－00031－21。

沈志平，义务教授卫生、常识、自然、算术、音乐等科，另从垦民中聘请教师1名协助教学。

总体看来，该垦区管理较得当，垦民生产生活情况逐渐好转。但垦民每户授田15亩相对偏少，而且3年后按价购买田地、耕牛等对于垦民来说也比较困难，因为以垦民经济能力在3年后很难一次性缴足价款。如采取纳租制，当地纳租惯例分包租及分租两种，包租者每亩谷1石，分租者缴40%，均较重。不过，副业方面，难民妇女编制杭州竹篮较有成绩，协会特地加以组织，要求各户难民眷属均学习编篮。所编竹篮由该会负责送至吉安、南昌等地推销，款项收入全部给编篮的妇女，可以增加部分收入。

泰和沙村示范垦殖场是由浙江大学创办的一个垦区。1938年1月至9月，浙江大学在西迁途中曾短期留驻江西泰和。1938年初，浙江大学与江西省政府商议，在泰和县第四区沙村合办示范垦殖场，以救济难民，并开展垦殖实验，名为“泰和沙村示范垦殖场”。垦殖场由浙大梁庆椿教授拟定计划，浙大土木系学生负责勘定、测绘荒地，农学院负责主持筹划，卢守耕教授担任主任。[①] 其费用由浙江大学与江西省政府共同拨发，第一期自1938年6月开办至1939年底，共开支经费27 768元，分为副业贷款、生活贷款、事业贷款、村务费及行政费等项。垦民给养由垦殖场贷款，每人每月发给伙食费约2.04元，衣着需用约2元。[②] 省政府承担事业费，也以贷款性质发放，但不收取利息。垦民耕作6年，还清贷款后，可取得永久耕作权。与华洋义赈会安福洋溪垦场采取单独经营制不同

① 浙江大学档案馆：《泰和建立沙村示范垦殖场》，《浙江大学学报》(人文社会科学版)，2014年第2期，第15页。

②《江西省难民垦殖事业现状》，江西省政府秘书处统计室编：《江西统计月刊》第1卷第12期，1938年，第8页。

的是，泰和沙村垦场采用合作式经营，“使耕地沟洫化，农业技术科学化，农业经营多角化，农民生活全部合作化。”①第一期共勘定泰和沙村附近荒地约1 000亩，选收难民56户，135人，其中工作壮丁58人。难民分为7组，每组作为一个耕作单位，分别经营，劳作按等级计分。至1939年底，共开垦荒地650亩，垦民蔬菜基本自给，但粮食仍不足，后由省政府贷给经营费1 500元作为补充。1940年秋时，垦民生活开始自给，并偿还贷款。自1940年开始，除自耕组已开垦土地外，垦区仍有荒地400余亩。

垦区组织集团农场，采取集体耕作、共同生活，垦民“一锅吃饭，一道消费，一道工作”②。垦民消费，遵从按劳取酬原则，“各尽所能，各取所值”③。每一个垦民或垦民家庭，都有一本《工作消费摺》。垦民的工作，按照规定的等级记入摺子。消费时，经主管人员批准，即可凭摺领取消费物品，或一定零用钱。《工作消费摺》一方面用于记录工分并计算其工价；另一方面也可统制垦民的消费。此外，垦区还大力发展副业生产，成立妇女工场，组织合作社，进行合作经营。社会事业方面，垦区办有小学，实施垦民教育，并设有卫生院为垦民诊治疾病。

垦场开办一年多后，陆续出现一些问题。首先，不易招到合适的垦民。垦场选收垦民的标准是，一家四口中，须有两个成年壮丁，且应从事农业或其他手艺，但垦区数次派人赴收容所选拔，结果符合这项条件者极少，“难民人数固多，而业农或有手艺者甚少；有业农或有手艺者，其家庭太大，负担太重，或无意垦荒，不愿远

---

①《江西省立沙村示范垦殖场第一期工作检讨》(1938年6月至1939年12月)，张研、孙燕京主编：《民国史料丛刊(经济・农业)》第545辑，大象出版社2009年版，第397页。

② 周承澍：《难民移垦问题》(下)，《国是公论》第20期，1938年，第10页。

③ 周承澍：《难民移垦问题》(下)，《国是公论》第20期，1938年，第10页。

行。”①为此，垦区机关不得不降低选收标准，放宽选收条件，却导致垦民耕作能力下降，无法完成规定工作。其次，垦地估计不够精确。垦场初步勘察有荒地600亩，而实测不到200亩，后不得不向其他地方勘察荒地数段作为补充；但因荒地过于分散，管理不便，垦殖实验也很难开展。再次，垦殖人才缺乏，工程及垦民生活指导无法顺利举办。

集团耕作制有其一定的弊端，如“垦民私有习惯一时不易纠正，公用器物不易保管；少数人工作不力，专思做自己的私事；有能力者不肯尽力，怕人笑他巴结；也因为有不出力的人夹着，觉得多出力太吃亏”②。总之，垦民的生产积极性不高。浙大西迁后，垦场由江西省垦务处接办，省垦务处派技正周承澍任垦区主任。垦民生产生活由原先的集团合耕制改为分耕制，垦民依其志愿，联合一家或数家组成一个耕作单位，每一耕作单位至少有成年壮丁5人组成，至少需耕地50亩。每一耕作单位工作、消费及分配均采取集团经营方式，垦场一切经营管理均参照省营垦场的规定办理。这些改革措施激发了垦民生产的积极性。

江西省垦务处成立后，将民营垦殖纳入政府管理范围。省垦务处对民营垦殖事业的管理主要分为四个方面：一是登记，省垦务处制订《江西省垦殖事业登记办法》，规定凡在江西省内经营垦殖事业，不论公营私营，均须于实施垦殖前，向省垦务处申请登记，经批准后才能施垦。二是督导，省垦务处随时派员视察各垦场，并予以业务上的督促、指导及协助，如指导清查荒地地权，统筹代购或

---

① 《江西省立沙村示范垦殖场第一期工作检讨》(1938年6月至1939年12月)，张研、孙燕京主编：《民国史料丛刊(经济·农业)》第545辑，大象出版社2009年版，第398页。

② 周承澍：《难民移垦问题》(下)，《国是公论》第20期，1938年，第10页。

购置耕牛农具等。三是介绍贷款，对于办理完善确需资金的私营垦场，由省垦务处贷款，或协助介绍金融机关贷款。四是促进私营垦殖事业合法权益，对于办理成绩较好的垦殖事业，尽量予以奖励。在省垦务处大力引导、鼓励下，民营垦场次第成立，并获得一定的发展。从附表 2 的统计来看，54 个民营垦场总计招收垦民 3 381人，共开垦荒地 32 073 亩，人均垦地约 9.5 亩，相对较高。

民营垦场虽然数量多，但大多数垦场仅有几个人或十几个人，超过百人以上的垦场仅 10 个，平均每场仅 63 个人左右，规模普遍较小(详见附表 2)。战时江西民营垦殖以 1942 年、1943 年、1944 年三年增长较快。其中，1942 年成立 12 家，1943 年成立 17 家，1944 年成立 17 家。这主要是因为这期间战局发展，大量粤湘浙等省难民来到江西谋生，推动了江西垦殖事业发展。据江西省垦务处统计，自 1938 年起，截至 1944 年 6 月止，经省垦务处登记设立的公私营垦场总计 114 单位，垦民 16 227 人，垦地面积 90 756.27 亩。① 到抗战胜利时，经省垦务处登记成立的公私营垦场共计 125 个单位，配置垦民 19 747 人，配垦荒地 110 298 亩，②其中绝大多数是民营垦殖事业。

二、战区难民移殖协会的垦殖活动

淞沪会战爆发后，上海一时聚集了大量难民。各慈善团体和同乡组织等纷纷采取措施，收容救济战区难民。为根本解决难民

① 《江西省政府三十四年度工作计划》，江西省档案馆藏民国江西档案，J060-2-00144。

② 江西省垦务处：《垦务处历年简况统计表》，江西省档案馆藏民国江西档案，J060-2-00163-64。《中日战争地方抗战史实本省垦务部分资料》，江西省档案馆藏民国江西档案，J060-2-00015-44。

生计问题，中国红十字会国际救济委员会发起成立战区难民移殖协会，先后移送大量上海难民到江西吉水、吉安等地垦荒。战区难民移殖协会组织有序，管理较为规范，垦殖事业取得较好成绩，堪称战时民营垦殖典范。

1937年10月31日，中国红十字会国际救济委员会为救济上海难民，以“移殖战区难民到后方生产”为宗旨，[①]发起成立战区难民移殖协会。该协会有着较强的官方背景，主要发起人许世英、潘公展、屈映光等皆为国民党高层重要人物。许世英时任振济委员会代委员长(委员长为孔祥熙)，负责主持国民政府战时的难民救济工作，同时兼任战区难民移殖协会理事长。潘公展、潘宜之担任战区难民移殖协会副理事长。潘公展历任国民党中央宣传部副部长、新闻检查处长、中央图书杂志审查委员会主任委员、国民党中央常务委员、中央宣传委员会主任委员等职，并先后任《申报》总编辑、《中央日报》总主笔等职，长期在新闻界工作。潘公展利用自己在政界、文化界和新闻界的影响力，为战区难民移殖协会扩大宣传、争取同情和帮助。屈映光早年参加辛亥革命，参与筹组中华民国临时政府，历任浙江都督、山东省省长、北洋政府内务总长兼赈务督办等职，后淡出政坛，潜心佛法和救济事业。抗战时期，屈映光应蒋介石邀请，任振济委员会副委员长。经济部专员王重担任战区移殖协会总干事，具体负责办理该协会在江西的难民垦殖事务。王重利用与相关部会同僚的关系，为协会垦殖事业的发展争取支持。1937年12月，战区难民移殖协会为加强力量，提高救济能力，又于第二次全体会议时，增选熊希龄、赵晋卿、贝克、林康侯、

① 《战区难民移殖协会汇报工作情况》，中国第二历史档案馆藏国民党中央社会部档案，十一/8107。

谢驾千、陆伯鸿、陆干臣、孙瑞璜、闻兰亭等社会名流为常务委员，并推胡咏骐、陈已生、李规庸等人为会务干事。[①] 从主要负责人的构成情况来看，战区难民移殖协会虽然是由慈善团体创办，但有着浓厚的官方背景，这也是该协会难民垦殖事业能够取得较大进展的主要原因。

战区难民移殖协会成立后，计划移送难民就近在江苏溧阳、高淳等地垦荒，江苏省政府拟拨溧阳、高淳两县荒地 3.5 万亩作为垦地，[②]后因战事西移而作罢。1937 年 12 月，江西省政府主动致电战区难民移殖协会，邀请协会遣送难民赴赣垦荒。战区难民移殖协会派调查部主任章桐生赴赣勘查荒地，并与江西省政府当局商讨移垦的具体办法。[③] 在江西省政府的大力协助下，该协会最终选择在江西吉水县第五区水南镇王家洲附近设立垦区，由省政府划拨荒地 1 500 亩设立垦场。

1938 年 1 月 1 日，中国红十字会国际救济委员会在震旦大学召开会议，讨论移送难民赴赣垦荒问题。出席会议的有饶家驹、贝克，法租界公益慈善会督办雅士枸，国际救济会委员泼来脱，英国皇家将军沐克那顶、朱友渔、牛惠生、黄定慧等 10 余人，正式决定拨款遣送难民至赣南垦荒，首批登记移送难民 1 500 余人。[④] 此后，王重以战区难民移殖协会总干事身份，负责江西水南垦区筹备

---

①《难民移殖会派员赴赣调查土质首批千人即将出发增选常委办理救济》，《申报》(上海版)，1937 年 12 月 7 日第 4 版。

②《战区难民移殖协会遣送难民赴赣垦荒举办新春同乐大会》，《力报》，1938 年 2 月 17 日第 4 版。

③《难民移殖会派员赴赣调查土质首批千人即将出发增选常委办理救济》，《申报》(上海版)，1937 年 12 月 7 日第 4 版。

④《遣送难民移殖垦荒》，《中国红十字会月刊》第 32 期，1938 年，第 43—44 页。

事务。王重虽然负责筹备水南垦区，但并不以官方身份参与，而是以“请假”的形式，离开经济部，赴江西吉水水南垦区工作，以保持该协会的非官方色彩。经过数月筹备，1938 年 5 月 7 日，战区难民移殖协会吉水县水南第一垦区正式成立，开始接收难民。垦区主任为童铭莹，副主任张公达。

表 41　战区难民移殖协会江西吉水垦区职员表（1939 年 6 月 1 日）

职别	常务委员	垦区主任	垦区副主任	总务股长	农业股长	会计	农业股干事	工程股干事	工程股办事	教育干事	总务股办事	文化股干事	医务组护士	医务组护士
姓名	王重	童铭莹	张公达	潘公亮	龚惠良	朱桢	王汉润	徐匡	管肇基	张素文	张明	张茜	任慧君	廖基卿
性别	男	男	男	男	男	男	男	男	男	女	男	女	女	女
年龄	38	25	—	—	21	31	22	21	22	—	20	21	23	24

资料来源：台北：“中央研究院”近代史研究所档案馆藏国民政府经济部档案，18－21－16－004－01。

战区难民移殖协会原本打算首批移送 1 500 人赴赣垦荒，后因交通困难，改为分批移送。1938 年共移送 4 批难民赴赣。1 月 23 日，第一批移送难民 164 人，随同管理人员、技士、医士等 10 人，乘广东轮出发，经香港转赣，“沿途由各慈善机关团体热心招待，旅行便利，并得江西省政府预备食住之所，一切筹划周全”①。4 月份，第二批难民由上海经宁波抵赣。8 月 11 日，第三批难民由上海出发经浙江永嘉县，沿公路到赣，于 8 月 29 日抵南昌，9 月 1 日搭车至樟树，再乘船于 9 月 11 日到达吉水水南垦区。11 月，第四批难民也到达水南垦区。

战区难民移殖协会以“特许团体机关”形式组织成立，以代垦人身份申请登记，招募难民垦殖。经营方式最初仿照苏联“集体农

① 《战区难民移殖协会遣送难民赴赣垦荒举办新春同乐大会》，《力报》，1938 年 2 月 17 日第 4 版。

庄”模式，成立集团农场，采取集团经营办法。垦民入垦前3年分组耕作，田地分段，每组配壮丁5—8人，各授田一段；3年后分割田地独立经营，但以自耕为限。① 土地为协会公有，垦熟之田永为新村公产。② 垦民共同生活，共同劳作，由协会供给基本生活，生产用具为协会公有，收获产品公储公卖，按照劳力大小分配产品。垦民生活实现自给后，须向协会缴纳一部分产品，作为新村建设基金，其他没有耕作能力的垦民，则由协会抚养教育。

垦民给养由吉水县政府供给，生产费用由协会通过募捐等方式筹措。住房主要利用乡村祠宇等，加以修缮后，供垦民居住。1939年夏，垦民住房共76间，其中购置3间，租用15间，修理旧房55间，建筑3间。③ 垦民教育方面，初有学童21名，送入水南圣公会立小学就读。垦区后来办理仇耻小学1所，分初级一、二、三年级，学生增加到42人，另开设夜校进行成人教育。垦区设诊所1处，聘请医生、护士各1名，西药由沪、港等地募捐而来，中药由垦民自备。

---

①《江西省难民垦殖事业现状》，江西省政府秘书处统计室编：《江西统计月刊》第1卷第12期，1938年，第7页。

②《战区难民移殖协会垦殖事业调查表》（1939年7月12日），台北："中央研究院"近代史研究所档案馆藏国民政府经济部档案，18－21－16－004－01。

③《江西省垦务处电陈派员赴水南垦区调查情形缮具该区事业调查表请鉴核由》（1939年7月20日），台北："中央研究院"近代史研究所档案馆藏国民政府经济部档案，18－21－16－004－01。

表 42　战区难民移殖协会江西吉水水南第一垦区垦民概况表(1939 年 6 月)

户数				91 户				来源		上海								
人数	男	18—50 岁	担任工作	田间工作	□耕工作①	其他工作	小计	籍贯	省别	江苏	浙江	安徽	河南	山东	河北	湖北	湖南	其他
			人数	74	12	26	112		人数	87	33	33	22	9	6	12	5	17
		不满 18 岁	担任工作	助理田间工作	助理其他工作	不能工作	小计	原职业	职业别	农	工	商	学	军	政	医	其他	
			人数	9	4	18	31		人数	71	42	31	3	23	10	6	38	
		大于 50 岁	担任工作	助理田间工作	助理其他工作	不能工作	小计	垦民给养		由吉水县政府供给,每人日发糙米 1 升,菜费 1 分 5 厘,孩童减半,本会外加津贴 1 分 5 厘及 2 分 5 厘不等。								
			人数	5	2	11	18	垦民卫生		本会医务组备有中西药品,专供垦民患病服用,并于 3 月间施种牛痘,5 月间注射防疫针。								
		合计		88	18	55	161											
	女	18—50 岁	担任工作	田间工作	家事工作	其他工作	小计	垦民教育		设仇耻小学 1 所								
			人数	7	24	4	35	垦民组织		农民分组,各设领工 1 人领导工作								

① 原文不清,似为"苇耕工作"或"秉耕工作"。

续表

户数				91户				来源	上海
人数	女	不满18岁	担任工作	助理田间工作	助理其他工作	不能工作	小计		工人分班，各设班长1人领导工作 每10日集会点名训话并由文化干事担任讲演1次
			人数	2	8	9	19		
		大于50岁	担任工作	助理田间工作	助理其他工作	不能工作	小计	—	—
			人数	—	3	6	9		
		合计		9	35	19	63		
	总人数		224						

资料来源：《水南垦区垦殖概况调查表》，台北："中央研究院"近代史研究所档案馆藏国民政府经济部档案，18－21－16－004－01。

由表42可知，水南垦区初期共有224人，能工作的180人，无工作能力的44人。其中男性161人，约占总人数的72%；女性63人，约占28%。难民籍贯分布以江苏籍为主，约占总人数的39%，其次为浙江和安徽籍，各占总人数的近15%。难民以从事农、工、商三种职业为主，其中农民约占32%，工人约占19%，商人约占14%。难民人口结构中，男性明显多于女性，且农民相对过少，非农业人数占到68%。非农人口占比过高，对于以农业生产为主要工作的垦殖事业来说无疑是不利的，这是后来部分垦民退垦的主要原因。

全体垦民分为农业、工程、公益三部劳动，农业部共154人，占绝大多数。各组垦民在本组内按照劳作成绩，核定工分数，分配产品。工程部设路工40名，负责修筑龙江公路，另有畜牧、园艺、竹木、铁器等工人。公益部合计19人，包括司阍、更夫、勤务、厨司等杂务。除伙食公给外，每月工资4—5元。

生产方面，垦民分10组耕种，每组耕种60—80亩不等。1938年5月，垦区开办当年即遭受旱灾，加上初到吉水，水土不服，垦民患病人数较多，影响耕作。新垦田地因缺乏基肥，作物长势欠佳。1938年夏，总共耕种200余亩，垦区第1次收获产量较少，共收山芋174石，黄豆25石，芝麻2石，荞麦5石。① 1938年底，垦殖经费短缺，收获不足，垦区生产生活一度相当困难。1939年1月，中央振济委员会补助经费1 000元，垦区生产得以继续进行。②

① 战区难民移殖协会：《为呈送水南垦区第一次秋收农产品样品仰祈鉴核存查由》(1938年12月8日)，江西省档案馆藏民国江西档案，J060-2-00038-53。

②《中国红十字会上海国际委员会近讯》，《中国红十字会月刊》第43期，1939年，第18—19页。

表 43　战区难民移殖协会江西吉水水南第一垦区 1939 年作物调查报告表

	作物种类	早稻	晚稻	黄豆	芝麻	黄麻	山芋	花生	高粱	总计
主业经营	种植面积（亩）	275	70	160	120	50	150	30	15	870
	产量(石)	735	105	115	53	60	220	80	12	1 380
	价值(元)	1 249	210	1 150	689	390	220	416	48	4 372
	用途	自用	自用	外销	外销	自用	自用	外销	自用	
副业经营	种类	养鸡	养鸭	养兔	养猪	种菜				
	数量	1 200 只	500 只	20 只	45 只	20 亩				
	用途	外销	外销	繁殖	外销	自用				

资料来源：台北："中央研究院"近代史研究所档案馆藏国民政府经济部档案，18－21－16－004－01。

1939 年，垦区共勘查荒地 1 500 余亩，开垦荒地约 735 亩，未垦地约 700 亩。1939 年夏，垦区第 2 次种植小麦遭受虫灾，仅收获小麦 2 石，其余菜籽、蚕豆、蔬菜数量甚微。① 产品全部给予垦民，仍不足食用。不过，1939 年早稻种植 275 亩，长势良好，垦区第 3 次收获，共生产早稻 735 石，黄麻 30 石。② 1939 年 7 月 31 日，吉水县政府停止供给水南垦区垦民给养，垦民生活自 8 月份起完全依赖自给。③ 1939 年秋季也获丰收，共得晚稻 105 石，芝麻 53 石，黄豆 115 石，高粱 12 石，山芋 220 担，花生 80 担，黄麻 60 担，共计 1 380

① 《战区难民移殖协会垦务概况调查表》(1939 年 7 月 20 日)，台北："中央研究院"近代史研究所档案馆藏国民政府经济部档案，18－21－16－004－01。

② 《奉代电指示本处前呈查明吉水水南垦区现状一案谨将遵办及查明该区秋收情形电乞鉴核由》，(1939 年 9 月 26 日)，台北："中央研究院"近代史研究所档案馆藏国民政府经济部档案，18－21－16－004－01。

③ 战区难民移殖协会：《呈为本会水南垦区垦民生活自八月一日起自给谨将生产经过情形备文呈报仰祈鉴察备案由》(1939 年 8 月 15 日)，台北："中央研究院"近代史研究所档案馆藏国民政府经济部档案，18－21－16－004－01。

石，价值4 372元。① 1939年垦区所有收获除留部分做种子外，其余全部给予垦民。产品分配以组为单位，各组收获仍归各组所有。垦民在本组内按照劳作成绩，核定工分数，分给产品，平均每人约分得30元，可维持至1940年春收。此外，尚有副产略为补助，垦民生活有所好转。中央振济委员会运配难民南昌总站调查员姜维藩赴水南垦区调查后称："第一垦区220余人，经3次收获之后，于1939年秋生活自给，一切生产建设虽未达于理想上之尽善，但已具规模，以两年经营能有如此成绩，尚可满意。"②中央振济委员会也认为"各禾稼收量当称美满"③。

1940年，水南垦区经费极端困难，但所招收的垦民耕作十分勤奋，当年秋收稻谷、杂粮等5 500余石，价值73 000余元。同1939年相比，作物种植面积增加2.4倍，作物产量增加至4倍，产值增加至16.8倍。④ 不但老垦民完全自给，所有新垦民给养也得以补助一部分。

---

①《奉令呈报江西水南垦区秋收状况及筑路情形伏乞鉴核备案由》(1939年11月25日)，台北："中央研究院"近代史研究所档案馆藏国民政府经济部档案，18-21-16-004-01。

② 姜维藩：《为遵令呈报视察水南垦区实到人数情形附呈名册二份祈鉴核由》(1940年8月24日)，台北："中央研究院"近代史研究所档案馆藏国民政府经济部档案，18-21-16-004-01。

③《中央振济委员会指令据呈报江西水南垦区秋收及筑路情形令仰知照由》(1939年12月8日)，台北："中央研究院"近代史研究所档案馆藏国民政府经济部档案，18-21-16-004-01。

④《为呈报江西水南第一垦区本年来扩充垦务情形及秋收报告并筹备设立富田第二垦区与建设工商业等计划伏乞鉴察备案由》(1940年11月10日)，台北："中央研究院"近代史研究所档案馆藏国民政府经济部档案，18-21-16-004-01。

表 44　战区难民移殖协会江西吉水水南第一垦区 1940 年作物调查报告表

作物种类	早稻	晚稻	黄豆	芝麻	黄麻	山芋	花生	高粱	糯稻	菜蔬	总计
种植面积（亩）	1 085	330	140	125	50	45	60	50	180	25	2 090
产量（石）	3 850	645	85	62	65	200	55	30	420	175	5 587
单价（元）	12	12.5	52	42	30	3	25	25	14.5	8	—
总价（元）	46 200	8 062	4 420	2 604	1 950	600	1 375	750	6 090	1 400	73 451

资料来源：台北："中央研究院"近代史研究所档案馆藏国民政府经济部档案，18-21-16-004-01。

随着垦区生产发展，垦民生活改善，难民闻风主动前来请求入垦者络绎不绝。水南垦区自 1940 年招收粤籍难民，因先来的难民已经生产自给，安业落籍，"于是远道传闻，遂致广东五华、河源、龙川、和平等县农民纷纷结队前来，请求入会开垦者日有数起"①。粤籍垦民陆续涌入江西垦荒，主要原因有四点："一是受战事影响，本籍不能安居；二是粤境生活昂贵，不如江西低廉；三是本籍田少人多，不敷耕种；四是邻里来赣开垦，效果甚著，故投奔前来，用谋生计。"②到达江西的粤籍难民多为农民，且持有各县遣送凭证，由各县政府和救济机关团体遣送过来。垦区办事处认为粤民性质朴厚，工作勤苦，在垦区劳动成绩甚佳，故未拒绝入垦。1940 年 6 月，垦区招收粤籍难民 300 余人入垦后，又陆续登记 350 余人，且来者仍络绎不绝。鉴于粤民入垦十分踊跃，而语言习惯又与本地有隔

①《为呈报江西水南第一垦区本年来扩充垦务情形及秋收报告并筹备设立富田第二垦区与建设工商业等计划伏乞鉴察备案由》（1940 年 11 月 10 日），台北："中央研究院"近代史研究所档案馆藏国民政府经济部档案，18-21-16-004-01。

②《为呈报江西水南第一垦区本年来扩充垦务情形及秋收报告并筹备设立富田第二垦区与建设工商业等计划伏乞鉴察备案由》（1940 年 11 月 10 日），台北："中央研究院"近代史研究所档案馆藏国民政府经济部档案，18-21-16-004-01。

膜，王重认为不宜散居耕种，遂增设带元、长富两处垦场，专门安置粤籍难民。至1940年秋季，垦民增至619人，共设立龙江、富源桥、带元、长富4个农场，全区面积纵横各40余里，垦熟荒田2 500余亩。①

随着垦民人数的增加，原有荒地不敷分配。1940年底，战区难民移殖协会在吉安县富田乡增设第二垦区，专门安置粤籍难民垦荒，并勘定吉安县富田地方荒田约2 000余亩，以及泰和县对衫坡地方成片荒田约1 000余亩，作为该会第二垦区地址。两处荒地位于吉安、泰和两县交界处，相距5里。战区难民移殖协会委派第一垦区主任张公达兼代第二垦区主任，负责筹办垦区。战区难民移殖协会垦殖业务自吉水县扩展至吉安、泰和两县。1940年底，协会垦民增至1 062人，垦熟荒田3 000余亩。② 1941年，垦区事业迅速扩展，垦民增至2 200余人，共有水南第一垦区，富田第二垦区，白沙第三垦区，及东固第四垦区，开垦荒地共6 800余亩；1941年增产粮食11 600余石，垦民均已经生产自给。③ 此后，因粤东难民仍不断前来垦区请求入垦，战区难民移殖协会呈请江西省政府批准，于吉水龙田、永丰南坪增设第五、第六垦区，以安置新到粤东难民。至1941年底，战区难民移殖协会垦区已发展至吉水、吉安、永丰、泰和等县，共有垦民4 024人。1943年上半年，战区难民移殖协会

---

① 战区难民移殖协会：《为呈报本会办理水南第一垦区经过情形并拟增设富田第二垦区以资扩充》（1940年12月10日），江西省档案馆藏民国江西档案，J060-2-00031-86。

②《战区难民移殖协会兴建江西第一垦区文山镇暨工商业计划书》（1940年11月），台北："中央研究院"近代史研究所档案馆藏国民政府农林部档案，20-26-058-24。

③《战区难民移殖协会在赣垦务概况》，江西省农业院编：《农业院讯》第2卷第21期，1941年10月16日，第9页。

又增设第八、九、十垦区。

表 45　战区难民移殖协会 1942 年度垦务概况表

垦区序号	垦民人数（人）	垦荒面积（亩）	事业费（元）	稻谷（石）	杂粮（石）	耕牛（头）	养猪（头）	养鸡（只）	养鸭（只）
第一垦区	1 736	11 635	133 700	9 081	10 833	305	105	5 600	2 500
第二垦区	365	1 365	26 300	1 490	991	45	20	650	380
第三垦区	746	2 850	51 240	2 573	1 898	99	45	2 200	1 750
第四垦区	317	1 020	26 520	1 051	593	41	16	480	220
第五垦区	348	630	35 150	450	437	39	20	420	300
第六垦区	512	1 100	48 400	730	738	55	32	560	520
总计	4 024	18 600	321 310	15 375	15 490	584	238	9 910	5 670

说明：本表数据根据台北"中央研究院"近史所档案馆藏国民政府农林部《民国三十一年度全国垦务动态调查表》相关统计数据综合而成，稻谷包括早稻和晚稻；耕牛包括水牛及黄牛；杂粮主要有：蚕豆、豌豆、油菜、荞麦、小麦、玉蜀黍、大豆、甘薯、马铃薯、花生、棉、黄麻、芝麻。

资料来源：《民国三十一年度全国垦务动态调查表》，台北"中央研究院"近史所档案馆藏国民政府农林部档案：20－07－083－03。

据表 45 可知，第一垦区共 1 736 人，开垦荒地 11 635 亩，人均 6.7 亩，收获稻谷及杂粮共计 19 914 石，人均 11.5 石，该区发展最快，成绩最优，垦民生活较好。第二垦区人均开垦荒地 3.7 亩，第三垦区人均开垦荒地 3.8 亩，第四垦区人均开垦 3.2 亩，三个垦区人均垦荒均不到 4 亩，相对较少。第五、第六垦区因为是当年新设，人均开垦约 2 亩。总体来看，截至 1942 年止，战区难民移殖协会成立 4 年来，6 个垦区垦民共 4 024 人，开垦荒地 18 600 亩。生产稻谷和杂粮共 30 865 余石。作为垦荒主要动力的耕牛，由 1938 年垦区初设时的 12 头，增加至 584 头。副业方面，养鸡鸭共 15 580 只，垦殖事业获得较快的发展。

随着垦区生产事业的发展，垦区管理机关陆续开始各项社会建设，并开展新村建设实验，以改善垦民生活，建立良好的社会环境。自1939年起，垦区抽调部分垦民自行修筑吉水白沙至吉安文山镇之间公路，改善水南地方交通状况，便于水南垦区农产品外销。文山公路全长80余公里，西达吉安商埠，东接广昌公路，成为赣南唯一横断路线，经济意义重大。1939年，振济委员会补助筑路款2 000元。至1940年底，已修筑文山公路10公里多。[①] 垦区并沿文山公路两边修建水利设施，建筑房屋，奠定了兴建文山镇的基础。1940年底，战区难民移殖协会制订《兴建江西第一垦区文山镇暨工商业计划书》，沿文山公路两边建筑商铺，建设新村，兴建文山镇，“期使农工商业联系发展，除谋乡村经济自给外，兼贡献溢余物资于贸易”[②]。工商业计划分为工业、贸易、市场、金融4项进行，筹备砖瓦厂、榨油厂、竹木行、物产公卖所及消费供应所等。工商业计划预算经费8万元，该会自筹资本4万元，募集(捐助或投资)4万元。

抗战胜利前，战区难民移殖协会在江西吉水、泰和、吉安、永丰等县共设立10个垦区，生产规模逐渐扩大。国营安福垦区管理局裁撤后，所遗留垦务组设安福合作农场继续办理，战区难民移殖协会江西办事处每月还资助安福合作农场经常费4万元。原江西省垦务处处长、农林部参事唐启宇称赞其“成效卓著”[③]。战区难民移

---

① 战区难民移殖协会:《为呈报本会办理水南第一垦区经过情形并拟增设富田第二垦区以资扩充》(1940年12月10日)，江西省档案馆藏民国江西档案，J060－2－00031－86。

②《战区难民移殖协会兴建江西第一垦区文山镇暨工商业计划书》(1940年11月)，台北:“中央研究院”近代史研究所档案馆藏国民政府农林部档案，20－26－058－24。

③《农林部协办局务唐启宇复战区难民移殖协会总干事王重函》(1941年3月4日)，台北:“中央研究院”近代史研究所档案馆藏国民政府农林部档案，20－26－095－12。

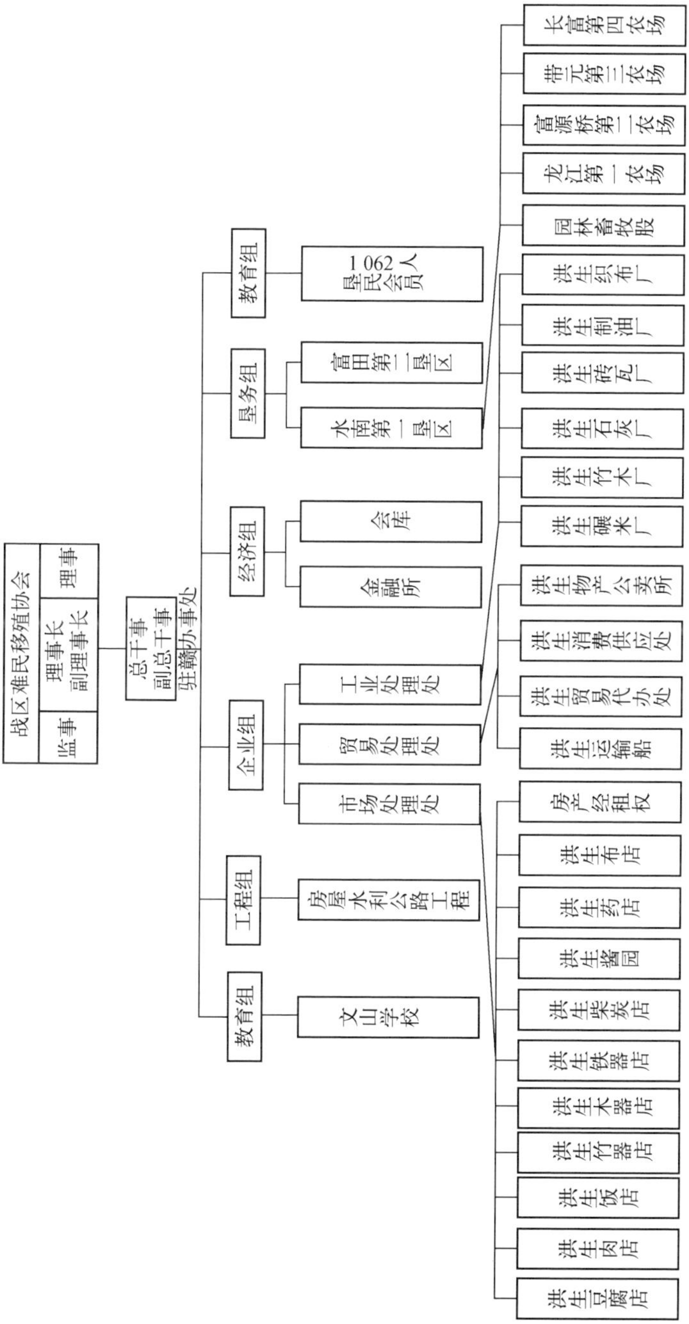

图6　战区难民移殖协会江西垦区组织机构图(1940年)

资料来源:台北:“中央研究院”近代史研究所档案馆藏国民政府农林部档案,20-26-058-24。

殖协会主要以民间力量推动难民移垦，在经费极端困难的条件下，经过数年惨淡经营，将大片不毛之地变为肥沃良田。垦区各项社会建设事业次第举办，垦民陆续生产自给，生活条件逐渐改善，堪称战时民营垦殖模范。

三、民营垦殖之困——以战区难民移殖协会为例

战时民营垦殖事业的发展面临诸多困难，经费缺乏是首要因素。民营垦殖事业所需资金主要靠自筹，因缺乏固定的经费来源，民营垦殖事业举步维艰。《非常时期难民移垦条例》虽然规定民营垦殖可以申请政府经费扶助，但实际上每年的垦殖贷款绝大多数拨给了公营垦殖事业，民营垦殖所能得到的贷款寥寥无几。战区难民移殖协会争取中央振济委员会拨款一事，集中反映了这一状况。

战区难民移殖协会吉水水南垦区初期垦殖经费主要依靠上海、香港等地慈善团体募捐，地方政府仅负担垦民第一年的给养，因此垦区事业发展困难。水南垦区自 1938 年 10 月收到香港中国妇女兵灾筹赈会捐款的 1 500 元后，才得以正式开办。① 1938 年秋，垦区第一次秋收为数甚微，垦民生活艰苦。此外，垦区职员纯是义务工作，无固定工资收入以保证生活，职员无法安心工作。为此，王重只好求助于中央振济委员会副委员长屈映光，请中央振济委员会拨款补助。1939 年 1 月，中央振济会补助该会经费 1 000 元，垦务始得顺利进行。② 战区难民移殖协会自成立至 1939 年 5

---

①《王重致中央振济委员会副委员长屈映光信》(1938 年 12 月 8 日)，台北："中央研究院"近代史研究所档案馆藏国民政府经济部档案，18－21－16－004－01。

②《战区难民移殖协会兴建江西第一垦区文山镇暨工商业计划书》(1940 年 11 月)，台北："中央研究院"近代史研究所档案馆藏国民政府农林部档案，20－26－058－24。

月止，共收到上海、香港等慈善团体捐助款、中央振济委员会补助款以及吉水县地方给养 10 974.50 元，支出 11 015.02 元，两抵尚亏损 40.52 元。① 至 1939 年底，共募捐经费 15 180.47 元。② 此外，自成立至 1939 年 7 月底，共领取吉水县政府垦民给养费 4 147.41 元。1939 年 7 月 31 日，吉水县政府停止水南垦区垦民给养，垦民自 8 月份起生活完全依赖自给。

依照《非常时期难民移垦规则》规定，民营团体移送难民垦荒，也可呈请“中央主管垦务机关”补助经费。③ 中央振济委员会并不直接拨款给各垦殖团体，而是将款项拨给江西省垦务处，再由江西省垦务处转发。江西省垦务处承担请款的预审和监督使用的责任，同时定期汇报垦区事业发展情况，以作为中央振济会拨款的依据。根据战时中央补助各省难民移垦经费的惯例，中央振济委员会仅补助难民移垦预算经费的 70%，其余 30%由各垦殖团体自筹，且须等垦民登记入垦，经主管机关查明后才能拨款。

随着垦殖事业扩展，战区难民移殖协会经费需求增大，王重呈请中央振济委员会自 1939 年 11 月起，每月固定补助垦区经费 700 元，用以开展垦区建设，并附呈 1939 年 11、12 两个月经费预算。④

---

①《江西省垦务处电陈派员赴水南垦区调查情形缮具该区事业调查表请鉴核由》(1939 年 7 月 20 日)，台北:“中央研究院”近代史研究所档案馆藏国民政府经济部档案，18-21-16-004-01。

②《江西省垦务处垦区情况调查表》(1940 年 1 月 3 日填报)，江西省档案馆藏民国江西档案，J060-2-00038-73。

③ 中央主管垦务机关由经济部、内政部、财政部和中央振济委员会组成，专门负责战时难民移垦的管理。

④《呈为江西水南垦区难民生产已达自给阶段，垦区办事处似宜继续设立用谋发展拟恳钧会按月补助建设经费七百元以资新村建设仰祈鉴核批准由》(1939 年 10 月 12 日)，台北:“中央研究院”近代史研究所档案馆藏国民政府经济部档案，18-21-16-004-01。

中央振济委员会指派江西省垦务处视察垦区情形，再作决定。江西省垦务处派人实地视察后，报告中央振济委员会称："该垦区作物收获量少，垦民生活艰苦，经费竭蹶"①，建议补助其一部分经费。为使垦区事业不至于半途而废，中央振济委员会同意自1939年11月起，每月补助700元固定经费。中央振济委员会每月700元经费补助仅能用于维持垦区的基本运转，而不足以扩大垦区生产事业。

1939年底，鉴于第一批垦民220余人已经自给，而水南附近仍有不下4 000亩荒地，且土质肥沃，出产丰饶，王重拟于1940年扩充垦务，再招收垦民300人。1939年12月4日，王重编订1940年12 000元垦务经常费预算，以及22 000元扩充垦殖事业费预算，呈请中央振济委员会批准。中央振济委员会指令江西省垦务处调查水南垦区状况，以决定是否批准这一预算。省垦务处派熊运柯调查后指出，王重原预算编订时，水南米价为5元每担，而调查时米价已涨至9元每担。原预算中22 000元用于招收新垦民事业费，其中13 500元为垦民给养。照此计算，原预算远远不够。江西省垦务处认为，该垦区"土地、人力与主办其事者既均合于条件，政府于其力有不逮之财力赐予补助，自为切要之图"②，建议中央振济委员会批准拨款。与此同时，大量广东难民前来垦区要求入垦，垦区因经费不足无法接收。如1940年2月，广东五华县难民140余人经县政府疏散来赣，请求加入水南垦区。王重在水南垦区龙江南

① 《江西省垦务处电陈派员赴水南垦区调查情形缮具该区事业调查表请鉴核由》(1939年7月20日)，台北："中央研究院"近代史研究所档案馆藏国民政府经济部档案，18-21-16-004-01。

② 《为奉令查明江西水南垦区经费有无补助必要一案经饬据本处派员熊运柯查明转呈鉴核由》(1940年3月5日)，台北："中央研究院"近代史研究所档案馆藏国民政府经济部档案，18-21-16-004-01。

岸富源桥一带划分荒地 1 500 余亩，设立富源桥农场，专门安置粤籍难民。因经费缺乏，仅招收其中 62 人，编为 5 组，配置耕牛 5 头，农具家具 5 组，先行开垦。其余 80 余人无法安置，仍逗留水南一带自谋生活。

鉴于战区难民移殖协会事业发展较快，但经费奇缺，在许世英、屈映光、潘公展等人的推动下，1940 年 4 月 12 日，“中央主管垦务机关”批准王重的拨款请求，同意“按实到垦区人数，根据原预算拨助事业费十分之七；垦区管理费及其余十分之三事业费应由该会自筹”①。4 月 25 日，中央振济委员会电复战区难民移殖协会，同意拨助原垦务事业费预算 22 000 元的 70%，即 15 400 元，但补助费须等垦民到达垦区后，经中央振济委员会查明后才能发给。②中央振济委员会批准预算后，战区难民移殖协会随即开始选收登记垦民。至 1940 年 6 月上旬，先后共登记选收垦民 257 人，加上 2 月间已选收的难民 62 人，共计 319 人，划拨荒地 1 800 余亩，供该批新垦民耕作，并开始筹备房屋、耕牛、农具、家具、给养等。根据规定，民营团体办理难民移垦呈请中央经费补助，必须等垦民入垦后，经“中央主管垦务机关”点验人数无误后，才能拨款。由于中央振济委员会迟迟未能派人前往水南垦区查验垦民人数，故款项一直未能拨下。已经登记的 319 名难民因给养无着，仍只得自谋生路，无法开始耕作。

中央补助经费迟迟未能下拨，这在很大程度上阻碍了垦殖事业的发展。首先，战时物价上涨快，经费不能按时下拨，导致预算

---

①《中央振济委员会致战区难民移殖协会代电第 6203 号》(1940 年 4 月 12 日)，台北：“中央研究院”近代史研究所档案馆藏国民政府经济部档案，18-21-16-004-01。

②《中央振济委员会致战区难民移殖协会文渝乙代电》(1940 年 4 月 25 日)，台北：“中央研究院”近代史研究所档案馆藏国民政府经济部档案，18-21-16-004-01。

失去时效，垦殖计划无法执行。例如，1939 年底王重编订预算时，水南米价为 5 元每石，垦民给养按照每人每月 2 元 5 角计算，300 人全年给养共计 9 000 元。至 1940 年 7 月，仅仅半年时间，水南米价已涨至 12 元每石，两者相差一倍多。按照垦民每人每天需米 1 升计算，一年需经费 13 140 元；加上柴菜费每人每月 1 元，一年给养即需 16 740 元，已超过中央振济委员会补助费。水南地区耕牛价格也比 1939 年秋上涨一倍多，其他物价也纷纷上涨，这严重影响垦殖事业的发展。此外，每年八九月份新谷上市，市场谷价较低。如能在此期间购进足够粮食，供垦民食用，无疑能够节约不少给养费用，减轻垦区的负担。其次，垦民每年 8 月前入垦，可立即开始准备秋季耕作，第二年 8 月份收获时即可自给。垦民入垦过早，无法开始耕作，入垦过迟，错过农时，都会白白耗费大量给养，从垦务机关的角度来说很不合理。经费不能及时不拨，导致无法适时招收垦民。再次，垦民入垦前，垦区应将耕牛、种子、农具、给养等准备好，以便入垦后能立即开始工作。如等到垦民入垦后，经过查验无误再拨发费用，各项准备不足，必然增加浪费。因此，垦殖经费必须及时拨发，才不致影响垦务发展。中央振济委员会坚持等点验垦区全部难民后才拨发事业费，显然不利于垦区尽快组织生产。比较而言，各公营垦场呈请“中央主管垦务机关”经费补助，只要预算经过审查批准，即可直接发放款项，立即招收垦民。同为救济难民、开垦荒地，民营团体申请贷款手续繁多，也更困难。

水南垦区开办两年多来，“颇具好评”，“成绩尚佳，传闻遐迩”，[①]各地难民纷纷前来投垦。6 月 6 日，因秋耕日期临近，为免

---

① 《潘公展致许世英信》(1940 年 7 月 1 日)，台北：“中央研究院”近代史研究所档案馆藏国民政府经济部档案，18－21－16－004－01。

误农时,战区难民移殖协会请求中央振济委员会将 15 400 元一次拨下,以便及时筹备秋耕。[①] 同日,潘公展、潘宜之亦联名致信许世英,请其尽快一次性拨发前项补助经费。[②] 此时,先前招收的 300 多难民因缺乏经费,无法开始工作,生活艰难,人心动摇。6 月 11 日,吉水水南垦区主任张公达致函战区难民移殖协会称:"该批难民等均系自谋生活,情状至艰,今登记后希望早日工作,并供给其给养,如稽延日久,难免人心涣散,另谋生路。"[③]6 月 25 日,战区难民移殖协会再次呈请中央振济委员会尽快拨款,以便开始工作,但中央振济委员会既未拨款,也未派人赴水南垦区查验登记垦民人数。期间,中央振济委员会代委员长许世英甚至提出辞去战区难民移殖协会理事长职务。

因粤民大量聚集水南垦区请求入垦,急等中央振济委员会拨款开始工作,7 月初,王重亲往重庆,当面向中央振济委员会请领拨款。期间,王重也致电许世英、屈映光,陈述垦区困难,催拨经费。[④] 7 月 1 日,潘公展再次致函许世英称:"现新垦民必须立即开始工作,不然将误农时"[⑤],请其尽快拨发款项。

---

①《呈为本会水南垦区已由本年二月起添招垦民扩充垦务兹奉令指补助事业费办法谨当胆陈垦务扩充情形仰祈赐予一次拨发十分之七事业费一万五千四百元由》(1940 年 6 月 6 日),台北:"中央研究院"近代史研究所档案馆藏国民政府经济部档案,18-21-16-004-01。

②《潘公展、潘宜之致许世英信》(1940 年 6 月 6 日),台北:"中央研究院"近代史研究所档案馆藏国民政府经济部档案,18-21-16-004-01。

③《水南垦区主任张公达致战区难民移殖协会报告》(1940 年 6 月 11 日),台北:"中央研究院"近代史研究所档案馆藏国民政府经济部档案,18-21-16-004-01。

④《王重致许世英、屈映光信》(1940 年 7 月 27 日),台北:"中央研究院"近代史研究所档案馆藏国民政府经济部档案,18-21-16-004-01。

⑤《潘公展致许世英信》(1940 年 7 月 1 日),台北:"中央研究院"近代史研究所档案馆藏国民政府经济部档案,18-21-16-004-01。

7月25日，中央振济会复电战区难民移殖协会，坚持预算拨款“须等垦民到达垦区，经查明后发给。仰候转饬运配难民南昌总站查明核办”[①]。同时，中央振济委员会指令运配难民南昌总站查验水南垦区人数。7月26日，战区难民移殖协会再次致电中央振济委员会称：“垦务经费早已不继，影响工作甚巨，倘不及时筹备完全，不惟延误明岁新垦民生产自给之期，且将人心涣散，难免流离。”[②]关于水南垦区请款一事，许世英于7月27日复信潘公展、潘宜之称：“已转饬运配难民南昌总站查报，以凭办理。”[③]许世英并再次提出辞去战区难民移殖协会理事长一职，并建议由潘公展接任理事长。实际上，江西省垦务处、江西省政府在1940年初已经将战区难民移殖协会垦民人数报告中央振济委员会，但许世英仍坚持需经运配难民南昌总站查报后才能拨款，看似手续严格，实则呆板低效，严重影响工作。

7月底，时近秋耕，经费尚无着落，水南垦区数次催促王重返赣。王重遂决定于8月初返赣，但考虑赴渝请款一个月竟空手而归，心有不甘，故于7月27日再次致函许世英、屈映光，称垦区极度困难，“如再稽延时日，势将工作停顿，而招来垦民亦难免流离”，请求中央振济委员会“先拨一万元以便开始准备秋耕，余款俟点验垦

① 《中央振济委员会致战区难民移殖协会感渝乙电》(1940年7月25日)，台北：“中央研究院”近代史研究所档案馆藏国民政府经济部档案，18-21-16-004-01。

② 《呈为江西水南垦区遵照钧会计划已招足新垦民三百人业经呈报在案兹转呈名册仰祈迅赐拨发事业补助费七成计一万五千四百元用济垦务之急由》(1940年7月26日)，台北：“中央研究院”近代史研究所档案馆藏国民政府经济部档案，18-21-16-004-01。

③ 《许世英复潘公展、潘宜之函》(1940年7月27日)，台北：“中央研究院”近代史研究所档案馆藏国民政府经济部档案，18-21-16-004-01。

民人数后再行发放”。[1] 然而，中央振济委员会仅同意先拨款5 000元，其余款项仍须等运配难民南昌总站将该区垦民实数查报后再拨发。[2]

8月20日，运配难民南昌总站干事姜维藩到达水南垦区点验垦民人数。经查验，垦区先前所招收319人中，有12人已转往他处，实有307人。姜维藩称：“新收垦民生活艰困”，“急盼振济委员会补助事业费，俾即刻开始耕作以期不误秋耕”。[3] 收到姜维藩报告后，中央振济委员会又以呈报难民307人“究系全属本年新收，抑连首批垦民计算在内”[4]，并未说明，指令复查。实际上，姜维藩在报告中已经说明，“首批垦民220人已经于1939年自给自足，而呈报307人系自1940年1月份起新招”[5]。

此间秋耕较忙，垦区事业费和七八两月份经常费均未拨发，不但无法购置农具，而且新招垦民给养也无法维持。9月2日，战区难民移殖协会再次催请拨发全部事业补助费及七八两月份经常费。[6] 中

---

① 《王重致许世英、屈映光信》(1940年7月27日)，台北：“中央研究院”近代史研究所档案馆藏国民政府经济部档案，18-21-16-004-01。

② 《中央振济会感渝乙第15227号代电》(1940年8月)，台北：“中央研究院”近代史研究所档案馆藏国民政府经济部档案，18-21-16-004-01。

③ 姜维藩：《为遵令呈报视察水南垦区实到人数情形附呈名册二份祈鉴核由》(1940年8月24日)，台北：“中央研究院”近代史研究所档案馆藏国民政府经济部档案，18-21-16-004-01。

④ 《中央振济会致运配难民南昌总站马渝乙电》，台北：“中央研究院”近代史研究所档案馆藏国民政府经济部档案，18-21-16-004-01。

⑤ 姜维藩：《为遵令呈报视察水南垦区实到人数情形附呈名册二份祈鉴核由》(1940年8月24日)，台北：“中央研究院”近代史研究所档案馆藏国民政府经济部档案，18-21-16-004-01。

⑥ 《呈为案据江西水南垦区报告运配难民南昌总站业于八月廿日派员到区点验新招垦民完毕共计三百零七人垦赐迅拨事业费用济万急等情谨转呈鉴察备案由》，台北：“中央研究院”近代史研究所档案馆藏国民政府经济部档案，18-21-16-004-01。

央振济委员会除拨发七八月份经常费共 1 400 元外，难民事业费 10 400元仍坚持须等南昌总站复查后才能拨发。9 月 20 日，南昌总站姜维藩电复中央振济委员会“水南垦区实到验难民 307 人系指该区本年 1 月间新收难民 62 人，本年四月间奉准拨助事业费后续收难民 245 人而言，所有该区以前旧留垦民并未计算在内”①。至此，难民人数问题终得解决。10 月 16 日，王重再次急电中央委员振济会：“粤民来归日众，惟物价高涨，事业费不敷过巨，经济至艰，乞赐速拨九月份经费及事业费万元用济时急。”②10 月 18 日，中央振济委员会通知四联总处，电汇水南垦区剩余事业费10 400 元，由江西省垦务处具领转发水南垦区。③

战区难民移殖协会自 1939 年 12 月编订 1940 年经费预算书，向中央振济委员会请款用于扩充垦务，直至 1940 年 10 月中旬，中央振济委员会才同意拨发全款，而款项汇至水南垦区，还需 1 个多月。期间难民嗷嗷待哺，函电交驰，公文往返数月，王重甚至亲赴重庆当面向中央振济委员会请款，且有潘公展、潘宜之、屈映光等从中协助，中央振济委员会才将款项拨完。在物价腾飞的抗战时期，请款耗费近一年，早已物是人非。诚如潘公展、潘宜之所言：“溯自去岁编造预算，时至今日相隔一年，江西地方物价高涨五倍

① 《运配难民南昌总站致中央振济会申漾电：呈复前查报水南垦区实到验难民 307 人系本年新收人数电祈鉴核由》（1940 年 9 月 20 日），台北：“中央研究院”近代史研究所档案馆藏国民政府经济部档案，18－21－16－004－01。

② 《王重致中央振济会铣电》（1940 年 10 月 16 日），台北：“中央研究院”近代史研究所档案馆藏国民政府经济部档案，18－21－16－004－01。

③ 《函请派汇本会拨江西省水南垦区事业补助费并希见复由》（1940 年 10 月 18 日），台北：“中央研究院”近代史研究所档案馆藏国民政府经济部档案，18－21－16－004－01。

以上，迄今仍日涨不已，致前编预算全失时效。”①因款项迟迟未能拨下，原预算计划因失去时效而无法执行。垦区未能在秋耕前及时招收垦民、扩大生产。更为重要的是，大量难民费尽艰辛到达垦区，却因经费缺乏不能入垦，只得继续向他处流浪。

在江西省垦务处已经数次呈明垦区人数的情况下，中央振济委员会仍一再坚持由“运配难民南昌总站”点验人数，而南昌总站又迟迟未能派出人员赴垦区点验人数，导致款项迟迟不能下拨，于此可见政府行政体制僵化，效率低下。战时状态下，原本交通邮电受阻，联络费时费力，在不违反法律法规的前提下，一切政务自应便宜进行，以收速效。中央振济委员会一再以程序规定为由拒绝拨款，看似冠冕堂皇，实则僵化迂腐。战区难民移殖协会有中央振济委员会代委员长许世英担任理事长，潘公展、潘宜之为副理事长，官方背景浓厚，请款仍如此艰难，其他民营垦殖团体的命运就可想而知了。

1941年初，农林部垦务总局成立后，所有战时难民移垦事务均划为该部主管，“中央主管垦务机关”不再负责难民移垦事务。故自1941年起，中央振济委员会不再编列该项预算，原定每月补助战区难民移殖协会700元事业费亦告中断。此后，战区难民移殖协会经费只能靠自筹解决。总之，战时中央补助各省垦殖经费及金融机关垦殖贷款，主要投向公营难民垦殖事业，民营难民垦殖事业所能获得批准的贷款少之又少，且条件苛刻，严重限制了其事业的发展。

四、江西公私营垦殖绩效比较分析

全面抗战时期，江西省垦务处除直接设立垦场，招收难民垦荒

① 《战区难民移殖协会致中央振济委员会呈》(1940年11月10日)，台北：“中央研究院”近代史研究所档案馆藏国民政府经济部档案，18-21-16-004-01。

外，还大力督促、辅导全省其他公私营机关团体和个人投资垦殖事业，取得较好的成效。这其中，省垦务辅导的公营垦殖主要是指省振济委员会所举办的难民垦殖，仅占一小部分，其余绝大多数是民间团体和个人投资的私营垦殖事业。

表 46　江西省垦务处辅导公私营垦场业务统计表(1938—1945)

年份	垦殖场(个)		垦民(人)		垦地(市亩)		产品收获估计	备考
	增加数	累计数	增加数	累计数	增加数	累计数	稻谷(市担)	
1938	10	10	1 846	1 846	9 355	9 355	18 710	其中含辅导粤东移民设立之垦场14所，垦民3 276人，垦地20 843市亩。
1939	5	15	3 472	5 318	12 333	21 688	43 376	
1940	3	18	1 415	6 733	5 931	27 619	55 228	
1941	6	24	2 456	9 189	10 884	38 503	77 006	
1942	28	52	3 094	12 283	26 622	65 125	130 251	
1943	44	96	6 948	19 231	39 679	104 804	163 609	
1944	24	120	443	19 674	4 523	109 327	—	
1945	5	125	73	19 747	971	110 298	—	

资料来源：江西省档案馆藏民国江西档案：1.《江西省政府1945年度工作计划》，J060-2-00144，J060-2-00167；2.江西省垦务处编：《垦务通讯》第1期，1944年10月1日，J060-2-00043；3.《垦务处历年简况统计表》，J060-2-00163-64；4.《中日战争地方抗战史实本省垦务部分资料》，J060-2-00015-44。

由上表可知，省垦务处辅导的公私营垦殖事业发展同战局紧密相关。全面抗战初期发展较为缓慢，1938 年仅成立垦场 10 处，共招收垦民 1 846 人。1939 年，赣北会战、长沙会战相继爆发，大量难民撤往赣南，省振济委员会也开始移送难民垦荒，1939 年垦民增加较快，共招收 3 472 人。自 1942 年起，江西省政府实施地方自治，垦务被列为地方自治要政之一，得以全面推行。与此同时，日军入侵广东，加上自然灾害影响，大量广东难民入赣寻求救济，从而推动江西难民移垦进入快速发展时期。1941 年，全省公私营垦场共招收垦民 2 456 人，1942 年增设垦场 28 所，比前 4 年垦场总和还多，招收垦民 3 094 人；1943 年又增设垦场 44 个，几乎是前 5 年垦场数的总和，该年共招收垦民近 7 000 人，垦民总人数增至近 2 万人。然而，自 1944 年起，随着战局趋稳，难民潮回落，移垦规模减小，垦民增长速度放缓。1944 年虽然设立垦场 24 所，但该年仅招收垦民 443 人，说明大多数垦场均是以个人名义申请登记成立的家庭农场，很少再出现以团体名义大量招收难民垦荒的情况。总体来看，垦民增长较快的年份集中在 1941、1942、1943 年，这其中除了战争因素外，粤东难民大量涌入也是主要原因之一。

表 47　江西省垦务处历年业务对照表(1938—1945)

项目		垦民(人)			垦地(市亩)		
年份		直接办理垦场	辅导公私营垦殖事业	合计	直接办理垦场	辅导公私营垦殖	合计
1938 年	增加	1 015	1 846	2 861	1 119	9 355	10 474
1939 年	增加	1 323	3 472	4 795	4 275	12 333	16 609
	累计	2 338	5 318	7 656	5 394	21 688	27 082
1940 年	增加	2 766	1 415	4 181	5 730	5 931	11 661
	累计	5 104	6 733	11 837	11 124	27 619	38 743
1941 年	增加	4 091	2 456	6 547	24 811	10 884	35 695
	累计	9 195	9 189	18 384	35 935	38 503	74 438
1942 年	增加	135	3 094	3 229	16 951	26 622	43 573
	累计	9 330	12 283	21 613	52 886	65 125	118 011
1943 年	增加	1 060	6 948	8 008	6 445	39 679	46 124
	累计	10 390	19 231	29 621	59 331	104 804	164 135

续表

项目		垦民(人)			垦地(市亩)		
年份		直接办理垦场	辅导公私营垦殖事业	合计	直接办理垦场	辅导公私营垦殖	合计
1944 年	增加	572	443	1 015	6 847	4 523	11 370
	累计	10 962	19 674	30 636	66 178	109 327	175 505
1945 年	增加	－135	73	－62	6 400	971	7 371
	累计	10 827	19 747	30 574	72 578	110 298	182 876

资料来源:江西省垦务处编:《垦务处历年简况统计表》,江西省档案馆藏民国江西档案,J060-2-00163-64。

表 47 统计了全面抗战时期江西省垦务处直接办理垦务和辅导办理垦务概况。其中,“直接办理垦场”即指省垦务处直接设立的各垦场(省营垦场),“辅导公私营垦殖事业”是指省营垦场之外各公私机关团体所举办的垦殖事业,包含民营垦殖事业和各公营机关所举办的垦殖事业。公营机关中,主要是指省振济委员会所举办的难民零块垦殖,另有极少量公务机关团体为增加员工福利所举办的垦殖,省垦务处在统计时未将二者分开列出。需要指出的是,省垦务处辅导的公私营垦殖事业中,公营机关所举办的垦殖只占一小部分,绝大部分为民营垦殖。从 1943 年统计来看,就可以大体了解省垦务处辅导公私营垦殖的规模。1943 年,江西省公私营垦殖共19 231人,开垦荒地104 804亩。另据《江西省垦务处1943 年工作概况报告》所载,至 1943 年底,江西省民营垦殖共有垦民 16 031 人,开垦荒地 86 804 亩。① 据此推算,1943 年,全省公营机关(不含省垦务处所属各垦场)开垦荒地应为 18 000 亩,参加垦荒

①《江西省垦务处 1943 年工作概况报告》,台北:“中央研究院”近代史研究所档案馆藏国民政府农林部档案,20-00-14-051-14。

人数应为3 200人。民营垦殖人数占公私营垦殖总人数的83.36%，公营机关垦殖人数仅占总人数的16.64%；开垦荒地面积方面，民营垦殖占82.83%，公营机关垦殖仅占17.17%。考虑到自1944年起，省垦务处所辅导的公私营垦殖事业基本不再大规模招收垦民（1944年共招收443人，1945年仅招收73人），那么，1943年民营和公营垦民人数和垦荒面积比例基本反映了抗战期间的总体情况。也就是说，表47中"辅导公私营垦殖事业"一栏所统计数据（包括垦地和垦民两项），民营垦殖事业约占83%左右，公营机关所举办的垦殖事业只占17%左右。

表47中，省垦务处辅导公私营垦殖部分，从1939年到1943年的5年间，除1940年外，其余每年增垦荒地均在1万亩以上，4年中平均每年垦荒19 000多亩。垦荒增长最快的是1942、1943年。其中，1942年垦荒26 622亩；1943年开垦荒地近4万亩，比1938—1940年垦荒面积总和还要多。截至1945年底止，省垦务处先后总计直接设立垦殖场61所，收容难民16 449人，经过异动后实有垦民10 827人，开垦荒地72 578亩。① 省垦务处辅导办理的公私营垦场共计125个单位，配置垦民19 747人，配垦荒地110 298亩。②总体而言，民营垦务无论在安置难民人数，还是开垦荒地面积等方面，均走在省营垦殖的前头，取得了较好的效果。

首先，民营垦殖揭开了战时难民移垦序幕。1938年3月，民间

① 曾庆人：《江西之垦务》，《经建季刊》第5期，1948年，第31页。曾庆人时任江西省垦务处处长。江西省垦务处：《中日战争地方抗战史实本省垦务部分资料》，江西省档案馆藏民国江西档案，J060-2-00015-44。

② 江西省垦务处：《垦务处历年简况统计表》，江西省档案馆藏民国江西档案，J060-2-00163-64。《中日战争地方抗战史实本省垦务部分资料》，江西省档案馆藏民国江西档案，J060-2-00015-44。

救济团体中国华洋义赈总会在江西安福县洋溪镇设立首个垦区，正式移送难民垦荒，揭开江西难民移垦的序幕；而省垦务处直到1938年7月才成立，10月10日，省垦务处所办理的首个垦区——吉安县固江垦殖区才正式设立，省营垦殖事业正式启动。这距离江西首个民营垦区成立已经过去半年多时间。

其次，从安置难民人数来看，民营垦殖也要多于省营垦殖。例如，1943年民营垦殖共有垦民16 031人，省营垦殖场共有垦民10 390人，民营垦殖比省营垦殖多安置难民5 000多人。此外，省垦务处辅导的公私营垦殖历年安置的难民人数均多于省营垦殖，只有1941年两者人数基本持平。不过，自1942年起，至1945年止，省营垦场不再大规模招收难民，4年间只招收1 632人，1945年垦民人数甚至出现负增长，而同期公私营垦殖却招收了10 558人。到抗战胜利时，省垦务处辅导公私营垦殖共招收难民19 747人，比省营垦殖多8 920人。

再次，从垦荒面积来看，民营垦殖总量多于省营垦殖。例如，1943年民营垦殖共开垦荒地86 804亩，省营垦殖共59 331亩，民营垦殖比省营垦殖多开垦荒地2.7万余亩。自1938年至1943年间，除1941年之外，公私营垦务每年增垦荒地面积均大于省营垦务。自1943年起，省营垦荒进度放缓，每年保持在6 000多亩，民营垦场自1944年起也急剧下滑。到抗战胜利时，省垦务处所辅导的公私营垦场总共开垦荒地110 298亩，比省营垦场多出37 720亩。

最后，从垦荒收入来看，民营垦场优于省营垦场。以主要粮食作物水稻为例，省营各垦场抗战期间共收获水稻80余万担，民营垦场虽未有确实统计，亦当远超出此数。以1943年为例，省营垦场共收获水稻102 611担，杂作12 850担；民营垦殖共收获水稻

151 907 担,杂作 32 551 担。[①] 1943 年,民营垦场比省营垦场多收获水稻49 296担,多出 48%;多收获杂粮19 701担,多出 153.31%。

全面抗战时期,江西的民营垦殖在没有获得政府实质性帮助的情况下,主要靠自身力量投资生产,解决了大批难民的生计问题,减轻了政府负担,为抗战贡献了积极力量。然而,民营垦殖总量虽然大于省营垦殖,但是垦场规模普遍偏小,大多数只有十几个人,或数十个人,甚至只有几个人,百人以上规模的垦场寥寥无几。此外,民营垦殖事业发展的稳定性也较差。因缺乏资金和技术支持,加上管理不善,不少民营垦场发展缓慢,甚至倒闭,特别是抗战胜利后,民营垦场大多人去场空,垦务陷于停顿。

资本具有逐利的特性,大量民间资本投资垦殖事业,大大弥补了政府资金的不足。但是,垦殖事业是一种长期性的、需要大规模投资的事业,必须发挥政府和民间各自的优势,共同协作,才能达成预期的目的。这是因为,首先,垦殖具有永久性质,投资于垦殖的资金周转较为缓慢,不像其他工商实业,立即可见效果,故民间投资意愿不高。其次,经营垦殖必须拥有较好的人才、技术和资本力量,私人经营很难具备这些条件。特别是边疆地区,地广人稀,垦殖的基础设施建设,如水利兴修、道路兴建等工程巨大,所需投资浩繁。民间力量有限,只能由政府运用国家力量,大规模投资开发,并采用集团农场生产,才能在经营、管理、技术上力求合理化。再次,民国时期,垦区所在地大多为边塞不毛之地,或盗匪纵横出没,或民族关系复杂,或封建恶势力强大,垦殖推行含较强的政治因素,只有政府能以一贯政策,用政治方式,大规模移送军队或民

① 《江西省垦务处 1943 年工作概况报告》,台北:“中央研究院”近代史研究所档案馆藏国民政府农林部档案,20-00-14-051-14。

众屯垦，顺利推进垦务。因此，要推动垦殖事业发展，政府必须在技术、资金和政策方面提供支持和保障，做好垦区水利、交通、教育、医疗卫生等基础设施建设，加强管理和引导，为垦殖事业发展提供良好的经济社会环境，才能吸引更多民间资本投资垦殖事业。

第四节 垦务管理之弊

江西省垦务处的事业基础全在乡村垦场一级，垦场管理人员能力、素质、品行直接决定了垦务管理水平和垦殖绩效的高低。垦场管理人员勤勉负责者自属多数，但也有部分管理人员缺乏责任心和事业心，能力平平，素质低下，却又大权独揽。因此，无论是省营垦场，还是民营垦场，损公肥私、鱼肉垦民之事都时有发生。省垦务处对此既缺乏有效监督，又处置不力，遂至群起效尤，违法乱纪现象蔓延，造成垦务管理人员与垦民关系紧张，恶化了垦区的社会生态，影响垦殖事业发展。违法乱纪现象种类繁多，以下是较为典型的几类。

一、管理员张明经：营私舞弊，贻误生产

江西南丰县洒源垦殖场技佐张挹清，介绍自己的胞弟张明经担任南丰康都场管理员，并得到第六行政专员公署秘书及司令部科长保证，省垦务处第一科科长徐邦祺也认为“此人尚可任用”①，遂派其筹设南丰康都垦场。

康都垦场成立后，张明经自恃后台强硬，遂置数百垦民生活于

①《省垦务处第一科科长徐邦祺致省垦务处秘书谢鸣珂信》，江西省档案馆藏民国江西档案，J060－2－00122－201。

不顾，贪污舞弊，贻误生产。张明经从省垦务处领到耕牛贷款，准备到余干购买一批耕牛。此时，南丰邻县均有大批耕牛可买，每头牛时价最高的不过300元左右。垦民认为南丰到余干400多里路，路途过远，建议就近购买，以免耽误春耕。张明经则坚持到余干购牛，声称不会耽误春耕。根据规定，垦场购办垦民物品，应有垦民代表一同办理，以示公正。垦民要求派一两个代表同去购买耕牛，张明经则以路费、食宿开支较大为由，拒绝垦民同去。1941年5月1日，张明经启程购买耕牛，直到7月5日返场，耗时两个多月，而所买耕牛"多系老弱不堪，难以耕作，每头耕牛价格在410余元"①。垦民认为，张明经放着南丰300多元的强壮耕牛不购，而舍近求远，购买400多元一头的老弱耕牛，怀疑管理员从中渔利，故拒绝接受耕牛，并请管理员将牛牵去南丰、泰和圩等处评价，并派事务员徐仕和同去评价。400多元的耕牛，"泰和圩只还价224元，康都只还价190元"。余干到南丰路途400余里，最多不过七八天可以到达，而张明经花费两个多月才回到垦场，并且开销川资800余元，外加绳索费七八十元，而耕牛到达康都时，垦民却"未见半根绳索"。因耕牛中老弱病残居多，且牛舍未能修理，破烂不堪，11月份即死亡耕牛1头。张明经7月初返场，春播早已过期。垦民春耕被误，要求张明经发给各项种子费，以便购买豆子、荞麦等种子，开始冬耕，张明经却分文未发，致冬耕再次被误，垦民第二年生活无着。

垦场管理员作为一场之主，本应时刻在场督促垦民加紧垦荒，生产自救，并积极解决垦民生产生活中的困难和问题，张明经却经常不在场办公，对垦民生产生活漠不关心。1941年5月初，张明经

① 《迅速更调并恳续贷给养而保生命以利垦务由》(1941年11月)，江西省档案馆藏民国江西档案，J060-2-00126-134。

赴余干买牛，一去两个多月不在垦场。11月份，张明经再次离场50多天未归，垦民称张明经“自开办以来逐日在外营私舞弊，每月不过5天在场”①。此外，垦场房屋多数未加修理，斗笠蓑衣也未购置。垦民晴天无斗笠，下雨时又无蓑衣，在家时屋漏雨淋，湿热交加，患病过半，又无医生看病，到场不久即死亡六七人。直到9月下旬，张明经才请来医师为垦民看病。至11月份，垦民已死亡十余人，丧葬费也分文未发。

省垦务处因该场所呈送9月份垦民分户预算书前后人数不符，停发该场给养，并指令该场复查呈核。张明经直到11月份仍未照办，导致该场9、10、11三个月给养未能领到。垦民因生产全无，给养停发，生活陷入困境。管理员张明经又与技佐程松生关系不合，互相掣肘，导致垦务陷入停顿，张明经并指控程松生亏空公款。不得已，康都垦场全体垦民200余人公推代表69人，分别于1941年8月、9月和11月三次联名向省垦务处控诉管理员张明经种种贪污腐败和渎职行为，请求调换管理员张明经。②

省垦务处指派南丰仙人石垦殖场管理员陈志敏赴康都垦殖场调查该案。陈志敏赴康都场调查时，张明经离场外出，且不知归期，因此很多情况无从知晓，但陈志敏也指出：“该场所购耕牛十七头，经分别视看，老幼已达半数。”③关于张明经指控程松生亏空公

---

①《为请迅速续发给养及更调管理员俾便统辖管理而利垦荒由》(1941年11月4日)，江西省档案馆藏民国江西档案，J060-2-00033-109。

②《为渎职殃民贻误生产生命恳请更调以利垦务由》(1941年8月18日)；《为本场管理员贪污舞弊残害生命贻误生产恳请撤职究办以利垦务而保生命由》(1941年9月20日)；《为请迅速续发给养及更调管理员俾便统辖管理而利垦荒由》(1941年11月4日)。江西省档案馆藏民国江西档案，J060-2-00033。

③《陈志敏报告赴康都场调查情形》(1941年10月1日)，江西省档案馆藏民国江西档案，J060-2-00033-80。

款，经调查“总计共亏百余元”，且是为垫发垦民给养所借，“如以该技佐薪水与其所亏之款相抵，则毫无亏空”。① 可见张明经所控技佐亏空公款，实属无中生有。

张明经对垦民生产生活不管不问，在垦民心目中威信较低，导致双方关系紧张。垦民梁多子、万贱生、万宝廷、余吉生、裴世雄、余寿福、邹发安等屡次到场请求发放给养，均未如愿。1941 年 11 月 12 日，梁多子等 7 户垦民率领男女老幼闯入垦场办公室理论，同张明经发生争执。垦民愤而将垦场办事处乱搜一气，接着又将办事处早餐抢吃一空。次日，张明经向省垦务处控诉程松生亏空公款、唆拨少数不良垦民鼓动风潮，扰乱垦场办事处。程松生是否鼓动垦民闹事不得而知，但张明经所作所为激起垦民愤怒，则是事实。垦民多次要求省垦务处将管理员张明经更调，或将技佐程松生暂时提调管理员，说明技佐程松生在垦民心中相对较有威信。

11 月 20 日，省垦务处派陈达民前往康都垦殖场，再次调查张明经被控一案，并整顿该场业务。陈达民到场后，张明经也不在垦场，陈达民只得向垦民询问情况，并到各处视察。据陈达民的调查所知，垦民所控基本属实：生产方面，该场原本水利最好，本来垦荒成绩应该最为显著，但垦民自 3 月份入垦，农具、家具多未备齐，到 7 月才购到耕牛，贻误耕种时期，以致生活艰苦，垦民疾病死亡甚多，少数垦民只有靠推手车、砍柴或佣工度日。直至 1941 年 12 月份止，200 多名难民入垦近一年，耗费资金近 2 万元，仅垦地数十亩，另有少数垦民租种土籍人民熟田，或用人力开

① 《陈志敏报告赴康都场调查情形》(1941 年 10 月 1 日)，江西省档案馆藏民国江西档案，J060－2－00033－80。

垦一二亩耕种，收获甚少，多数垦民未曾开垦任何荒地。耕牛虽有 15 头，但有数头是老弱及生病耕牛。垦民嫌牛价贵不愿收管，故无人负责管理。垦场财务管理混乱，各种账目册据多未编造，共亏欠 2 660 元。关于张明经控诉程松生各节，据陈达民调查称："程松生扯用公款查无实据，唆使垦民似与垦民一则呈控张明经，再则保升管理员一案有嫌"①。因此，陈达民认为，"管理员张明经确系办事不力，购买耕牛贻误春耕，不顾垦民疾苦，影响垦民生活，应请撤职究办"②。1942 年 1 月初，陈达民向省垦务处报告："该场管理员与技佐不甚负责，未能充分合作，垦民疾苦无人过问，急应调整人事，健全内部，加紧设备，修理垦民宿舍，医治垦民疾病，改造牛舍，加紧督率冬耕，筹设合作社等。"③省垦务处于是将张明经撤职，令程松生暂代管理员一职。1942 年 1 月 13 日，省垦务处再次指令技士彭泽实地调查康都场案件，查明张明经贪污舞弊、贻误生产属实。1 月 16 日，省垦务处函请南丰县政府将张明经缉拿归案。④

张明经原本利用亲戚关系当上康都场管理员，到场后未能及时协助垦民购办生产生活用品，督促垦民生产自救，且多数时间不在场办公，而是在外营私舞弊，垦场管理混乱，农事一再被误，致垦场生产停滞，垦民生活艰苦。省垦务处事前未能对管理员严格甄

①《令派该员前往南丰康都垦殖场调查该场管理员张明经被控各情》(1941 年 11 月 21 日)，江西省档案馆藏民国江西档案，J060－2－00033。

②《令派该员前往南丰康都垦殖场调查该场管理员张明经被控各情》(1941 年 11 月 21 日)，江西省档案馆藏民国江西档案，J060－2－00033。

③ 陈达民：《奉令视察南丰南城两县垦场及彻查各场纠纷案件经过情形附具调查表等乞鉴核由》(1942 年 1 月 5 日)，江西省档案馆藏民国江西档案，J060－2－00033。

④《江西省垦务处致南丰县政府函(泰垦秘字第 0272 号)》(1942 年 1 月 16 日)，江西省档案馆藏民国江西档案，J060－2－00126－137。

选，垦务进行时又未能有效监督管理员的工作，及时纠正管理员的错误，致使康都垦殖场的问题愈演愈烈，足见垦务监管之松懈。

二、管理员徐涛：亏空公款，卷款潜逃

省垦务处对于不称职的管理员，最常用的处理办法就是调离原职。吉安大白垦殖场因管理员办事不力，成立不到一年，先后即更换五任管理员。其中，高、沈、徐三任管理员账目混乱，移交不清，互相推诿。1941 年 9 月 2 日，第五任管理员徐涛在亏空大量公款后，竟卷款潜逃，给垦场带来较大损失。

徐涛案发后，省垦务处派万良材赴大白场调查此案。据万良材调查所得，该场存在数种弊端[①]：一是扣发给养。徐涛领到给养等各项费用后，屡次不及时转发给垦民。垦民如果催问，徐涛便借口说没有领到给养，垦民也不知真假。1941 年 8 月 29 日，徐涛领到垦民给养费 2 345 元，分文未发即卷款潜逃。二是亏空公款。据查徐涛共亏空公款 5 000 多元，购置农具、家具尚有欠款数百元，两项合计亏空约 6 000 元左右。徐涛的前任沈管理员也亏空 2 000 多元，沈、徐两任共计亏损 8 000 元左右。此外还有无法考核收据的账目未计算在内。三是购办不透明。徐涛购办耕牛及农具、家具时，违规拒绝垦民随同购办，以便从中渔利。徐涛以低价购办劣质农具、家具，再以高价出账，卖给垦民。垦民见农具、家具破旧不堪，且价格昂贵，纷纷拒绝领用，大量农具、家具留存垦场。徐涛领到耕牛款后，拖延半年多才购买耕牛，不但耽误农时，且因通货膨胀，物价上涨，导致垦场损失颇大。此外，徐涛 3 个月未购办食盐，

---

① 《万良材视察报告》（1941 年 9 月 29 日），江西省档案馆藏民国江西档案，J060 - 2 - 00033 - 441。

垦民长期淡食，苦不堪言。1939 年 12 月间，大白垦场从省垦务处领到一批棉花棉布，供垦民做被服，当时棉花每斤 5 角，而徐涛竟拖延一年才开始贷发给垦民。此间物价暴涨，原先 5 角一斤的棉花，管理员以每斤 2 元 5 角卖给垦民，赚取差价。四是违规贷款。省垦务处对垦民种子、肥料等各项贷款额度均有明确规定，但大白场第五队余正兴、余成正两户各贷到种子、肥料款 230 元，同队垦民陈希云、冯家右两户各贷得 80 元，其他垦户仅贷到一二十元。这些垦户所有壮丁人数以及耕作田亩均不相上下，贷款差距却如此悬殊，显然不合规定。五是虚报浮夸，冒领给养。徐涛呈报的大白场垦民清册中，第六队共计 9 户，而该队实际只有 6 户。调查员询问该队垦民，均称根本没有名册中的 3 户。徐涛多报王达生、徐顺身、杨河金 3 户共计 7 人，并冒领 3 户给养和各项生产贷款。

三、管理员张一帆：以权谋私，垦务废弛

1940 年 1 月，张一帆负责筹办万安窑头垦殖场，并担任管理员。张一帆上任后，购办不公开，借机损公肥私，侵害垦民利益。1941 年 3 月份，张一帆为第二队队长冯家干、□文全两户购办水牛一头，原价 370 元，连同饲料费及中介费，共计 398 元，而张一帆竟然以 417 元的价格贷给冯家干、□文全两户。据垦民冯家干称“该牛买自距此地十四里之心田井江家村，系我自己在该地牵来，并无其他费用”①。张一帆竟然明目张胆地加价售卖耕牛给垦民，以谋取私利。此外，张一帆以低价购进一批劣质农具、家具，垦民见其价高质劣，多不愿领用。张一帆离任时，自行将这批积存的农具、

---

①《万良材视察报告》(1941 年 9 月 29 日)，江西省档案馆藏民国江西档案，J060－2－00033－441。

家具折价现金1 000余元，移交新任管理员帅清水抵账。第二队垦民林之坪、林之城自1940年12月入垦，直至1941年9月尚未领到耕牛和家具，以致无法耕作，每次催问，张一帆均托词未领到省垦务处贷款，而不予办理。

张一帆因种种恶行，屡次遭到垦民控诉，他自知事情不妙，遂将垦民签章收缴，伪造垦民联名信并盖垦民签章，呈请省垦务处继续留任他为垦场管理员。垦场第十队队长何得才等人告诉省垦务调查员万良材："前一二月张管理员要我等垦民将各自名章交付他手，当时谁敢不从，曾将名章放置他处留用一月余。此为8月份事，所以8月间有我等名义呈文到垦处保留他，想必都是因名章在他手任他使用。我等并未同意。"①

张一帆虽然存在种种劣迹，但省垦务处并未严肃惩处，仅将其调走了事。1941年8月，省垦务处将张一帆调上罗垦殖场任管理员，另调帅清水接充窑头垦殖场管理员，以平息民怨。张一帆调往上罗垦殖场后，仍不思悔改，各种恶习一仍其旧。如以建立垦场仓库为名，要求每户垦民分摊40元的高额建筑贷款；代购耘耙等农具质劣价高，不堪使用。第六队队长李祈珍等从垦场贷到耕牛后，张一帆又以他们前领耕牛贷价过低为由，要求按照时价分别重新作价，每头一律加价200元。为垦民购办食盐时，张一帆私自加价出售，谋取私利，后因不慎将该场购盐证遗失，被第六队垦民捡到，垦民始知当时盐价每斤1.16元，而张一帆却将每斤食盐加价4角卖给垦民。②

① 《万良材视察报告》(1941年9月29日)，江西省档案馆藏民国江西档案，J060－2－00033－441。

② 《万良材视察报告》(1941年9月29日)，江西省档案馆藏民国江西档案，J060－2－00033－441。

万良材至上罗垦殖场调查时，见大门紧锁，张一帆并不在垦场，询问垦民后才知道管理员张一帆经常不在场工作，“本月以来无人驻守，截至现在止，该场职员只进去一两次，且来此最多勾延二三小时即锁门而去，至于该场职员下落，均不详知”①。更为滑稽的是，上罗垦殖场前技佐许文在上罗垦殖场任职时，对垦民随意殴辱。垦民控诉至省垦务处后，许文被调往他场。不料张一帆被调来上罗垦场时，许文又随张一帆重新调回上罗场，仍充任技佐。上罗场垦民因许文“殴辱成性，恐其报复前恨”②，纷纷拒绝许文回场，坚决要求省垦务处调查员万良材将其调走。省垦务处对于违纪人员未作严肃处理，仅将其调往其他垦场，以平息民怨，足见其对垦务人员缺乏有效管理，这是导致贪腐之风蔓延的重要因素。

四、管理员洪德烺：挪用公款，冒名顶替

虚报垦民人数，冒充垦民请领给养和各项贷款，是不少垦场都存在的弊端。泰和沿溪渡垦殖场管理员洪德烺在江西省垦务处举办的垦务培训班学习时，曾致信该垦场助理员胡现金，请胡现金代其假冒登记垦民洪志耕一户 4 人，以冒领该户给养。信函内容如下：

> 耕牛款二千捌佰元，可以按垦民人数平均贷给，先将借据列本等送处核备，款嗣弟结业返场时动放，惟在未放款以前，

①《万良材视察报告》（1941 年 9 月 29 日），江西省档案馆藏民国江西档案，J060－2－00033－441。

②《万良材视察报告》（1941 年 9 月 29 日），江西省档案馆藏民国江西档案，J060－2－00033－441。

对垦民方面请暂守秘密……刘月卿等可即代申请登记，并请代弟附带办理登记入垦手续，免将来再请艰难，切祷切祷。兹将姓名开后，希照办见告！

户主：洪志耕年卅二岁，江西德安

妻：胡氏年廿七岁，江西德安

子：垦生年一岁，江西德安

戚：张沿荣年廿八岁，江西九江

此信宜密藏或焚毁

弟　德烺

四月廿七日①

胡现金接信后照办，洪德烺遂以洪志耕名义领到贷款 731.29 元。此外，洪德烺还捏造工役章凤昭以及医师一人，冒领两人工饷、米贴和薪津。见管理员洪德烺如此违法乱纪，胡现金也跟着捏造垦民唐友虞，请领贷款 1 157 元。洪德烺因自己违法在先，对胡现金冒充唐友虞请领贷款一事也只能默认。1942 年 1 月份，洪德烺从省垦务处领到耕牛贷款 2 800 元后，延期一年不贷放给垦民购买耕牛。此间牛价上涨数倍，不但利息和本金损失巨大，而且垦民缺乏耕牛，影响耕作。后洪德烺违规将耕牛贷款 1 400 元贷给垦民洪志耕、陈廷宝、唐友虞三户。因这三户垦民是捏造，贷款申请书内容不合规定，省垦务处未批准贷款，但洪德烺仍违规将这笔款项贷出，伙同胡现金冒名领款。省垦务处指令洪德烺将剩余 1 400 元耕牛贷款解缴，洪德烺竟拒绝照办。此间，洪德烺还私自将垦民食盐卖给当地百姓渔利。

①《洪德烺致胡现金亲笔信》（1942 年 4 月 27 日），江西省档案馆藏民国江西档案，J060－2－00125－22。原信函无年份，此为作者判定的年份。

洪德烺、胡现金后因关系不和而互相揭发。1943年3月，胡现金向省垦务处呈控洪德烺虚报垦民章凤昭、洪志耕，冒领给养贷款，私卖垦民食盐等情节。5月20日，洪德烺呈控胡现金冒名顶替，请领贷款，胡现金随即辞职离场。省垦务处派人多方调查此案，查实洪德烺与胡现金均有冒充垦民、请领贷款事实，洪德烺并挪用公款、捏报工役和医师冒领薪津、私卖垦民食盐等违法行为。[①]据此，省垦务处将洪德烺撤职，胡现金记大过。[②]

泰和作为战时江西省省会所在地，省政府各部门多聚集于此，各项垦务管理工作自应严格规范，以为表率。然而，泰和沿溪渡垦殖场管理员洪德烺和助理员胡现金不但徇私舞弊，且互相包庇。泰和垦场管理尚且如此，外县偏远垦场更可想而知。

五、管理员王壮飞：假公济私，杀人灭口

省营垦场管理松懈，流弊滋生，民营垦场也是如此。战区难民移殖协会所属吉水垦场管理员王壮飞假公济私，被垦民发现后，为掩盖罪行竟然杀人灭口，不但反映了战时垦务管理的混乱，亦可见其管理员目无法纪，胆大妄为。

日军入侵广东后，出海口被封锁，加上粤东大旱，粮食歉收，一时粤东难民纷纷逃往赣省寻求救济。粤赣两省府协商成立粤东移民委员会，并拨出专款救济粤东难民，不少人被安置进入赣南各县垦荒。战区难民移殖协会总干事王重所主持的江西吉水垦区也接受了部分粤东难民。此间，广东五华难民钟淑民等带领家眷，逃难

---

① 王二铮：《呈复查明沿溪渡场主任洪德烺舞弊情形报请鉴核分别惩戒由》（1943年7月9日），江西省档案馆藏民国江西档案，J060-2-00125-11。

②《江西省垦务处训令（桔会字第2507号）》（1943年7月21日），江西省档案馆藏民国江西档案，J060-2-00125-23。

到江西吉水县水南地区。钟淑民一面领地雇工垦殖，一面投入该地战区难民移殖协会吉水垦区，充任垦警大队督导官，常驻会内督导。1943年冬，王重赴重庆汇报垦务工作，委任其妻张素文为战区难民移殖协会吉水垦区主任，兼任垦警大队长。此间，战区难民移殖协会向江西省救济粤东移民委员会领到救济水南粤东难民棉衣一批。王重之子王壮飞私自将该批棉衣卖给外省移民谋利，另外拨发一部分给协会内的外省工人。粤籍职员钟淑民、张虎、刘春生等认为该批棉衣专为救济粤东难民，故出面劝阻，引起王壮飞不满。1944年2月10日，王壮飞率垦区警卫团围杀钟淑民、张虎、刘春生3人，将钟淑民砍死，头颅抛弃河内被大水冲去，又将钟淑民妻孔氏、三个儿子及媳妇戴氏共五口囚禁，并洗劫钟淑民家产，“计食谷百余担，木油一千余斤，耕牛一头，猪两只，典按契约万余元，以及花生、农具、被帐、衣服概劫一空，计值十余万元”①。事发后，粤籍垦民纷纷质问缘由，王壮飞一面伪造钟淑民承认自己是土匪的假口供，一面强迫广东旅吉水同乡会代理事长邹子穆填具切结，证实钟淑民是土匪，以掩人耳目。后来，王壮飞等自知事将败露，畏罪潜逃。

钟淑民之父钟荫泉两次上书江西省政府和农林部，一方面为其子申冤，要求惩办王壮飞、张素文等人；另一方面请农林部转令王重，释放钟淑民家属，归还被劫财物。② 与此同时，邹子穆和垦民

---

① 钟荫泉：《为惨杀灭尸酷禁洗劫泣恳转饬惩凶释放起赃给领以维法纪而伸惨冤由》(1944年3月30日)，台北：“中央研究院”近代史研究所档案馆藏国民政府农林部档案，20-26-018-04。

② 钟荫泉：《为惨杀灭尸酷禁洗劫泣恳转饬惩凶释放起赃给领以维法纪而伸惨冤由》(1944年3月30日)，20-26-018-04；《为恃势庇纵非法莫奈泣请转电江西省政府依法严办并起赃给领由》(1944年5月12日)，台北：“中央研究院”近代史研究所档案馆藏国民政府农林部档案，20-26-018-04。

代表张汉英等亦联名上书农林部，请求农林部彻查此案。[1] 农林部一面函请江西省政府调查，一面派农林部江西农村服务区管理处处长张福良赴吉水垦区调查案情。江西省政府指令江西省救济粤东移民委员会委员徐友梅赴水南调查。徐友梅将钟淑民尸体起出，经吉水、吉安两地法院及第三区行政督查专署检验尸体后，释放钟淑民妻子，并起出耕牛 1 头，但其余被劫物品仍扣押未还。救济粤东移民委员会以该案为刑事案件，属司法管辖范围，将其转送吉安地方法院办理。事实上，诚如钟荫泉所说："钟淑民系属该会职员，且全家常驻会内，安得有为匪行动？""果系土匪，亦应提解政府明证典刑"。[2] 王壮飞自恃其父王重是农林部专员，且主管战区难民移殖协会江西垦务，不但假公济私，还肆意妄为，杀人灭口，可见战时垦务管理之混乱。

总体来看，战时垦务管理混乱，各场流弊滋生，但主要是围绕经济问题而产生。管理员掌管全场经济，特别是垦民生产贷款和给养的发放，可以说是掌握了对垦民生杀予夺的大权。战时物资紧缺，物价腾飞，部分管理员趁机以权谋私、营私舞弊，侵害垦民利益之事频频发生。归根到底，还是战时垦务监督和管理不到位。

首先，垦务巡察不到位。战时省垦务处所属垦场 61 个，加上辅导设立的公私营垦场 125 个，共计 186 个。垦场散居赣西南各县，各场距省垦务处路途遥远。因交通不便，垦务处不能经常到各

① 《邹子穆、张汉英致农林部部长信》(1944 年 4 月 10 日)，台北："中央研究院"近代史研究所档案馆藏国民政府农林部档案，20－26－018－04。

② 钟荫泉：《为惨杀灭尸酷禁洗劫泣恳转饬惩凶释放起赃给领以维法纪而伸惨冤由》(1944 年 3 月 30 日)，台北："中央研究院"近代史研究所档案馆藏国民政府农林部档案，20－26－018－04。

垦场巡视督查，无法掌握垦场实情。于是，管理人员往往一手遮天，欺上瞒下，任意作恶。垦民屡为管理员所欺压，控诉无门，只能忍气吞声。

其次，管理员具保与考核不落实。省垦务处虽然制订各项规章制度，但知而不行、行而不实的情况十分明显，以致遗患无穷。例如，省垦务处于1941年6月即已通令各垦场管理员须具呈保结，而大白场管理员徐涛在9月2日卷款潜逃后，尚无保结可追。管理员具保如此重要的事情，也未认真落实，其他就更不用说了。

最后，处罚不力。垦务处事前选人用人不当，导致垦务管理流弊滋生；平时对各级垦务管理人员缺乏有效监管、考核与奖惩；事后对于违法违纪人员多调换他场、平息民怨了事，未能从严惩处，以致其他管理员纷纷效仿，贪腐之风愈演愈烈。省垦务处视察员万良材称："本处垦场常因人选不良以致流弊丛生，虽经多次发觉，似乏整顿之方法"，"仅以人事更调作浮泛之处置，而继任人员又以前任舞弊亦不过如是之处分，是以恶胆愈张，愈趋愈坏。如大白垦殖场自开办迄今不过年余，而管理员之更调已达五次，其流弊之多于此可见。今于五任之徐涛卷款潜逃，更可知其浮泛之调换毫无效果。"①

难民垦殖虽是新兴事业，省垦务处作为一个新设机构，也未能摆脱官僚体系的痼疾。许多非垦殖人才，能力平平，却充任垦场管理员，而"以非习垦殖或对于垦殖全无兴趣的人去从事于垦殖事业，无成效当可想见"②。更有甚者，一些品性恶劣之人，为了官位

① 《万良材视察报告》(1941年9月29日)，江西省档案馆藏民国江西档案，J060-2-00033-441。

② 蔡忠良：《推进垦殖事业的几个障碍问题》，《中国回教救国协会会报》第3卷第5期，1940年，第14页。

和生活，通过各种关系当上垦场管理员，随即以权谋私，为非作歹，而省垦务处监督管理的缺位和处罚不力使问题更加复杂化，从而严重阻碍了难民移垦事业的发展。

第四章　国营垦务的实施及其政策调整

国民政府确定“难民移垦”政策后，首创国营垦区制度，在后方数省先后筹设十余个国营垦区，移送难民垦荒自救。因有固定的经费预算、较好的人才配备和技术力量支持，国营垦区大多发展较好。随着战局趋稳，难民潮开始回落，难民移垦不再是国民政府垦务工作的重心。为配合战后军队复员和边疆开发，国民政府垦务重心逐渐转移至边疆地区，并以开展军垦试验为主。1945 年 3 月，国民政府为紧缩财政，支援抗战，将垦务总局及各国营垦区管理局全部裁撤，垦务移交地方政府办理，垦务推行顿失重心。抗战胜利后，难民见家乡收复，陆续弃垦返乡，各项难民优待政策到期后亦不再继续执行，战时难民移垦运动无形结束。江西的难民移垦事业，始终是在国民政府的指导下开展的，国家垦务政策的走向对江西难民移垦事业有着决定性影响。江西的国营安福垦区作为农林部垦务总局成立后设立的首个直辖垦区，其业务走向反映了战时国营垦殖的基本面相。

第一节 国营垦务的实施

1938年10月15日,国民政府颁布《非常时期难民移垦规则》,成立"中央主管垦务机关",正式启动战时难民移垦事业。国民政府一方面制订政策法规,规划全国垦务发展,督导各省推行难民移垦事业;另一方面直接筹设国营垦区,以救济难民、增加生产。国营垦区制度是国民政府为适应救济难民的现实需要,在总结我国历史上实行的屯垦制度的基础上,参照苏联集团农场制度的做法创立的新型垦殖经营模式,在民国垦殖史上具有开创性意义。

一、农林部垦务总局的成立

国民政府颁布实施《非常时期难民移垦规则》后,指令中央振济委员会、经济部、内政部、财政部组成"中央主管垦务机关",督导和管理全国垦务,并以难民移垦为中心工作。其中,中央振济委员会主要负责移垦难民的救济事务,如垦殖计划、预算的审查与批准,垦殖经费的拨发等,经济部具体指导垦殖业务。难民移垦进入正式实施阶段。设立国营垦区的目的有三个:首先是救济难民、发展生产;其次是为地方政府办理难民移垦提供示范;再次是开展垦殖试验,为大规模移垦边疆和战后军队复员屯垦积累经验。国民政府从战前的督垦,到战时直接办理垦殖,其垦务政策发生了根本性的转变。

难民移垦正式实施后,为了督促各省加速开垦荒地,救济难民,增加粮食供应,国民政府制订了较为积极的垦殖政策。1939年2月14日,国民政府公布《督垦荒地大纲》,规定先由各省政府指定垦荒区域,其区域内公荒面积辽阔的,由省政府划为垦区,组织移民垦殖；如省政府因财力所限无法举办，则可以呈请中央政府办理。垦区尽先安排战区难民从垦，荒地垦竣后，垦民无偿取得其土地所有权。对于私荒，规定必须限期垦竣，开垦时限根据荒地面积大小确定。其中，100 亩以下的，须在 1 年内垦竣；100 亩以上、1 000亩以下的为 3 年；1 000 亩以上、10 000 亩以下的为 5 年。为了鼓励民众垦荒，特规定 6 项奖励措施：

(1) 给予土地所有权；

(2) 豁免保证金；

(3) 暂缓如期或提前垦竣土地升科之年限；

(4) 协助垦区内水利交通工程；

(5) 特免一定期限内垦民之征调工役；

(6) 辅助活动资金及推行低利贷放。①

这些措施从垦殖资金、土地所有权、捐税减免和垦区工程建设等方面，给予垦民极大的优待，特别是给予土地所有权、免除垦民工役和贷放低息资金等，扫除了荒地开垦中的一些主要障碍，有助于加速荒地开发。

1939 年 5 月 2 日，行政院召开第 412 次会议，通过了内政、财政、经济三部及振济委员会拟定的《筹设国营垦区计划纲要》②，宣布“中央主管垦务机关”为直接办理难民移垦事宜，于川、陕、康、滇、桂、湘、甘等省内，选择移垦确有把握的荒区，设置国营垦区 10 处。具体为：陕、川、滇各 2 处，康、桂、湘、甘各 1 处，每处平均移送

---

① 《督垦荒地大纲》，沈雷春编：《中国金融经济史料丛编》第二辑，《中国战时经济志》(7)，台北：文海出版社 1985 年版，第 21—22 页。

② 《筹设国营垦区计划纲要》，沈雷春编《中国金融经济史料丛编》第二辑，《中国战时经济志》(7)，第 22 页。

难民2 000人左右。垦区设立管理局实施管理，直属"中央主管垦务机关"。筹设10处垦区所需费用约140万元，在垦殖生产费项下拨付。根据垦荒目的不同，国营垦区分为三种，一种是普通垦区，招收难民垦殖；第二种是屯垦实验区，招收荣誉军人开垦，开展军屯试验；第三种是垦殖实验区，专门开展各种农事实验。总体来说，战时国营垦务以移送难民垦殖为主。该纲要的实行，标志着国营难民移垦事业正式进入实施阶段。这一时期，赣北战事激烈，江西省会南昌已于1939年3月27日沦陷。因此，行政院并未计划在江西筹设国营垦区。

1939年5月6日，国民政府颁布施行《非常时期难民移垦条例》，同时废止《非常时期难民移垦规则》。"条例"与之前所颁《非常时期难民移垦规则》内容大体相近，二者最大的不同即是取消了关于"垦民无偿取得所垦荒地所有权"的条款，规定"公有荒地分配垦民耕作，于垦竣后无偿取得耕作权，适用《土地法》关于耕作权的规定"①。

《非常时期难民移垦条例》公布后，经济部立即派人赴陕西黄龙山考察垦务，将陕西省政府主办的黄龙山垦区由省营改为国营，招收难民垦荒，此为国民政府接收办理的第一个国营垦区。行政院设立国营黄龙山垦区管理局进行管理，直隶"中央主管垦务机关"，以胡抱一为局长。1940年3月，"中央主管垦务机关"又将陕西省黎坪垦区改为国营，设立国营黎坪垦区管理局，派安汉为垦区管理局局长，招收难民垦荒。

战时难民移垦，不但要救济难民，安定后方，更要广开荒地，增加生产，奠定农村复兴的基础。垦殖工作极为艰巨，必须要有专业

① 《非常时期难民移垦条例》，内政部编：《内政法规汇编·地政类》，第104页。

机构办理,才能收到良好的效果。然而,“中央主管垦务机关”只是由经济、内政、财政三部门及振济委员会共同组成的一个临时性的协调议事机构。由于事权不专,责任不明,且缺乏专业技术人才,办事效率不高,以致难民移垦事业进展缓慢。诚如时人所指:“在行政方面,虽已规定‘经济部会同内政部、振济委员会统筹,各省设垦务委员会’,但实际上,许多移垦事业仍多半在中央振济会主持之下建立起来的。责任既不专一,成效当然要减色,以致组织、人才、经费等都没有统筹的办法”①。至1940年农林部成立前,“中央主管垦务机关”仅接收办理陕西黄龙山和黎坪两垦区,这与抗战初期巨大的难民潮相比,明显滞后很多。

1939年5月,行政院召开“全国生产会议”,指出“移民垦殖为增加生产及救济难民之重要设施,现已由中央政府、地方政府、公私团体次第举办,但尚缺乏统一之管理组织与指导,政府似应设置垦务管理机关,以专责成”。② 5月23日,行政院第415次会议决议设置直属行政院的垦务总局,负责全国垦务行政,在各国营垦区设管理局或办事处,具体负责实施难民移垦,并协助指导各省政府推行垦务工作。③ 7月15日,行政院公布《垦务总局组织规程》。④ 遗憾的是,这一机构迟迟未能成立。

农业生产对坚持长期抗战、改善民众生活及发展国家经济具有基础性作用。随着华北、华东及东南粮食主产区相继被日

① 曹茂良:《抗战建国中的移垦问题》,《国是公论》第37期,1940年7月,第9页。

② 沈云龙主编:《近代中国史料丛刊三编》(第44辑),《全国生产会议总报告》,台北:文海出版社1988年版,第94页。

③《行政院例会决议设垦务总局》,《中央日报》,1939年5月24日,第2版。

④《垦务总局组织规程(行政院训令吕字第8055号)》(1939年7月15日),《内政公报》第12卷第7—9期,1939年,第55页。

军占领，国统区粮食供应更加紧张。蒋介石指出："中国持久抗战，其最后决胜之中心，不但不在南京，抑且不在各大都市，而实寄于全国之乡村与广大强固之民心。"①为此，国民政府于1940年7月正式成立农林部，以发展农业生产，并将难民移垦事务划归农林部主办。行政院指令农林部加入"中央主管垦务机关"，会同经济、振济、内政、财政等部门，共同办理战时难民移垦事务。

垦务虽划归农林部主办，但农林部仍只是参与单位之一，事业协调仍感困难。1941年2月1日，农林部依据《组织法》，成立垦务总局，主管全国垦务行政，是为国家最高垦务行政主管机关。只不过垦务总局由原计划的直隶行政院，改为直隶农林部。

农林部垦务总局成立后，难民移垦事务全部划归垦务总局办理，"中央主管垦务机关"撤销。垦务总局以难民移垦为中心工作，同时招收荣誉军人，开展军垦试验。2月11日，国民政府公布《垦务总局组织条例》，垦务总局局长下设秘书2人，科长4人，科员20～30人，技正4人，技士8人，技佐10人，调查员10～16人。总局分4科办事：第一科掌理总务；第二科掌理公营垦务计划、经营、监督，民营垦务的指导、辅助和监督；第三科掌理宜垦荒地的调查勘测，垦务调查，垦民征集，垦务人才培训等；第四科掌理垦区规划及垦地整理，垦区工具肥料利用，垦区内的水利、交通、教育、卫生、治安等。②

垦务总局局长由农林部部长兼任，这在农林部所有下属机构

① 《农业推广通讯》，第1卷第1期，1939年，创刊辞。

② 《垦务总局组织条例（国民政府训令渝文字第157号）》（1941年2月11日），《行政院公报》第4卷第5期，1941年，第19—21页。

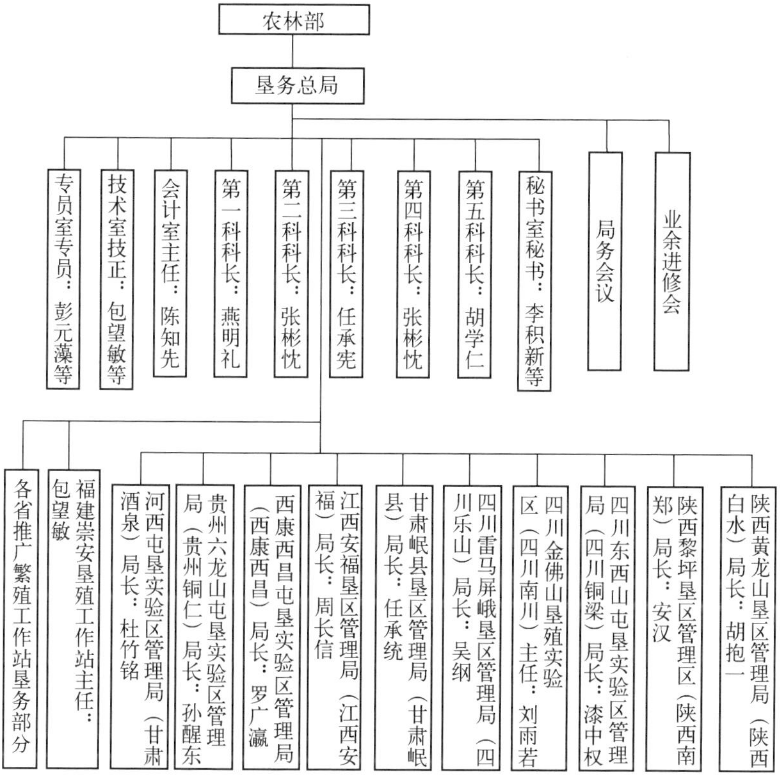

图 7　农林部垦务总局组织系统图(1942 年)

资料来源：台北"中央研究院"近代史研究所档案馆藏国民政府农林部档案，20-03-026-08。

中，是仅有的一个，说明国民政府对难民移垦事务十分重视，有利于推动垦殖事业的发展。垦务总局第一任局长为农林部部长陈济堂；1940 年底，江西省垦务处处长、著名农学家唐启宇奉调农林部，任农林部参事，协助农林部部长办理垦务总局事务。① 由于垦务总局局长由农林部部长兼任，唐启宇以"参事"身份实际主持垦务总

---

①《呈请简任唐启宇为本部参事由》(1941 年 2 月)，台北："中央研究院"近代史研究所档案馆藏国民政府农林部档案，20-03-026-01。

局工作,相当于“副局长”。1942 年 1 月,青岛市市长沈鸿烈接任农林部部长,兼任垦务总局第二任局长;1944 年 8 月,新疆省主席盛世才接任农林部部长,兼垦务总局第三任局长。

二、开展全国垦务调查

垦务调查是实施垦殖计划的首要工作,对垦殖事业的成败影响甚大。历史上,垦务调查工作不充分导致移垦失败的例子很多。民初未进行过全国性的大规模的垦务调查,对全国荒地状况并无精确掌握,大规模垦殖计划无从实施。抗战初期,为救济安置难民,荒地调查多未认真进行。农林部成立后,制订《全国荒地调查实施纲要》,每年派员分赴各省勘查。垦务调查主要分为荒地调查和各省垦务状况调查两部分。荒地调查主要包括调查荒地的面积、土质、水源、气候、地权、交通、种植作物等自然及人文情况,作为筹设垦场的基础性工作。荒地调查主要在川、康、青、宁、甘等边远地区进行,这些地区地广人稀,便于实施大规模移民垦荒。调查方式主要分为各省查报和垦务总局派人实地调查两个阶段。一般来说,垦务总局会派出荒地调查队赴各省调查荒地,在条件较好地方设立垦区。1941 年,垦务总局派出西南、西北调查团共 6 组 18 人,主要调查宁夏黄河两岸,甘肃甘凉瓛,贵州铜仁、威宁、毕节,广西柳江流域及广东粤北大龙山、连山一带,总计查得荒地 450 余万亩。1942 年,又派出两支调查队,调查甘肃安西、敦煌、玉门,宁夏鄂济纳及青海环海一带,查得荒地 170 万余亩。1943 年派出调查队三队,调查青海柴达木、西康康青路沿线及新疆北路,查得荒地 400 余万亩。

表 48　农林部垦务总局荒地调查统计表

调查区域	荒地面积(千亩)
甘肃之张掖、武威、酒泉	2 438
甘肃之安西、敦煌、玉门	1 163
宁夏黄河两岸	1 250
宁夏之鄂济纳	150
青海省环海一带	450
贵州之威宁、毕节、铜仁	250
广西柳江流域	100
广东北部	20
陕西狮子河流域	200

资料来源:李顺卿:《三年来之垦务》,《农业推广通讯》,第 5 卷第 7 期,1943 年,第 50—54 页。

据表 48 统计,1941 年、1942 年两年,农林部共查得荒地 602 万余亩,主要集中在甘肃、宁夏、青海等省。这为移垦西北打下了基础。1944 年,垦务总局继续派员调查川、康、青、宁等省荒地,查得西康荒地 157.72 万亩,其中,农垦地 17.66 万亩,牧垦地82.88万亩,林垦地 57.19 万亩。调查甘肃玉门、安西荒地 55 万余亩。①

除了派员赴各地查勘荒地外,农林部还指定各省农业推广繁殖站就地调查荒地,另制订《土地利用状况调查表》《全国各县大片荒地调查表》,寄发各省市县,由各地方填报。各地方查报数字,因战争及交通关系,部分未能统计。有调查数据报告的,计川、滇、康、云、粤、赣、湘、闽、甘、陕、豫、宁等 14 省,有大片荒地 200 余处,荒地面积两千余万亩。②

---

①《垦讯》第 7—8 期合刊,1945 年 1 月,第 11 页。

② 李顺卿:《三年来之垦务》,《农业推广通讯》,第 5 卷第 7 期,1943 年,第 50—54 页。

除了进行荒地调查外，自 1942 年起，垦务总局还制订《各省垦务机关及团体调查表》《全国公营民营垦务机关及团体概况调查表》等，分寄各省及垦务机关团体填报，以掌握全国垦务发展概况，作为实施垦务管理和决策的依据。截至 1942 年 5 月底，后方各省先后共设垦务机关团体 150 余个，垦民 8.6 万余人，垦荒 69 万余亩。① 受调查经费、调查手段和人才的限制，缺乏土地测量的技术和物质条件，各项调查数字多为估算得来，不甚准确。

三、加强垦务管理

1. 完善垦务管理制度。农林部成立前，各垦区管理局相关规程由各局自行拟定，呈准"中央主管垦务机关"核准施行，故其组织编制参差不一。农林部垦务总局成立后，积极制订并完善各种垦务法规章则，积极完善垦务制度，难民移垦事业得到快速发展。随着国营垦区设立越来越多，为统一各垦区管理局，组织、统筹规划推进全国垦务，农林部首先对各国营垦区管理规则进行修改完善，针对难民移垦区和荣军垦区分别制订《农林部垦区管理局组织通则》《农林部屯垦实验区管理局组织通则》。1941 年 9 月，行政院批准实施两个"组织通则"，②各垦区管理局自 1942 年起统一执行。各国营垦区管理局自此有了统一的组织规则，事业推行更为顺畅。

荣军垦殖方面，规定由军政部和农林部共管。由于事权不一，影响事业推进。为此，荣军垦殖事业后从农林部垦务总局剥离，划

---

① 李顺卿：《三年来之垦务》，《农业推广通讯》，第 5 卷第 7 期，1943 年，第 50—54 页。

② 《行政院令》（1941 年 9 月 29 日），中国第二历史档案馆藏国民政府经济部档案，四/2982。

归军政部单独管理。为此,垦务总局在前颁两个“组织通则”基础上经过修订完善,制订《农林部垦务总局垦区管理局组织条例》[1],经国民政府于 1944 年 12 月 9 日颁布,同时废止前颁两个“组织通则”。

《农林部垦务总局垦区管理局组织条例》主要是针对普通垦区制订的。根据规定,垦区管理局的编制分为甲乙两种:甲种编制是指垦区规模宏大、地处要冲,或实行耕作的垦民在五千人以上、垦地在五万亩以上的垦区;不合于甲种规定者为乙种。甲种分四课办事。第一课掌理文书、编辑报告、档案保管,典守印信、出纳,垦区警卫、消防、卫生、庶务相关事务;第二课掌理垦民及家属组织,管理、训练、教育、风纪,农村建设及公共事业兴办,垦民纠纷调处;第三课掌理垦区合作事业的经营指导,垦民贷款,牲畜、农具、种子、肥料的分配接济,垦区农产品的经营运销,农仓的管理监督;第四课掌理垦地调查、测量、清丈、登记及图籍保管事项,农村副业的经营、改良及指导,垦区农田水利的建筑设计与管理监督,垦区农具、肥料的制造与改良。乙种编制设三课办事,事务内容与甲种相同。管理局设局长 1 人,下设秘书 1 人。甲种设课长 4 人,课员 8—12 人;乙种编制置课长 3 人,课员 6—9 人,技正 1 人。甲种编制置技士、技佐各 3—5 人,垦务管理员及垦务助理员各 20—40 人;乙种编制置技士、技佐各 2—3 人,垦务管理员及助理员 10—20 人。各管理局得酌用雇员若干人,并设医务所及国民学校。[2]

---

①《农林部垦务总局垦区管理局组织条例》(1944 年 12 月 9 日渝文字第 719 号训令公布),台北:“中央研究院”近代史研究所档案馆藏国民政府农林部档案,20-26-039-03。

②《农林部垦务总局呈》,台北:“中央研究院”近代史研究所档案馆藏国民政府农林部档案,20-86-028-05。

农林部对各直属垦区的费用有着明确限定，垦区管理局开办费统一为330 480元。其中：(1)薪资1 020元，职员6人，每月各支生活费60元，工友3人，月各支生活费50元。(2)办公费300元。(3)购置费41 960元，即桌凳各30张，床40张，文卷柜8个；垦民农具以每户100元计算，家具以每户50元计算，共400户。(4)房屋建筑费86 200元，办公室、职工宿舍、垦民农舍等。(5)耕牛20万元，垦民2 000人，每人垦地10亩，每50亩需牛1头，须耕牛400头，每头耕牛500元。(6)旅运费1 000元。垦区筹备期一般为两个月，两个月后正式成立垦区管理局，才可以拨发经常事业费。各垦区管理局经费每月预算为55 381，其中经常费6 580元，含工资、办公费、旅费等；特别费3 340元，含生活补助费等；警卫费1 560元；移垦事业费43 901元，含粮食、种籽、饲料、农村副业费。1941年2月，垦务总局成立后，至1941年底，农林部共拨发垦务总局垦殖事业费3 169 948元。① 1942年1月，又紧急追加垦殖事业费580 833元。② 从机构设置、人才配备和经费预算来看，国营垦区都较好，从而保障垦殖事业能顺利推进，并取得较好的成效。从“组织通则”到“组织条例”，农林部对难民移垦区的组织管理更加规范，有助于国营垦区在全国范围内统一步调，一体推进垦务。

随着垦殖事业的发展，农林部根据各垦区在推行垦务过程中的实际情况，对垦区管理制度进行调整和完善。1942年4月，行政院指令修正《农林部直辖垦区垦殖经营办法》，将垦区经营模式由集团合耕制改为集团分耕制，垦户由此前的集体耕作，改为分户单

① 《农林部垦务总局呈》，台北："中央研究院"近代史研究所档案馆藏国民政府农林部档案，20-86-028-05。

② 《农林部训令》，台北："中央研究院"近代史研究所档案馆藏国民政府农林部档案，20-86-028-05。

独耕作。垦区以户为单位，组织垦殖队，单独经营。行政院颁布《农林部直辖垦区垦民贷款暂行办法》，对垦民贷款手续、额度、抵押及归还方式等进行完善。1943 年 9 月，农林部依据《土地法》及《非常时期难民移垦条例》，订定《农林部直辖各垦区管理局处清理荒地权规则》，公布实施。其中规定各垦区管理局勘定荒地，划定垦区时，应函知各地主管行政机关备查，并将所划入垦区之公有、私有荒地之业主姓名及荒地面积等情形公告，并函请乡镇公所查明地主，分别代为通知其按期前往指定地点办理申报登记手续。申报登记时期自公告之日起 3 个月为限。自公告之日起满 3 年尚未登记的，即视为公有荒地。① 此举有助于减少土客人民之间的地权纠纷。

2. 督导地方垦务。中央对各省垦务督导，主要是对各省垦殖计划和经费预算的审查、垦殖技术的指导、垦殖成效的评估，并以此作为是否批准地方垦殖预算和决定拨发垦殖经费额度的标准。抗战初期，中央并没有建立常规的、制度化的巡查督导体系。农林部垦务总局成立后，对地方垦务始建立常规的督导巡查制度，经费补助力度也有所增加。由于各省垦务主管机关在行政上隶属于各省政府，与垦务总局无行政上的隶属关系，垦务总局对其人事、财物等无直接决定权，故对地方的垦务督导实际上较难实施，效果也有限。垦务总局只能通过垦殖贷款与经费的分配，对地方垦务施加一定的影响。

(1) 垦殖经费与贷款的发放。垦殖经费是发展战时垦务的基础。《非常时期难民移垦条例》规定，各省办理难民移垦，可以向中

① 《农林部直辖各垦区管理局处清理荒地权规则》，《垦讯》第 4 期，1944 年 2 月 15 日，第 8 页。

央请求经费补助。中央对地方垦务经费的补助仅用于垦殖事业费的投入，如垦殖生产费、难民生活费和发展垦区副业费等，各省垦务机关的行政费由各省政府自行解决，不在中央补助之列。中央对地方垦务经费的补助均以贷款的形式拨给各地方政府。其中，用于垦民生活给养的部分，因带有救济的性质，多数没有利息，或利息很低；用于垦殖生产的部分，因带有投资性质，则要收取一定的利息。

对战时经济十分困难的各省政府来说，中央政府的经费补助对于地方垦务的发展具有举足轻重的作用。因此，战时中央政府的垦殖经费发放有着明确的导向性。首先，只有办理难民移垦的垦殖事业，才能获得中央的经费补助；其次，补助的额度视各省难民移垦的规模和成效而定，规模大、成效好的省份，补助额度相对较高；再次，接受补助的省份，其垦务计划及预算方案须呈报农林部核准，并须定期呈报垦务发展情况，作为审核批准补助额度的依据。各省政府为了获得中央的经费支持，必须积极发展垦殖事业，认真贯彻执行农林部的相关指示要求。农林部对各省垦务经费的补助是其行使垦务管理的重要手段。

抗战初期，中央补助各省垦务经费事宜主要由中央振济委员会和经济部、内政、财政等部门共同组成的“中央主管垦务机关”负责。其补助的来源主要是从中央振济委员会难民救济专款和经济部垦殖生产费中划拨。初期补助标准根据各地发展垦殖事业的条件和成效不同而有所区别。其中，四川彭水垦区难民移垦事业费每千人 34 837 元；陕西汧山垦区每千人由中央补助事业费 70%。河南邓县垦区、宁夏宁武垦区、青海都南垦区等，每千人补助事业费 8 万元。福建德化等县垦区，每千人补助事业费 38 000 元。广西柳州垦区，每千人补助事业费56 000元。①

农林部垦务总局成立后，垦务划归总局主管，地方垦殖经费审批及补助也由其办理。中央对地方的经费补助来源主要有两大块，一是从农林部每年的垦殖专项经费中划拨一部分，用于补助地方垦务；二是介绍向金融机关贷款。1941 年中央共补助各省垦殖经费 100 万元。分配如下：陕西汧山垦区 7 万元，江西省垦务处 30.8 万元，江西省振济委员会难民垦殖费 5 万元；福建省垦务所 7.7 万元，山西垦民补助费 15.4 万元；难民棉衣补助费 27 万元，其他 7.1 万元。②

表 49　农林部垦务总局三十年度垦殖事业费分配预算（单位：元）

科目	预算数	备考
陕西黄龙山垦区管理局	424 799.00	本局自振济委员会接管依据上年度预算略于增加。
陕西黎坪垦区管理局	588 035.80	本局自振济委员会接管依据上年度预算并本年事业计划略于增加。
西康西昌垦区管理局	515 766.50	本局系新设，计开办费 330 480 元，经常费 185 268.5 元。
甘肃岷县垦区管理局	515 766.50	本局系新设，计开办费 330 480 元，经常费 185 268.5 元。
江西安福垦区管理局	515 766.50	本局系新设，计开办费 330 480 元，经常费 185 268.5 元。
屯垦实验区管理局	581 865.70	本局系新设，计开办费 409 190 元，经常费 172 675.7 元。

① 中国国民党中央执行委员会宣传部编印：《四年来的内政》，1941 年 7 月 7 日，第 23 页。

② 李顺卿：《三年来之垦务》，《农业推广通讯》，第 5 卷第 7 期，1943 年，第 50—54 页。

续表

科目	预算数	备考
荒地调查及垦区设计费	188 000.00	计荒地调查垦区设计垦区视察及委托中国地政研究所荒地调查补助费等。
垦务人员训练班临时费	60 000.00	自8月起至9月底止共计两月所有学生膳食及教职薪给。
补助各省营民营垦殖事业费	1 000 000.00	陕西汧山垦区7万元,江西省垦务处30.8万元,江西省振济委员会难民垦殖费5万元;福建省垦务所7.7万元,山西垦民补助费15万元;难民棉衣补助费27万元,其他7.1万元。
合计	4 390 000.00	

资料来源:1. 台北"中央研究院"近史所档案馆藏国民政府农林部档案,20-86-028-06;2. 秦柳方:《抗战中的垦殖事业》。

表49所列农林部1941年补助难民移垦经费共439万元,其中用于补助各省营、民营垦区经营仅100万元,其余339万元全部用于国营垦殖事业。可见,国营垦殖事业是农林部经费补助的重点。

1942年,国民政府实行财政制度改革,各省垦殖经费补助由行政院统筹办理,故农林部不再编列此项预算,停止补助各省垦务经费,仅对各省垦殖经费预算进行审查和批准,然后再转行政院或金融机关办理贷款。经费补助是农林部督导地方垦务的重要手段,失去这一重要职能,农林部对地方垦务的督导力度大大降低。此外,鉴于中央财政困难,中央各机关行政经费预算缩减,对于地方垦务经费的补助额度逐渐降低,地方垦殖经费的来源改以向金融机关贷款为主。农林部经与四联总处协商,决定由中国农民银行与农林部垦务总局签订协议,每年提供一定额度的垦殖专项贷款,用于发展各省营垦殖事业。垦务总局与中国农民银行商定年度贷款总额,再依据各省垦务发展状况及实际需要,确定各省所得贷款配额。各省向垦务总局申请垦殖贷款,由垦务总局审批后,转请中国农民银行发放贷款。金融机关贷款逐渐成为地方垦殖经费的主要来源。

1944年,为扩大各省垦殖事业规模,加速垦务发展,农林部垦务总局继续与中国农民银行商定将当年贷款额度扩大至4 000万元,分别介绍贷给相关省份,截至1944年12月底,共计贷出16 461 360元。

表50　农林部1944年各省公营民营垦殖事业贷款发放表

省别	贷放金额(元)	占贷款总额百分比(%)
福建	2 059 500	12.51
贵州	2 050 000	12.45
宁夏	4 000 000	24.30
广西	32 220	0.20
陕西	1 940 000	11.79
湖北	1 494 000	9.08
江西	3 285 640	19.96
西康	1 500 000	9.11
广东	100 000	0.60
合计	16 461 360	100

资料来源:《农林部三十四年度政绩比较表》,台北"中央研究院"近代史研究所档案馆藏国民政府农林部档案,20-07-032-03。

由表50可知,1944年度贷款额度最高的当属宁夏,共获得400万元的垦殖贷款,这与国民政府重点发展西部垦务的政策有关;其次就是江西省,共获得了328万余元的贷款。江西作为内地省份,且横跨第三、第九两个战区,在国民政府大幅度缩减内地省份垦殖业务的1944年,还能获得占总额近20%的贷款,足见江西垦务的成绩显著,较受中央的重视。

（2）实施垦务视导。难民移垦初期，“中央主管垦务机关”对地方垦务并未建立常态化的视察督导制度。农林部成立后，为加强对各省垦务督导力度，于1943年4月颁布《派驻各省垦务视导专员办法》，特设湘粤、闽浙、皖赣、陕西、河南5个垦务视导区①，派遣专员常川分驻各省，负责督导各区垦务工作。垦务视导专员主要视察国营垦区的垦务行政及技术督导事宜，作为农林部决策参考，同时也附带视导相关省营垦务的推行情况，提出改进意见。其中，原江西安福垦区管理局局长周长信派驻闽浙区，另派战区难民移殖协会驻赣办事处主任王重代理安福垦区管理局局长，兼任皖赣区垦务视导专员；派张福良（原实业部江西农村服务区管理处主任）驻湘粤区，董沐曾驻陕西区，曾广钦驻河南区。1944年预定督垦荒地50万亩，其中皖赣区11万亩，湘鄂区16万亩，闽浙区8万亩，陕西区10万亩，河南区5万亩。但皖赣、闽浙、湘粤三区因战事关系，未具报告。河南区据报督垦荒地39 410市亩，陕西区督垦荒地115 675市亩，合计督垦荒地155 085市亩，远未完成预定目标。1944年，农林部修改督导办法，将原设5督导区改为6区，即：川康、粤桂、赣闽、陕豫、甘青宁、云贵6区。② 督导专员与各地方农业推广机构密切配合，除常驻督导各省公营、民营垦殖机关垦荒外，还负责协助资金借贷、业务检讨以及荒地调查等事项。农林部除了派员至各垦区视察督导垦务外，还规定川、陕、滇、黔、桂、鄂、甘、康、闽、赣等省农业推广繁殖站就近视察指导各该地垦务。战时垦务督导工作虽然有所推进，但效果有限，农林部总体上认为“并无

---

①《农林部训令（章丁垦字第4682号）：派驻各省垦务视导专员办法》（1943年4月1日）。江西省档案馆藏民国江西省政府档案，J045-2-00 081-0 077。

②《修正农林部垦务总局派驻各省督导专员暂行办法》，《垦讯》第5—6期合刊，1944年11月。

显著成绩"①。1945 年 4 月，5 个垦务督导专员办事处均被裁撤。

四、筹设国营垦区

农林部垦务总局成立前，国民政府仅设立国营垦区两处，即陕西黄龙山垦区和黎坪垦区。农林部垦务总局成立后，除对黄龙山垦区和黎坪垦区进行整理和扩充外，还积极筹设新的国营垦区，加快发展难民垦殖事业。1941 年，农林部垦务总局刚刚成立就增设新垦区 4 处，即江西安福垦区、甘肃岷县垦区、四川东西山垦区、西康西昌垦区。1942 年除扩充原有的直属垦区外，再新增 4 个垦区。其中，新设垦区 2 个，即甘肃河西屯垦实验区、贵州六龙山屯垦实验区；接收四川金佛山移垦区，改组为金佛山垦殖实验区；将农林部原有的国营第二农场改组为雷马屏峨屯垦实验区。1942 年所增设 4 个国营垦区，除四川金佛山垦殖实验区是接收原金佛山移垦区理事会所主办的金佛山垦区业务之外，另 3 个国营垦区均为屯垦实验区，招收荣誉军人进行屯垦实验。可见，1942 年农林部垦务总局的垦务重心已经从难民移垦转向荣军屯垦实验。1943 年，农林部垦务总局除继续扩充原有国营垦场外，增设河南伏牛山垦区，将福建顺昌垦区迁移至福建莆田，改设福建滨海垦区，前者以移送黄灾难民为主，后者以移送归国华侨垦殖为主。各垦区概况如下②：

（1）陕西黄龙山垦区。1938 年初，陕西省政府设立黄龙山垦区，招收难民垦荒。1939 年《非常时期难民移垦条例》颁布后，"中央主管垦务机关"接办黄龙山垦区，改为国营，设立国营黄龙山垦

---

①《农林部垦务总局签呈结束办法》(1945 年 3 月 29 日)，台北："中央研究院"近代史研究所档案馆藏国民政府农林部档案，20－86－001－09。

② 所有统计资料均来自台北"中央研究院"近代史研究所档案馆藏国民政府农林部档案，20－26－012－04；农林部垦务总局编：《垦讯》第 7—8 期合刊，1945 年 1 月，第 9 页。

区管理局，直隶“中央主管垦务机关”，以胡抱一为局长。黄龙山垦区南北长约 85 公里，东西平均宽约 40 公里，总面积约 500 万亩，可垦熟荒地约 50 万亩，适宜农作，其余仅适合林木栽培与牲畜繁殖。改为国营时已收容难民 18 000 余人。所收难民以黄灾难民为主，兼收郑州等地战区难民。至 1942 年 7 月底止，共招收难民 29 500 人，开垦荒地 171 886 亩，栽培作物 134 954 亩，有耕牛 5 849 头。区内有互助合作社 96 社，信用合作社 65 社，生产运销合作社 16 社，消费合作社 1 社。这是战时开办最早、规模最大的国营垦区。

（2）陕西黎坪垦区。1938 年 8 月，中央振济委员会、经济部和陕西省政府共同派员组成调查团，对黎坪地区进行勘查。根据勘查结果，陕西省政府决定设立垦务局办理黎坪垦务。1939 年，行政院决定将黎坪垦区改为国营，由“中央主管垦务机关”接办，经济部指派安汉筹办黎坪垦务。1940 年 3 月，国营陕西黎坪垦区管理局正式成立，以安汉为局长，正式招收难民垦荒。1941 年，黎坪垦区改隶农林部垦务总局。全区面积6 971 496方市里，约合2 614 311亩，[①]可垦荒地约 20 万亩。截至 1942 年 7 月底止，共收容难民5 043人，开垦荒地 39 709 亩，耕牛共 335 头，作物栽培面积 33 098 亩。有生产合作社 6 社，消费合作联社 1 社。1942 年收获农产品如麦、稻、苞谷、大豆等共 40 000 余石。

（3）江西安福垦区。农林部垦务总局成立后，首先派周长信到江西安福筹办难民移垦事业。安福垦区 1941 年 7 月筹办，9 月成立。此为农林部垦务总局成立后正式设立的首个直属国营垦区。至 1942 年，共设立垦场 6 个，垦民 2 030 人，垦地 104 958 亩，栽培作物面积

---

① 罗冰冰：《抗战时期陕西省垦荒运动研究》，硕士学位论文，陕西师范大学，2012 年，第 49 页。

10 061 亩，耕牛 225 头。垦区内多为熟荒，土地肥沃，水源便利。垦民入垦两年后，大部分能够自给。安福垦区不仅招收难民垦殖，同时招收部分荣誉军人，开展军垦试验。垦区后又扩展至江西吉安县境内。1944 年垦区管理局裁撤时，共有垦民 4 000 余人，垦兵 300 余人，开垦荒地 18 000 余亩，规模仅次于陕西黄龙山、黎坪两垦区。

（4）甘肃岷县垦区。该垦区位于甘肃岷县古叠州，1941 年 4 月筹备，11 月成立，全区面积约 30 000 平方公里以上，垦地面积约 100 000 亩。除一部分为土著人民开垦外，另有可垦荒地约 50 000 亩，可容纳垦民 7 000 人左右。1941 年，农林部垦务总局在甘肃岷县设立垦区管理局，勘定荒地约 1 万亩。此外，还在天水县属小龙山办理军垦实验区 1 处，招收荣誉军人 2 000 人开垦。1941 年开办费及经常事业费共 49.27 万元，1942 年为 74.56 万元。因地处边陲，交通不便，土著人民性情强悍，事业进行困难。

（5）西康西昌屯垦区。该区 1941 年 11 月开办，管理局设西昌，开发西昌宁属荒地。1941 年开办费及经常事业费共 49.27 万元。西昌屯垦区既适合农业生产，也适合发展牧业。为适应环境，西昌屯垦区于 1942 年 10 月被改为西昌垦牧试验场，用于开展垦殖和牧业生产试验。该垦区经常事业费后增至 63.14 万元，并勘定宁属东南的安宁、则莫、拉去等三河流域荒地共 606 220 亩，于普格、贻觉两处设立垦场。至 1942 年 7 月底止，共招收垦民 274 人，开垦荒地1 910亩，栽培作物 1 780 亩。

（6）四川东西山屯垦实验区。该垦区于 1941 年 11 月筹备成立，专为实验军人屯垦而设，垦区管理局设在铜梁县安溪乡。农林部会同四川省政府勘定铜梁、合川、大足、璧山、荣昌、巴县等县所属东西山一带荒地为垦区，选定垦场 5 处，并与军政部制订《调用荣誉军人从垦办法》作为实施准则。1941 年开办费及经常事业费

50.7 万余元,[1]1942 年经常事业费增至 107.1 万元。至 1942 年 7 月,已垦地 1 330 亩,栽培作物 1 170 亩。

(7) 四川雷马屏峨屯垦实验区。该区 1942 年 3 月由农林部国营第二农场改组成立,招收荣誉军人开展屯垦试验,开办费及经常事业费 61.44 万元。因该垦区业务与军政部峨边垦殖团业务重复,两垦区在地理位置上又很接近,为节省人力、物力、财力,方便管理,经农林部与军政部协商,于 1942 年将雷马屏峨垦区移交军政部荣誉军人垦殖团办理,雷马屏峨垦区于 1942 年 9 月撤销。

(8) 四川金佛山垦殖实验区。该区 1938 年 9 月成立,由李璜[2]、左舜生[3]等组织的金佛山移垦区理事会主办,聘刘雨若为垦区办事处主任。1942 年 3 月 6 日,农林部垦务总局接办该垦区,改组为垦殖实验区,开办费及经常费共 73.65 万元。全区共有荒地 199 000 亩。至 1942 年 7 月,金佛山垦区已成立垦场 3 处,招收垦民 771 人,开垦荒地 2 880 亩。1944 年 2 月,刘雨若去世,孙醒东接任垦区管理局局长。

(9) 甘肃河西屯垦实验区。该区位于甘肃河西酒泉县东部,1942 年 5 月筹备,7 月成立,招收荣誉军人开展军垦试验。全区荒

① 《农林部垦务总局发表一年来垦务概况》,《中央日报》,1942 年 2 月 20 日。

② 李璜(1895—1991),四川成都人。学者,政治活动家,国家主义派人士,中国青年党创始人之一。1913 年入上海震旦大学学习,1918 年参加少年中国学会,1919 年 3 月赴法国巴黎大学留学,获文科硕士学位。1923 年 12 月发起组织中国青年党。次年回国,与曾琦、左舜生、陈启天等创办中国青年党党刊《醒狮》周报,宣传国家主义。历任武昌大学、北京大学、成都大学历史系教授。

③ 左舜生(1893—1969),湖南长沙人。1913 年入上海震旦大学学习。1919 年 7 月参与发起组织少年中国学会,并任《少年中国》主编,后任该会执行部主任。1923 年,与曾琦、李璜等发起组织中国青年党,1924 年任《醒狮》周报总经理。"九一八"事变后,再创《民声周刊》,鼓吹抗战。后当选青年党中央执行委员会委员长。1947 年任行政院农林部长。

地面积约 1 417 500 亩，地势平坦，适合农作。开办费及经常事业费为 50.08 万元。

（10）贵州六龙山屯垦实验区。该区 1942 年 9 月成立，专门招收荣誉军人开展军垦试验。垦区设在贵州铜仁，可垦地 50 余万亩，以孙醒东为管理局局长，招收荣誉军人 383 人，垦地 2 605 亩。该区因环境艰苦、盗匪骚扰、管理不善，后由垦区管理局缩编为垦区办事处。

（11）福建顺昌垦区。该区 1942 年 1 月由农林部福建推广繁殖站改组而成。1943 年 1 月，迁移福建莆田，改设滨海垦区。共有垦民 700 户，4 000 余人，后移交福建省农林公司接办。

表 51　抗战期间农林部直辖国营垦区一览表（1938—1944）

垦区名称	地址	主管人	成立年月	垦民人数（人）		垦地面积（亩）	备考
				难民	荣军		
陕西黄龙山垦区	陕西黄龙山	胡抱一	1938 年 3 月	54 843		331 608	
陕西黎坪垦区	陕西黎坪	安汉	1940 年 3 月	5 041		46 636	
江西安福垦区	江西安福	周长信	1941 年 9 月	4 422	329	18 869	后王重继任。
甘肃岷县垦区	甘肃岷县	任承统	1941 年 11 月	861	220	7 582	1944 年 7 月，该垦区结束，9 月迁移安西，改设河西关外垦区（玉门）。

续表

垦区名称	地址	主管人	成立年月	垦民人数(人)		垦地面积(亩)	备考
				难民	荣军		
四川东西山屯垦实验区	四川铜梁	漆中权	1941年11月	2 244	1 277	17 358	后姚光虞接任。
西康西昌屯垦实验区	西康西昌	罗广瀛	1941年11月	665	366	2 813	1943年改为西昌垦牧实验场，主任张传琛。
福建顺昌垦区	福建顺昌		1942年1月				后迁移福建莆田，改设滨海垦区。
四川金佛山垦殖实验区	四川南川	刘雨若	1942年3月	1 425		8 976	该区1938年9月成立，1942年3月改为垦殖实验区。
四川雷马屏峨屯垦实验区	四川峨边	吴纲	1942年3月	90		1 528	该区1942年3月由原国营第二农场改组而成，后移交军政部主办。
甘肃河西屯垦实验区	甘肃酒泉	杜竹铭	1942年7月	1 116	384	5 930	—

续表

垦区名称	地址	主管人	成立年月	垦民人数(人)		垦地面积(亩)	备考
				难民	荣军		
贵州六龙山屯垦实验区	贵州铜仁	孙醒东	1942 年 9 月	383	237	2 605	1944 年 4 月将管理局改为办事处，由牟希禹接任办事处主任。
河南伏牛山垦区	河南卢氏		1943 年 7 月				后裁撤。
福建滨海垦区	福建莆田	周进三	1943 年 1 月	770		1 186	由福建顺昌垦区移设。
西康泰宁垦区	西康泰宁	段天爵	1944 年 4 月	92		1 759	由江西安福垦区移设。
甘肃河西关外垦区	甘肃安西	胡学仁	1944 年 9 月	96		1 269	由甘肃岷县垦区移设。

说明:统计截至 1944 年 10 月底止。由于各垦区数据统计时间不同,表中数据并非最终结果。受材料限制,本表部分数据缺失。

资料来源:本表数据系作者根据下列材料整理而来:1. 台北:"中央研究院"近代史研究所档案馆藏国民政府农林部档案,20-26-012-04,20-26-096-02;2. 农林部垦务总局编:《垦讯》第 7—8 期合刊,1945 年 1 月,第 9 页。

自农林部垦务总局成立后,各国营垦区垦民人数和垦地面积快速增加,垦殖事业得到较快发展。其中以陕西黄龙山垦务发展最快,规模最大,陕西黎坪垦区和江西安福垦区次之。1941 年,农林部垦务总局所属各国营垦区共增收垦民 4 300 余人,增垦荒地 18 000余亩,连前累计收容垦民 28 000 余人,垦荒面积 164 800 余亩。[①] 至1942年底，垦务总局总共移送难民44 864人，荣誉军人867人，垦地243 666亩。与1941年度相比较，共增收垦民及荣军16 670人，增垦荒地75 475亩。[②]

1943年，农林部将发展垦殖事业列为年度十大中心工作之一，规定发展原则为："凡大片荒原之有关国防政治者，由中央办理移垦；各省市之较大荒地由各省市经营，或督导各县依照乡镇造产办法增垦荒地；应由各县政府切实鼓励人民从事零星荒地之开垦"[③]，办理难民垦殖被列为湖南、陕西、云南、广西、江西、福建各省1943年度农林建设事业特定工作之一。截至1943年底止，共增设国营垦区8处，连前累计共设国营垦区11处，共有垦民69 423人，垦地403 100余亩。三年间实增收垦民46 800余人，增垦荒地254 100余亩。[④]

进入1944年，国营垦务开始收缩，招收垦民人数大幅度减少，全国各国营垦区全年共增收垦民752人，招收荣誉军人463人，增垦荒地39 451亩。截至1944底止，农林部直属各国营垦区累计招收垦民68 698人，荣军2 797人，垦地448 307市亩。[⑤]

垦区社会事业也有一定的发展。合作事业方面，至1942年底为止，各国营垦区共成立合作社142社。其中，因贷款需要，信

---

① 沈鸿烈：《农林部垦务总局成立二周年纪念词》，农林部垦务总局编：《垦讯》第2期，1943年2月15日，第1页。此处开垦荒地亩数有误。

②《农林部垦务总局1942年度直属各垦区垦务概况》，农林部垦务总局编：《垦讯》第2期，1943年2月15日，第2—3页。

③《农林部关于1943年各省农林建设事业一般中心工作说明》，江西省档案馆藏民国江西档案，J060-2-00147。

④ 李顺卿：《中国垦殖政策及实施概况(1944年2月6日)》，农林部垦务总局编：《垦讯》第3期，1944年2月15日，第2—3页。

⑤《农林部三十四年度政绩比较表》，台北："中央研究院"近代史研究所档案馆藏国民政府农林部档案，20-07-031-03。

用合作社成立最多，共 75 社。其余生产合作社 5 社，消费合作社 3 社，保合作社 4 社，产销合作社 5 社，其他合作社共 49 社。[①] 部分垦区因成立较晚，或缺乏管理人员，未能成立合作社。垦民教育方面，由于经费紧张，垦民学校办理较为迟缓。垦区所办学校以儿童教育为主，部分规模较大的垦区办有垦民学校；垦民较少的垦区，则将儿童送当地保立小学读书。至 1943 年 5 月，总计各国营垦区设有小学 60 所，学生 17 524 人。其中，以陕西黄龙山垦区最多。垦民卫生方面，各垦区一般至少设立医务所 1 个，为垦民诊治疾病，并进行卫生宣传，部分垦区还组织巡回医疗队，巡回各垦场为垦民诊治疾病。因为经费困难，各垦区普遍缺乏药品、医疗器械和医务人员。由于医疗条件差，垦民患病及死亡时有发生。

在农林部所主办的十多处国营垦区中，以陕西黄龙山、黎坪两垦区开办最早，规模最大。不过，黄龙山、黎坪两垦区最初是由陕西省政府设立，后由“中央主管垦务机关”接办，改为国营垦区，且这两个垦区仅招收难民垦殖。江西安福垦区是农林部垦务总局成立后正式设立的第一个国营垦区，规模仅次于黄龙山、黎坪两垦区。安福垦区除招收难民外，还招收部分荣誉军人开展屯垦试验，在国营垦区中是业务较为全面的一个，反映了战时国营垦务的基本面相。

第二节　国营江西安福垦区的筹设与发展

江西安福地区荒地较多，土地肥沃，灌溉便利，适合发展农业

① 李顺卿：《三年来之垦务》，《农业推广通讯》第 5 卷第 7 期，1943 年，第 50—54 页。该文统计数据有部分计算错误之处，已经作者尽量修正。另有部分垦场数据因原作者未能收集齐全，故总体数据与实际情况有所出入，本处数据仅能反映大概情况。

生产，是进行难民移垦的理想区域。农林部垦务总局成立后，首在安福设立国营垦区一处，招收难民垦荒。此外，还招收部分荣誉军人，开展军垦试验。安福垦区受农林部垦务总局直接管理，每年垦殖计划及经费预算经农林部审批，由国库拨付。垦区经费稳定，管理规范，生产发展较快。垦民在经过一到两年的生产后，多数能够自给自足，基本实现了预定的救济目标。

一、安福垦区的筹设

农林部垦务总局成立后，1941 年 1 月，江西省垦务处处长唐启宇奉令调任农林部参事，协助农林部部长办理垦务总局事务。唐启宇虽辞去江西省垦务处处长职务，但他仍然十分关心江西垦殖事业的发展。在唐启宇的推动下，农林部于 1941 年初即决定在江西设立国营垦区一处，并指令江西省政府勘查荒地作为垦场。江西省垦务处奉令于 5 月初派第一科科长徐邦祺到赣东一带的宁都、石城、广昌、南丰、南城、资溪等地勘查荒地。6 月 13 日，又派安福坪湖垦殖场管理员王承禹就近查勘安福境内荒地。7 月 7 日和 24 日，江西省垦务处分别上报勘查南丰及安福等县荒地情况的报告。因南丰等地治安不好，而在安福查得荒地一万多亩，且有湘赣公路途经此地，交通方便，故建议将垦区设在安福。① 农林部指派专员周长信到江西安福筹办垦务，并致函江西省政府协助周长信。江西省政府随即令省垦务处和安福县政府积极协助。周长信在江西安福成立农林部江西安福垦区管理局筹备处，进行垦区的筹建

① 《为呈报勘查国营垦区情形乞察核由》(1941 年 7 月 7 日)；《为呈报勘查安福国营垦区地址乞察核由》(1941 年 7 月 24 日)，台北："中央研究院"近代史研究所档案馆藏国民政府农林部档案，20－87－229－04。

工作。1941 年 8 月 30 日，农林部批准设立江西安福垦区。9 月 16 日，国营江西安福垦区管理局正式成立，办公驻地设在安福县城南门外李家祠，筹备员周长信任垦区管理局首任局长。①

安福垦区管理局初期仅设两课及会计室，第一课主办文书办理、典守印信、人事任免考核、编辑报告及调查统计事项，款项出纳及庶务，垦区教育、警卫、卫生，牲畜购买、管理、防疫指导等事项。第二课主管垦殖技术事项，如垦地选择、清理、登记、分配、授佃等；垦区建设、水利、交通等工程规划，生产技术指导，垦民召集、组训及贷款核定，农产品加工运销及副业经营事项。编制方面，设局长 1 人、秘书 1 人、技术专员 1 人、课长 3 人、会计主任 1 人、课员 5 人、会计助理员 2 人、技术员 2 人、技术助理员 3 人、垦务管理员 10 人、垦务助理员 13 人、医师 1 人、护士 3 人、垦民学校教员 4 人、警察所长 1 人、督导 2 人、巡官 2 人、书记 1 人，共计 63 人。各垦场设立警卫室，由管理局派警长 1 人、警士 3 人至 5 人，驻场防卫。随着垦务的发展，后又增设秘书室、第三课和技术室等（见图 8）。

安福垦区管理局的科室设置较为完备，办垦力量较强。垦区有专门的技术科，负责垦殖技术指导，另设有医务所、学校等机构，诊治垦民疾病，并对垦民实施教育。垦务总局批准安福垦区管理局年度预算计开办费330 480元、经常费40 175元、事业费140 361.50元，合计 511 016.50 元。安福垦区管理局自筹设至 1941 年底，仅收到垦务总局开办费 330 480 元。② 1942 年度全年费用共 728 482 元，其中经常费 218 844 元，占 30%；事业费32 600元，占 4.5%，移垦费

---

①《江西安福垦局成立与代理局长任职》，农林部批准成立日期为 1941 年 9 月 16 日。台北："中央研究院"近代史研究所档案馆藏国民政府农林部档案，20－87－229－06。

②《安福垦区管理局垦殖事业进度表》（1942 年 12 月 31 日），台北："中央研究院"近代史研究所档案馆藏国民政府农林部档案，20－87－247－04。

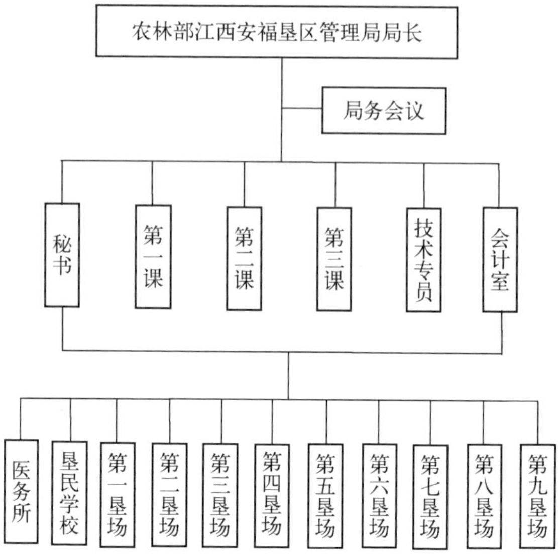

图 8　农林部江西安福垦区管理局组织机构图

资料来源:《农林部江西安福垦区管理局组织系统表》,台北"中央研究院"近代史研究所档案馆藏国民政府农林部档案,20-87-229-03。

477 038 元,占 65.5%,包括垦民各项贷款。1943 年度全年预算经费计 3 054 284 元。其中,经常费1 717 554元,事业费 114 000 元,包括垦场办事处的建筑及垦民教员输送等费;移垦费 1 222 730 元,包括垦民各项贷款。经费增长虽然较快,但多为通胀所消耗。经费使用方面,以生产投入为主,办公费次之。因为每年有固定的预算,经费来源较为稳定。

表 52　农林部江西安福垦区管理局职员录(节录)

职别	姓名	性别	年龄	籍贯	学历	经历
局长	周长信	男	38	浙江青田	浙江大学农学院毕业;日本东京帝国大学农学部研究生	曾任江苏教育学院、广西大学农学院及四川省立教育学院教授。

续表

职别	姓名	性别	年龄	籍贯	学历	经历
课长	章安棻	男	38	浙江绍兴	浙江大学农学院园艺系毕业	曾任浙江大学农学院湘湖农场技术员、浙江省金华农业学校教员、福建省立农学院讲师。
技术员	宫玉麟	男	30	江苏泰县	浙江大学农学院植物学系毕业	曾任浙江大学农学院助教、江苏省政府垦殖委员会技士。
技术员	刘松龄	男	28	江西萍乡	北平大学农学院毕业	曾任江西省农业院技术员、江西省政府建设厅技士。
课员	罗象清	男	52	江西安福	日本明治大学商科，日本法政大学政治科毕业	曾任交通部吉安电报局局长、江西省政府秘书处科员。
课员	蔡湘隆	男	29	江西九江	军政部陆军兽医学校正科第十七期毕业	曾任江西省立兽医学校讲师、江西省农业院技士兼种猪场主任。
课员	富骥	男	41	浙江青田	浙江省立法政专门学校毕业	曾任北平大学、浙江大学、浙江省立林场等会计科员。
技术员	洪语仁	男	26	浙江建德	浙江大学农学士，农林部垦务人员训练班毕业	
技术员	潘仲平	男	26	广东兴宁	中山大学农学士，农林部垦务人员训练班毕业	
垦务管理员	萧勇毅	男	26	广东大埔	中山大学农学士，农林部垦务人员训练班毕业	

续表

职别	姓名	性别	年龄	籍贯	学历	经历
垦务管理员	粟宗崑	男	26	湖南邵阳	四川大学农学院农学士，农林部垦务人员训练班毕业	
垦务管理员	管毅	男	32	江西安福	江西省立第三农业学校毕业	曾任江西安福县党部书记长，江西省政府民政厅科员。

资料来源：《江西安福垦区职员录、垦民清册》，台北："中央研究院"近代史研究所档案馆藏国民政府农林部档案，20－87－245－14。

安福垦区管理局及其下属垦场绝大多数管理人员均出身农学及相关专业。如局长周长信是浙江大学农学院毕业、日本东京帝国大学农学部研究生毕业；课长章安棻，毕业于浙江大学农学院园艺系；技术员宫玉麟、刘松龄分别毕业于浙江大学农学院、北平大学农学院。另外，各垦场管理人员中，如胡廷柳、康世禄、赵永肇、蔡年春、蔡如茂、刘葳、王承禹、胡镜江等人，皆是从江西省垦务处转任而来，具有丰富的实际工作经验，有利于垦务的推行。

安福垦区管理局成立后，派员赴各乡调查荒地，选择土壤、水利及治安等各方面条件均较好的荒地，设立垦场。垦场的选择集中于周围20—30里之内，总面积一般均在两千亩以上，以方便管理，并实施规模生产。每场设立之初，垦区管理局均布告附近居民携带契约凭证，赴垦场办事处申报登记地权。垦区管理机关与当地各级机关及士绅、农民依照《非常时期难民移垦条例》，磋商解决垦区内地权事宜。然后查填荒地调查表，绘制荒地分布略图，并测绘全垦场面积。

垦区勘定后，各垦场即进入筹办阶段。国营安福垦区从1941年9月开办，到1941年底止，共成立四个垦场。1942年11月1日在安福成立第五垦场，并开始勘查吉安县境内荒地，筹设第六垦场，专门招收荣誉军人从垦，开展军垦试验。1943年增设第六、七、八垦场，并接收战区难民移殖协会第十垦场，改为安福垦区第九垦场。此后直至安福垦区裁撤，未再增设新垦场。安福垦区的垦场主要分布在安福、吉安两县交界附近。其中，第一、二、三、四、五、七垦场在安福县境内；第六、八、九垦场在吉安县境内。第六垦场为荣誉军人垦场，第七、九垦场为垦牧场，以经营畜牧业为主。原拟增设第十垦场为示范垦场，后因故未能成立。实际共成立九个垦场。

为加强对垦民的管理，垦区管理局将垦民编组保甲。1942年1月13日，垦区管理局拟定《垦场保甲组织暂行条例》，呈送农林部核准，开始编组垦民保甲。保甲长主要工作为：各户清洁检查、人口异动登记、死亡出生报告、耕作勤惰比较。此外，安福垦区管理局还制订《农林部江西安福垦区管理局管理垦民规则》，规定：垦民户口有异动时，须报请管理员备案。垦民如有亲戚朋友来场探访，须留宿者，应先报请管理员许可，否则不准容留。垦民在贷款未清偿以前，不得离开垦区，迁往他处。因事必须外出者，需要事先请假，得到批准后才能离开，否则以逃逸论处。垦民对于分配荒地、核定作物、选择种子、兴办水利等，均须服从管理人员之指导，对于垦场内自卫、自治及一切公共劳作均须参加。①

---

①《农林部江西安福垦区管理局管理垦民规则》，台北："中央研究院"近代史研究所档案馆藏国民政府农林部档案，20-87-243-04。

二、垦民选收及其困境

与江西省垦务处主要招收江西籍难民从垦不同的是，安福垦区招收的难民既有江西籍，也有外省籍，且外省籍占绝大多数。此间，大量湘粤等地难民纷纷闻风前来投垦，安福垦区限于预算，无法全部收容，因而引起部分难民的不满。同时，因为贫农入垦问题，安福垦区管理局与地方乡保机关存在诸多矛盾，最终不得不将入垦贫农辞退，以平息地方势力的不满，说明国营垦务在地方推行过程中面临较多困难。

安福垦区招收难民的条件，主要根据农林部的规定执行，具体为：(1) 难民或贫农品行端正，具有耕作能力；(2) 难民或贫农身体强健，意志坚定，且向系业农，能胜任田间工作；(3) 全家人口并无吸食鸦片或其他代用品；(4) 未经宣告褫夺公权与破产者；(5) 有特殊技能，志切入垦者(如泥水匠、木工)。[①] 可见，国营垦区招收难民的条件比江西省营垦区招收难民的条件要更宽松一些。首先，国营垦区招收的垦民虽然以难民为主，但并不仅限于难民。如果垦区人数不足，也可适当招收垦区附近符合条件的贫农入垦。其次，未具体限定每户壮丁人数。选收垦民时，先由垦务人员向难民说明垦荒办法要点及入垦须知等，并调查登记志愿投垦人的姓名、性别、年龄、籍贯、身份证明、原有职业、教育程度、特种技能、健康程度、有无嗜好等。此外，通过观察难民外表特征，让难民试着犁田，或从事其他农事工作，以鉴别其是否确实是农民，及其体格是否强健。

---

① 《农林部江西安福垦区管理垦民应征须知》，台北："中央研究院"近代史研究所档案馆藏国民政府农林部档案，20-87-243-04。

安福垦区招收垦民数量及预算必须经过农林部事先批准，每年都有固定名额，所有耕牛及农具、家具等均按照批准的人数配制发用，额满即不再招收。随着战争的持续，湖南、广东等省难民闻风而来，陆续到安福请求入垦的人为数甚多，安福垦区受预算限制无法全部收容，引起部分难民不满。1942 年 2 月，湖南难民李云安等听闻江西安福垦区招募难民，于是变卖器物，携带家小不辞跋涉，于 2 月上旬到达安福垦区管理局申请入垦。然而，由于农林部核定安福垦区 1941 年招收垦民 2 000 人计划已满，安福垦区管理局无法接纳李云安等入垦。李云安等人"远道投奔，川资既尽，留此又人地生疏，借贷无门，一家大小嗷嗷待哺，进退两难"，"虽几番哀求，终未能赐准"。[①] 为免流落异乡，坐以待毙，李云安等 21 人联名向农林部垦务总局写信，请求入垦。农林部垦务总局一方面指令安福垦区管理局核办，另一方面指示李云安等"径向该局申请登记，听候入垦"[②]。不过，安福垦区管理局受"预算所限，无法增收"[③]，最终还是拒绝李云安等人入垦，他们只得自谋生路。

1942 年，农林部批准安福垦区管理局招收 1 000 人，其名额分配为荣誉军人 400 人、难民 600 人。这一数字相对于数以千万计的难民而言显得微不足道。自 1942 年 6 月开始登记后，投垦者极为

---

①《为贫农李云安等呈请转饬安福垦区管理局准予入垦由》，台北："中央研究院"近代史研究所档案馆藏国民政府农林部档案，20－87－245－04。

②《农林部垦务总局训令：为据湖南贫农李云安等廿一名呈请准予入垦等情抄发原签呈令仰查明核办具报由》（1942 年 3 月 21 日），台北："中央研究院"近代史研究所档案馆藏国民政府农林部档案，20－87－245－04。

③《安福垦区管理局：呈明湖南贫农李云安等暂时无法增收情形请鉴核由》（1942 年 4 月 21 日），台北："中央研究院"近代史研究所档案馆藏国民政府农林部档案，20－87－245－04。

踊跃，其总数在五千人以上，“未及旬日，即已额满。后来者啧有烦言，几有流落之虞”①。为免难民流落他乡，安福垦区管理局呈请农林部批准1942年度增收难民一千人，但农林部因年度经费有限，不同意追加经费，否定了安福垦区的增收难民计划。

此后，随着战事发展和灾荒不断，湘粤等地难民前来安福投垦者络绎不绝，超过安福垦区每年招收难民限额“恒至数倍或十数倍之多”②。难民到达垦区后无法入垦，老弱转乎沟壑，坐以待毙；壮者散之四方，误入歧途。不少青壮年难民铤而走险，打家劫舍，或盗伐林木等资源变卖，以维持生计，引起土客冲突，给地方治安带来很大隐患，也使难民对政府的抱怨与日俱增。安福垦区管理局认为：“若听任其散居各垦场临近不予设法处置，不但关系地方治安，抑且影响本局整个事业及固有之声誉。”③1943年4月10日，安福垦区再次呈请农林部准予追加预算，增收难民。农林部限于预算仍未批准，仅指示安福垦区管理局“就近与江西省垦务处洽商，设法安插”④。然而，这一时期江西省垦务处亦因经费不足而逐渐缩减业务范围，根本无法增收难民。

---

①《呈请准予于本年度增收垦民一千人拟具预算书垦区鉴核示遵由》（1942年8月18日），台北：“中央研究院”近代史研究所档案馆藏国民政府农林部档案，20-87-245-05。

②《安福垦区管理局：为本局各垦场因额满见遗之贫农究应如何处置请鉴核示遵由》（1943年4月10日），台北：“中央研究院”近代史研究所档案馆藏国民政府农林部档案，20-87-245-07。

③《安福垦区管理局：为本局各垦场因额满见遗之贫农究应如何处置请鉴核示遵由》（1943年4月10日），台北：“中央研究院”近代史研究所档案馆藏国民政府农林部档案，20-87-245-07。

④《安福垦区管理局：为本局各垦场因额满见遗之贫农究应如何处置请鉴核示遵由》（1943年4月10日），台北：“中央研究院”近代史研究所档案馆藏国民政府农林部档案，20-87-245-07。

表 53 农林部江西安福垦区垦民统计表

年份	难民累计	荣军累计	合计	男	女	备考
1941	859	—	859	—	—	—
1942	2 669	—	2 669	—	—	—
1943	4 104	287	4 391	—	—	—
1944 年 3 月	4 093	329	4 422	2 290	1 803	共计 766 户

资料来源:《江西安福垦区职员录、垦民清册》,台北:"中央研究院"近代史研究所档案馆藏国民政府农林部档案,20－87－245－14。

统计显示,安福垦区垦民在 1942 年、1943 年出现较快增长,主要是湘粤籍难民受战事影响,大量前来投垦。到 1944 年 3 月安福垦区管理局裁撤时,安福垦区共招收垦民 4 422 人,其中,难民 4 093人(男性 2 290 人,女性 1 803 人),荣誉军人 329 人。

表 54 农林部江西安福垦区垦民籍贯统计表(1943 年)

省籍	江西	福建	安徽	浙江	江苏	湖南	湖北	河南	广东	广西
人数	310	8	47	11	22	1 146	20	152	2 575	3
省籍	河北	山东	山西	云南	贵州	四川	甘肃	绥远	山西	辽宁
人数	7	12	1	31	10	23	2	1	9	1

资料来源:《江西安福垦区职员录、垦民清册》,台北:"中央研究院"近代史研究所档案馆藏国民政府农林部档案,20－87－245－14。

作为国营垦区,安福垦区管理局选收难民并不仅限于江西籍,所收难民以湘、粤籍为多,江西本省难民反倒较少,这同江西省垦务处所招收垦民以本省难民为主有所不同。为便于管理,垦区尽量将籍贯相同的垦民配置在同一垦场耕作。1943 年,安福垦区管理局又从设立在江西瑞金的军政部荣誉军人管理处第六临时教养院选收部分荣誉军人,设立军垦农场,开展军垦试验。

安福垦区范围内的荒地，有的垦场中也夹杂一些私人田地。耕作熟田的农民多数并非田主，而是租种地主土地的贫民，这给垦区的管理带来不便。为此，安福垦区管理局计划将垦区耕种熟田的贫农编入垦户，划归各垦场统一管理。这一方面方便垦区管理，减少土客矛盾，另一方面也使垦区规划整齐，便于开展水利、道路等工程建设，也有利于救济贫困，扶植自耕农。

《非常时期难民移垦条例》规定，垦区移垦难民不足分配时，可以适当招收当地贫农入垦，以体现政府救济贫农的目的。农林部同意安福垦区招收贫农入垦的计划，但也指出此类贫农不能与新收垦民同等待遇，要求安福垦区管理局另外拟定实施办法。1942年1月，安福垦区管理局所订《江西安福垦区管理局各垦场范围内原有贫农入垦办法》，经农林部批准实施。关于入垦条件，局长周长信在原拟《办法》中仅规定“安福垦场范围内贫农，经调查确系良民且富有耕作能力者，准予申请登记入垦”①。这一规定意在将垦区内所有贫农全部划入垦区。农林部则在“富有耕作能力后面”加上“而田地面积狭小”这一条件。也就是说，贫农不但要有耕作能力，而且确属耕地不足，才可以申请，入垦后还要开垦一定荒地。农林部这一修改旨在与战时难民移垦“开垦荒地，增加生产”的宗旨相符合。那么，究竟需要开垦多少荒地才符合条件呢？《办法》规定贫农入垦后所开垦的荒地的面积，加上原有田地，合计每一户主单身的至少须20市亩。有家属的，每人增加5市亩。就是说，入垦贫农所需耕种的田地面积应与垦场内原有垦民标准相同。入垦贫农因开垦荒地所需的生产资金，可以呈请垦区管理局贷给，其贷

---

①《农林部江西安福垦区管理局各垦场范围内原有贫农入垦办法》，台北：“中央研究院”近代史研究所档案馆藏国民政府农林部档案，20-87-243-09。

放期限及偿还方法、利率、贷款手续等，均与移垦难民相同。入垦贫农在荒地分配及贷款方面，与普通垦民享受同样的待遇，只是他们只能申请生产贷款，不能申请生活贷款。当然，这部分贷款在未清偿垦区管理局以前，需要以其财产及产品作为偿还贷款的保证。根据规定，贫农入垦后，除受垦区管理局的监视和指导外，还不得脱离其原来的保甲组织，对于地方政府应尽之权利义务不变。如此一来，入垦贫农须接受地方政府和垦区管理机关的双重管理，易造成地方政府和垦区管理局之间在管理上的矛盾。农林部东南视导团主任陈惕庐在巡视安福垦区后即认为，“招收垦民方面，居住垦区三年以上之客籍居民，不应改为垦民，以免破坏地方保甲系统”①。

贫农入垦可以与难民入垦一样享受众多优待，故垦区附近贫农纷纷请求加入垦场。1941 年 11 月 3 日，安福垦区管理局呈请将第一垦场内当地贫民易凤山等 180 人登记为垦民，以减少行政与工作困难，也体现政府救济之意。贫农对于地方政府应尽的义务，如工役、兵役、捐派等仍不减免，得到农林部批准。

不过，贫农加入垦区，受垦区管理局管辖，削弱了地方政府管理权力，故遭到地方乡镇和保甲机关的一致反对。安福垦区第四垦场所在地泰山乡的贫农张世安等人入垦事件即反映这一矛盾。张世安等原籍江西万载，因家乡人烟稠密，无田可耕，遂前往安福泰山乡，受雇于安福地主充当佃农。1943 年 1 月，张安世、曾成根、王荣发等 13 人以乡公所捐费苛刻、不愿受地主剥削为由，退

①《据东南视导团报称该局优点缺点暨应行改进之点令仰遵照改善由》(1943 年 6 月 12 日)，台北：“中央研究院”近代史研究所档案馆藏国民政府农林部档案，20－26－058－10。

出该地保甲，就地向设在泰山乡的安福垦区第四垦场申请登记为垦民，获得垦区管理局批准。此举遭到泰山乡公所的反对，并因此与垦场管理机关发生纠纷。安福垦区管理局派员同县政府协商，结果将该乡长撤换，指令垦场照当地贫农入垦办法，履行登记手续，将其编入所属第四垦场开荒。① 这一事件暂以泰山乡公所的让步而平息。

张世安等加入垦场后，遵照垦场指令，各自耗费一千多元建造棚舍居住，并贷款开垦荒地，从事生产。然而，入垦几个月后，垦区管理局与地方政府因兵夫征调、经济摊派等事情经常发生矛盾。垦区管理局认为地方政府征调垦民兵夫、工役等，影响垦区生产。地方政府则认为贫农加入垦区，不承担地方保甲义务，无法对贫农实施有效管理，有碍地方行政系统，要求垦区将入垦贫农辞退，回归地方管辖。除了管理上的矛盾外，还有更深层次的原因，即贫农大量加入垦区后，地主土地无人耕种，导致佃租价格下跌，损害了地主的利益，因而遭到地主势力的强烈反对。故他们千方百计向垦区管理机关施压，迫使垦民退垦，回归地方保甲，以维护其利益。诚如张安世等人在给农林部的控诉中所说："佃农入垦后，地主以无人应雇，纷纷贿买乡保负责人员，向场方交涉，场方在某种妥协之下，报呈局方，将此类垦民开除"。②

安福垦区管理局原本不打算将张世安等人辞退，但 1943 年 6 月份，安福垦区第五垦场（青山垦场）发生粤籍垦民遭到当地保警

① 《农林部安福垦区 1943 年 3 月份工作简报》，台北："中央研究院"近代史研究所档案馆藏国民政府农林部档案，20 - 87 - 248 - 04。

② 《呈为江西垦区管理局不顾事实与安福乡保妥协开除垦民垦民惶恐无策恳请鉴核迅赐电饬收回成命由》（1943 年 11 月 17 日），台北："中央研究院"近代史研究所档案馆藏国民政府农林部档案，20 - 26 - 019 - 01。

队枪杀一案，促使垦区管理机关下决心将张世安等人辞退。1943年6月24日，安福县保安警察队20余人以剿匪为借口，由枫田方面开往青山。吉安县保安警察队50余人同日到达青山。6月25日清晨，警队由队长刘李胡等统率进山搜剿。早上8时左右，保警队到达吉安青山第五垦场垦户杨佛仁、何以冲棚舍，当时杨佛仁等正在吃早餐。保警队随即开枪射击，杨佛仁等见状伏地求命，并说明是国营安福垦区第五垦场垦民，有门牌编号可资证明。不料警兵不问情由，举枪柄见人即打，见物即毁，即使耕牛、牲畜也不放过，并有耕牛一头受重伤。杨佛仁、何以冲当场受伤倒地，警兵旋即翻箱倒柜，到处搜索财物。杨佛仁妻子何氏（年37岁）欲上前阻止，安福保警队警兵立即朝其连开两枪。何氏受伤后，警兵并未救治何氏，反而卷带搜索到的财物离去，何氏则伤重不治。事发后，第五垦场主任刘强及安福垦区管理局向农林部呈报案情，并附垦民杨佛仁、何以冲两户被抢劫物品清单：

> 棉被二条，鸟枪一支（广东式样，去年带来），水烟筒一根，大人衣服四套，小孩衣服二套，手巾二十条（广东带来，式样与本地不同），银饰约二两，菜油二斤，食盐二斤许。①

安福垦区管理局所属青山第五垦场垦民均为粤籍垦民，垦民均配有标识符号且已表明身份，垦户棚舍也编有垦区门牌号，以资识别。垦民即便有不法行为，也有垦区管理机关负责管理。即便情势紧迫，警兵最多只能将垦民逮捕法办，无论如何也没有就地击毙的理由。警兵置事实与法律不顾，翻箱搜索，抢劫财物，开

① 《据本局第五垦场呈为报告该场大渚塘后垦地垦户杨佛仁之妻被枪杀一案真相请转函吉安安福两县政府惩凶恤亡赔偿损失等情呈请鉴核备查由》（1943年7月6日），台北："中央研究院"近代史研究所档案馆藏国民政府农林部档案，20－26－019－01。

枪杀人，显然是杀一儆百，以达到排斥外籍难民、阻止垦荒的目的。

此案发生后，垦民人人自危，垦场管理机关与地方政府关系趋紧。安福垦区管理局遂于1943年9月将张世安等人辞退，回归安福县泰山乡保甲管辖①，以缓解与地方政府的关系。安福垦区虽然是国营垦区，但在处理与地方关系时，仍然需要根据地方政府的态度做出取舍，以换取地方政府的支持，可见国营垦务在地方推行面临诸多障碍。

除了招收难民垦殖外，安福垦区还招收部分荣誉军人，开展军垦试验。1942年8月，国营安福垦区管理局拟定计划，准备招收400名荣誉军人进行军垦试验，以为战后大规模复员军队积累经验，获得农林部批准。从垦的荣誉军人由军政部从荣军教养院中调拨。安福垦区管理局呈请农林部函请军政部予以协调。9月22日，军政部电复农林部，批准江西安福垦区管理局就近从设在江西兴国的军政部第六临时教养院选拔荣誉军人从垦。② 最终，经军政部荣誉军人总管理处协调，从兴国第六临时教养院选拔荣军384人，③派往江西安福垦区从垦。安福垦区管理局原已选好荒地，设好垦场，拟在10月到11月间荣军到位后，即可赶秋季农时播种

①《江西安福垦区管理局呈：为垦民张安世等呈诉开除垦籍恳祈电饬收回成命究竟实情如何呈复核备由(垦乙字第2705号)》(1944年1月22日)，台北："中央研究院"近代史研究所档案馆藏国民政府农林部档案，20－26－019－01。

②《为贵辖江西安福垦区本年度需配置从垦荣誉军人四百人准由第六临院选拔电请查照由》(1942年9月22日)，台北："中央研究院"近代史研究所档案馆藏国民政府农林部档案，20－87－245－13。

③《为贵辖江西安福垦区本年度需配置从垦荣誉军人四百人准由第六临院选拔电请查照由》(1942年9月22日)，台北："中央研究院"近代史研究所档案馆藏国民政府农林部档案，20－87－245－13。

作物。

荣誉军人在教养院可以享受政府规定待遇，且不用劳动。到地方开垦荒地，工作艰辛劳累，故大多数荣誉军人并不愿参与垦荒。双方为此几经沟通，至11月4日，安福垦区管理局才得以派课长章安棻前往兴国第六临时教养院洽办选调荣军，最终也仅选拔荣军312名，且要求安福垦区管理局垫付开拔费一万元。[①] 1943年1月15日，农林部垦务总局指令安福垦区管理局准予照相关规定接收该批荣誉军人。[②] 至此，虽然调用荣军一事得以解决，而秋种时期已过。依照《调用荣誉军人从垦暂行办法》规定，从垦荣军除垦殖事务受垦区管理局指挥监督外，其粮饷、服装仍向原属的主管机关办理，或由军政部委托垦区管理局办理。安福垦区荣军给养由荣军垦殖队长直接向荣军第六临时教养院领取，垦区管理局不负责。这样一来，双重管理导致从垦荣军与垦区管理局之间形成隔阂，从垦荣军对于垦区管理机关较为漠视，垦区管理机关也很难对荣军进行严格管理，而从垦荣军内部因缺乏监督管理容易滋生腐败，荣军队长克扣荣军饷糈事件时有发生。

荣军从垦由农林部、军政部合办，形成多头管理，权责不明，致流弊丛生。抗战胜利前，荣军从垦改为军政部单独办理，农林部逐渐将所办荣军从垦事务转交给军政部接办。江西安福垦区撤销后，其所办荣军垦务部分即全部归还军政部第六临时教养院接办。

---

①《呈复派员前赴兴国第六临时教养院洽办选拔从垦荣军情形由》(1942年12月9日)，台北："中央研究院"近代史研究所档案馆藏国民政府农林部档案，20－87－245－06。

②《据呈复派员前赴兴国第六临时教养院洽办选拔从垦荣军一案指复遵照由》(1943年1月15日)，台北："中央研究院"近代史研究所档案馆藏国民政府农林部档案，20－87－245－06。

三、垦民生活重建

大卫·特顿(David Turton)指出:“逃难不仅仅只是失去场所,也是一场在世界上创建场所的斗争。在那里,有意义的行动和共享的理解是可能实现的。”①战争爆发时,难民从战区仓皇逃出,即便携带少量行李资财,一路逃难,到后方时也已所剩无几。逃到后方的难民,虽然经历各不相同,但都有着共同的目标,即尽快在异乡重建稳定的生活。后方陌生的环境虽然存在很多不确定性,但也使他们少了很多利益牵绊。因此,逃到后方的难民往往易于结成临时性的松散的联盟,以应对共同的外部挑战。于是,在垦务机关的主导下,难民们很快即开始了在垦区重建生活的努力。

垦区重建生活首先需要大量的资金投入。垦区选收的难民,大部分身无分文,甚至只有一身不能换洗的衣衫。垦民不要说生产,就连基本的生活都难以为继。如赣南一垦区从南昌选收的难民中,“身无分文且无行李的约50%,带有帐子的仅约7%”②。夏天赣南气候湿热,蚊虫叮咬,易生疟疾,晚上受凉易患痢疾及腹泻。夏天一过,难民缺乏过冬衣被,更难维持。如果不设法为这些难民添置被褥、蚊帐、衣服等,他们易生疾病,多耗医药费用不说,还会影响生产进度。因此,难民入垦后,垦区首先需要为他们购办生产及生活用具,如衣物、住房、家具、农具、耕牛、种子等等,以协助难民重建生活,其费用则由政府以贷款的形式解决。

---

① 大卫·特顿:《运动世界中场所的意义》,《难民研究》第18卷第3期(2005年),第258—259页。转引自:[美]萧邦奇著,易丙兰译:《苦海求生——抗战时期的中国难民》,第324页。

② 周承澍:《难民移垦问题》(上),《国是公论》第18期,1938年,第6页。

难民到达垦区后，首需解决吃、穿和住的问题。垦民生活费用预算受垦区气候条件及垦民随身行李多少的影响较大。就赣南地区而言，替一个一无所有的垦民预备基本的生活资料，计需要蚊帐1顶，单衣2套，夹衣、棉衣各1套，单被1条，棉被1条，共约需要15元。垦民生活费中，最主要的是给养费，分为食米费用、柴菜费用。此外，还需要医药费，蚊帐、被褥、衣服以及缝补、添改衣服的布料、针线等费用，杂用费如肥皂、火柴及理发等费用。每一成人垦民生活费最低预算为：伙食费每月2.3元，医药及零用等费每月0.95元。总计成人每月平均约需3.25元，小孩打6折，约需1.95元每月。[①] 安福垦区的垦民生活给养不分大小口，每人每月贷给现款15元。随着物价的上涨，原定贷款额度远远不能满足垦民的需要。为此，农林部后又提高垦民的给养标准至每人每月30元。总体来看，移垦初期，垦民各项生产生活所需费用较高。垦民一旦有所收获，便陆续自给自足，垦务费用开支逐渐减少。

垦民的住所主要是利用垦场附近无人居住的空房子或庙宇、祠堂等，进行必要修缮后，分配给垦民居住。垦民到达垦场后，垦区管理局贷发各垦户一定建筑费，以便修缮旧房屋和建筑茅屋。如果房屋不够居住，垦区管理局再贷款给垦民，由垦民搭建茅屋居住。建筑材料则就近取自山林竹木或向附近居民购买。部分垦民为节省费用，时常私自砍伐当地树木，导致与当地土著发生不少纠纷。从开办至1941年底，安福垦区共建筑草屋377座。其中，第一垦场草屋146座，438间，共容纳垦民702人；第二垦场草屋82座，246间，容纳垦民481人；第三垦场草屋61座，183间，容纳垦民450人，另有172人居住附近村落祠堂内；第四垦场草屋88座，计

① 周承澍：《难民移垦问题》(上)，《国是公论》第18期，1938年，第6页。

264 间，可容纳垦民 528 人，尚有居住附近村落祠堂内 103 人。截至 1943 年底，共计建筑住宅 850 座，2 120 间。① 除了住房外，垦区管理机关还需要为垦民预先购置一部分家具和生活用品，其配置的标准为：每垦户的家具有尿桶、水桶各 1 副，方桌 1 张，铺板 2 副，面盆脚盆各 1 只，木凳 4 条。人均需 1.5 元，均由垦务机关购办实物，再以贷款的形式发放给垦民。截至 1943 年底，共贷放给垦民铺板 835 副、方桌 785 张、水桶 630 对、木凳 2 290 条。②

筹集垦民食米是垦区管理局重要工作。难民入垦第一年，没有任何收获，给养由垦区管理机关负责供给。老垦民有时因为旱、涝、风、病、虫害等影响，导致粮食歉收，也需要贷给部分给养。部分垦民因给养不足，只得向附近富户借贷食粮。按照当地行规，借贷一担食谷，至收成时须还三担，利息非常高，垦民无形中损失巨大。为缓解“粮荒”，安福垦区管理局决定在新谷登场、粮价下跌时，购买一部分粮食存储于垦场。等到青黄不接、粮价上涨时，再以原价售给垦民，以节约给养费用，并使垦民免受剥削。1941 年底，安福垦区管理局以每百斤 35 元低价购进稻谷 400 石储备在垦场。1942 年 8 月间，粮价忽然涨至每百斤 70 元，安福垦区管理局于是将全部粮食以 35 元的原价贷发给各垦民，从而使得垦民免于因粮价上涨而遭受损失。1943 年上半年，安福地区遭受旱灾，民众争先抢购粮食，安福垦区管理局再次把以前购买的粮食照原价分售给垦民。到 1943 年新谷登场时，垦区管理局又派员赴安福四乡采购稻谷五百余石，储存备用。

---

①《遵令呈复垦区概况调查表请鉴核备查由》(1943 年 10 月 25 日)，台北：“中央研究院”近代史研究所档案馆藏国民政府农林部档案，20－87－245－07。

②《农林部江西安福垦区管理局 1943 年度政绩比较表》，台北：“中央研究院”近代史研究所档案馆藏国民政府农林部档案，20－87－248－12。

向地方政府购买粮食也是解决难民食米的办法之一。1942 年 2 月，安福垦区收容垦民已近两千人，但垦民食米十分缺乏，垦区管理局函请江西省政府协助购买。安福县政府却以“征购谷限令森严，无法分购”[①]为由，拒绝售卖粮食给安福垦区管理局。两千垦民食米眼看无法维持，垦区管理局只得请农林部协助解决。3 月 20 日，农林部咨请粮食部，请其指令在安福县政府征购谷项下，售卖4 000石食谷给安福垦区。经粮食部协调，安福垦区所需粮食可在江西省田赋征实余粮项下照市价拨售。[②] 也就是说，安福垦区虽然可以从地方政府购买粮食，但仍然要照市价购买。由于粮价上涨较快，而垦民每年给养标准只能照预算拨发，不能随之提高，故照市价购买粮食，垦区经费明显不足。1943 年 2 月间，安福垦区管理局商得江西省田粮管理处同意，以平价购买粮食转售给垦民，并统筹购买安福县府征实粮平粜垦民，前后总计为垦民购买粮食一千余石，垦民粮食才得以接济。

粮食短缺问题在粤东难民大量涌入安福县后达到最严重的程度。1943 年上半年，粤东遭受大旱，粮食歉收，大量难民聚集安福垦区要求入垦。安福垦区管理局在泰和、吉安等地很快登记粤籍难民 3 000 多人。为安置新到的难民，1943 年 8 月初，新任安福垦区管理局局长王重决定增设洲湖第七垦牧场、吉安固江第八垦场、吉安官田第九垦场及安福第十示范垦场，准备安排粤东难民自 9

---

① 《呈为转请农林部函请江西省政府令饬安福县政府就征购谷项下分购食谷或暂时借用由》(1942 年 2 月 16 日)，台北：“中央研究院”近代史研究所档案馆藏国民政府农林部档案，20－87－245－08。

② 《粮食部复农林部咨(第 15103 号)》(1942 年 4 月 13 日)，台北：“中央研究院”近代史研究所档案馆藏国民政府农林部档案，20－87－245－08。

月份起入垦。① 然而，农林部批准该局1943年招收的垦民的计划为800人，如此一来则超出预算2 200多人。王重请求农林部批准增收2 200多人计划。此时，安福地方因粮食歉收，市场采购困难，米价暴涨，吉安米粮市价每石涨至440元。安福垦区仅原定招收800人的给养预算，因粮价暴涨，已经不敷分配。而增收的2 200多垦民，给养最少须稻谷2万石。如此一来，增收的粤东难民势必继续受饥饿威胁。1943年8月9日，安福垦区管理局局长王重致电农林部垦务总局，请其转咨粮食部"准由安福县1942年度征实稻谷项下，照平粜价格每石68元拨购2万市石，周济新垦民秋冬两季粮食"②。两天后，王重再次急电垦务总局，"速咨粮食部转赣省府令县拨购"③。此时距新垦民入垦只剩20天，王重三天之内连发两电，可见情况紧迫。农林部直到8月26日才将安福垦区购粮2万石的请求转函粮食部，并指示王重增收2 200多人"在不追加经费范围内准予照办"④。也就是说，农林部虽同意其三千人入垦计划，但超额招收的粤东难民入垦无法追加预算，所需经费只能在当年核定预算内匀支，实际上否定了王重增收难民2 200多人的请求。9月11日，粮食部函复农林部称"可由江西田赋粮食管理处查明实需数量，在1942年度征实项下筹拨，惟应依《价拨征实余粮调

---

①《安福垦区管理局局长王重致农林部垦务总局未冬电》(1943年8月9日)，台北："中央研究院"近代史研究所档案馆藏国民政府农林部档案，20－87－245－09。

②《安福垦区管理局局长王重致垦务总局未冬电》(1943年8月9日)，台北："中央研究院"近代史研究所档案馆藏国民政府农林部档案，20－87－245－09。

③《安福垦区管理局局长王重致垦务总局支电》(1943年8月11日)，台北："中央研究院"近代史研究所档案馆藏国民政府农林部档案，20－87－245－09。

④《据电关于收容粤省难民一案电令遵照由(申冬电)》(1943年8月26日)，台北："中央研究院"近代史研究所档案馆藏国民政府农林部档案，20－26－030－17。

剂民食办法大纲》之规定，照市价九五折作价，以期兼顾库收”①。至此，经过多次协商，垦民粮食问题得以初步解决。但仍须照市价的九五折购买粮食，而不是照平粜价每石68元购粮。

战时物价腾飞，垦民给养有限，安福垦区照市价九五折购买粮食，仍然倍感压力。为此，垦区管理局要求各垦场举办垦民积谷，以备荒歉之需。新垦民初到垦场并无收获，无法承担积谷责任，因此，垦民积谷以老垦民为对象。垦民入垦经两次秋收后，年龄在16—55岁之间的，不分男女，在秋收后一律缴纳积谷5市斗。积谷存各垦场所设积谷仓，由垦区管理局派专人管理。积谷专供垦民荒歉借贷，不准移作他用。② 此举在于动员垦民以自身的力量解决给养问题，有助于使垦民少受剥削。积谷仓的设立发挥了调剂粮食的积极作用，甚至部分新到垦民给养不足时，也依赖老垦民所积之谷得以维持生活。

四、垦区生产与经营

安福垦区成立后，积极清查荒地，设立垦场，发展生产。作为国营垦区，安福垦区有农林部的经费预算支持，生产发展较快，多数垦民陆续实现自给自足。

荒地地权的调查与清理，是施垦的首要步骤。荒地地权的清理涉及与地方政府的关系，农林部对此比较慎重，要求各垦区管理局勘定荒地、划定垦区时，应函知当地主管行政机关备查，并将荒

---

①《准函以江西安福垦局收容粤省灾民粮食不足请在征实项照平粜价格拨食粮转请查核见复一案函复查照转知洽购由》(1943年9月11日)，台北："中央研究院"近代史研究所档案馆藏国民政府农林部档案，20-87-245-09。

②《农林部江西安福垦区管理局第二次业务会议记录》(1943年10月27日)，台北："中央研究院"近代史研究所档案馆藏国民政府农林部档案，20-87-244-01。

地的业主姓名、面积等情形公告，通知私荒业主按期前往指定地点办理申报登记手续。申报登记时期为三个月，满三年尚未登记者，即视为公有荒地。① 荒地划定后，由管理员斟酌旱地、水田及田地好坏，再根据每垦户人口及壮丁的多寡分别配授。每人以授田 8 亩为原则，每垦户授田在 20—30 亩之间。对于有余力的垦户，也可以申请配给更多荒地，以增加收入。

经营制度方面，唐启宇在担任江西省垦务处处长时，鉴于集团合耕制弊端较多，后将集团合耕制改为集团分耕制。唐启宇调任农林部后，主持垦务总局事务，在国营垦区普遍推行集团分耕制。1942 年 4 月，行政院公布《修正农林部直辖垦区垦殖经营办法》，将各垦区垦殖经营模式由集团合耕制改为集团分耕制，垦民分户单独经营。安福垦区遵照农林部颁发的《农林部直辖垦区垦殖队组织办法》，采取集团分耕制经营。各垦场以户为单位，由垦户根据意愿，自行集合 10 户至 15 户组织垦殖队，每一垦殖队为一生产集团，荒地由各垦户独自管理耕种。各垦户生产收支盈亏，各自负责。垦殖队内各垦户间的公共劳作及公益费用，则根据其性质、面积或收益程度比例分担。耕牛、食粮、种子、肥料、饲料、物品及产品储藏运销等，均组织合作社合作办理。栽培作物的种类、面积、轮作制度、饲养牲畜及栽培林木的种类、面积、数量等，均由垦场管理人员及垦殖队统筹决定，垦民须服从管理。这种经营管理方式同江西省垦务处所属垦场相同。安福垦区第一至四垦场共编成垦殖队 54 队。

垦殖所需生产及生活费用每年造具预算，经农林部批准后，在

---

①《农林部直辖各垦区管理局处清理荒地权规则》，农林部垦务总局编:《垦讯》第 4 期，1944 年 2 月 15 日，第 8 页。

垦务总局移垦费项下按月拨发。在垦民信用合作社未成立以前，由垦区管理局直接贷发给垦民。垦民信用合作社成立后，由垦务机关贷给信用合作社，再由信用合作社转贷给垦民。贷款由垦民分期偿还，垦民收入除偿还每年应还的贷款外，其余归垦民自有。垦民第一次秋收后，能自给的，即停止贷款。

表 55　农林部江西安福垦区垦民各项贷款额度表　（单位:元）

贷款名称	单位	1942 年贷款金额	1943 年贷款金额	备考
住宅费	户	140	150	
农具费	户	100	400	
家具费	户	100	200	
副业费	户	15	100	
食粮费	每人每月	16	30	新垦民 30 元，老垦民 15 元
种子费	亩	3.5	7	
耕牛费	头	500	1 000	
饲料费	头	10	30	
肥料费		10 000	2(每亩)	1942 年为全垦区总额
农田水利费		4 000	24 000	全垦区总额
卫生费		5 000	10(每人)	1942 年为全垦区总额
其他		—	2 970	1943 年为全垦区总额
总计		477 038	1 222 730	

资料来源:《安福垦区管理局 1942 年度工作总报告书》，台北:“中央研究院”近代史研究所档案馆藏国民政府农林部档案，20－87－247－07。

垦民每户贷款有规定的额度，超额部分不予贷放。生产费用方面，每户贷给农具费用 100 元，家具费 100 元，建筑或修缮房屋费用 150 元，饲料费用 10 元，副业费用 15 元，种子费用每亩 3.5 元。

除给养及副业贷给现金外，其余均以实物形式贷给。据表55所示，安福垦区1942年共贷出477 038元，1943年贷出1 222 730元。贷款主要用于生产投入，且增长较快。这一方面是因为垦民增加，资金需求增大；另一方面也是因为通货膨胀扩大所致。总体来看，安福垦区因有农林部固定的经费预算，垦殖资金来源较为稳定，垦区生产发展较快。

耕牛是垦荒的主要动力，移垦区各县耕牛较少。各场耕牛均由垦区管理局会同垦民代表赴江西萍乡、宜春等地购买而来，然后以实物贷款形式发放给垦户。垦户耕地50亩的，贷给耕牛1头；不足40亩的，两户合用耕牛1头。抗战初期，一头耕牛仅卖三五百元，但随后牛价高涨。如安福垦区原以每头500元造具耕牛预算，农林部批准后，垦区派人赴萍乡购买耕牛时，牛价已涨至每头1 800元以上。为了缓解垦区的“牛荒”，1943年初，农林部将设在江西安福的第五耕牛繁殖场划归安福垦区管理局接办，共移交水牛38头、黄牛24头。繁殖场耕牛及所生仔牛属垦场公有，由垦场支配使用，垦民贷款购买的耕牛及所生仔牛属垦民私有。每二三垦户共牛1头，共牛的各垦户合作饲养，轮流使用。安福垦区1941年底购得耕牛176头，1942年1月又购买水牛30头、另外购黄牛85头，1942年生小牛32头。① 截至1943年底，安福垦区共贷发水牛230头、黄牛124头(含第五耕牛繁殖场移交耕牛)。② 垦场对所有耕牛均编烙号码，以防走失或垦民私自出售，并注射疫苗以防牛瘟。这些举措，大大缓解了耕牛不足的问题。

---

①《农林部江西安福垦区管理局1943年度工作计划及分月进度表》，台北：“中央研究院”近代史研究所档案馆藏国民政府农林部档案，20-87-244-06。

②《安福垦区管理局1942年度工作总报告书》，台北：“中央研究院”近代史研究所档案馆藏国民政府农林部档案，20-87-247-07。

安福垦区管理局还采取“退旧换新”的办法，缓解新垦民耕牛缺乏问题。鉴于老垦民入场较久，已有一定经济基础，而新垦民资金有限，安福垦区管理局将入垦 2 年的老垦民所贷耕牛一律收回，转借给新垦民使用，再向每户老垦民贷给食谷 3 石，资助老垦民购买新牛。垦区管理局规定，自 1944 年起，耕牛借给垦民使用，每年收取一定的牛租，用作补偿耕牛退旧换新的损失。鉴于水牛耕作能力普遍高于黄牛，因此其租率也有所不同。其中，黄牛每头每年租谷 2—4 石，水牛每年每头租谷 3—6 石。这是在不得已情况下实施的特殊办法，有利于激发垦民的生产积极性，提高贷款的利用率，也有利于缓解垦区的“牛荒”。一头耕牛动辄数百元至一千多元，耕牛一旦死亡，对垦户来说无疑是严重打击。对此，垦区除要求垦民不要虐待及过度使用耕牛外，还与江西省农业院联系，请其派防疫人员给耕牛注射血清，以防止疫病发生。此外，垦场还办理耕牛保险，一旦耕牛死亡，可以得到一定的经济赔付，以减少垦民的损失，帮助垦民渡过难关。

安福垦区管理局成立初期，代垦民预制大批农具。每垦户贷发大锄、小锄、四齿耙、铁锹、镰刀、柴刀各一把，开荒犁数张，每二三垦户合用耙耖两种。垦务机关为垦民代办的农具，均以实物形式贷发垦民，而不直接贷发垦民现金购买农具，以防止垦民将资金挪作他用。垦区代办农具，主要选用新式农具或改良农具，以便进行新农具的推广和试验，提高农业生产效率。不过，由于垦务机关代办的农具均为江西本地样式的农具，而垦民来自各地，其耕种方法、用具及习惯互有差异，耕作所用农具互有不同。一般来说，垦民普遍喜欢用各自原来的农具，故代办农具实际上常产生种种困难。自 1942 年起，垦区管理局不再为垦民定制农具、家具，而是贷发额定农具家具费用的半数，由垦民自行购制。农具制成后，经垦场管理员验收认可,再贷发其余半数。不过,农具推广也并非完全没有进展,真正合用的新型农具还是很受垦民欢迎的。例如,赣南有部分河南籍垦民长期使用河南犁。这种犁外形大而笨重,有对称式的犁尖和几乎同地面成直角的犁鐴构成,耕作效率低。垦场从江西省农业院定制一批洋式单犁,小巧轻便,耕作效果好。两相比较,垦民觉得不论是河南犁还是本地犁都不合用,而江西省农业院引进的洋式犁最为好用,"结果对于洋式单犁发生了好感,因为它轻快而翻土完全"①,洋式犁得到了推广使用,从而提高了耕作效率。至 1943 年,安福垦区管理局共计向每垦户贷发农具 18 种,计 6 460 件,家具 7 种,计 6 250 件。②

开垦荒地方面,安福垦区成立后,每垦民配发垦地 8 亩,种植水稻杂粮。第一期从 1941 年 9 月开办到年底,因牛价飞涨,耕牛不容易买到,仅购水牛 38 头、黄牛 15 头。受经费未到位及耕牛不足的影响,仅第一垦场垦地 30 亩,其他各场仅从事烧草、建屋、清理水源等初步工作。1942 年,垦民努力耕作,垦荒进度明显加快,全年开垦荒地 10 595.8 亩。其中,第一垦场 3 461.5 亩、第二垦场2 527.5亩、第三垦场 2 256.8 亩、第四垦场 2 350 亩。③ 到 1943 年 2 月底止,各场累计开垦荒地 13 561.8 亩。④ 此后一年增垦荒地5 300余亩,到 1944 年 2 月底止,共开垦荒地 18 869.3

① 周承澍:《难民移垦问题》(中),《国是公论》第 19 期,1938 年,第 15 页。

②《安福垦区管理局 1942 年度工作总报告书》,台北:"中央研究院"近代史研究所档案馆藏国民政府农林部档案,20-87-248-12。

③《安福垦区管理局 1942 年度工作总报告书》,台北:"中央研究院"近代史研究所档案馆藏国民政府农林部档案,20-87-248-12。

④《安福垦区管理局 1943 年 3 月份工作简报》,台北:"中央研究院"近代史研究所档案馆藏国民政府农林部档案,20-87-248-04。

亩。[①] 可见,安福垦区荒地开垦最多的是 1942 年,共开荒 10 000 余亩。此后,垦荒速度虽有所下降,但总量仍不少。自 1943 年起,到 1944 年 4 月安福垦区管理局结束时止,一年多时间里仍开垦荒地8 000多亩。

生产方面,1942 年共种植各种作物 10 536 亩,其中以水稻为主,共计 9 449 亩。1942 年秋季四个垦场共计收获水稻 14 198.7 石、大豆 8.2 石、油菜 16.5 石、芋 32.6 石、甘薯 615.5 石、棉花 2 石、花生 24.2 石、烟叶 2.1 石。[②] 该年受螟虫害影响,水稻普遍减产,严重的减少产量达 50%。即便如此,1942 年秋季收获后,垦民已有一半以上达到自给自足的程度。其余垦民所缺的四五个月食粮,则从 1943 年度食粮费项下贷给,垦民吃饭问题基本得到解决。1942 年冬耕,各垦场种植油菜 1 545 亩,蚕豆、豌豆 323 亩,小麦 221 亩,蔬菜 163 亩,其他作物 30 亩,合计 2 282 亩。[③]

表 56 农林部江西安福垦区 1942—1943 年种植作物面积产量及价值统计表

作物名称	1942 年				1943 年	
	面积(亩)	产量(百斤)	价值(元)	每百斤价格(元)	面积(亩)	产量(百斤)
水稻	9 449	14 199	1 277 910	90	15 809	25 566
大豆	66	8	1 280	160	298	117
芋头	140	456	36 480	80	32	309

① 《农林部江西安福垦区管理局 1944 年 2 月份工作简报》,台北:"中央研究院"近代史研究所档案馆藏国民政府农林部档案,20-87-248-03。

② 《农林部江西安福垦区管理局 1943 年度工作计划及分月进度表》,台北:"中央研究院"近代史研究所档案馆藏国民政府农林部档案,20-87-244-06。

③ 《农林部江西安福垦区管理局 1943 年度工作计划及分月进度表》,台北:"中央研究院"近代史研究所档案馆藏国民政府农林部档案,20-87-244-06。

续表

作物名称	1942 年				1943 年	
	面积（亩）	产量（百斤）	价值（元）	每百斤价格（元）	面积（亩）	产量（百斤）
甘薯	175	616	24 640	40	300	555
棉花	16	2	8 000	4 000	332	123
花生	76	24	10 800	450	130	78
芝麻	35	18	5 760	320	337	66
荞麦	52	26	2 600	100	—	—
油菜	30	17	4 250	250	—	—
烟草	1	2	6 400	3 200	117	31
蔬菜	173	—	345 000	—	269	—
其他	356	—	—	—	227	—
总计	10 536	—	1 723 120	—	17 850	26 845

说明：1. 上表中 1942 年垦荒总面积统计有误，经核算应为 10 569 亩。2. 1943 年作物价格及总价统计数据缺失。

资料来源：1.《农林部江西安福垦区管理局 1943 年度工作计划及分月进度表》。2.《安福垦区管理局 1942 年度工作总报告书》，台北："中央研究院"近代史研究所档案馆藏国民政府农林部档案，20－87－244－06，20－87－248－12。

从表 56 中可以看出，1943 年安福垦区作物种植面积达到 17 800多亩，比 1942 年增加 7 000 多亩。水稻在各种农作物中占绝大部分，1943 年收获水稻 2 556 600 斤，比 1942 年增长 1 136 700 斤。副业方面，垦区管理局贷发副业费，由垦民自主经营。副业种类以养鸡最多，猪、鸭、羊次之。1942 年因副业贷款过少，未能扩大规模经营。1943 年副业生产有所扩大，共计养猪 156 头、羊 50 头、鸡 2 381 只、蜂 81 窝。[①] 有的老垦民还组织副业生产合作社，向银

① 《农林部江西安福垦区管理局 1943 年政绩比较表》，台北："中央研究院"近代史研究所档案馆藏国民政府农林部档案，20－87－248－12。

行贷款经营副业。1943 年，安福垦区垦民组织成立“同工联合社”，向银行贷款 20 余万元，大规模经营副业。1943 年 3 月份，安福垦区领取给养垦民 770 人，主要是新增收的垦民，实领 22 708 天，共计发放给养 11 354 元。① 领取给养人数比以前大幅减少，说明垦区生产取得较好的成绩，垦民“粮荒”问题大为缓解。

安福地区全年雨水分布较均匀，农田水利多靠雨水及山水灌溉，水利设施大多年久失修。受经费限制，安福垦区管理局未能大规模兴修水利工程，只能利用冬闲时间发动垦民修浚一部分塘堰，以补充雨水的不足。据统计，至 1943 年 2 月，累计修理、疏浚堰沟 388 600丈、排水沟 248 762 丈、水井 5 口、堰塘 105 口，灌溉面积 15 191亩。至 1943 年底止，共修理堰沟 629 532 丈、井塘 155 口。另修理道路 256 675 丈、桥梁 8 座。②

根据农林部规定，垦民贷款须组织信用合作社借贷。安福垦区垦民各种合作社中，以信用合作社最多。合作社业务范围仅限本垦场，只有本场职工及垦民才有资格入社。合作社仅对社员营业，不对非社员营业。其主要业务是贷放生产及生活资金给社员，吸收社员的存款与储金。信用合作社同时兼营供给业务，如供给消费品、购买耕牛、农家具物品，以及运销产品等，既方便了垦民的生活，也繁荣了垦区经济。但兼营部分的经济须独立核算，不与信用部分业务交叉。信用合作股金为每股 6 元，未经合作社同意，社员不得转让社股，或以股份担保债务。不论认股多少，每人只有一票权。

---

①《农林部江西安福垦区管理局 1943 年 3 月份工作简报》，台北：“中央研究院”近代史研究所档案馆藏国民政府农林部档案，20－87－248－03。

②《农林部江西安福垦区管理局 1943 年政绩比较表》，台北：“中央研究院”近代史研究所档案馆藏国民政府农林部档案，20－87－248－12。

合作社经理由垦场主任兼任，会计由安福垦区管理局指定垦场助理员担任。合作社除设立监事会和理事会处理社务外，为了保证贷款安全，信用合作社还设立信用评定员 5 人，组织信用评定会，对社员的信用进行评定，作为是否批准贷款的参考。社员借款时，由理事会考核借款用途及信用程度，再决定是否贷给。理事会认为必要时，可要求贷款人提供保证人，或提供担保品。信用社于年度终了时进行结算，盈余除弥补损失及付股息、年息 1 分外，剩余部分以 20%作为公积金，专用于弥补损失；5%作为公益金，用于发展垦场合作、教育及其他公益事业；10%作为理事、经理、司库、事务员的酬劳金；65%作为社员分红。兼营供给部分的盈余分配办法与此相同。与江西省垦务处所举办的垦民信用合作社不同的是，安福垦区垦民信用合作社定为“无限责任”，如果结算时有亏损，则以公积金、股金顺次抵补。如再不足，则由各社员连带付清偿责任。战时物价上涨较快，合作社聚集个体力量共同应对风险，有利于活跃垦区经济，改善垦民的生活。1942 年，各垦场因垦荒繁忙，未能将垦民各种合作社组织完成。1943 年起，各场陆续组织成立合作社。安福垦区管理局在各场均设立合作社一处，于吉安设立各垦场联合社，以便联系指导各垦场合作社的业务，并负责安福垦区管理局所有仓谷储运业务。

合作社供给业务分为粮食、油盐、杂货三项。粮食以全垦场公用为目的，不赚取利润，是合作社的主要业务。油盐业务则以盈利为目的，盈余专供安福垦区管理局额外开支。合作社在维持垦民生活及补贴垦场办公经费方面起到了积极作用。如各垦场办公费按照员工人数计算，原定标准为每人 90 元。自 1943 年 11 月份起，垦区管理局将标准降低为每人 50 元，另外 40 元由联合社盐余项下出账，报销时仍照原定 90 元报核，从而弥补了因物价上涨导致办公费的不足。因战时物价暴涨，粮食统制销售，不易购到粮食。为保证垦务机关人员的基本生活需求，江西省政府规定公务员可以平粜价购得一定量的粮食，即“公米”。安福垦区管理局 1943 年购进平粜谷 500 石，规定自 1943 年 11 月份起，至 1944 年 4 月份止，员工每人每月限购 20 斤，家属不发。平粜谷原价及仓谷储运费，按每百斤 120 元计算，其盈亏也由联合社出账。员工应得公米愿意出售的，由联合社照市价收买，但不准向外抬售。遇市价高涨时，利润至多不得超过 10%；市价低落时，照市价减低 5%销售。战时粮食市场波动较大，每年四五月份青黄不接时，即便出高价，也很难买到粮食；每年秋收时，新谷登场，往往价格大跌。垦民给养贷给现款，但每年青黄不接时，粮食不易购买，种谷更难买到。为此，安福垦区管理局在每年秋收时期，预先购进大量稻谷，以便垦民缺粮时候，以原价贷给垦民，使垦民少受粮价波动之累，一定程度上维护了垦民的利益。

安福垦区自 1941 年 9 月成立，到 1942 年底一年多的时间，各项生产事业取得了较快的发展。安福垦区管理局局长周长信在给垦务总局的报告中称，到 1942 年底，安福垦区共招收垦民 2 673 人，另从兴国第六临时教养院招收荣誉军人 300 余人，共计约 3 000 人。开垦荒地共 10 500 余亩，80%栽种水稻，其余播种杂粮、蔬菜等。购买耕牛 260 余头，生有小牛 40 余头，共有牛 300 余头。建筑垦民房屋 400 余座，农家具等实物贷出五六千件以上。1942 年，共收获稻谷 14 000 余担，油菜籽 17 担，花生 240 担，芋 3 000 余担，红薯 6 000 余担，烟叶 22 担，其余蔬菜、家畜、家禽等若干。经济方面，安福垦局自 1941 年 9 月 16 日成立，至 1942 年底止，共计支出经常费、事业费约 90 万元。而 1942 年所收获的农产品，以安福当地物价估计，食谷 14 000 担，每担 70 元，即值 98 万元；其余各种农产品价值5万元左右，总计农产品价值103万元左右。垦区所支用的经费中，约有70万元为事业费，是以贷款方式发给垦民，可完全收回。所以，1941年安福垦区实际仅用去经常费20万元左右。[①]周长信认为："在荒芜不毛之地一经开垦，即可生产多量之农产品，至少足够垦民千人一年之食粮，确切符合政府增产粮食之要求。所贷之款70万元分配垦民作为给养，购买耕牛及农家具等，此70万元未曾损失分文。"[②]以20万元的投入，获得103万元的回报，让一千多垦民自食其力，不需要政府出钱救济，而所垦荒地价值尚不算在内[③]，说明安福垦区事业取得了较好的成绩。1943年秋收后，垦民能自给自足者三分之二以上。垦区管理局还筹设各场积谷仓，调剂粮食余缺，保障垦民的基本生活。1943年冬耕种植油菜2 047亩、小麦546亩、蚕豆345亩、豌豆53.3亩、蔬菜345亩、其他作物118亩，合计3 439.3亩。[④] 国营安福垦区因有稳定的经费和技术支持，加上管理较为规范，垦殖事业发展较快。安福垦区管理局在1944年4月撤销时，共有垦民4 422人，其中普通垦民4 093人，垦兵329人，开垦荒地18 000余亩。[⑤] 垦民大部分已停止贷发给养，生活实现自给，基本实现了预定的救济目标。从经济学的角度来看，垦殖事业的确是一项回报丰厚的生产事业，也是救济难民

---

①《安福垦区管理局局长周长信呈报1942年工作》(1942年12月30日)，台北："中央研究院"近代史研究所档案馆藏国民政府农林部档案，20-87-246-07。

②《安福垦区管理局局长周长信呈报1942年工作》(1942年12月30日)，台北："中央研究院"近代史研究所档案馆藏国民政府农林部档案，20-87-246-07。

③《安福垦区管理局局长王重致农林部垦务总局未文电》(1943年8月18日)，台北："中央研究院"近代史研究所档案馆藏国民政府农林部档案，20-26-030-17。

④《安福垦区管理局1942年度工作总报告书》，台北："中央研究院"近代史研究所档案馆藏国民政府农林部档案，20-87-248-12。

⑤《垦务处历年简况统计表》，江西省档案馆藏民国江西档案，J060-2-00163-62。

的有效措施。

第三节　归于沉寂——难民移垦事业的结束

随着战局的发展，中国大片国土沦陷，粮食主产区和重要工业基地相继陷于敌手，西北作为抗战大后方的战略地位凸显，国民政府加速了西北地区的开发，计划将西北建设成为抗战基地。垦殖不但可以提供西北开发所需的粮食，还可以为发展西北工业提供原材料，成为西北开发的重点工作之一。此外，西北荒地辽阔，也是战后军队复员屯垦的理想场所。因此，抗战胜利前后，国民政府垦务政策出现了三个方面的变化：一是垦务重心由内地向边疆地区转移；二是垦务主要目的由救济难民向开发边疆、巩固边防、复员军队转变，垦殖的政治和军事目的凸显；三是随着难民潮的回落，垦殖的主要形式由难民移垦向军垦转变。国民政府垦务重心的转移，促进了西北等边区的开发和中央政治力量的深入，但也影响了对内地难民移垦事业的投入和支持，喧闹一时的难民移垦事业在战后无形结束。

一、战时垦务重心的转移

民国时期，西北各省长期与内地关系疏离，局势动荡，边患严重。20 世纪 30 年代年代初期，国民政府曾制订实施《西北开发计划》，但因交通困难，人才、技术和经费缺乏，加上中央对边疆控制力不强，开发成效不彰。

随着大片国土沦陷，西北地区作为长期抗战的后方基地，其地位日渐重要，国民党高层对此有着一致的认识。蒋介石即指出：“我国抗战根据，不在沿江沿海之浅狭及交通地带，而在广大深长之内地，西南、西北诸省，尤为我抗战之策源地。”① 1939年5月，行政院在重庆召开“全国生产会议”也指出：“今后国家整个生产政策，应以西南、西北经济建设为中心原则之一。”②1942年，蒋介石赴西北各省考察一个月。9月22日，蒋介石在出席中央总理纪念周上发表谈话称：“西北各省就是我们将来建国最重要的基础。”③11月，国民党五届十中全会第十次会议通过《关于积极建设西北增强抗战力量奠定建国基础案》，正式将西北开发作为抗战建国的基本战略，西北再次成为国人关注的焦点。

西北开发首推农业开发，移民垦荒自然成了西北开发的先声和重要内容。国民党五届十中全会对农林部工作报告提出的审查意见认为：“垦殖建设除按照原定计划进行外，对于战后复员，尤应事先准备大规模垦区，一面实现总理化兵为工为农政策，并树立屯田制度，以固边陲。”④移民垦荒不但可以提供军糈民食，解决西北开发的粮食问题，还可以为发展西北工业提供原材料，巩固边防，因此“边省地旷人稀，移民垦殖尤为边政之要务，植基树本，尽应先事而预谋也”⑤。

---

① 沈云龙主编：《近代中国史料丛刊三编》（第44辑），《全国生产会议总报告》，第100页。

② 沈云龙主编：《近代中国史料丛刊三编》（第44辑），《全国生产会议总报告》，第100页。

③ 秦孝仪主编：《总统蒋公思想言论总集》（卷19），台北：“中央文物供应社”1984年版，第317页。

④《经济组审查委员会对于农林部工作报告之审查意见》（1942年11月27日），浙江省中共党史学会编：《中国国民党历次会议宣言决议案汇编》（第3分册），1986年（内部版），第318页。

⑤ 沈云龙主编：《近代中国史料丛刊三编》（第44辑），《全国生产会议总报告》，第94页。

彼时，发展西北垦殖事业的时机较为成熟。首先，内地面积辽阔、适合集团耕作的大片公有荒地不易寻得，多数是公荒、私荒掺杂其间，开垦后易引起地权纠纷。西北边疆如甘肃、绥远、宁夏、新疆、西康等地则人烟稀少，大片荒地比比皆是，适合实行集团耕作制度，实施大规模机械化耕作，提高农业生产率。其次，开垦荒地需要投入大量生产生活资金，同时还要配套进行大型水利和基础设施建设，西北地方政府由于人力、物力、财力和技术力量等的不足，大规模开发力不从心，这种浩大工程只有依靠中央政府的力量才能办到。再次，抗战给中国政局带来的一个重要变化就是，国民政府加强了对西北、西南边疆地区的控制，从而奠定了西北开发的政治基础，特别是新疆省政府主席盛世才调任农林部部长兼垦务总局局长后，对移送内地民众往新疆垦荒持欢迎态度，这给移垦新疆带来了契机。

强化西北边疆与内地关系，移殖内地人民往西北开垦荒地，尤以移送军队往西北垦荒，实行军屯最为有效。这是因为：首先，军人长期驻扎边疆，有利于巩固国防。一旦边疆局势出现动荡，军人可以立即复员，投入战斗。其次，相比较移送普通民众而言，军人战斗力、组织性都很强，土著势力不敢任意驱逐移垦军人，军垦区较普通民垦区更有安全保障，屯垦较容易成功。再次，边疆地广人稀，可以吸纳安置大量复员军人，可以较好地解决战后军队复员的问题。最后，军垦可以大规模有组织进行，易发挥集团耕作的优势，提高劳动生产率。1941 年 11 月，虽然抗战仍在艰苦进行，蒋介石即已提出战后军队复员安置问题，途径之一即是复员军队“屯垦实边”。11 月 27 日，蒋介石手令农林部渔牧司“对于战后军队复员时之屯垦方案，应预为筹划设计，并应在屯垦区预定各县筹设牧场，多养牛马，备作他日之屯垦工具为要”①。农林部随即与军政部联合，在大后方省份设立数个屯垦实验区，招收荣誉军人，试验军垦，为战后军队大规模复员屯垦边疆积累经验。军垦试验区由农林部和军政部联合办理。其中，垦殖业务由农林部垦务总局负责，军队风纪及给养等由军政部负责。

1942 年，国防最高委员会指示农林部，除特别发展国营农场与积极奖励集团农场以外，“对于屯垦实边业务应定为该部中心工作，期于三年以后至六年以内，能在西北新疆、青海、河西、西康、滇西各地，移屯三百万至五百万兵民”②。与此同时，农林部所订 1942 年度行政计划，特列有“实验集体耕作”一项，计划选择西北、西南边疆要地两处，“以集体耕作方式，开垦荒地，增加生产，建设新村，实现耕者有其田，为战后移垦边疆大规模实行集体耕作之准备”③。

自 1944 年起，农林部主办内地国营垦区业务进入调整和紧缩阶段。1944 年初，农林部确定本年度垦务施政方针为：“一面加紧发展民营垦务，一面积极进行移民实边。”④该年，农林部垦务总局未再增设新垦区，而是将内地部分办理比较成熟的垦区移交地方政府办理，将垦区管理局移设边疆地区，着力发展边疆地区垦务。

---

①《蒋中正手令（机秘甲第 5017 号）》（1941 年 11 月 27 日），台北：“中央研究院”近代史研究所档案馆藏国民政府农林部档案，20－26－021－05。

②《行政院训令（顺柒字第 25993 号）》（1942 年 12 月 14 日），台北：“中央研究院”近代史研究所档案馆藏国民政府农林部档案，20－26－008－11。

③《奉令选择垦区试办集体农场及拟订实施计划呈核等因呈复鉴核由》（1942 年 6 月 5 日），台北：“中央研究院”近代史研究所档案馆藏国民政府农林部档案，20－26－008－12。

④《本部原有内地直辖垦区紧缩》，农林部垦务总局编：《垦讯》第 4 期，1944 年 2 月 15 日，第 11 页。

导致内地垦务紧缩的原因有三个方面。首先，内地部分办理较早的国营垦区，荒地基本开垦完毕，垦区人口趋于饱和，垦民多数已能自给，并开始偿还各项贷款；垦区建设工作基本完成，已无需垦务机关继续办理，按规定垦区应交由地方政府管理。其次，随着战局趋稳，难民潮开始回落，垦民招收更加不易。最后，边疆大片荒地有待开发，农林部限于经费、人力和技术等资源不足，只能将有限资源从内地省份移到边疆地区，发展边疆垦务。为此，农林部制订《农林部垦区管理局移交接管办法草案》，规定："各垦区管理局荒地配垦完竣，垦民百分之八十以上达到自足时，则管理局撤销，其未办事项移交地方政府继续办理。垦局撤销后，垦区行政事宜交由地方政府办理，垦民、垦兵隶辖地方政府后，即依法取得当地公民资格，对于中央及地方政府法令规定之权利义务与当地人民相同，但其经政府核准之权利义务未满期限以前仍属有效。"①这一规定旨在确保《非常时期难民移垦条例》及相关法令赋予移垦难民的各项优待政策不至于在垦区管理局撤销后被取消。这一办法草案后来经过修改完善，成为各垦区交接的依据。据此，内地各国营垦区陆续移交地方政府办理。1944 年内地垦务具体调整情况为：将陕西黄龙山、黎坪、江西安福，三个国营垦区撤销，分别移交陕西、江西两省政府接办。江西安福垦区管理局移设西康泰宁，设立国营泰宁垦区。撤销河南伏牛山垦区，业务移交河南垦务督导专员办事处接管。撤销甘肃岷县垦区，将垦民和垦军分别移交甘肃省政府及军政部接管，岷县垦区管理局移设玉门，成立河西关外垦区。以上五个垦区办理结束，共移交垦民64 627人，荣军 549 人，垦

① 《农林部垦区管理局移交接管办法草案》，台北："中央研究院"近代史研究所档案馆藏国民政府农林部档案，20－26－038－02。

地 404 695 市亩。[①] 此外，紧缩业务的有贵州六龙山垦区和四川金佛山垦区，六龙山垦区管理局改为办事处。撤销福建顺昌垦区，移设福建莆田，设立福建滨海垦区。

至 1944 年底，仍保留的国营垦区为四川东西山屯垦实验区、河西永昌垦区、福建滨海垦区、西康西昌垦牧实验场、四川金佛山垦殖实验区、贵州六龙山垦殖实验区办事处等六处。连同新设立的甘肃河西关外和西康泰宁两垦区，共计保留国营垦区八处。1944 年农林部垦务总局共增收垦民 752 人、荣军 463 人，增垦荒地 39 451 市亩。可见，1944 年内地国营垦区业务进入、收缩阶段，招收垦民大幅减少，且以荣军为主。截至 1944 年底，各国营垦区累计招收垦民 68 698 人，荣军 2 797 人，垦地 448 307 市亩（含已移交地方政府的部分）。[②]

1944 年 12 月 2 日，农林部审查 1945 年度垦务工作计划，决议“调整各垦区人事，增加并充实技术人员员额，局长人选以具有行政经验及抱有事业热心之农林专门人员充任之，尤以河西、绥远、宁夏之垦局局长须慎重选派”[③]。文中所提“河西垦局”即农林部垦务总局设在甘肃河西永昌及关外的两垦局。农林部对这几处垦区人事较为重视，因西部地区是垦务重心所在。决议还特别指出甘肃、绥远、宁夏等省垦务工作要点，如“积极发展河西两垦区垦务，并配合本部之农田水利畜牧及其他有关业务共策进行”，“绥远、宁

① 《农林部三十四年度政绩比较表》，台北：“中央研究院”近代史研究所档案馆藏国民政府农林部档案，20 - 07 - 031 - 03。

② 《农林部三十四年度政绩比较表》，台北：“中央研究院”近代史研究所档案馆藏国民政府农林部档案，20 - 07 - 031 - 03。

③ 《垦务三十四年度施政纲要提案审查会记录》（1944 年 12 月 2 日），台北：“中央研究院”近代史研究所档案馆藏国民政府农林部档案，20 - 26 - 006 - 23。

夏各设立垦区一处，以为筹办复员屯垦之据点，垦区之地点应妥慎选择，并应商同水利委员会及其他有关机关配合办理”，“泰宁局三十四年度工作方针应侧重复员屯垦之筹备，至西昌及六龙山两垦区则应加以充实，其他各局业务仍照常办理”。[①] 泰宁垦局及西昌垦局均属西康省，是垦务的重点地区之一。农林部 1945 年的工作方针为：“一方面继续推进现有垦务，一方面筹备战后复员屯垦工作，期大量安置荣军，复员军队，失业人民，配合建国所需，实现总理兵工及边疆政策，达到充实边防，调剂人口，增加生产，巩固国防，耕者有其田境地。”[②]垦务工作“应以荒地面积大小及荒区附近环境为标准，凡大片荒地及其有屯垦价值之地区，由中央设置垦局经营之。凡零碎荒地及人口众多之地区，由中央督导地方办理之”[③]。故自 1945 年开始，农林部垦务工作要点为：筹立垦殖据点以备胜利后随时即可实行迅速大规模的复员屯垦；注重充实边防，调剂并容纳内地人口；边区与内地垦务并重，务期野无弃地；增加农业生产，配合并补给建国时工业之需。[④] 由此可知，自 1945 年起，农林部垦务政策重心已经转移至西康、甘肃、宁夏、绥远等西北边疆地区，且以军垦为中心。这一转变既是执行蒋介石意志的结果，更是为适应现实情况的需要。农林部虽然提出“边区与内地垦务并重”，但受财力、物力和人才等条件的限制，实际上很难兼顾到

---

① 《垦务三十四年度施政纲要提案审查会记录》(1944 年 12 月 2 日)，台北：“中央研究院”近代史研究所档案馆藏国民政府农林部档案，20-26-006-23。

② 李顺卿：《迎三十四年——检讨过去垦务阐述今后方针》，农林部垦务总局编：《垦讯》第 7—8 期合刊，1945 年元旦，第 1—2 页。

③ 《垦务三十四年度施政纲要提案审查会记录》(1944 年 12 月 2 日)，台北：“中央研究院”近代史研究所档案馆藏国民政府农林部档案，20-26-006-23。

④ 《垦务三十四年度施政纲要提案审查会记录》(1944 年 12 月 2 日)，台北：“中央研究院”近代史研究所档案馆藏国民政府农林部档案，20-26-006-23。

内地垦务，这给内地难民移垦事业的发展带来了不利影响。

二、安福垦区的接收困局

1944年初，鉴于江西安福垦区垦民已足自给，垦地已开垦至相当限度，为集中力量经营边区垦务起见，农林部决定迁移江西安福垦区管理局，专设于西康，①发展西康垦务，并准备依照规定将安福垦区业务移交江西省政府接办。在移交过程中，农林部和江西省政府因安福垦区财产处置及管辖问题产生分歧。江西省政府以“经费无着”为由拒绝接办国营安福垦区业务，致交接工作成为“悬案”。安福垦区则因经费来源中断，只得改为安福合作农场，以维持生存。受战局发展、经费困难以及垦务总局裁撤等因素的影响，改组后安福合作农场不但未能摆脱困境，反而更加艰难。安福垦区的命运，反映了战时国营垦区的一般面相。

安福垦区的结束和移交分为两次完成。第一次是撤销安福垦区管理局。因江西省政府拒绝接收，安福垦区所遗垦务移交农林部皖赣区垦务视导专员办事处管理。不久，皖赣区垦务视导专员办事处又遭裁撤，所遗业务只得交给江西省政府接办。1944年2月16日，农林部计划结束安福垦区业务，指令安福垦区管理局局长王重为皖赣区垦务视导专员，负责办理安福垦区管理局所有善后工作。② 王重拟订《安福垦区管理局结束后所遗垦务善后办

①《农林部咨江西省政府》(1944年1月28日)，台北：“中央研究院”近代史研究所档案馆藏国民政府农林部档案，20-87-243-12。

②《据签呈暨意见为拟具安福垦务善后办法及耕牛配种站设立办法祈核示等情指令遵照由》(1944年2月26日)，台北：“中央研究院”近代史研究所档案馆藏国民政府农林部档案，20-87-243-12。

法》，[①]提交农林部审核。3月，王重赴重庆农林部，商讨结束安福垦区办法。4月16日，王重正式将安福垦区改组，成立安福合作农场。其具体为：

(1) 吉安青山第六荣军垦场尚待开发，故移交江西省垦务处接办，所有荣军贷款(约7万余元)由江西省垦务处收回后，解缴农林部。

(2) 吉安界牌岭第九垦场系战区难民移殖协会第十垦区改隶安福垦区管理局，仍归还战区难民移殖协会，垦民贷款由该会负责收回并解缴农林部。

(3) 撤销第七、八两垦场。

(4) 第一、二、三、四、五各垦场(安福洋溪、江口、泰山、洲湖、枫田等五垦场)荒地业已开垦完毕，垦民均已生产自给，自无续设机关之必要，但为促进垦民自治及发展其经济起见，由安福垦区管理局组织垦民成立"安福合作农场"。自1944年5月份起，安福合作农场以"人民团体"形式自行维持，并直接受农林部皖赣区垦务视导专员之监督指导。[②]

安福合作农场接办安福垦区管理局业务及财产档案，留用安福垦区管理局大部分人员。王重以视导专员名义派安福垦区管理局第一课课长张孔修为该场场长，垦务管理员刘强为垦务组主任，课员龚惠良为合作组主任，警察所长熊佐文为警卫组主任，调派童铭莹为会计组主任。留用职员24人、垦警15人、长工15人，计54

---

① 《江西安福垦区管理局结束后所遗垦务善后办法》(1944年1月22日)，台北："中央研究院"近代史研究所档案馆藏国民政府农林部档案，20-87-243-12。

② 《呈报本局结束情形及安福合作农场成立经过乞鉴核示遵由》(1944年4月28日)，台北："中央研究院"近代史研究所档案馆藏国民政府农林部档案，20-26-039-02。

人。按照这一方案，管理局人员除奉令迁往西康的人员外，基本上全部转入安福合作农场。农林部要求江西省垦务处辅导安福垦区业务，江西省社会处协助指导安福合作农场组织人民团体自行经营，垦民编入地方保甲，受地方政府管辖。

经费方面，安福合作农场自 1944 年 5 月份起开始运行，到年底共需经常费 631 040 元。安福垦区管理局将所存稻谷拨给安福合作农场，充作该场费用。自 1945 年度起，农林部即不再拨发经费给安福垦区。由于经费不足，为维持安福合作农场的运转，王重只得从自己负责办理的战区难民移殖协会食盐节余项下每月拨出 4 万元，充作安福合作农场经常费。值得一提的是，国营安福垦区在农林部停发经常费后，日常业务即无法维持，尚需仰赖民营的“战区难民移殖协会”补助。两相对比，亦可见国营垦务与民营垦务发展差距之大。

依据农林部垦务总局所制订的《安福垦区善后办法》，安福合作农场受皖赣垦务视导处的指导和监督，安福垦区管理局业务及财产交改组后的安福合作农场支配。王重并没有将安福垦区管理局的财产及业务移交给江西省政府，而是以农林部皖赣区垦务视导办事处专员的身份，兼任安福合作农场理事长，继续管理安福合作农场。江西省政府对安福合作农场的财产只有监督权，没有支配权，却又要对其负管理责任。这一政出多头的接收方案自然为江西省政府所反对，故拒绝接收安福合作农场业务。

1945 年初，行政院为适应战时体制，缩减行政开支，指令农林部裁撤垦务总局及其下属五个垦务视导专员办事处，并限于 1945 年 4 月底结束完竣。农林部决定将安福合作农场及皖赣垦务视导专员办事处文卷、财产等移交江西省政府接管，所有垦民贷款经由江西省政府负责收回缴还农林部。[①] 然而，皖赣垦务视导专员办事处因 1945 年度经费迟迟未领到，再加上维持安福合作农场及视导专员办事处费用均超出预算之外，所有费用均靠借债垫付，欠款为数巨大，以致该处“景况达于困难极度”[②]，无法办理交代。

5 月 2 日，距离行政院指定的办理交接日期临近，农林部再次指令“皖赣垦务视导处裁撤，其业务档案财产全部移交江西省政府垦务处接办”[③]。江西省垦务处认为移交办法对财产处置不合理，仍未予接办。9 月 14 日，农林部再次催促“将安福垦局财产档案移交江西省垦务处接收，监督合作农场保管使用，将来此项财产之变更处理由合作农场呈准江西省垦务处核办，由合作农场负责收回垦民贷款”[④]。也就是说，原安福垦区管理局财产由安福合作农场使用，受江西省垦务处监督，省垦务处无支配、处置权。江西省垦务处认为，如安福合作农场移交省垦务处直辖管理，则安福垦局财产、档案在移交垦务处接收后，应由省垦务处统筹支配，否则无需移交。[⑤] 行政院也认为农林部皖赣垦务视导处拟定的移交办法不妥，指令农林部协调此案。为此，农林部严令王重“将所有前安福

---

① 《农林部致江西省政府函》，台北：“中央研究院”近代史研究所档案馆藏国民政府农林部档案，20－26－054－27。

② 王重：《谨将本处三十四年上半年度工作情形缮具报告仰祈鉴察》（1945 年 7 月 30 日），台北：“中央研究院”近代史研究所档案馆藏国民政府农林部档案，20－26－060－15。

③ 《农林部训令（晋一垦字第 5144 号）》（1945 年 5 月 2 日），台北：“中央研究院”近代史研究所档案馆藏国民政府农林部档案，20－87－229－18。

④ 《农林部训令（利甲农字第 936 号）》（1945 年 9 月 14 日），台北：“中央研究院”近代史研究所档案馆藏国民政府农林部档案，20－87－229－18。

⑤ 《呈复安福合作农场倘系移交本处直辖管理，关于安福垦局财产档案拟请由本处统筹支配请鉴核示遵由》（1946 年 1 月 15 日），台北：“中央研究院”近代史研究所档案馆藏国民政府农林部档案，20－87－229－18。

垦局财产一并移交"江西省垦务处，[①]并于1946年1月21日指令江西省垦务处办理。

1946年11月，曾庆人接任江西省垦务处处长后，因江西省政府无专门经费接办安福合作农场，遂指示省垦务处第三中心垦殖场场长杨杰本着自力更生的原则，接办安福合作农场业务。杨杰决定采取"公督私营"方式，将安福合作农场改组为安福示范垦殖场，派谢席珍任示范垦殖场场长，负责办理原安福合作农场业务。1947年9月1日，谢席珍在安福县南门外李家祠原农林部安福垦区管理局旧址正式成立安福示范垦殖场，接收安福合作农场业务。垦场设总场1所，下设分场5所，共接收垦民426户，1 332人。其中参加耕作者460人，不能参加耕作者872人，垦地6 123亩。各场垦民共有小型农具如犁耙共156件、铁锄436件、大小耕牛84头。1947年，安福合作垦场共收入稻谷12 024石，麦40石，甘薯、大豆、芝麻、花生等600余担。[②] 因农林部、江西省政府均已不再向该场补助事业费和贷放资金，垦场靠向垦民征收稻谷作为管理费，其标准为每亩垦田每年征收稻谷15斤。

自1944年4月国营安福垦区管理局裁撤，至1947年9月，三年多时间里，因安福垦区财产接收矛盾，江西省政府屡次以"经费无着"为由，拒绝接收安福垦区业务。实际上，因垦场财产处理不当，贵州省政府、四川省政府、甘肃省政府等，均以各种理由拒绝接收农林部设在各该省的国营垦区，致使交接工作悬而不决。

安福合作农场自1944年5月成立后，虽然每月4万元经费由

---

①《农林部指令(渝利乙字第2236号)》(1946年2月20日)，台北："中央研究院"近代史研究所档案馆藏国民政府农林部档案，20－87－229－18。

②《江西省垦务处安福示范垦殖场业务计划》(1948年1月26日)，台北："中央研究院"近代史研究所档案馆藏国民政府农林部档案，20－26－072－09。

战区难民移殖协会食盐合作社盐余项补助，但受战局变化、经费缺乏及机构裁撤等影响，仍然面临重重困难。1944 年 10 月份，王重视察江西垦区后，致电农林部，陈述垦区困难："（一）垦民自编入地方保甲后，优待条文不能实行，勒索摊派为普遍现象，各地垦民纷谋迁徙，逃散日众，垦地复荒，维持原有状态已不可能，实无增垦希望。（二）垦务人员及垦民之执业自由完全丧失，排外之风日炽，省令不能贯彻，区乡保甲及地方士绅为阻垦排外之动力。（三）时局不定，垦民心理不安。（四）物价高涨，公私垦务机构均不能维持，更无发展力量。江西垦务情形虽土地及垦民来源均佳，裨益于抗建甚大，但现状不良，无法发展。"①为此，王重提出"将大范围之垦区划为设治区，由垦务主管人兼局长，直隶省政府，使脱离原有县政管辖，方能保持现有垦务及续谋发展"②。由于此时农林部垦务重心已经转移至边疆地区，故这一建议被农林部否决。

豫湘桂战役爆发后，1945 年 1 月中旬，日军由莲花东窜，经吉安、泰和，南下赣州，皖赣垦务视导专员办事处遂由吉安迁移至皖南屯溪，其工作重心随之转移至皖南。1 月下旬，吉安战事激烈，安福合作农场紧急迁移山中，大批垦民趁机逃散。安福合作农场经此浩劫，损失巨大。3 月份，战事稍缓，各办事处业务有所恢复，但垦民仍未敢迁回。7 月份，吉安、泰和一度被日军占领，安福合作农场再遭重大损失。为节省开支，农场员工由 55 人裁减至 25 人，办公费由垦场自筹，每月 4 万元办公经费由垦场合作社盈余项下补助。皖赣垦务视导处裁撤后，安福合作农场仅以人民团体组织独立存在，其中心工作

① 《王重致农林部申有电》(1944 年 10 月 28 日)，台北："中央研究院"近代史研究所档案馆藏国民政府农林部档案，20－26－060－18。

② 《王重致农林部申有电》(1944 年 10 月 28 日)，台北："中央研究院"近代史研究所档案馆藏国民政府农林部档案，20－26－060－18。

为招抚垦民，整训组织，调查财产损失，垦务濒于停顿。

垦民编入地方普通保甲后，至 1946 年底止，居住已满 3 年，依照规定应承担保甲义务。但因连年荒歉，垦民生活艰苦，尚不能自给自足。1946 年 11 月，安福合作农场呈请安福县政府，准予自 1947 年起，继续免除义务 2 年，以示优恤流亡。安福县政府也认为该场垦民“因连年荒歉，生活极为艰苦，对于地方保甲一般义务难于负担，确属实情”①。安福垦场经历战争破坏，加上经费奇缺、管理不善，事业发展困难，直至 1948 年初，垦场业务尚未恢复至战时水平。安福合作农场垦民因“疾病、灾荒及战乱等原因，负债甚巨，所收稻谷除还债外，仍不敷食用”②。因缺乏资金，垦民“农具、耕牛严重不足，多用铁锄垦荒，或出重租向居民租用耕牛农具”③。1948 年 3 月 11 日，江西省垦务处奉令撤销，所有业务归并江西省农业改进所，安福示范垦场一起并入江西省农业改进所。

抗战时期安福垦区尚能正常运转，而垦务总局裁撤后，安福合作农场却日益艰难，垦民由初期的 4 422 人，减少到 1 332 人，④垦务趋于衰落。因缺乏资金，接收过程曲折，加上战事影响，垦民生产生活困难重重。说明垦殖事业的顺利发展必须有完善的制度保障，连续的政策执行，并且还要处理好相关方的利益分配。安福垦区的命运反映了战时国营难民移垦的尴尬处境和困难结局。

---

①《安福县政府致江西省政府代电(建字第 3160 号)》(1946 年 12 月)，台北：“中央研究院”近代史研究所档案馆藏国民政府农林部档案，20－00－14－048－08。

②《江西省垦务处安福示范垦殖场垦殖事业生产概况调查表》(1948 年 4 月 30 日)，台北：“中央研究院”近代史研究所档案馆藏国民政府农林部档案，20－26－072－09。

③《江西省垦务处安福示范垦殖场业务计划》(1948 年 1 月 26 日)，台北：“中央研究院”近代史研究所档案馆藏国民政府农林部档案，20－26－072－09。

④《江西省垦务处安福示范垦殖场业务计划》(1948 年 1 月 26 日)，台北：“中央研究院”近代史研究所档案馆藏国民政府农林部档案，20－26－072－09。

三、农林部垦务总局的裁撤

随着全面抗战进入第八年，通货膨胀日益加剧，国家财政困难达于极点。为此，行政院不得不裁并部分机关及业务，紧缩预算，以节省经费，支持抗战。正当农林部积极筹划移送军民屯垦实边的时候，垦务总局及其下属各国营垦区管理局却于 1945 年 4 月突遭裁撤，战时垦务的推行顿失重心，难民移垦事业无形结束。

1945 年 3 月，中央设计局奉令拟定《调整各机关业务及机构总建议案》，经提出行政院第 689 次院会讨论通过。其调整原则为，短时期内无法完成的事项，缓办或停办业务；与抗战军事无直接关系，或工作对象已消失的事项，停办业务；机关事权及组织系统重复牵混，或同类事业有若干机关合办或分办的，业务须调整归并；各部会所举办事业凡非全国性的，则划归地方政府办理。具体来说，涉及农林部改革的主要内容有：

> (1) 裁撤农林部农场经营改进处，业务由该部主管机构接办；
>
> (2) 裁撤各省粮食增产督导总团十八单位，业务移归各该省建设厅接办；
>
> (3) 裁撤垦务总局及其所属机构，业务交地方政府接办。①

1945 年 3 月 15 日，行政院训令实施该方案。农林部垦务总局事先并未得到通知，而是“见三月十三日报载，始知九日政院临时

---

①《行政院训令(平一字第 5331 号)：调整各机关业务及机构案》(1945 年 3 月 15 日)，台北：“中央研究院”近代史研究所档案馆藏国民政府农林部档案，20－86－001－09。

会议通过，上周本部奉到行政院训令，本局及所属机关均裁撤”①。值得注意的是，如此大规模的机构调整方案，事先并未征求垦务总局的意见，仅由中央设计局提出裁撤方案，即要求各机关于文到半个月内办理具报，一个月内结束完竣。在战时交通、通讯十分困难的情况下，显然难以如期完成，这也给后来的接收失败埋下了诱因。

1945 年 3 月 23 日，垦务总局协办李顺卿主持召开临时紧急局务会议，讨论垦务总局及所属机关裁撤善后办法。此时，农林部垦务总局直属各国营垦区计有四川东西山、金佛山，甘肃河西永昌及关外，福建滨海、贵州六龙山、西康泰宁等垦区。此外，还有农林部垦务总局所属皖赣区、闽浙区、湘粤区、河南区、陕西区等五个垦务视导专员办事处。4 月 3 日，农林部分别电令垦务总局所属各机关，限期 4 月底办理结束完竣。具体处理方式分为移交、裁撤和限期结束三种：首先，各国营垦区移交地方政府接办。各国营垦区管理局裁撤，其业务及一切垦民、垦地档案财产除特别指定外，均移交接收机关接管，继续办理。未达自给年限的垦民和荣军所需移垦费用，由农林部呈请行政院另拨经费交各该省府转发垦民，以便继续维持。已达自给程度的垦民，不再贷发垦殖贷款。垦区管理机关之前所发垦殖贷款，由接收机关代为收回，缴还国库。② 其次，将五个垦务视导专员办事处一律裁撤。所有五个视导区财产档案，除湘粤区交农林部东南麻业改进所外，其余分别交江西、福建、河南、陕西四省政府接管，办事处员工全部遣散，贷款由接收机关

---

①《垦务总局临时局务会议记录》(1945 年 3 月 23 日)，台北:“中央研究院”近代史研究所档案馆藏国民政府农林部档案，20－86－001－09。

②《准农林部函以垦务总局及其直属垦区奉令裁撤所有业务移交地方政府电请查照由》(1945 年 5 月 2 日)，江西省档案馆藏民国江西档案，J045－2－00094－0091。

负责收回，缴还国库。① 之前为移民西北垦荒而设的西北移民办事处一同裁撤。最后，1944 年度已移交地方政府接办的陕西黄龙山、黎坪及江西安福三垦区办事处，限 4 月底结束，员工全部遣散，所有档案财产移交原接收机关，垦民贷款由接收机关负责收回，缴农林部。具体情形如下表：

表 57　农林部垦务总局所属各机关结束移交情形一览表

垦区名称	地址	成立年月	结束年月	结束情形
陕西黄龙山垦区管理局	陕西石堡	1938 年 3 月	1944 年 7 月	移交陕西省政府接办。
陕西黎坪垦区管理局	陕西黎坪	1940 年 3 月	1944 年 7 月	
江西安福垦区管理局	江西安福	1941 年 9 月	1944 年 4 月	移交江西省政府接办。
四川东西山屯垦实验区管理局	四川铜梁	1941 年 11 月	1945 年 7 月	移交四川省政府接办。枪支交农林部，未达自给年限之垦民继续贷款。
四川金佛山垦殖实验区管理局	四川南川	1942 年 3 月	1945 年 7 月	垦民均已自给，且已编入地方保甲，无需贷发经费。垦务部分交南川县政府接管，房舍、财产、家具等移交农林部中央林业实验所接收。

① 《垦务总局所属各机关结束移交办法》，台北："中央研究院"近代史研究所档案馆藏国民政府农林部档案，20－26－005－01。

续表

垦区名称	地址	成立年月	结束年月	结束情形
四川雷马屏峨垦区管理局	四川峨边	1942年3月	1942年10月	移交军政部荣军垦殖团接办。
贵州六龙山垦区办事处	贵州铜仁	1942年9月	1945年7月	移交贵州六区专署接办，垦民、荣军均已自给，无需贷发经费。
福建滨海垦区管理局	福建莆田	1943年1月	1945年7月	移交福建农林公司接办，未达自给年限的垦民所需贷款继续贷给。
河南伏牛山垦区管理局	河南卢氏	1943年7月	1944年4月	裁撤。
西康西昌垦牧实验场	西康西昌	1941年11月	1945年12月	移交西康省政府接办。
西康泰宁垦区管理局	西康泰宁	1944年4月	1945年7月	移交西康省政府接办，垦民均已自给，无需贷发经费。
甘肃河西关外垦区管理局	甘肃安西（玉门）	1944年9月	1945年7月	枪支汽车交农林部祁连山林管处接收，垦民、垦地、档案、财产交甘肃省政府，设永昌垦务处接办，未达自给年限之垦民继续贷款。
甘肃河西永昌垦区管理局	甘肃永昌	1942年7月	1945年7月	

说明：本表内容根据台北“中央研究院”近代史研究所档案馆藏国民政府农林部档案整理而成，档案号：20－26－054－27；20－86－001－09；20－26－005－01，20－26－012－04。

自民初以来，全国垦政系统变化无常，并无专管机关，严重影响垦殖事业的发展。抗战时期，为救济难民、发展生产，先设立“中央主管垦务机关”，继又成立垦务总局，负责全国垦政的推行。然而，垦务总局设置仅三年多即遭裁撤，全国垦务行政系统再次中断，垦务推行顿失重心。垦务机关裁撤，浪费了大量的垦殖资金和设施，给战时垦殖事业发展带来不利的影响。垦务机关旋设旋撤，变化无常，全取决于一时之需，既无视垦殖事业自身的发展规律，又缺乏全局考量和长远规划，说明国民政府对垦务重视不足，垦务制度还存在较大缺陷。

四、江西难民移垦事业的归并与调整

随着战局的发展，国民政府垦务重心转向西北地区，并以军垦试验为主，难民移垦不再是垦务的中心工作。抗战胜利后，难民见家乡收复，陆续弃垦返乡，出现垦民退垦、潜逃的高峰，所垦田地多数再次抛荒。与此同时，江西省政府垦务重心转向收复区，积极推动收复区荒地复耕运动。战时难民移垦的各种优待措施由于陆续到期而被取消，大部分垦场均陷入困境。江西省垦务处不得不对各难民垦场进行归并和调整，以维持垦民的生产和生活，风起云涌的难民移垦运动逐渐归于沉寂。

纵观整个抗战时期，难民弃垦潜逃的现象从未中断过，抗战胜利初期更加严重。1945 年 11 月，江西省垦务处为了限制各场垦民任意退垦，制订《各垦殖场限制垦民离场回乡办法》，规定垦民家乡自有田地必须回乡自行复耕的，或者垦民找到他人顶替耕种的，才能申请退垦。符合规定申请退垦的垦民，需要提供家乡田地的所有权凭证或原籍保办公处以上地方政府的书面证明，且须清偿贷款及其他一切债务后，才能离开垦场。同时，为鼓励垦民继续留场耕作，江西省垦务处规定，留场的垦民可以优先承种其他垦民遗留田地，可以优先购买垦民遗留的财产，“非常时期法令所规定垦民应享受之各种优待酌予保留”①。即便如此，各场垦荒进度仍然迟缓。到1945年底，江西省营垦场尚增垦荒地6 400亩，②各垦场尚有垦民10 827人，已垦荒地72 578亩。③ 而江西省营垦场之外，各公私营垦场1945年总计开垦荒地971亩，④陷于停滞。1946年，江西省营垦务也快速下滑，该年仅垦竣荒地1 220亩，新增垦民424人，⑤垦荒面积大大少于1945年。

1946年，退垦之势难以阻止。江西省垦务处不得不放松对垦民财产的管制，简化退垦手续，规定垦民财产可由“退垦人迳行转售于顶替承受垦地之人”，垦民“债务悉数清偿者，并得由该垦民自行处理”。⑥ 也就是说，垦民只要清偿债务，即可自行处置财产，无需经江西省垦务处代为处置。此后，垦民大量弃垦返乡。至1946年底，江西省营各垦场仅剩垦民1 718户，5 246人，垦地面积降至35 677亩。⑦ 一年时间，垦民共计减少6 651人，开垦的荒地减少

① 《江西省垦务处各垦殖场限制垦民离场回乡办法》(1945年11月28日)，江西省垦务处编:《垦务通讯》第11期，1946年1月1日，江西省档案馆藏民国江西档案，J060-2-00043。

② 《垦务处历年简况统计表》，江西省档案馆藏民国江西档案，J060-2-00163。

③ 曾庆人:《江西之垦务》，《经建季刊》第5期，1948年，第31页。曾庆人时任江西省垦务处处长。江西省垦务处:《中日战争地方抗战史实本省垦务部分资料》，江西省档案馆藏民国江西档案，J060-2-00015-44。

④ 《垦殖概况》(1945年)，江西省政府统计处编:《江西统计提要》(1946年)，第67页。

⑤ 《江西省垦区概况》(1946年)，江西省政府统计处编:《袖珍江西统计提要》，第88、90、91页，1948年(原件无年代，此为作者推算的年代)。

⑥ 《江西省垦务处垦民遗留财产处置补充办法》，江西省垦务处编:《垦务通讯》第11期，1946年1月1日，江西省档案馆藏民国江西档案，J060-2-00043。

⑦ 曾庆人:《江西之垦务》，江西省档案馆藏民国江西档案，J060-1-00003。

了 36 901 亩，[①]也就是说，有近 56%的垦民选择退垦离开了垦场，所垦的田地有 51%再次抛荒。由国营安福垦区改组的安福合作农场，也出现垦民大量退垦的情况。安福合作农场刚成立时，尚有垦民 4 422 人；1947 年 8 月，江西省垦务处接收安福合作农场时，仅剩下垦民 426 户，1 332人，[②]垦民减少 3 090 人。

公营垦场发展困难，民营垦场也不例外。战后，不少民营垦场更是人去场空，陷入困境。抗战胜利后，江西省垦务处指令第二中心垦殖场场长邱恺调查在泰和各民营垦场的情况，结果显示大部分垦场已经关闭。

表 58　江西泰和县民营垦殖场情形调查表(1945 年)

序号	场名	原来地址	查询情形
1	励生农场	泰和永昌市	查此场原系詹励生先生经营，原有垦民早已他去，场址亦已被毁，田地大多荒芜。
2	笠公农场	泰和北门外	查此场原系蔡文林先生创办，蔡走后交由粤民租种，现况不佳。
3	大〔太〕湖义合自耕农场	泰和待霖村四号	查此场系由马博广、高柳桥诸先生经营，该处早已人去楼空，其场地在仓背岭附近亦已荒芜，无人耕种。

① 1946 年初，江西省垦务处所属各场实有垦民 11 463 人；1946 年新增 434 人，当年垦民减少 6 651 人，至 1946 年底，实有垦民 5 246 人。《江西省垦区概况》(1946 年)，江西省政府统计处编：《袖珍江西统计提要》，第 90、91 页，1948 年(原件无年代，此为作者推算的年代)。

②《江西省垦务处安福示范垦殖场垦殖事业生产概况调查表》(1948 年 4 月 30 日)，台北："中央研究院"近代史研究所档案馆藏国民政府农林部档案，20－26－072－09。

续表

序号	场名	原来地址	查询情形
4	广丰垦牧场	泰和老居村17号	该处已无人可问。
5	万石合作农场	泰和长溪村17号	该场原经理人早已他迁，闻现由一粤人张某经管，但不知其住址。
6	竞进垦牧场	泰和西昌镇	经营人已迁走，屋亦已拆去，地已荒芜。
7	广益农场	泰和萝陂村曾祠	该祠内已无人居住。
8	集成农场	泰和上田塘口村	该场已无人经营，任令荒芜，且屋亦已拆光。
9	益民农场	泰和前湖村1号	该处已无人。
10	生生垦牧场	泰和三溪头	该处已无人经营。
11	生生果林农场	泰和沿溪渡荷叶埠	荷叶埠距泰和城闻尚有三十里，故未及往查。
12	向荣农场	泰和南原村21号	该处已无人。
13	知行农场	泰和文庄路128号	该处无人，早已迁走。
14	利民农场	泰和东门9号	该处已无人居住。
15	合具农场	泰和北大街126号	该处已无人居住。

续表

序号	场名	原来地址	查询情形
16	云生农垦团	泰和永昌市13号	该处店屋已被毁。
17	树华农场	泰和龙洲村	原经营人鞠炳坤已他迁，现由粤民耕种，近况不良。
18	华侨农场	泰和北内街124号	该处已无人可问
19	兴农牧垦场	泰和云谷乡四保	该处已无人可问，谅系外地人经营，现已迁走。
20	力生垦牧场	吉安古南镇	距泰过远未往查询。
21	德记木工厂	泰和泰兴路330号	该厂已迁走，且房屋亦已拆走，无从查询。
22	洪记建筑厂	泰和泰兴路351号	该厂已迁走，且房屋亦已拆走，无从查询。
调查人：江西省垦务处第二中心垦殖场场长邱恺			

资料来源：《二中场奉谕文交办查询在泰和各辅导垦殖场情形表》，江西省档案馆藏民国江西档案，J060－2－00293。

从邱恺调查情况来看，泰和的民营垦场共22家，除了两家因路程过远未实地查看外，在所调查的20家中，有3家原垦民已离开，垦场转交粤民耕种，境况不佳；其余17家均已人去场空，所垦土地再次荒芜。考虑到泰和是江西战时省会，垦务推进原本较好，而民营垦场尚且如此，其他各县民营垦务更可想而知了。

1946年6月，江西省政府因财政支绌，不再对省垦务处所属原难民垦场补助经费，“各场自给已形困难”①，垦务发展更无从谈起。

①《江西省办理垦务概况》，江西省档案馆藏民国江西档案，J045－2－00053－0018。

例如，成立于1938年10月10日的江西省垦务处第二中心垦殖场，是省垦务处设立最早的垦区之一。因垦务发展较好，1942年2月1日改为省垦务处第二中心垦殖场，辖泰和沙村、沿溪渡，以及万安县上罗、百嘉等四个普通垦殖场。该场位于战时江西省会泰和，且是中心垦场，是在抗战时期业务最好的垦场之一。然而，抗战胜利后，垦场业务不但没有发展，反而慢慢陷于困境。该场办公经费原由江西省库负责，1946年7月起，各项办公经费被裁撤，全场职工薪饷只得取自于垦民。场长郭教经形容为“夺穷人衣食，以维持最低生活”，形同“向穷人要饭吃”。① 全场共有垦民33户，能耕作者48人，不参加耕作者68人，共垦荒地404亩。垦场生产也严重下滑，1947年共产稻谷783.5担，自用696担，剩余仅87.5担；其他杂粮36.5担，花生17.5担，油菜6担，萝葡2担，仅供食用。垦场业务“非常困难，势陷无法维持”②。

鉴于垦民大量返乡，而江西省政府又不再向各垦场补助经费，1946年，省垦务处为缩减开支，维持垦务，只得对部分垦场进行调整归并。这次调整主要是配合战后收复区复耕运动的进行，将原先难民移垦区的部分垦场撤销，移设至赣北收复区的高安、永修、南昌、新建、德安等地，设立新垦场，以推动收复区垦务的发展。省垦务处移设中心垦殖场三个：第一中心垦殖场移设南昌，下辖6个普通垦殖场，分设在南昌县和新建县；第四中心垦殖场由吉安固江移设永修虬津，下辖5个普通垦场，分布在永修及德安两县；第七中心垦殖场设高安城，下辖5个普通垦殖场，分设高安及上高两

---

①《江西省垦务处第二中心垦殖场垦殖事业生产概况调查表》(1948年4月28日)，台北：“中央研究院”近代史研究所档案馆藏国民政府农林部档案，20-26-072-09。

②《江西省垦务处第二中心垦殖场垦殖事业生产概况调查表》(1948年4月28日)，台北：“中央研究院”近代史研究所档案馆藏国民政府农林部档案，20-26-072-09。

县。经此调整后，省垦务处共辖垦场 43 个，垦民菜园 2 个。其中，中心垦殖场 8 个，普通垦殖场 32 个，直属垦殖场 3 个。（详见附表 3）

至此，江西省政府垦务重心已经转向收复区复耕运动，收复区各县垦务因而快速发展，1945 年总计复耕荒地 94 933 亩。[①] 至 1946 年底，江西省垦务处仅保留中心垦场 7 所，普通垦场 21 所；截至 1947 年底，江西省公私营垦殖场仅剩下 86 所，实有垦民 3 866 人，垦地 62 261.79 亩。[②] 随着难民移垦的各项优待政策陆续到期，停止执行，难民垦场与普通垦场已无二致，战时难民移垦事业无形结束。

① 《垦殖概况（表 51）》（1945 年），江西省政府统计处编：《江西统计提要》（1946 年），第 67 页。

② 曾庆人：《江西之垦务》，《经建季刊》第 5 期，1948 年，第 31、34 页。

第五章　战时的国家、社会与垦民

随着垦殖事业的发展，垦民日渐增多，地方势力阻垦排外之风日炽。地方政府力图将垦民编入本地保甲系统，以方便管理，遭到垦务机关强烈反对。双方为此展开持久争论，实质上是对垦区管辖权的争夺。垦民担心编入地方保甲后，优待政策不能实行，自身利益受到损害，也不愿编入地方保甲。此外，垦民与土著人民之间因地权、水权、林权等问题产生的矛盾，加深了土客之间的猜忌与对抗。垦区社会生态不良，垦民陆续退垦或潜逃。在国民政府"救济难民、发展生产、抗战建国"宏大目标下，政府、地方社会、垦务机关和垦民之间权力和利益格局的差异，导致相互间的矛盾和冲突，难民移垦政策因之遭到基层社会不同程度抵制和曲解，显示了民国基层政治与社会的混乱，垦务机关和垦民的弱势地位决定了在这场博弈中的不利结局。

第一节　保甲制度的强行移植

抗战时期，垦务管理机关与地方政府之间的争论，主要围绕垦民应否编入地方保甲系统展开。地方政府强烈要求将垦民编入地方保甲实施管理，并承担相应的兵役和捐税等保甲义务。垦务机关认为此举一方面导致事权不一，造成管理混乱；另一方面，担心编入地方保甲后，地方政府不会认真执行垦民的优待政策，损害垦民利益，不利于垦务发展。这一争论实质是对垦区管辖权和垦民利益的争夺，反映了垦务行政权与地方政府行政管辖权的冲突，说明战时垦务管理制度还存在较大的缺陷。最终，行政院从维护地方统治的角度考虑，强令垦民一律编入地方保甲系统，从而平息了这一争论，但这也给难民移垦事业造成了不利的影响。

一、民国江西保甲制度的实施

保甲制度是中国封建王朝时代长期延续的一种社会统治手段，其特征是以户为单位，对人口进行登记和编列，作为抽捐派税和派服兵役、工役的基础。虽然历朝历代保甲编组形式不同，但其目的都是加强社会控制，维护统治秩序。民初未再推行保甲制度。1929 年 6 月，南京国民政府颁布《县组织法》，开始实施地方自治运动。县以下地方行政机构，设置区、乡（镇）、闾、邻四级自治组织，但这一制度推行并不顺利。到 1931 年 6 月底，江西省仅 67 个县划定了 402 个区，成立 379 个区公所，编定乡、镇、闾、邻的只有 21 个县，远未完成设置地方自治组织的计划，更谈不上发挥基层组织的行政职能。[①]

国民党对基层社会的控制力较弱，这给中国共产党所领导的苏维埃革命留下了较大的发展空间。特别是赣南、闽西红色区域的发展壮大，严重威胁国民党的统治秩序，令国民党当局大为震惊。自 1930 年起，国民政府对赣南、闽西苏区连续发动了五次大

---

① 何友良：《江西通史・民国卷》，南昌：江西人民出版社 2008 年版，第 241 页。

规模“围剿”。配合军事“围剿”的进行，1931年7月，陆海空军总司令部南昌行营将江西修水等43县划为“剿匪”区域，停办地方自治，实行保甲制度，以加强对基层社会的控制，为“围剿”服务，此为国民政府实施保甲制度之滥觞。

1932年3月，江西省政府根据南昌行营颁布的“保甲条例”，制订并颁布《江西省政府修正保甲条例》①，废除乡、镇、闾、邻组织，在全省正式推行保甲制度，成为全国首个实行保甲的省份。省政府主席熊式辉提出“自卫武力组织系统分为保甲、保卫团和公安员警三个层次。公安员警与保甲中的壮丁队用以清匪，保卫团用以剿匪”，“军队武力剿匪只如斩草，自卫武力剿匪才是除根”，②可见其对保甲之重视。1932年8月，鄂豫皖三省“剿匪”总司令部颁布《剿匪区内各县编查保甲户口条例》③，开始在江西、河南、湖北、安徽、广东、福建等省普遍推行保甲制度。1933年7月中旬，江西省政府召开全省县长会议，熊式辉在会上提出三项重点工作，第一项自卫方面，首先即是“完善保甲，健全保卫团”④，在全省大力推行保甲制度。

江西保甲在编制上，以10户为一甲，10甲为一保（后有所变动），分设保长、甲长。数保之间设一保联办公处，受区办公处管辖，形成了区、保联、保、甲的基层行政组织。保长受区长监督指挥，辅助区长执行职务事项，督促甲长办理保内公共事务，如：清

① 《江西省政府修正保甲条例》（1932年3月21日），《江西省政府公报》第9期，1932年，第6—18页。

② 熊式辉：《海桑集——熊式辉回忆录》（1907—1949），第141页。

③ 中国第二历史档案馆编：《国民党政府政治制度档案史料选编》（上册），合肥：安徽教育出版社1994年版，第407—414页。

④ 熊式辉：《海桑集——熊式辉回忆录》（1907—1949），第150页。

查户口、检查奸宄、搜捕匪犯、经费收支，等等。保内各户须取具联保切结，互相监督。为充实“围剿”红军的力量，熊式辉提出并实施“三保”政策，即“健全保甲，杜绝匪之渗透；充实保卫队，防制匪之散扰；建筑碉堡，堵截匪之流窜”[①]。保甲制度具有行政管理、人身管制、户口清查、地方自卫、抽丁派税、派服劳役等多种职能，大大便利了国民党对苏区的“围剿”。红军第五次反“围剿”失败，被迫长征，国民党方面认为保甲的实施功不可没，遂决定在全国普遍推行。1934 年 11 月 7 日，国民党中央政治会议第 432 次会议决议“地方保甲工作，关系地方警卫，为地方自治之基础，应由行政院通令各省市政府提前切实办理”[②]。此后，江西保甲制度加紧推行。1935 年，江西全省共编 269 066 甲、26 584 保、2 648 保联、461 个区。[③] 保甲制度以自治组织形式，将国家权力延伸到了城乡底层，从而构建了国家的基层权力基础，形成了对基层社会的严密控制，这对于执政党及其政权的意志、法令和政策的推行，对于民间力量的组织动员以及社会资源的汲取，都产生了不小的作用。[④]

抗战期间，为充实基层组织，加强县级行政管理，国民政府实施县政改革，推行新县制。1939 年 11 月，国民党五届六中全会通过了《运用保甲组织防止异党活动办法》，配合“新县制”的推行，主要目的是通过强化保甲组织，限制共产党的活动。江西省政府一方面实行新县制，积极推行户籍编查，另一方面力推地方自治。保甲作为基层行政机构的基础，同时也是“完成地方自治

---

① 熊式辉：《海桑集——熊式辉回忆录》(1907—1949)，第 158 页。

② 内政部编：《内政年鉴 2》(警政篇・保甲)，上海：商务印书馆 1936 年版，第 361 页。

③ 震洲：《江西保甲制度的检讨》，《江西统计月刊》第 3 卷第 11 期，1940 年，第 14 页。

④ 何友良：《江西通史・民国卷》，第 243 页。

之首要工作”①，故江西省政府屡次严令各县重新整理并加强基层保甲组织。此次整理主要内容有：重新清查户口，特别是壮丁人数，进行人口登记，作为派税、征兵和其他劳役的基础；严密保甲组织，以防止敌伪及土匪渗透；把保联一级统改为乡、镇，设立乡公所或镇公所，保联主任改称乡长或镇长，保长受乡（镇）长的指挥监督。经过此次整理，江西全省共设 2 384 个乡镇，24 787 保，238 705 甲，2 716 409 户，14 118 249 人。②此后，保甲制度不断得到强化和推广。1944 年年初，内政部致函江西省政府，要求强化保甲长推行户籍的责任，“各乡镇之户籍主任，或户籍干事，除办理登记外，应随时抽查，并督导保甲长协同办理。稍一不慎，极易发生户籍不准确，人事登记办理不周密之弊，影响户政推动与效用关系至巨。其上级机关亦应切实督导，务期乡镇以下之基层工作办理完密，然后户口统计始能准确”③。江西省政府随即指示各县“保甲为政治之基层组织，而保甲长与人民，亦最为接近，对此要政，务须实□任事，加紧宣传，竭力推进，各县府及乡镇公所对于保甲长，并应切实督导，善为运用”④。新县制“纳保甲于自治之中”，确立保办公处为一级行政机构，明确乡镇保甲长为公务员，“使每一保甲均能兼政治警察之任务，并能领导所属人民，一

---

①《江西省政府训令（民字第 01338 号）》（1944 年 2 月 21 日），江西省档案馆藏民国江西档案，J045－2－01871－0311。

② 震洲：《江西保甲制度的检讨》，《江西统计月刊》第 3 卷第 11 期，1940 年，第 14 页。

③《应随时督导保甲长协同办理户政》（1944 年 3 月），《赣县县政府公报》第 25—26 号合刊，1944 年，第 45 页。

④《应随时督导保甲长协同办理户政》（1944 年 3 月），《赣县县政府公报》第 25—26 号合刊，1944 年，第 45 页。

致防止异党之活动”①，保甲地位和职能得到进一步强化。

保甲是民国社会最基本的一级行政组织，是政府实行社会管理、汲取社会资源的主要渠道，对于维系战时社会统治，集中社会资源共同抗敌至为重要，这是江西省政府在战时力推保甲制度的根本原因。基层政府和保甲长通过保甲组织共同加强对民众的控制，构成了乡村社会权力关系的基本格局。地方政府、乡村保甲和民众之间虽然存在利益冲突，但均反对难民移入本地垦荒，挤占本地资源。

二、难民入垦与地方保甲的矛盾

1938 年 10 月 15 日，国民政府公布《非常时期难民移垦规则》，规定各省设立垦务委员会办理全省难民移垦事宜。垦区难民人数在一千人以上的，在垦区设立办事处或管理局管理；一千人以下的垦区，由县政府管理。移垦难民的登记、编制、护送、管理及衣食、医药之供给，由振济委员会、垦务机关及地方政府负责办理；“移垦难民到达垦区后，由垦区管理机关指导管理之；垦区治安除由地方政府及垦区管理机关负责维持外，并应将垦民编组训练，养成自卫能力。垦区内之医药、卫生、教育及其他公共事业，由垦区管理机关及地方政府规划办理”②。

1939 年 5 月 6 日，国民政府令颁《非常时期难民移垦条例》，同时废止《非常时期难民移垦规则》。《非常时期难民移垦条例》重申“移垦难民到达垦区后，由垦区管理机关指导管理

① 国民党中央执行委员会:《防止异党活动办法》(1939 年 4 月)，转引自何友良:《江西通史·民国卷》，第 316 页。

②《非常时期难民移垦规则》(1938 年 10 月 15 日)，《经济部公报》第 1 卷第 19 期，1938 年，第 840 页。

之”①。无论是“规则”，还是“条例”，均未明确规定垦民应编入地方保甲系统。也就是说，难民到达垦区后，其管理权在垦务机关，地方政府只是协助办理垦区公共事务，但无权干涉垦区管理。

江西省垦务处成立后，在设有垦场的县，均设立垦区管理机关，对垦民实施管理。难民入垦后，垦务管理机关对垦民进行登记，发给垦户证和家属证，并编排户口名册，报省垦务处、县政府和乡镇公所备查。垦民户口异动时，随时进行登记，并定期呈报。同时，垦区还制订各项规章制度，垦民须绝对遵守。因此，垦民不编入地方保甲，垦务机关同样能够对其实施有效管理。

随着垦民逐渐增多，垦区不断扩大，地方政府和垦务管理机关围绕“垦民是否应编入地方保甲系统”的矛盾开始显露。1939 年 7 月，吉水县第五区署通知该区民营的战区难民移殖协会，要求该处所属水南垦区垦民编入当地保甲，由区署直接指挥。战区难民移殖协会对此表示反对：首先，从经济组织方面来说，水南垦区是集团经营，所有垦民与工人均是过集体生活，一切产业及生产属于公有，类似雇工性质，跟地方土著人民独立生活不同。其次，从承担赋税的角度来说，该协会垦民主要来自上海难民，自战区逃出后，身无分文，全部生活均由协会负担；而垦民在垦区又不能私有产业，对于国家赋税及地方公费，由协会负担。垦区成立仅一年多，荒地初垦，收入微薄，生活艰苦，垦区经费主要靠募捐筹集，全是救济性质，因此也无法承担赋税。再次，从管理角度来说，协会因生产需要，会随时调动垦民赴各垦场工作，垦民居住和劳动地点不固定，如果实行保甲制度，由地方政府指挥，则在管理上会造成很多困难。最后，实行保甲以后，垦民独立与地方共事，难免产生土客

---

①《非常时期难民移垦条例》，内政部编：《内政法规汇编 · 地政类》，第 102—104 页。

纠纷，影响垦务进行。战区难民移殖协会认为："须俟垦民生产及教育程度达到自立之势，始能逐渐令有家属者独立经营产业，使其化客籍为土著。因化客籍为土著必须相当年月，并须切实管理，始免土客纠纷。"[①]江西省垦务处赞同战区难民移殖协会的意见，并向省政府建议暂缓将难民编入地方保甲，为省政府所否决。省政府要求"该会垦民仍应编组保甲，受当地乡镇之管辖，其番号并应与该管乡镇原有保甲相衔接，以期严密组织，消除土客籍之成见"，但同时也规定"各垦户在免缴田租期内，得免除保甲一切义务"。[②]

1939 年 10 月，江西省吉水县第六区署通告省垦务处，拟将垦务处所属吉水县白水耕作单位垦民编组保甲，由白水乡直接指挥管辖。10 月 26 日，白水乡乡长邓韶九及保长叶先富、曾焕长等到白水耕作单位，强迫垦民编组保甲、摊派捐款、抽征壮丁。[③] 曾焕长称："难民、垦民一律归本保长管理编策，壮丁要受训当兵、摊派捐款，否则驱逐出境。"[④]垦民认为，到这里开荒仅数月，生活尚不能自给，更无法承担捐税等义务，因此纷纷表示反对，要求省垦务处出面制止。白水耕作单位管理员万贤涛也不赞成编入地方保甲，认为垦民刚到垦区几个月，心理尚未安定，如果编组保甲，垦民可能会潜逃。垦区将垦民编组，并填具联保切结，垦民登记表已送第六

① 《战区难民移殖协会为呈请指示保甲制度是否可实行于集团经营之难民垦殖事业仰祈鉴核示遵由》(1939 年 7 月 16 日)，江西省档案馆藏民国江西档案，J060－2－00038－007。

② 《据呈以保甲制度是否可实行于集团难民垦殖转请核示等情令仰遵照由》(1939 年 9 月 25 日)，江西省档案馆藏民国江西档案，J060－2－00038－61。

③ 《为当地保甲长强迫编组保甲恳请转呈上峰予以裁制由》(1939 年 11 月 8 日)，江西省档案馆藏民国江西档案，J060－2－00037－125。

④ 《为指公凌弱捏词恐吓祈府顺垦民生产救济制止保甲欺诈取财以苏民困事》(1939 年 11 月 2 日)，江西省档案馆藏民国江西档案，J060－2－00037－127。

区属存查，已经对垦民实施有效管理。万贤涛请求省垦务处出面协调，并特别指出“垦民编组保甲受乡镇之直接指挥管辖，与本处行政权发生冲突”①。万贤涛从垦务行政权的角度申述垦民不编保甲的理由，触及了问题的根本。

江西省垦务认为，垦民均来自难民，在家乡本有田地家室，“移居未久心理欠固，常有潜逃情事。近来少数垦民且有借口贷款业已还清，自行变卖财产，甚至声言若政府逼令编组保甲，即将潜逃”②，一旦编入地方保甲，“诚恐难民疑虑与当地人民共同负担各种义务，使其心理动摇，影响于生产工作至重且巨；复查各县办理保甲人员多属昧于大义，只求其功令推行，对于难民苦况未能体恤”③。为此，江西省垦务处向省政府建议，等将来垦民生活安定、心理稳固，再编入地方保甲组织。

为了加强对垦民的管理，江西省垦务处拟订《江西省垦务处各垦殖区编组特种保甲暂行办法》，作为变通办法，打算在垦区实施“特种保甲编制”。特种保甲编制将保甲编组授权于垦殖区主任，由各垦殖区自行办理，而不与地方保甲混合编组，不受地方保甲组织管辖。省垦务处一方面呈请省政府批准垦民特编保甲，另一方面致函吉水县政府，请求暂缓将白水耕作单位编入保甲。

11 月 26 日，吉水县县长施广德函复江西省垦务处，以“垦民应编组保甲受当地乡镇之管辖经奉省令饬办，在未奉令变更以前，自

---

①《白水耕作单位呈江西省垦务处》(1939 年 11 月 13 日)，江西省档案馆藏民国江西档案，J060－2－00037－2。

②《江西省垦务处呈：为拟具本处各垦殖场垦民财产管制办法两点请鉴核示遵由》(1943 年 12 月 7 日)，江西省档案馆藏民国江西档案，J060－2－00014(2)。

③《为呈送编组特种保甲暂行办法请察核照准俾利施行由》(1939 年 12 月 12 日)，江西省档案馆藏民国江西档案，J060－2－00037－14。

应遵照办理”为由，拒绝了省垦务处“缓办”的建议。[1] 因未得到省垦务处同意，吉水县将此案呈请省府裁决。江西省政府认为，垦务处所拟垦民特编保甲暂行办法“全系该处自成系统，与县地方政府不相关联，各条规定及附件又多与现行保甲法令不符”[2]，故要求省垦务处修改后再次呈核。但省政府暂未再坚持要求垦民立即编入地方保甲。

就在省垦务处修改《垦民特编保甲暂行办法》之时，1940 年初，江西省准备实施县政改革，试行“新县制”。实施新县制后，保甲组织为下层行政机构的基础，各垦殖场的垦民必须归入当地保甲编组，否则与政令抵触，省垦务处编组特种保甲办法因之失去法令依据。鉴于垦民编入当地保甲在所难免，省垦务处未再坚持“特编保甲制度”，而是将主要精力放在确保垦民编入地方保甲后，地方政府不得对垦民派款派工、征粮征兵，垦民应享有的各项权利能得到切实保障。

1940 年 11 月，吉水县第六区再次催编垦民保甲。白水垦区主任熊运柯则认为“垦务行政是省垦务处全权，若任编入地方保甲，则势同割裂，影响不浅”，“省处所辖区场已有吉安、吉水、泰和、南丰、南城、万安等县，三十年度又将举办永丰等县，垦务行政权应否割编地方保甲，自属江西垦务整个问题”，[3]在问题没有获得全面解

① 《吉水县政府代电》(1939 年 11 月 26 日)，江西省档案馆藏民国江西档案，J060－2－00037－11。

② 《据送各垦殖区编组特种保甲暂行办法等件请鉴核等情指令遵照由》(1940 年 3 月 3 日)，江西省档案馆藏民国江西档案，J060－2－00037－46。

③ 《为准吉水县政府第六区署函请转饬白水垦殖场白沙垦殖场各垦民男妇大小一律编入当地保甲并希见复等由乞鉴核示遵由》(1940 年 11 月 4 日)，江西省档案馆藏民国江西档案，J060－2－00037－146。

决前，白水垦区拒绝将垦民编入地方保甲。

对此，江西省垦务处认为，新到垦民喘息未安，靠领取给养度日，因物价高涨，给养过少，生活已经十分艰苦；老垦民因荒地初垦，收获也不多，还须陆续偿还各项贷款。因此，垦民根本无力承担地方保甲摊工派款。此外，省垦务处选收垦民以四口一丁为标准，甚至有五六口一丁的，田间工作壮丁原本就缺乏。一口之丁负担四五口人的生活，如再编入保甲与当地土著同样抽丁，不但影响垦民生活，而且垦熟的田地可能再次荒芜。如再对垦民抽丁派款，“诚恐已入垦者意志动摇，志愿入垦者又裹足不前，影响垦殖前途至重且钜”①。省垦务处一面商请吉水县政府缓办垦区保甲，一面于11月28日呈请省政府(殖字第4576号)通令各县在垦民编入地方保甲后，“凡垦民编入当地保甲，除防匪、防灾、自卫事项，得由当地县政府转知垦民管理机关会同办理外，并严禁征调壮丁、抽服兵役及派款派工、征集物料”②，以维护垦民权利，安定垦民心理，树立垦殖基础。

吉水县政府催编保甲不成，遂将此案上升到地方安全高度来解释，向垦务机关施加压力。吉水县县长施广德向省政府报称：“现该垦殖单位仍拒绝编入本县保甲，形同化外，割裂地方行政权，影响人事管理，似有未合。该单位究有垦民多少、分子是否纯正，均无从查考，似此同为政府辖地居民，违反法令拒编保甲，设有宵小潜匿，散兵混迹，一旦危害地方，谁负其责？本县五区水南垦民散居为数亦多，此项问题不早解决，值此冬防期间地方治安极勘顾

①《为吉水垦区呈报关于垦民编入当地保甲一案据情呈请鉴核由》(1940年11月28日)，江西省档案馆藏民国江西档案，J060-2-00037-142。

②《为吉水垦区呈报关于垦民编入当地保甲一案据情呈请鉴核由》(1940年11月28日)，江西省档案馆藏民国江西档案，J060-2-00037-142。

虑。”[①]此举果然奏效，江西省政府立即严令省垦务处将各地垦民一律编入当地保甲。

1940年9月15日，江西省第三行政区县长联席会议认为，“各垦区难民均未编入保甲，实际上又与居民杂居，以致户籍凌乱漫难稽考”[②]，决议将垦民一律编入当地保甲组织。第三区行政督察专员李林呈请省政府指令将垦民编入保甲。12月18日，省政府再次训令省垦务处将垦民编入地方保甲。

江西省政府连续催令省垦处将垦民编入地方保甲，情况紧急，而省垦务处11月28日给省政府的呈文（殖字第4576号）尚未得到回复。为此，省垦务处采取三项措施以为补救：首先，再次呈文省政府，催促省政府尽快回复意见；其次，函请第三区行政督察专员公署，在垦民编入地方保甲后，请其妥为保护垦民利益；最后，派省垦务处第三科科长贡鼎前往第三区行政区，与督查专员李林商讨各场垦民编组保甲的具体措施，以及垦民免于征调壮丁、抽服兵役及派工派款、征集物料等问题。省垦务处重点关注第三行政区，是因为所属垦场绝大部分在第三行政区范围内，如能取得该区署的同意，那么其他县垦区也可援案办理。1941年1月11日，江西省政府批复省垦务处殖字第4576号呈文：

> （1）来自沦陷区内之垦民暂准缓役一案，前据该处呈请到府，业经以泰民二役字第16797号指令照准，并通令各县知照在卷。据称垦民编入保甲后不得抽服兵役一节，仍应遵照前

---

①《据吉水县呈报垦民拒编保甲情形令仰遵照由》（1940年12月），江西省档案馆藏民国江西档案，J060-2-00037。

②《江西省政府训令（民二字第20775号）》（1940年12月18日），江西省档案馆藏民国江西档案，J060-2-00037-154。

令办理。

(2)《非常时期难民服役计划纲要》第二条有“难民服役分兵役工役二项，工役分筑路治水垦荒军事各项工作”等规定，各垦殖区垦民既已从事垦殖工作，苟非军事上必要之征工，自应暂准免服工役。

(3) 各垦殖区垦民在未获收益前，对于地方一切捐派均暂准免除，并不得征集物料。①

江西省政府在训令中明确垦民可以缓服兵役、工役，免交地方捐派，基本满足了省垦务处的要求，为垦民编入地方保甲扫除了障碍。省垦务处据此分函第三行政区督察专员公署和吉水县政府，同意垦民编入地方保甲，除防匪、防灾、自卫事项外，严禁征调壮丁、抽服兵役，及派工派款、征集物料，以示对垦民的优待。第三区行政督察专员公署及吉水县政府均表赞同。省垦务处随即指令所属各垦殖场，准备将垦民编入地方保甲。然而，此时吉水县政府却又不再催编保甲，垦民编组保甲一案暂时搁置。省垦务处继续在各垦场推行垦民特编保甲制度。

1942 年 10 月，吉水县政府第三次催编垦民保甲，理由为：“垦民住居六个月甚至数年以上者，均与本地住民相等，应服行一切国民义务，吉水县第五区垦民入垦时间均在一二年以上，每年获有收益，应依照规定编入当地保甲，其应服行一切国民义务自不能例外。”②江西省政府明确规定，垦民可免交捐税，免于征工征料，免服

---

①《据呈关于垦民编入当地保甲一案情形指令遵照由》(1941 年 1 月 11 日)，江西省档案馆藏民国江西档案，J060-2-00037-169。

②《为准函请转饬第五区署对当地垦民暂缓编入保甲函复查照由》(1942 年 10 月 2 日)，江西省档案馆藏民国江西档案，J060-2-00151-19。

兵役。况且,《土地法》也明确规定,荒地承垦人自取得耕作权之日起,免纳地租五年。吉水县政府有意回避这些规定,认为垦民入垦后,每年都有所收获,应编入地方保甲,承担保甲义务。吉水县政府既不顾垦民的实际困难,也无视省政府的命令和法律规定,强令垦民编入地方保甲,并承担地方一切保甲义务,显示了地方政府的强势作风。

政府屡次强令垦民编入地方保甲,归入地方管辖,有着多重因素的考虑。首先,方便对社会的管控。江西难民移垦主要集中在赣西南地区,这里是典型的客家社会,原本即存在长期的土客纠纷,而大量难民的到来又加剧了地区的紧张关系。一方面,难民对垦区土著人民具有一定的防备之心。成为难民,就意味着失去了赖以生存的土地、食物、水和住所等物质基础,在逃难过程中往往又与家人及亲戚朋友生死离别,原先熟悉的人际关系网络被打破,还要处处躲避兵匪和敌人的炮火。因缺乏基本的生活来源、安全保障和情感寄托,"对难民而言,那些来自其他地方并且与之没有社会关系的人都被视为陌生人,往往具有威胁性和危险性"①。另一方面,土著人民也对难民的到来时刻保持警惕。难民在垦区占地取水,开荒伐木,与土著之间争夺土地、林木和水等资源。难民初垦时期没有收获,给养不足,生活艰苦,其中的不良分子往往铤而走险,侵犯土著利益之事时有发生,从而造成与土著人民之间关系的紧张。因此,地方政府从维护社会治安的角度出发,力图将垦民纳入地方保甲组织,以方便管理,加强对社会控制,有其一定的合理性。

其次,便利地方政府汲取垦区各种利益。战时江西横跨正面

---

① [美]萧邦奇著,易丙兰译:《苦海求生——抗战时期的中国难民》,第321—322页。

战场第三、九两个战区，是东南抗战的桥头堡，江西的兵员和物资征供任务十分繁重。据统计，1937—1945 年，江西总共为国家输送 103 万余名兵员，约占同期全国征兵总数的 7.4%，约占 1945 年江西人口的 9.3%。江西在兵役动员上，大多数年份达到乃至超过了人口承受的极限。① 此外，东南各省如浙、闽、粤等都是缺粮省份，且遭日军封锁，整个东南作战部队给养，大部分必须由江西供给，各省民食也都依赖江西接济，仅就粮食一项而言，江西“实负有支持东南抗战局面的最大责任”②。1941—1944 年间，江西供给的军粮即达 1 330 多万石，占全国总量的 10.7%—16.5%，保证了第三战区、第九战区和第七战区作战部队的需要。③ 战时各级政府承受较大的兵员和物资动员的压力，只有将垦民编入地方保甲，才能汲取垦区各项利益，减轻政府的压力。

再次，平息本地民众不满。垦民在一定年限内享有豁免租税、地方摊派和缓服兵役的权利，还可无偿取得所垦土地的耕作权，垦区“形同化外”。这些优待政策对土著居民形成了“示范效应”。特别是缓服兵役的特权，对土著人民有着巨大的吸引力，也引起他们最大的不满。农林部指出：“各垦区垦民与土著间年来迭起纠纷，而兵役、捐税之负担实为主要原因。”④土著人民纷纷要求加入垦区，以躲避兵役及捐税等保甲义务，从而给地方政府的管理带来挑战。难民的大量到来使原本的乡村权力平衡被打破，地方政府却

① 何友良：《江西通史·民国卷》，第 323 页。

② 熊式辉：《在全省粮食会议上的演说》(1941 年 3 月 5 日)，转引自何友良：《江西通史·民国卷》，第 329 页。

③ 何友良：《江西通史·民国卷》，第 331 页。

④《全国各垦区垦民编入保甲办法草案说明》，台北：“中央研究院”近代史研究所档案馆藏国民政府农林部档案，20-26-046-01。

无法对他们进行管理，自身权威受到挑战，这自然是他们所不愿见到的，故强烈要求将难民编入地方保甲组织。

垦务机关也认为垦民最终要编入地方保甲，受地方政府管辖。按照农林部的设计，垦区荒地垦竣，人数饱和，垦民大部分能自给自足时，则将垦务机关裁撤，垦区移交地方政府接办。垦民达到升科年限，立户升科后，取得居住地户籍，编入地方保甲，依法纳入地方政府管理，从而实现了从“难民——垦民——居民”的转化，移垦的目的即算达成。但在移垦初期，垦民归垦务机关管理较有利于事业的发展。首先，垦殖事业专业性、技术性较强，其生产、组织和管理均须由专业人员负责，才能合理开展。特别是移垦初期，垦区各项事业均属初创，事务纷繁复杂，地方政府不具备专业技术能力，自然很难做好这项工作。其次，方便垦区管理。垦民编入地方保甲，接受地方政府管理，则事权不一，给垦务机关的管理带来不便，增加垦务机关和地方保甲在管理上的纠纷，不利于垦殖事业的推进。再次，维护垦民利益。垦务机关担心垦民编入地方保甲后，地方政府和保甲机关不会认真执行垦民的优待政策，势必会将垦民同当地居民一样看待，抽丁派款，进而损害垦民利益。垦民选收一般均按照“三口一丁”或“四口一丁”的标准，一户垦民如果仅有的一个壮丁被征服兵役，则垦户没有劳力耕作，一家老弱病残数口生活无着，垦务机关也无法负担其生活。况且，垦民初到垦区，靠救济度日，十分贫苦，也无力承担任何摊派。最后，垦民编入地方保甲，失去垦务机关的保护和管理，直接面对地方乡保民众，易遭到保甲长和土著人民的欺凌，引发各种矛盾。加上垦民思乡心切，必然无法安心生产，甚至逃离垦区。垦民入垦时，各项生产生活费用都是由垦区管理机关贷发，平均每户垦民负债三四千元。垦民壮丁一旦被抽服兵役，或者逃离垦区，所垦土地再次抛荒，贷给垦民的大量资金也将无法收回。这样,不但不能达到政府救济难民、增加生产的目的,垦务机关将背负巨额债务,政府的投资势必遭受巨大的损失和浪费。

实际上,关于垦民租税问题,《非常时期难民移垦条例》规定,“私有荒地租给垦民耕种,自开垦之日起免缴田租3—5年”,“垦民取得所有权之土地,得免缴土地税5—8年”;公有荒地分配垦民耕作“垦竣后无偿取得耕作权,并适用土地法关于耕作权之规定”。①当时《土地法》第198条规定:“取得耕作权之土地,应缴纳地租,其租额以不超过该土地正产物收获总额15%为限。前项地租自取得所有权之日起,免纳5年。”②1943年12月24日,行政院指示江西省政府“垦民准免特定捐税”③。1944年2月,江西省政府规定,各垦区垦民“自入垦之日起缓服兵役三年,并免除特定捐税”④。1944年4月,江西省政府重申垦民编入地方保甲后,“关于地方性质之任何摊派款项,免于摊派”⑤。

关于垦民缓服兵役的问题,国民政府1938年4月10日颁布的《非常时期难民服役计划纲要》规定,“难民服役分兵役与工役二项,工役又分筑路、治水、垦荒、军事各项工作”,“难民应服何项义务,以依从本人志愿为原则,但如认为必要时得由政府统制支配

---

①《非常时期难民移垦条例》,内政部编:《内政法规汇编·地政类》,第104页。

②《土地法》(国民政府1930年6月30日公布),《司法公报》第80号,1930年,第14页。

③《行政院训令(仁叁字第28389号)》(1943年12月24日),江西省垦务处编:《垦务通讯》第1期,1944年10月1日,江西省档案馆藏民国江西档案,J060-2-00043。

④《奉行政院指令本省垦区垦民仍应编组保甲并准缓服兵役三年免除特定捐税等因令仰遵照由》(江西省政府训令民字第01338号,1944年2月21日),江西省档案馆藏民国江西档案,J045-2-01871-0311。

⑤《江西省政府训令》(1944年4月15日),江西省垦务处编:《垦务通讯》第1期,1944年10月1日,江西省档案馆藏民国江西档案,J060-2-00043。

之”。[1] 国民政府同年颁布的《非常时期难民移垦规则》规定，“垦民于初垦三年内，在兵役年龄之垦民，得由垦务主管机关请军政部核准后，予以缓役，但以能遵照垦务管理机关之进行计划实施垦种者为限”[2]。但缓服兵役的垦民“只以沦陷区域难民为限”[3]。1940 年 8 月，江西省政府准予各垦区垦民“一律暂免抽服兵役”[4]。1943 年 5 月 10 日，行政院再次重申“移入垦区垦民，兵役可特准缓征三年”[5]。

虽然行政院对垦民兵役和捐税有明确规定，但各地方政府和保甲长并未认真执行，强派垦民当兵和征收捐税之事时有发生。地方政府这样做，主要是为了减轻本地居民的兵役及捐税负担，平息本地居民对于垦民享受各种优待政策的不满。垦务机关和垦民反对编入地方保甲，也正是担心编入地方保甲后，地方政府并不会认真执行垦民优待政策，对垦民抽服兵役、乱派捐税。因此，垦务管理机关反对将垦民编入地方保甲，以确保垦民优待政策能落实，垦民能安心生产，尽快从需要救济的对象，转变为自食其力的生产者。

①《非常时期难民服役计划纲要》(1938 年 4 月 10 日)，内政部编：《内政法规汇编・礼俗类》，第 92—93 页。

②《非常时期难民移垦规则》(1938 年 10 月 15 日)，《经济部公报》第 1 卷第 19 期，1938 年，第 840 页。

③《行政院指令(阳字第 10398 号)》(1940 年 5 月)，台北：“中央研究院”近代史研究所档案馆藏国民政府农林部档案，20－26－047－06。

④《江西省政府指令(泰民二役字第 16797 号)》(1940 年 10 月 7 日)，江西省档案馆藏民国江西档案，J060－2－00037－138。

⑤《行政院指令(仁叁字第 10462 号)》(1943 年 5 月 10 日)，台北：“中央研究院”近代史研究所档案馆藏国民政府农林部档案，20－26－046－01。

三、进退维谷的“垦民特编保甲制度”

保甲是战时江西省政府力推的一项重要社会管理制度，垦民也不能例外。因此，江西省政府屡次强令垦民编入地方保甲。为应对政府的压力，省垦务处在垦区制订并实施“垦民特编保甲制度”。省垦务处所推行的“垦民特编保甲制度”，独立于地方普通保甲组织之外，由垦区自行编组，管理权在垦务机关，从而避免了与地方保甲在管理上的矛盾。这种特编保甲制度既满足了政策要求，也顾及垦民的特殊情况，是相对较合适的一种制度安排。

虽然垦民特编保甲制度契合垦区的实际情形，有利于垦务发展，但却不为地方政府所接受。吉水县政府就明确拒绝垦民特编保甲制度，其他各县政府也是如此。1942 年 7 月，吉安县县长刘益铮致函江西省垦务处，要求将垦民编入地方保甲。省垦务处认为，垦民全是沦陷区难民，与土著人民大不相同，为顺利推进垦务，必须给予垦民相当时期的优遇，才能使垦民逐渐自力更生，化流为土。如果强令编入地方保甲，垦民无力承担保甲义务，势必纷纷逃离垦区。因此，省垦务处再次提出“将各场垦民编组特种保甲，不与土著混同，以资区别，以安其心，候数年后贷款已全部收回，垦民能自给自足，再与土著混编”①。江西省《县保甲户口编查办法》第五条也规定，保甲户口有“普通”“公共”“外侨”“特编”等七种之分，“如另有不同性质之户附居者，应依其性质分别立户”。此前，吉安县天河煤矿筹备处内的员工因散居在外，不与普通户混居，经吉安县政府批准，不编普通保甲，而编为特编保甲。省垦务处据此认为

---

①《准函再复提供垦民编组普通保甲困难及应予特种组织等意见请烦参酌办理见复由》（1942 年 8 月 22 日），江西省档案馆藏民国江西档案，J060－2－00151－038。

“垦民与普通居民性质不同，应尽义务亦异，编为特种保甲，与法并无抵触”①。鉴于吉安县政府态度坚决，省垦务处甚至以“撤垦”相对，称如果吉安县政府勒令垦民编入地方保甲，省垦务处“只有将本处各场既派人员与既成机构全部撤回，除前此已放贷款应请贵府负责代为收回外，所有贵境垦民全部交由保甲负责管辖，以免浪费人力、财力，反多纠纷”②。

至此，吉安县政府勉强同意以“特编保甲”名义将垦民单独编入地方保甲，以与当地居民的“普通保甲”相区别。1943 年初，吉安县常田乡公所派人赴省垦务处第四中心场办理垦民保甲。第四中心场场长陈达民同常田乡公所协商，援案将各垦场定为“特编保甲”，获常田乡同意。常田乡乡长持县府命令，到垦场召开垦民会议，将所属澧田、沙溪等垦场均编入当地保甲，垦户编为特编一、二两保（澧田垦殖场定名为“吉安县常田乡特编第二保”），并宣布不征兵、不摊派捐款，“并经该县府布示”③。需要指出的是，吉安县政府所编“垦民特编保甲”，虽然是独立编制，不与地方保甲混合编组，但仍归地方保甲管理，与省垦务处制订的由垦务机关自主编组并管理的“垦民特编保甲”并不相同。因此，吉安县所编“垦民特编保甲”只是与垦务处临时妥协的产物，问题并没有得到真正的解决。

与吉安县做法不同的是，泰和县则将垦民编为“临时保甲”。

---

①《准函以垦民编入当地保甲与居民尽同等义务例举事实上困难之点再函查照将垦民编为特种保甲以免纠葛由（泰垦三字第 6081 号）》（1942 年 12 月 8 日），江西省档案馆藏民国江西档案，J060－2－00151－13。

②《准函再复提供垦民编组普通保甲困难及应予特种组织等意见请烦参酌办理见复由》（1942 年 8 月 22 日），江西省档案馆藏民国江西档案，J060－2－00151－038。

③《为准常田乡公所函以垦民原编特编保甲奉令取消改编为普通保甲等由呈请鉴核示遵由》（1943 年 7 月 4 日），江西省档案馆藏民国江西档案，J060－2－00111－98。

江西省政府指令泰和县政府："垦务处所属各垦场垦民如有固定住所者，自应依法编入当地保甲。如系由战区逃来之义民确属流动非常之户，应照《县保甲户口编法》第五条第七款之规定编为临时户，不满六户者附隶于所在地临近之甲，不满六甲者附隶于所在地或临近之保，不得另行编组垦民特别保甲。"①为此，泰和县政府遵令将境内各垦殖场垦民编入"临时保甲"。

1943年2月2日，江西省垦务处制订《江西省垦务处各场垦民保甲户口编查办法》，规定在省垦务处所属各垦区实施垦民特编保甲制度，由各场自行召集垦民编组登记，受各场管理员管理。编组的办法是，原则上每场编成1保，每保不少于6甲，不多于15甲，每甲不少于6户，不多于15户。甲长由各户公推，保长由甲长公推。各垦场管理员作初步编组，然后召集垦民会议审查决定，同时推定保甲长。保甲长推定后，原有生产队长编制一律取消，改为保甲长制度，队长之职务由保甲长接办。各场垦民组成保以后，其名称于各垦殖场名下加入"特编"二字，即："江西省垦务处某某垦殖场特编保第某甲第某户"。保甲编组完后，垦场将垦民户口调查表及甲户编查登记表呈送省垦务处、当地县政府及乡（镇）公所。垦民保甲直接受江西省垦务处及垦场管辖，同时接受当地县政府及乡（镇）公所的指挥监督。② 省垦务处要求各垦场在半月内将垦民户口以"特编保甲"名义编组完成，以便造成"既成事实"，应付各方压力。值得注意的是，江西省垦务处原拟将《各场垦民保甲户口编查办法》报经省政府批准后实施，后改为"自公布之日起实施"。这样

①《泰和沿溪渡垦殖场为准泰和县仙津乡公所函请将垦民编入当地保甲等由呈请核示由》（1943年11月15日），江西省档案馆藏民国江西档案，J060－2－00111－5。

②《江西省垦务处各场垦民保甲户口编查办法》（1943年2月2日），江西省档案馆藏民国江西档案，J060－2－00113－229。

做虽然避免了该“办法”在呈送省政府审查时可能会被否决的命运，但因仅是省垦务处自主制订的部门规章，不被地方政府和省民政厅所认可，对地方政府来说其实并没有约束力。因此，特编保甲制度的推行仍然困难重重。

垦务机关与地方政府之间关于垦民编组保甲的矛盾不仅在省营垦区存在，农林部直属的国营垦区也同样存在此类问题。移垦难民到达各地国营垦区后，为适应地方自治制度，根据地方政府要求，陆续加入当地保甲组织，却纠纷不断，影响垦荒工作。各地国营垦区管理局纷纷向农林部抱怨“垦民时受当地保甲之牵制，举凡征工及征派各种捐税等事，纠纷甚多，以致垦殖事业诸感窒碍”①。为根本解决这一矛盾，农林部决定在直属各垦区推行“特编保甲制度”，不与地方保甲组织混编，以安定垦民心理，确保垦务顺利发展。1943 年 3 月 11 日，农林部拟订《农林部直辖各垦区实施保甲制度暂行办法》，呈请行政院核准施行。5 月 10 日，行政院指令农林部：“移入垦区垦民实施保甲制度既有困难，应适用特殊编制，不必编组保甲。”②行政院这一决定对于保护垦民权益，维护垦区安定，推动难民移垦事业发展具有至关重要的意义。农林部遂在直属各垦区全面推行“特编保甲制度”。农林部认为，既然国营垦区可以实施“特编保甲制度”，那么，同样是招收难民垦殖、同属公营性质的各省营垦区也可援案办理，遂将行政院的指令转发江西省垦务处执行。有了法令依据，省垦务处加快“垦民特编保甲”的办理速度，

---

①《呈为迭据直辖各垦区局呈请处理各垦区垦民关于加入保甲及服役纳税等情谨拟具本部直辖各垦区实施保甲制度暂行办法请鉴核指令示遵由》(1943 年 3 月 11 日)，重庆:《农林公报》第 4 卷第 1—3 期合刊，1943 年，第 68—69 页。

②《行政院指令(仁叁字第 10462 号)》(1943 年 5 月 10 日)，台北:“中央研究院”近代史研究所档案馆藏，档号:20－26－046－01。

催促各垦场办理垦民保甲清查、登记、联保切结、绘制保图等事项。

此间，江西省政府命令将垦民编入地方普通保甲组织，而省垦务处又要求将垦民编入“特编保甲组织”。各垦场陆续接到地方政府和省垦务处关于“保甲”问题的矛盾指示，无所适从。吉安常田乡澧田垦殖场先前编入常田乡地方保甲，名为“吉安县常田乡特编第二保”。接着，省垦务处命令澧田垦殖场编为“省垦务处特编保”，两个名字互不相同。澧田垦殖场主任黄藩生向省垦务处抱怨，“一场仅能编组一种保甲，不能编组二种保甲，本场垦民既已编入常田乡，对于钧处保甲事项诸多碍难办理”，并询问省垦务处“可否拒绝吉安县所编保甲，另按照本处规定另行编组”。[①] 泰和沿溪渡垦场编为“临时保甲”后不久，省垦务又训令各场编为“特编保甲”，沿溪渡垦场又只得重新改编保甲。

虽然行政院明确同意可在垦区实施垦民特编保甲，而不编入地方保甲，但地方政府并不接受，态度甚至更加强硬。无论是吉安县政府的“特编保甲”，还是泰和县政府的“临时保甲”，很快即被撤销。吉安县政府认为，常田乡先前所编“垦民特编保甲”，与《县保甲编查办法施行细则》特编保之规定不符，应明令取消，指令常田乡将所有垦民均加入普通户口。[②] 1943 年 6 月 21 日，吉安常田乡乡长要求各垦场将“前编之番号取消，改编为普通住户”[③]。吉安沙溪垦殖场先前编入常田乡特编保甲，常田乡公所

① 《为办理本场垦民保甲困难诸多报请鉴核示遵由》(1943 年 7 月 29 日)，江西省档案馆藏民国江西档案，J060-2-00113-365。

② 《吉安县政府(民户编字第 02153 号)代电》，江西省档案馆藏民国江西档案，J060-2-00113。

③ 《江西省垦务处吉安沙溪垦殖场代电》(1943 年 7 月 9 日)，江西省档案馆藏民国江西档案，J060-2-00113-386。

也将该场原特编保番号取消，改编为普通住户。此间，省垦务处又屡次指令沙溪垦殖场“垦民保甲户口编查，概以特编为番号”。沙溪垦殖场主任吴挺亚无奈表示“似此尚不知真理如何”。[①]

1943年7月22日，江西省垦务处致电吉安县政府称：“各垦殖场垦民均属难民，系保甲编定后新增之户，其民情风俗均与普通住户有别，且因其业务上之关系，必须集中管理，如与普通住户混合编组，事实上颇多困难，且易滋纠纷。”《县保甲户口编查办法》也规定“保甲编定后新增之户得编组临时保甲”，要求吉安县政府依照泰和县编组“临时保甲”的成例，将垦民编为“临时保甲”。[②] 吉安县政府认为，常田、沙溪等处垦民均居住六个月以上，且有固定职业，并非流动户口，不符合“临时保甲”的规定；而且《江西省保甲户口编查办法施行细则》规定“临时保甲户”的权利义务与普通保甲户相同，因此拒绝了省垦务处的建议，并令常田乡公所将“垦民编成地方普通保甲，番号冠以该乡辖保最末数字”[③]。1943年10月30日，泰和县仙津乡公所也指令所辖垦场“各地垦民、难民、饥民无论旧居、新迁居，一律责令编入保甲，不使游离组织之外”[④]。

垦务机关与地方政府之间因为垦民编组保甲一案函电交驰，争执不下，从而加剧了垦务机关和地方政府间的矛盾。南丰县政府派员赴省垦务处第七中心垦殖场所属各垦场催编保甲。第七中

---

①《江西省垦务处吉安沙溪垦殖场代电》(1943年7月9日)，江西省档案馆藏民国江西档案，J060-2-00113-386。

②《江西省垦务处致吉安县政府函》(1943年7月22日)，江西省档案馆藏民国江西档案，J060-2-00111-101。

③《吉安县政府代电》(1943年8月3日)，江西省档案馆藏民国江西档案，J060-2-00113-159。

④《泰和沿溪渡垦殖场：为准泰和县仙津乡公所函请将垦民编入当地保甲等由呈请核示由》(1943年11月15日)，江西省档案馆藏民国江西档案，J060-2-00111-5。

心垦殖场因为垦民已编为“特编保甲”，拒绝照办。场长黄明调向省垦务处报告：“垦民编入当地保甲自须由乡镇长直接管辖，则垦场机关形同虚设，推而上之，钧处亦无设立之必要，且垦民归乡镇直接管辖后，今后垦场管理不但不便，诚恐增加垦民与居民纠纷，如此则影响垦政前途实非浅鲜。”①南丰县政府认为，省垦务处所颁《各场垦民特编保甲户口编查办法》，与《江西省县保甲户口编查办法施行细则》相抵触，且与省政府指令不符，指令各区乡镇保甲人员，限期将垦民编入当地保甲。各乡镇保甲人员遂“迭次派员带枪赴各场实行编查，同时垦民拒绝接受，几成惨案”②。各场垦民均表示保甲问题“如无法处置，则全部携眷离场”③。

与此同时，南丰县政府也呈请省政府指示解决办法。1943 年 11 月 18 日，江西省政府指令南丰县政府：“垦民如不予编组保甲，非但破坏保甲体系，且使户政无法推行，所有垦民均应依法予以编查”。④至此，第七中心垦殖场只得召集各场垦民，宣布编入地方普通保甲，结果垦民均不愿编入当地保甲，甚至以退垦相威胁，理由为：“现在保甲组织未能依照法令保障人民权益，其剥削事实任人均知”，“各垦民一致认为保甲固应编组，惟不愿受当地乡镇管辖，因垦民原有管理机关。纵须编入当地保甲，统由场方办理，以免当地保甲人员非法压迫。倘不能达到上项要求目的，各垦民情愿偿清

---

①《电为南丰县政府强令垦民编入当地保甲请核示由》(1943 年 9 月 29 日)，江西省档案馆藏民国江西档案，J060－2－00111－78。

②《电请迅予核示垦民保甲问题究应如何办理以资遵循由》(1943 年 12 月 5 日)，江西省档案馆藏民国江西档案，J060－2－00111－91。

③《电请迅予核示垦民应否编入当地保甲一案以资遵循由》(1943 年 10 月 11 日)，江西省档案馆藏民国江西档案，J060－2－00111－73。

④《江西省政府训令(民五字第 19697 号)》(1943 年 11 月 18 日)，江西省档案馆藏民国江西档案，J060－2－00111。

贷款携眷离场”。[①] 与此同时，南丰县政府在得到省政府明确支持后，催令各乡镇公所办理保甲，“如垦民仍拒编组，除拘禁垦民外，并逮捕各主管人员”[②]。一方面垦民拒绝编入地方保甲，另一方面，南丰县政府指示逮捕拒绝编入保甲的垦民和垦务人员。第七中心场进退两难，黄明调称：“似此情形，若不从速解决，不特垦民不能安心耕作，即垦殖事业亦从此瓦解矣。”[③]南丰县政府态度强硬，省垦务处只好一面呈请省政府指示办法，一面电请南丰县政府暂缓垦民编入地方保甲。

四、尘埃落定——垦民保甲问题的终结

行政院批准垦民不编入地方保甲后，农林部认为，既然国营垦区可以实施“垦民特编保甲”，那么，同样是救济难民的、同属公营性质的各省营垦区也应当参照执行这一政策。1943年8月12日，农林部将行政院“垦民适用特殊编，不必编组保甲”[④]的指令转函江西省政府遵照执行。江西省政府认为“垦民适用特殊编制不予编组保甲，非但破坏保甲体系，且使户政无法推行，各地垦民仍应依法编组保甲”[⑤]。江西省政府并要求农林部所属江西安福垦区垦民也应编入

---

①《电请迅予核示垦民保甲问题究应如何办理以资遵循由》(1943年12月5日)，江西省档案馆藏民国江西档案，J060－2－00111－91。

②《电请迅予核示垦民保甲问题究应如何办理以资遵循由》(1943年12月5日)，江西省档案馆藏民国江西档案，J060－2－00111－91。

③《电请迅予核示垦民保甲问题究应如何办理以资遵循由》(1943年12月5日)，江西省档案馆藏民国江西档案，J060－2－00111－91。

④《农林部致江西省政府函(章丙垦字第1049号)》(1943年8月12日)，江西省档案馆藏民国江西档案，J045－2－01871－0311。

⑤《江西省政府致国营安福垦区管理局代电》(1943年11月13日)，台北：“中央研究院”近代史研究所档案馆藏国民政府农林部档案，20－26－047－06。

地方保甲。安福垦区管理局局长王重认为，垦民编组保甲，置垦务于乡公所管理之下，任意抽丁派款，垦务机关等于虚设，有违行政院“垦民不编地方保甲，免兵赋义务”的规定，要求江西省政府执行行政院仁叁字第10462号指令。江西省政府认为，仁叁字10462号指令是给农林部的指令，并非直接给江西省府命令，故无需遵行。鉴于江西安福垦区是农林部直属垦区，省政府遂将此案呈请行政院裁决，并称“垦民编组保甲原系维护其应行享受之种种权利，似不应使用特殊编制另成系统，分裂政制”①。与此同时，王重也致电农林部，请其转呈行政院“径颁命令至赣省府，批准垦民免编入地方保甲”②。

农林部认为，如果垦民刚入垦即编入地方保甲，由地方政府与垦区管理局双方管理，不仅事权不一，易起纠纷，且垦民编入保甲，易受保甲长的牵制，对于垦务发展滞碍甚大。行政院已经批准垦区垦民应适用特殊编制，不必编组保甲，如各省政府拒绝遵照，“不惟影响垦务，且无以立信于民”③。11月20日，农林部呈请行政院转令江西省政府，遵照执行仁叁字第10462号训令。

实际上，就在行政院批准垦区实施特殊编制后不久，各省政府陆续向行政院抱怨垦民不编入地方保甲，增加垦区管理困难。陕西省宁强县境内设有农林部直属国营黎坪垦区。1943年初，宁强县县长刘风文向省政府报告国营黎坪垦区“垦民居民插花相处，垦

① 《奉行政院指令本省垦区垦民仍应编组保甲并准缓服兵役三年免除特定捐税等因令仰遵照由》，江西省档案馆藏民国江西档案，J045-2-01871-0311。

② 《王重电致农林部成江电》(1943年11月13日)，台北：“中央研究院”近代史研究所档案馆藏国民政府农林部档案，20-26-047-06。

③ 《农林部呈行政院》(1943年11月20日)，台北：“中央研究院”近代史研究所档案馆藏国民政府农林部档案，20-26-047-06。

民准按特殊编制不编保甲，行政上诸多困难”①，要求将垦民编入地方保甲系统。陕西省政府于 1943 年 8 月 31 日、10 月 21 日两次就黎坪垦区的保甲问题呈请行政院裁示。行政院征询内政部的意见，内政部称陕西省宁强县“所称各种困难显系实情，似可准其将该黎坪垦区一切行政管辖权仍归各原管县份，其垦务事项即由垦区管理局办理，俾专设之业务机构与地方之行政系统事权不致混淆。如该区具备设治条件，而辖区之划分亦无困难，即将该垦区地方划为设治局辖境，以垦区管理局长兼设治局长，期此项问题得以根本解决”②。行政院随即将内政部的意见转给陕西省政府。如果将黎坪垦区改为“设治局”，则垦区行政管辖权归黎坪垦区管理局，从而削弱了地方政府的权力。陕西省政府未采纳“设治局”这一方案，而是决定黎坪垦区行政管辖权仍归各原管县份。③ 此案后来成为行政院处理垦民保甲案的重要参考。

鉴于地方政府屡次逼令垦民编入地方保甲，垦民心理动荡，1943 年 9 月 30 日，江西省垦务处也将垦民保甲一案呈农林部，请其转呈内政部、行政院，寻求支持。江西省垦务处提出三点不能编入地方保甲的原因：

(1) 垦民来自陷区，一无所有，田地房屋甚至柴米□□均须就地采用。当地人民眼光短浅，每不甘心，若无垦区管理机关加以保障，垦民将无以为生。《非常时期难民移垦条

① 《行政院指令(仁叁字第 26370 号)》(1943 年 11 月 30 日)，台北：“中央研究院”近代史研究所档案馆藏国民政府农林部档案，20-26-047-06。

② 《行政院指令(仁叁字第 26370 号)》(1943 年 11 月 30 日)，台北：“中央研究院”近代史研究所档案馆藏国民政府农林部档案，20-26-047-06。

③ 《行政院指令(仁叁字第 25255 号)》(1943 年 11 月 17 日)，台北：“中央研究院”近代史研究所档案馆藏国民政府农林部档案，20-26-008-32。

例》规定由垦区管理机关管理，立法原意即在适应特殊需要，倘编入地方保甲，事权不一，势将发生纷扰而影响垦务之进行。

(2) 垦民来自异地，与当地人民风习不同，相处未久，不无隔阂。过去以分别管理，尚属相安。若勉强编入地方保甲，混合编制，利害冲突之机会加多，土客纠纷必将益形严重。不若假以时间，由垦区管理机关应由教育及通婚等种种方法使潜移默化，与土著感情融洽后，再行编入地方保甲，泯除界限于无形较为适当。

(3) 垦民在原籍本有田地家室，移居未久，心理欠固，一旦编入地方保甲，必致疑虑滋生，恐遭歧视而有逃回陷区之念。本处虽已令饬各场时刻防范，但根据各场观察，垦民之存有此种心理者，实甚普遍，情势严重之事实未可忽视。万一因操之过急，发生潜逃之风，不特有失政府安辑流亡之旨意，抑且妨及整个垦务之发展。本处各场垦民系由政府贷款经营垦殖，历年所贷款项为数颇巨，一旦潜逃，国库亦将蒙受巨大损失，且垦熟之地复又抛荒，后方粮食生产亦受极大影响。①

鉴于国营江西安福垦区实行特编保甲，江西省垦务处请求准予援照国营安福垦区成例，实施特编保甲制度。行政院将江西省垦务处"援案办理保甲"的请求交内政部核议。内政部派员至江西垦区调查后认为，垦民"适用特殊编制，不编入地方保甲，增加行政困难，流弊滋多，未便准行；至缓服兵役、减免特定捐税应准照

① 《江西省垦务处致行政院、内政部代电》(1943 年 9 月 30 日)，江西省档案馆藏民国江西档案，J060－2－00113－118。

办”①。行政院采纳内政部意见，相继训令农林部、江西省政府“垦区垦民仍应编组保甲，不按特殊编制”②，并指令农林部“江西安福垦区管理局所请垦民不编组保甲一节应毋置议”③，从而否决了国营安福垦区实施特编保甲的做法。1944 年 2 月，江西省政府正式指令省垦务处：“各垦区垦民，应一律编入当地保甲之普通户口，并履行户籍及人事登记，毋任遗漏。”④至此，行政院对于垦民编入地方保甲的态度发生逆转，决定全国所有垦民必须编入地方保甲，不实行“特编保甲制度”，从而平息了这一争论。

省垦务处意识到垦民编入地方保甲在所难免，为确保垦民编入地方保甲后，应享有的优待政策能继续执行，明确划分地方政府和垦务机关之间的管理权限，便于 1944 年 4 月制订《垦民编入当地保甲后管理权限划分建议书》呈农林部，转行政院审核，主要内容有：

> (1) 垦民编入当地保甲后，除户籍在地方自治组织系统上隶属所在地之乡(镇)保甲外，余悉依照《非常时期难民移垦条例》第二十一条之规定，仍由垦区管理机关指导管理之。
>
> (2) 乡(镇)保甲长依照法令规定对于垦民有所指挥时，应

---

① 《奉行政院指令本省垦区垦民仍应编组保甲并准缓服兵役三年免除特定捐税等因令仰遵照由》(1944 年 2 月 21 日)，江西省档案馆藏民国江西档案，J045 - 2 - 01871 - 0311。

② 《行政院指令(仁叁字第 26370 号)》(1943 年 11 月 30 日)，台北：“中央研究院”近代史研究所档案馆藏国民政府农林部档案，20 - 26 - 047 - 06。《行政院指令(仁叁字第 28389 号)》(1943 年 12 月 24 日)，江西省档案馆藏民国江西档案，J045 - 2 - 01871 - 0311。

③ 《行政院指令(仁叁字第 27654 号)》(1943 年 12 月 16 日)，台北：“中央研究院”近代史研究所档案馆藏国民政府农林部档案，20 - 26 - 047 - 06。

④ 《奉行政院指令本省垦区垦民仍应编组保甲并准缓服兵役三年免除特定捐税等因令仰遵照由》(1944 年 2 月 21 日)，江西省档案馆藏民国江西档案，J045 - 2 - 01871 - 0311。

不妨碍垦殖业务之进行，并应事先通知所在地垦区管理机关，取得同意后协助办理之。

(3) 乡(镇)保甲长对于垦民有违反法令之措施时，垦区管理机关得加以阻止或商请其上级机关制止，其情节重大者并依法惩处之。①

根据江西省垦务“建议书”的规定，垦民编入地方保甲，只是将垦民户籍纳入地方保甲管理，其余管理权限仍归垦务机关。农林部原则上对此表示同意，仅将第二条中“取得同意后”五字删除后，原文转呈行政院。由于垦民保甲问题涉及全国各垦区，具有一定的普遍性，农林部拟定了《全国各垦区垦民编入保甲办法草案》②，呈送行政院批准，此举同江西省垦务处所呈“建议书”的意图相同。

行政院指令兵役部、农林部会商此事。两部主要围绕《办法草案》第七条“垦民缓服兵役”问题展开讨论。第七条规定：“垦民无论已未编入保甲，均自入区从垦之日起，于三年内缓服兵役及免纳法令特许豁免之捐税。”③1945 年 4 月，兵役部函复农林部，认为第七条的规定一旦施行，则垦区恐将为附近壮丁逃避兵役之渊薮。鉴于蒋介石曾于 1945 年 1 月 10 日手令兵役部“缩小缓征

① 《江西省垦务处：为建议关于垦民编入地方保甲后应划分管理权限呈乞核示由》(1944 年 4 月 15 日)，台北：“中央研究院”近代史研究所档案馆藏国民政府农林部档案，20-26-046-01。

② 《为拟具全国各垦区垦民编入保甲办法草案暨说明呈请鉴核示遵由》(1944 年 9 月 6 日)，台北：“中央研究院”近代史研究所档案馆藏国民政府农林部档案，20-26-046-01。

③ 《全国各垦区垦民编入保甲办法草案》，台北：“中央研究院”近代史研究所档案馆藏国民政府农林部档案，20-26-046-01。

范围”[1],故建议将第七条垦民缓役部分删除[2]。

1945 年 3 月,正当兵役、农林两部会商期间,农林部垦务总局及直属各国营垦区管理局忽遭裁撤,各国营垦区交地方办理。农林部更担心垦区交地方政府接办后,垦民权益得不到保障,特别是“三年内缓服兵役”的规定得不到切实执行。而一旦垦民被征壮丁,新垦荒地在三年内未能垦熟,垦民全家生活都将无法维持。5 月 8 日,农林部再次致函兵役部,要求对于以前经批准缓役的垦民,通令地方政府在三年内免征兵役,否则“已垦复荒,前用垦费尽属虚掷”,“前功尽弃”。[3] 兵役部对此也做部分让步。5 月 30 日,兵役部复函农林部,同意将该第七条修改为“垦民取得寄籍之资格者,自入区从垦之日起,于三年内缓服兵役”,兵役部为避免影响役政,同时又加上一句“但上项规定只适用于三十三年以前经农林部所招致之各垦区垦民为限”[4]。也就是说,1944 年起所招收的垦民不在缓服兵役之列。农林部认为,1944 年直辖各国营垦区仅招收垦民 669 人,全国其他省营垦区招收垦民也不多,将缓征范围扩大

① 《蒋中正手令(机密字第 8444 号)》(1945 年 1 月 10 日),台北:“中央研究院”近代史研究所档案馆藏国民政府农林部档案,20-26-046-01。

② 《兵役部函复农林部呈拟垦区垦民编入保甲办法草案第七条关于垦民缓役部分拟予删去一案》(1945 年 4 月 18 日),台北:“中央研究院”近代史研究所档案馆藏国民政府农林部档案,20-26-046-01。

③ 《准行政院秘书处通知奉交互商兵役部函复农林部呈拟垦区垦民编入保甲办法草案第七条关于垦民缓役部分拟予删去一案拟具意见函请查照示复由》(1945 年 5 月 8 日),台北:“中央研究院”近代史研究所档案馆藏国民政府农林部档案,20-26-046-01。

④ 《为关于所拟全国各垦区垦民编入保甲办法草案拟将第七条修改函请查照由》(1945 年 5 月 30 日),台北:“中央研究院”近代史研究所档案馆藏国民政府农林部档案,20-26-046-01。

至1944所招收的垦民，不会对役政造成太大影响，[①]但这一建议遭兵役部拒绝。随后，农林、兵役两部将《全国各垦区垦民编入保甲办法草案》呈报行政院核查。1945年8月13日，行政院训令农林部："垦民编入保甲，应依照《保甲编组办法》及《户籍法》之规定办理，毋庸另订办法。"[②]至此，农林部和江西省垦务处试图确保垦民编入保甲后的优待政策继续执行的考虑落空。《保甲编组办法》和《户籍法》是针对普通民众制订的，并未考虑到难民这一群体的特殊性，显然不利于保护难民的利益。

各地垦民编入保甲后，果然纠纷不断。1944年7月，农林部皖赣区垦务视导专员王重在巡视江西各垦区后，向农林部汇报："各地垦民编保甲〈明〉后勒索迭出，人心浮动，各区均有逃散，职亲视垦地复荒者甚多，恐秋收后逃散益众。"[③]10月，王重再次致电农林部，陈述垦区困难："垦民自编入地方保甲后，优待条文不能实行，勒索摊派为普遍现象，各地垦民纷谋迁徙，逃散日众，垦地复荒，维持原有状态已不可能，实无增垦希望。垦务人员及垦民之执业自由完全丧失，排外之风日炽，省令不能贯彻，区乡保甲及地方士绅为阻垦排外之动力。"[④]江西省垦务处也指出："各乡镇保甲长对于

---

①《函复关于前拟全国各垦区垦民编入保甲办法草案贵部拟修改第七条文下半段请予删去并请示复由》(1945年6月20日)，台北："中央研究院"近代史研究所档案馆藏国民政府农林部档案，20-26-046-01。

②《行政院训令(平叁字第7718号)：毋庸制订"全国各垦区垦民编入保甲办法"》(1945年8月13日)，台北："中央研究院"近代史研究所档案馆藏国民政府农林部档案，20-26-046-01。

③《王重致农林部巳世电》(1944年7月6日)，台北："中央研究院"近代史研究所档案馆藏国民政府农林部档案，20-26-060-18。

④《王重致农林部申有电》(1944年10月28日)，台北："中央研究院"近代史研究所档案馆藏国民政府农林部档案，20-26-060-18。

维护垦民权益法令多不明了，或故意漠视，致时有纠纷。”①

萧邦奇指出：“随着战争的到来，个体和家庭拼命地在自己身上覆盖上保护罩——挽救自己、家人和故乡，成为焦点的是本土、本地，而非国家。战争是一种‘地方化’的现象，当人们的故乡被占领或孤立在贫困、落后的后方时，难以了解更广阔的领域。”②围绕垦民保甲和兵役捐税问题的争论，反映了战时状态下，国家、社会和民众之间的利益差别和由此而引发的矛盾。总体来看，农林部和垦务管理机关从救济难民、发展垦务的角度出发，认为垦民一旦划归地方保甲管辖，事权不一，有碍管理，且垦民失去垦务机关的管理和保护，则相关优待政策很难落实，垦民利益将会受损，影响垦务前途，也有悖难民移垦的初衷。为应对各方压力，垦务机关在垦区实施“特编保甲”制度，对垦民实施有效管理。各地方政府则从维护地方行政管辖权、汲取垦区利益的角度出发，强烈要求将垦民编入地方保甲。在垦民编入保甲及承担相应保甲义务问题的争论中，农林部、垦务机关、军政部以及地方政府均从各自角度做出解释，以争取行政院的支持。最终，行政院从维护地方政府统治的角度考虑，否定了农林部及垦务机关的建议，撤销之前批准的“垦民特编保甲”制度，强令垦民一律编入地方保甲系统。垦务机关与政府之间关于垦区管理权的争夺，以垦务机关的退让结束。关于垦民缓服兵役、免纳捐税和地方摊派等优待政策，行政院和江西省政府都有着明确的规定，地方政府如能严格执行，这原本不成为一个问题。但恰恰是这点，成为各方争论的焦点，原因即在于农林部和垦民都十分清楚，地方政府和乡保机关不会认真执行行政院和

① 曾庆人：《江西之垦务》，《经建季刊》第5期，1948年，第34页。

② [美]萧邦奇著，易丙兰译：《苦海求生——抗战时期的中国难民》，第327页。

江西省政府的命令。事实也正是如此，垦民编入地方保甲后，遭受勒索不断，矛盾增多，垦区社会生态恶化，部分垦民逃离垦区，所垦田地再次抛荒。原为救济难民、收拢人心之举的移民垦荒，却因为保甲问题致民怨沸腾。难民移垦政策为基层政府和乡保机关随意抵制和曲解，形同具文，给战时难民移垦事业带来不利影响，显示民国基层政治和社会的混乱。

第二节 土客关系及其调适

土客矛盾是移民社会的一个显著特征，处理不好，往往会导致社会关系长期紧张，甚至引发大规模的械斗，给社会发展增添许多不稳定因素。引起客民与土著之间冲突的原因，首先是文化差异。土著居民天然有着排斥外来文化的心理，而客民又有着保护自身固有文化的愿望，有时甚至试图改造土著文化。这样，土客冲突就不可避免。其次是利益争夺，如争夺土地、食物、水源，等等。土客冲突既有现实利益的争夺，也有文化方面的矛盾，而后者的影响更为深远。土客矛盾恶化垦区社会生态，对垦务发展有较大影响。垦务机关为调适土客关系做了大量工作，但效果有限。

一、土客矛盾的主要表现

历史上，江西经历多次较大规模的人口流动和迁徙，在赣南形成了典型的客家社会，“人口迁移带来的利益冲突、身份冲突、文化冲突相互交织，已经构成了华南广大移民区域社会生活的基本内容”①。

① 李恭忠：《客家：社会身份、土客械斗与华南地方军事化》，《清史研究》，2006 年 2 月第 1 期，第 118 页。

伴随着人口的不断迁移，移民社会的土客矛盾长期存在，并时常引发大规模的族群械斗，冲击正常的社会秩序。

难民背井离乡，逃至后方，既失去了赖以生存的土地、食物、水和住所等物质基础，在逃难过程中往往又与家人及亲戚朋友生死离别，原先熟悉的人际关系网络被打破，还要处处躲避兵匪和敌人的炮火。难民缺乏基本的物质和情感安全保障，对外部世界有着天然的戒备心理。正如萧邦奇所指出，“对难民而言，那些来自其他地方并且与之没有社会关系的人都被视为陌生人，往往具有威胁性和危险性”①，难民对垦区土著人民有防备之心实属正常。土著人民大多反对难民移入本地垦荒。土著人民原本生活艰难，大量难民涌入垦区，占地开荒，取水伐木，常与附近农民因水权、地权等问题产生争执，造成与土著人民之间关系的紧张，引起土著人民的反对。此外，难民享有缓服兵役、免征捐税等优待政策，也引起土著人民的不满。战时难民移垦区的土客矛盾主要围绕兵役、捐税、地权、水权、林权等利益问题展开。

(1) 兵役及捐税矛盾。抗战时期，国民政府为减轻难民负担，促使难民安心生产，早日自给自足，特规定难民在初垦 3 年内可以缓服兵役，缓征其他工役，免除 3—5 年的捐税和地方摊派。难民优待政策对垦区土著人民来说无疑具有极大的吸引力，也引起了他们的不满。为平息本地民众的不满，增加政府收入，地方政府强令垦民编入地方保甲系统，承担兵役及捐税等保甲义务。垦务管理机关和垦民担心自身利益得不到保障，坚决反对编入地方保甲。随着保甲问题的复杂化，地方势力与垦区之间的冲突不断，其中以农林部所属的江西安福垦区一案较为典型。

---

① [美]萧邦奇著，易丙兰译：《苦海求生——抗战时期的中国难民》，第 321—322 页。

农林部安福垦区初设于江西安福县，后扩大至江西吉安、吉水等县。垦民以湘粤籍难民为主。1943年，战区难民移殖协会总干事王重兼任农林部安福垦区管理局局长。10月，吉水县政府强令农林部安福垦区管理局所属吉水县垦场垦民编入当地保甲。此前，安福垦区经行政院批准实施“垦民特编保甲制度”，因此垦民和垦场管理机关拒绝编入地方保甲。协商不成，吉水县水南区署遂“调集武力二百余人，驱逐粤籍垦民，侮辱垦务处及移欧〔垦〕协会职员，并声言烧杀，掠夺土地，遂其排外心理，几致酿成惨剧，垦民逃亡大半”①。后经安福垦区管理局局长王重带垦警队压制，方才平息事端。地方社会之所以排斥外籍垦民，原因之一就是垦民不同意编入地方保甲，不愿意承担兵役及捐税等保甲义务。诚如农林部所指：“各垦区垦民与土著间年来迭起纠纷，而兵役、捐税之负担实为主要原因。”②不过，垦民编入地方保甲后，双方矛盾实际并未就此消失，“垦务人员及垦民之执业自由完全丧失，排外之风日炽，省令不能贯彻，区乡保甲及地方士绅，为阻垦排外之动力”③。

（2）地权纠纷。地权纠纷是移民社会的一个重要矛盾，“荒地无人耕，耕后有人争”是一个普遍的现象。抗战初期，国民政府规定公荒可以直接分配难民开垦。对于私荒，则需要进行地权清查：无主私荒则视为公荒，直接分配难民耕种；有主私荒逾期不开垦的，直接分配难民耕种。正常情况下，移垦之前应进行地权清查。

① 《王重电致农林部戍江电》（1943年11月13日），台北：“中央研究院”近代史研究所档案馆藏国民政府农林部档案，20－26－047－06。

② 《全国各垦区垦民编入保甲办法草案说明》，台北：“中央研究院”近代史研究所档案馆藏国民政府农林部档案，20－26－046－01。

③ 《王重致农林部申有电》（1944年10月28日），台北：“中央研究院”近代史研究所档案馆藏国民政府农林部档案，20－26－060－18。

然而，地权清查费时费力，无法在短期内完成。为了迅速安置大量难民，国民政府规定私有荒地可以先分配垦民耕种，同时办理清查手续。这一做法确实便利了难民移垦工作的推进，但也为后来的地权冲突埋下隐患。不少土著人民在土地清查时因种种原因未申报地权，看到荒地垦熟、收获颇丰时，又与垦民争地，从而引发不少纠纷。

1940年，难民叶友梅被选入江西省垦务处所属的吉安澧田垦殖场充当民垦，分配在吉安县常田乡第九保澧田村从事开垦。叶友梅在澧田公路旁开有荒田一丘（四升），当开垦时并无人申报该项地权。耕种两年多后，土质改良，产量渐增。1942年六七月间，垦场分别致函吉安县政府和常田乡公所，请其通告垦场附近居民到垦场登记业权，并在垦场附近张贴布告，通知周边民众，当时并无业主到场申请登记，垦场认为居民自动放弃业权。事后不久，常田乡乡长刘睿傅主使其侄子腰牙（俗名）找到叶友梅，称此田是其所有，不准叶友梅耕种，双方遂发生冲突。1942年11月5日，澧田垦殖场所隶第四中心垦殖场场长陈达民前往常田乡，与刘睿傅商讨解决办法。陈达民请刘睿傅交验管业有关凭证。刘睿傅无法交出，仅声称“管业凭证毫无，任凭贵场办理”①。

刘睿傅声称该地为其所有，却又无法提供管业凭证，显然是无稽之谈。刘睿傅无非是看到荒地开垦后，产量增加，妄图据为己有。

(3) 水权纠纷。垦区田地常与地方土著田地交错，经常共用水

①《为据澧田场报以常田乡乡长刘睿傅主使强占垦田等情电乞转呈省府令饬吉安县府严查究办以儆效尤而利来兹由》(1942年11月13日)，江西省档案馆藏民国江西档案，J060-2-00127-3。

源。垦民与居民为水权问题时起纠纷。万安县窑头垦殖场垦民汪俊甫与居民曾大饼(俗名)即因争开田水发生纠纷。曾大饼田地原本没有水权,无权使用垦区水源,但曾大饼不顾汪俊甫再三劝阻,强挖其田埂用水。甲长曾绍洙从中偏护曾大饼,致纠纷不断。1941 年 5 月 12 日下午,曾大饼又来挖水,汪俊甫阻拦,曾大饼随即归家。汪俊甫掩好埂阙后也即回家。然而,天尚未黑,甲长曾绍洙等忽然鸣锣纠众,带领各村居民手执器械,涌向垦区,声称要捉拿垦民汪俊甫。汪俊甫等人见状,急忙逃至垦场办事处报告。管理员嘱咐不要乱动,汪俊甫等只好在垦场办事处留宿一夜。第二天一早,汪俊甫随同管理员回家查看,所有衣服盖被洗劫一空,家具器物被损坏,连耕地用的大水牯牛也被抢去。

5 月 13 日早上,窑头垦殖场管理员张一帆与技佐陈天吉前往出事地点查询案情经过,乡公所也派警卫张干事来处理此案。双方会同查勘,见垦民汪俊甫等家中锅灶、什物、器具、桌凳捣毁多件,破片满地。张一帆与张干事劝说双方和平调解,但甲长曾绍洙否认有捣毁行为。因失去耕牛一头,价格巨大,一时无法和解,汪俊甫只得向万安县司法处呈诉。万安县司法检察处侦审认为,并无重大情节,后经万安县初级中学校长郭希又出面调解,县司法检察处撤回原诉。①

(4) 林权纠纷。有些难民初到垦区,无房居住,常往附近山上砍伐树木搭建棚屋,以节约经费。有的垦民因给养不足,开荒收获甚微,不少人先是砍伐树桩、松枝到附近市镇出售,以换取生活补贴,继而发展到砍伐树木出卖,以赚取更多的钱。有垦民甚至嫌开

① 《为据情转呈垦民汪俊甫家被捣毁情形报请转万安司法处法办由》(1941 年 6 月 15 日),江西省档案馆藏民国江西档案,J060-2-00134-98。

荒生活过于艰苦,即以砍柴为生,不事垦种。有的垦场管理员又不加劝导和阻止,垦民纷纷仿效,砍柴之风愈演愈烈。垦区附近山林屡遭砍伐,引起土著人民反对,双方纠纷不断。

1941年3月20日,江西省垦务处所属安福坪湖垦殖场垦民涂玉芳、王歪生等人,到吉安第三区鸿梅乡第一保梅岭村公山劈取树砧,与土著人民发生纠纷。土著人民于是鸣罗聚众,民众数百人蜂拥而至,开枪射击并围捕垦民,一时"枪声砰然,人声鼎沸"①。彼时,正好省垦务处测量员闻人华兄弟及测工在附近测量荒地。闻人华等人听到枪声后,担心发生重大纠纷,急忙前往调解,不料被土著人民一并捕捉。保长萧月盛吩咐将垦民捆绑,押送梅岭村民房囚禁并殴打,又将闻人华及助测员一并押送梅岭村囚禁。闻人华出具保结后释放,向江西省垦务处呈报事情经过。

吉安县政府随即也向省垦务处通报此案。吉安县政府称:"垦民数人白昼恃势强砍本保梅岭村山上树木,经该村民制止,并书犯字,以后不得再犯寝事。本年该垦殖场又来垦民住本保之康家村开垦荒地,复于三月二十日涌来垦民十数人,白昼强砍树木。经该村民众发觉,旋请保证萧月盛当场制止,并由垦民闻人要书字寝事。不料又该场管理员王承禹,竟不约束该垦民,乃一味强词夺理,仗势偏袒,系有意纵容。"②吉安县政府有意回避乡保捆绑及殴打垦民一事,指责垦场方面有意纵容垦民屡次砍伐树木,要求省垦务处对垦民严加约束。

省垦务处在调查案情后致函吉安县政府,请其"令饬第三区鸿

---

①《为呈复垦民与土著纠纷一案详情乞核夺由》(1941年4月25日),江西省档案馆藏民国江西档案,J060-2-00134-60。

②《据报坪湖垦民恃势强砍树木请制止等情查明制止见复由》(1941年4月10日),江西省档案馆藏民国江西档案,J060-2-00134-54。

梅乡第一保保民嗣后对于垦民不得存歧视排外心理，并依法究办，以警刁风”①。但吉安县政府对此不以为然，反倒是以“垦民强砍树木有违法令”②为由，请省垦务处从严制止垦民，以保森林。双方各执一词，未能达成一致解决方法。垦民是否确实乱伐树木不得而知，但可以肯定的是，土客双方因为伐木等资源问题而产生的纠纷并不在少数。

（5）任意逮捕垦民。垦民与土著间的不信任，及垦民的弱势地位，是垦民常常为地方保甲欺凌的重要原因。地方保甲视垦民为不安定因素，处处戒备，往往不经正式手续，借故任意逮捕垦民，侵犯垦民权利，遂其排外心理。

1942年5月23日，吉安县红梅乡第二保在事前未通知垦场管理员的情况下，突然于夜间派乡丁数人，携带枪支赴江西省垦务处枧洲垦殖场，将垦民孔宪刚、曾季明逮捕拘押并拷打，后押送致红梅乡公所关押、审讯。第四中心垦殖场随即向第二保办公处交涉，询问案由。保长高晋魁答复称，拘捕垦民孔宪刚、曾季明是因为吉安县政府督导员徐方霖、李自禄得到密报，称孔宪刚素性游荡，经常在该村门首大道上拦路抢劫经过此地的单身男女，且有恃势强奸少妇、霸占熟田、砍伐风龙种种不法事情。曾季明则是因欠征购谷一千余斤，屡次催促不交，因此将他逮捕。

垦场方面指出，当地人民及保长从未向垦场方面报告过孔宪刚的各种不法行为，垦场方面也从未听说过孔宪刚有不法行为。

---

①《省垦务处致吉安县政府函》（1941年5月13日），江西省档案馆藏民国江西档案，J060-2-00134-65。

②《函请制止垦民砍伐树木》（1941年6月20日），江西省档案馆藏民国江西档案，J060-2-00134-67。

至于曾季明，他作为垦民，也无负担征谷义务，因此，逮捕两人实属不当。为弄清事实，第四中心垦殖场场长陈达民派技士张祖良前往调查。张祖良询问孔宪刚是否有指控的各种违法行为，保长高晋魁、士绅高南乔称："在本保所辖地方，向未闻孔宪刚有上列行为，并未闻有任何人受害。此次被捕完全由县府徐、李二人主导，本人系下级机关职员，无权过问，有无确切证据，本人亦不知。"①后来，经过进一步调查得知，孔宪刚性情憨直，平时交流中，难免有令人难堪之处，因而遭报复被逮捕。曾季明娶当地孀妇黄李氏为妻，黄姓有个儿子黄贡生继承其父亲遗产。黄贡生欠征购谷一千余斤，屡催不还。乡公所于是拘押曾季明，要求曾季明补交征购谷。曾季明虽然娶黄李氏为妻，但并未占有黄姓田地，也未脱离垦籍，并无负担征谷义务。垦民曾季民、孔宪刚遭到无辜逮捕和严刑拷打，并转送红梅乡公所拘禁20多天，导致所垦的熟田均未栽插秧苗，秋收绝望，不但无力归还贷款，而且生活也将发生困难。

垦民如果有违法行为，自然要依法惩处，但垦民孔宪刚并无违法的明确证据，曾季明也无负担征谷义务。县政府督导员在没有任何证据的情况下，仅凭密报就任意逮捕垦民，践踏垦民权利，致使垦民人人自危。第四中心场认为"此次突然拘捕，其嫁祸陷害可以推断，抑或蓄意逼走垦民籍以没收垦田"②。

---

①《为据枧洲场报以该场垦民孔宪刚曾季明无故被捕等情转请鉴核并乞转呈省府速饬吉安县府严办肇事人员以维垦政由》(1942年5月29日)，江西省档案馆藏民国江西档案，J060-2-00127-51。

②《为据枧洲场报以该场垦民孔宪刚曾季明无故被捕等情转请鉴核并乞转呈省府速饬吉安县府严办肇事人员以维垦政由》(1942年5月29日)，江西省档案馆藏民国江西档案，J060-2-00127-51。

难民移垦区土客双方时常因争夺各种资源产生矛盾。每当冲突发生时，地方乡保人员往往不但不予劝阻，反而利用自身影响力，号召本地居民群起而攻击垦民，抢劫或毁坏垦民财物，肆意扩大事态，以达到阻垦排外的目的。

二、土客冲突下的垦民与地方社会

垦殖业务基础全在乡村垦场一级，事业的推行有赖地方政府积极配合。省垦务处对地方政府无行政管辖权，故土客冲突发生时，只能商请地方政府尽量从中予以协调。地方政府从维护自身利益的角度出发，往往有意偏袒土著人民，将责任推给垦民。冲突各方为维护自身利益，经常相互指责，甚至不惜捏词诬陷，从而加剧了双方的猜忌和矛盾。垦民和垦务机关的弱势地位，导致其在土客冲突时利益经常受到损害，影响垦殖的信心。垦民势单力薄，要么忍气吞声，以求自保，要么弃垦他走。江西省垦务处所属凤凰圩垦殖场与琼林乡乡长欧阳敬五冲突一案，即是这一矛盾的典型反映。

（一）冲突的发生

凤凰圩垦殖场位于江西省吉安县凤凰圩，是江西省垦务处成立最早的直属垦殖场。凤凰圩垦场附近有空房一所，以前由保安队驻扎。保安队离去后，房屋闲置。1942 年 4 月，凤凰圩垦场主任罗运生看到该所房屋无人居住，准备将垦场办事处迁到此处，将原办事处改为垦民学校。在未迁移之前，罗运生先在这所空房门头贴一张纸条，书明“江西省垦务处凤凰圩垦殖场办事处”字样。4 月 13 日上午，琼林乡乡长欧阳敬五率领乡丁路经该所空房前时，看见门头贴有字条，立即将其撕下。正好凤凰圩垦场工友张富发也在该处，看到欧阳敬五将字条扯去，上前询问缘由。欧阳敬五称这是他本人的房屋，不准占用。双方遂发生纠纷，张富发寡不敌众，被欧阳敬五等人殴打。

张富发被打后，回场向罗运生报告事情经过，欧阳敬五则到凤凰圩车站对门的高升茶店饮茶。罗运生要求张富发去请欧阳敬五到垦场商谈。张富发到高升茶店，向欧阳敬五说明来意，欧阳敬五不理。张富发因前次被打，心有不甘，就上前拖欧阳敬五前往，双方再次纠缠在一起。欧阳敬五见张富发纠缠不清，即拔出左轮手枪鸣枪示威，并命令乡丁将张富发带往乡公所询问。张富发不愿，又与乡丁纠缠在一起。罗运生听见枪声后，立即到凤凰圩车站查看情况，看见乡丁扭着张富发不放，责问缘由，欧阳敬五在旁边又鸣枪示警。附近居民均纷纷指责欧阳敬五做事太过分。见此情景，欧阳敬五只得率领乡丁离开。

罗运生等回场后，于下午四时带领垦民前往凤凰圩农业技术人员训练班，向正在农训班出差的省垦务处第一科科长徐邦祺报告事情经过。下午五时左右，欧阳敬五率领乡丁十余人，携带长枪十几支、驳壳枪两支、左轮手枪一支，前往垦殖场，准备逮捕罗运生等人。罗运生因率领垦民前往农业技术人员训练班，而躲过一劫。欧阳敬五等人遂将该场事务员罗凤翔及工友张富发捆绑，四处搜索财物后，将办事处内自卫步枪两支、子弹数发劫走，并将事务员罗凤翔及工友张富发带往乡公所看管。罗运生等走到半路，听闻垦场被劫，立即返回，发现欧阳敬五等人已经离开，垦殖场被洗劫一空，遂再次带领垦民前往农训班向徐邦祺汇报。

因未能捕到罗运生等人，欧阳敬五于当晚十时左右，再次率领乡丁数人前往垦场办事。因罗运生当时仍未回场，欧阳敬五等即蛰伏在办事处内，等待罗运生回场。半夜，罗运生等人回场，欧阳敬五等人立即向门前开枪。罗运生及垦民听到枪声，四散而逃。

被逮捕的罗凤翔和张富发在乡公所被欧阳敬五威刑逼供，承认拦路抢劫，于十四日上午解往吉安县政府关押。[①] 事件发生后，凤凰圩垦场、琼林乡和吉安县政府均向上级呈报案情，但各方说法差别很大。

（二）凤凰圩垦场主任罗运生的报告

此案发生后，凤凰圩垦场主任罗运生立即向省垦务处报告称：

> 本届春耕所需肥料已于本月十二、十三两日先后集足现款五千七百四十元，于昨（十三）日上午十时许，派第三垦殖队长刘福生，先携现款四千元，督同办事处工役张富发，及第三队垦民张寿荣，随带手车一辆，前往横江镇洽购蔴枯96担。不料行近凤凰圩棉麦试验场荒地边，突遇当地恶棍欧阳敬五（即琼林乡长）手执左轮一支，率领乡丁一名，籍名捉拿壮丁，将垦民刘福生等拦住搜查，当在刘福生身上劫去布包一个，内有购肥料价款四千元。至该刘福生、张寿荣等因非适龄壮丁，始为斥回，而张富发则强行扭捉，拟充壮丁，但张富发因身为本场工役，且所带公款被劫，自不肯轻易随行，乃互相扭结挣扎。
>
> 职当据逃回垦民刘福生等报称被劫情形，即驰往探视，该工役正被恶棍扭至凤凰圩车站门首，该恶棍欧阳敬五因互结不脱，恐目的难达，乃拔枪向工役张富发实弹射击数发，幸均未命中。时有车站员役、待车旅客及高升茶铺喝茶过客等，群起喝阻，该恶棍欧阳敬五等只得将张富发释放。事后，职揆肥

① 徐邦祺：《呈复调查凤凰圩场被琼林乡长率众拘捕该场员工及抢劫枪械钱物一案请鉴核由》（1942年4月20日），《凤凰圩垦殖场遭琼林乡公所围劫案》，江西省档案馆藏民国江西档案，J060－2－00125－38。

料无法采购，价款现已被劫，即将被劫事实传知各垦殖队长。下午四时许旋循小径赶赴农训班垦务组，向徐科长报告被劫详情。适行将中途，讵该乡长欧阳敬五自知拦途行劫事机难密，竟复率乡丁携带步枪十余条，驳壳枪三支，二次包围本场办事处，冀图将本场员役一网打尽，以灭口实。即蜂拥闯入办事处内，捆人劫物，情同乡匪。计被劫步枪七支，步弹五百六十发，灰色步弹袋一只，及黑皮手提包一个，内计有垦民垫缴四月份购盐价款一千四百一十六元，及购肥料余款一千七百四十元，概为劫光。临行随将本场事务员罗凤翔及工役张富发等绑去乡公所，闻一路拷打，惨叫云霄，并在乡公所施用极刑逼供，经着人探询杳无音息，迄今生死难明。当彼等暴徒劫后还所时，曾有凤凰圩棉麦试验场之佣工数人，田间工毕来归，遇见各暴徒行凶情形，以及所劫枪弹，正在沿途互相谈论间，职始闻讯疾驰返场，果属人物皆空……一面领同垦民苏明清等七人伴赴徐科长处，将先后被劫详情报请定夺，迄晚七时许归场。孰料又有武装乡丁七八人，伺伏办事处内，及抵门首，即冲出鸣枪追赶，幸均得逃避山野未获，斯劫时虽已晚，谅枪声邻人皆知。似此黑夜非法逮捕公务人员，显系欲遂其暗杀毒计，若□法严惩①，不特工作全部为之摧残，即职生命亦恐难保。

附　被劫财物清单一纸：

江西省垦务处凤凰圩垦殖场被劫财物清单（三十一年四月十四日）

计开：

肥料费法币伍仟柒佰四十元整

① 原文如此，根据文意，推测为“若不依法严惩”。

四月份食盐价款法币壹仟肆佰壹拾陆元整
自卫步枪七支
自卫步弹五百六十发
灰色步弹袋一只
木质弹箱一支①

罗运生并前往吉安县政府报案，所述情节与此相同。罗运生的报告中有几点值得注意：首先，关于事件起因，罗运生声称是欧阳敬五等捉拿壮丁所致，而闭口不谈占用民房一事。其次，关于被劫财物，据称现金总共 7 100 余元，步枪 7 支，子弹 560 发。再次，关于张富发被打一事，声称是张富发因所携带款项被劫，与欧阳敬五等厮打，后被扭至凤凰圩车站，而不提他派张富发去高升茶店纠缠欧阳敬五一事。罗运生的报告从发案缘由，到事情经过，再到财物损失等，重要案情均与事实不符。罗运生为引起重视、博取同情，不惜夸大、捏造重要情节诬蔑对方。

（三）琼林乡乡长欧阳敬五的报告

琼林乡乡长欧阳敬五却给出了完全不同的解释。欧阳敬五在将张富发、罗凤祥解送县政府时称："本月十三日上午十时，因公路经离凤凰圩半里许山地，突被暴徒多人携枪拦路劫抢，当场捕获蒋复发（即张富发之误）罗凤祥二人，步枪两支，理合将枪犯枪支一并解请法办等情。"②欧阳敬五声称遭到张富发、罗凤祥二人持枪拦路抢劫，因此将二人逮捕，并称声称两支步枪是当场缴获，而不是从垦

---

① 罗运生：《为将被劫财物经过情形乞鉴核由》（1942 年 4 月 14 日），《凤凰圩垦殖场遭琼林乡公所围劫案》，江西省档案馆藏民国江西档案，J060－2－00125－27。

②《吉安县政府至江西省垦务处函》（1942 年 4 月 28 日），《凤凰圩垦殖场遭琼林乡公所围劫案》，江西省档案馆藏民国江西档案，J060－2－00125－66。

场抢到，丝毫未提及洗劫垦场、捉拿垦民之事，也与事实相去甚远。

（四）吉安县政府调查结果

吉安县政府审讯张富发、罗凤祥两人。张富发（吉安县政府误为蒋富发）供称他与罗凤祥前往四队收集垦民购盐资金 1 200 元，回来路上被乡丁吴春林二人捉拿逃兵，将盐款抢去。[①] 罗凤祥则供称：当日上午，张富发与乡长在凤凰圩起纠纷，见乡长扭到张富发。下午，乡长带乡丁包围场址，“将我二人捉来”[②]。张富发称他与罗凤祥是在收集垦民购盐资金的路上，被乡丁以捉拿逃兵的名义逮捕，且盐款被抢。张富发的口供与垦场主任罗运生的解释相似，应是同罗运生串供，故与事实不符，而罗凤祥因与该案本无牵连，所述基本属实。因张富发、罗凤祥供词不相符，且与垦殖场主任罗运生报告的经过互相矛盾。吉安县政府派科员赵荣基前往凤凰圩调查案情，结果如下：

> 欧阳乡长于本月十三日上午十时偕副班长胡青云往第五保督催征购稻谷，道经凤凰圩瞥见亲戚房屋三幢被垦务处驻该地之第一垦务场占为场址，欧【阳】以业各有权，事先既未通过房主擅自驻扎，殊欠理由，乃将该场所贴纸书街牌撕下，当经该场勤务蒋复发（实为张富发之误，下同）发觉，比即报告该场管理员，旋使垦民追至本圩鑫记茶社扭住欧阳乡长殴打。该乡长以寡难众，当即向天鸣枪自卫，方获脱险。嗣该乡长恼羞气愤，复率警士多名于原日下午一时将该场勤务蒋复发、罗

① 《吉安县政府至江西省垦务处函》（1942 年 4 月 28 日），《凤凰圩垦殖场遭琼林乡公所围劫案》，江西省档案馆藏民国江西档案，J060－2－00125－66。

② 《吉安县政府至江西省垦务处函》（1942 年 4 月 28 日），《凤凰圩垦殖场遭琼林乡公所围劫案》，江西省档案馆藏民国江西档案，J060－2－00125－66。

> 凤祥二名拘获到所。以上经过系侧面探询而来，实属肇事真相，欧阳乡长报为被劫，而蒋复发供称是为捉拿壮丁起衅，均是各执一词，纯属子虚，罔足置信。①

吉安县政府认为，首先，凤凰圩垦殖场占据民房，欧阳敬五将纸条撕毁，事先均未接洽，并商得同意，手续均有欠缺。其次，垦民殴打欧阳敬五，以及欧阳敬五率领乡丁围捕张富发等人，意图报复，均不合法。再次，欧阳敬五称被暴徒拦路抢劫虽不是事实，但因撕纸条被垦民包围殴打确是实情。张富发称被劫盐款一千二百元，而罗运生称携带购运肥料款四千元被抢，互相矛盾，属信口架陷，不足为信，“欧阳敬五在辖境人烟稠密之区白昼抢劫行人，劫后复敢包围场所捕拿被害人，衡之常情绝无是理”②。总体来看，吉安县政府对案情的调查比较接近事实，但认为欧阳敬五拘捕张富发，是因为被张富发殴打，则与事实不符，有为欧阳敬五开脱之嫌。

（五）江西省垦务处态度

事件发生后，江西省垦务处指令徐邦祺就近调查，调查报告与本节第二目开头所述相同，基本反映事情的真相。徐邦祺在给江西省垦务处的报告中指出：“职前往调查时，凤凰圩附近居民及农业院棉麦试验场工友以及附近机关学校等莫不人人发指，斥该乡长之野蛮行动过甚。伏查本处为事业机关，事业中心全在乡村，今乡政人员竟敢围攻本处附属机关及非法逮捕公务人员，若不从严

① 《吉安县政府至江西省垦务处函》（1942 年 4 月 28 日），《凤凰圩垦殖场遭琼林乡公所围劫案》，江西省档案馆藏民国江西档案，J060－2－00125－66。

② 《吉安县政府至江西省垦务处函》（1942 年 4 月 28 日），《凤凰圩垦殖场遭琼林乡公所围劫案》，江西省档案馆藏民国江西档案，J060－2－00125－66。

惩处，则本处垦殖事业将无从推进。”[①]江西省垦务处对徐邦祺的报告表示认可，并将报告转呈省政府裁决。

（六）江西省政府的结论

江西省政府接报告后，指令省民政厅和省垦务处派员共同调查此案。省民政厅派出视察员贾克勤赴凤凰圩，会同省垦务处第一科科长徐邦祺复查此案。关于肇事经过，贾克勤基本赞同徐邦祺前文调查报告的内容，他在给省政府的报告中称："除关于公款被劫不敷，稍有出入外，其余大致相同。”[②]贾克勤、徐邦祺调查认为：首先，欧阳敬五“率领武装十余人围攻垦殖场，逮捕垦场人员，并劫走该场步枪两支及子弹若干。欧阳敬五小题大做诉诸武力，事后又捏称在途被劫，当场拿获暴徒张富发、罗凤翔，缴获枪弹，诬告二人为现行匪犯，解送县府。经调查并非路劫，其被捕地点确在垦殖场办事处内，且罗凤翔为年老瘦弱的文夫（53 岁），绝无在途行劫之理”。其次，垦殖场主任罗运生“占用民房，手续欠缺。报告公款被劫，并非事实。经过查询垦场账簿，并询问垦民，最终证明垦场并无公款被劫。报告被劫 7 支步枪，子弹 560 发，后罗运生承认该场仅有两支步枪，显然也是捏造”[③]。据此，江西省政府密令省垦务处：

> （1）垦殖场主任罗运生占用民房事先未得房主同意，事后

---

① 徐邦祺：《呈复调查凤凰圩场被琼林乡长率众拘捕该场员工及抢劫枪械钱物一案请鉴核由》（1942 年 4 月 20 日），《凤凰圩垦殖场遭琼林乡公所围劫案》，江西省档案馆藏民国江西档案，J060－2－00125－38。

②《江西省民政厅视察员贾克勤调查报告》（1942 年 5 月 12 日），《凤凰圩垦殖场遭琼林乡公所围劫案》，江西省档案馆藏民国江西档案，J060－2－00125－56。

③《江西省民政厅视察员贾克勤调查报告》（1942 年 5 月 12 日），《凤凰圩垦殖场遭琼林乡公所围劫案》，江西省档案馆藏民国江西档案，J060－2－00125－56。

又因不肯接受琼林乡乡长欧阳敬五撕毁封条，竟持步枪唆使伙夫张富发等对欧阳敬五施行强暴行为，且据查该场垦民任意砍伐树木不加制止，尤属不合。该主任罗运生应予记过一次，该场伙夫张富发应行开革。

(2) 琼林乡乡长欧阳敬五与垦殖场发生冲突，后纵有不服亦应依法申诉，乃竟率领乡丁廿余名围攻垦殖场，缴去枪弹，逮捕员工罗凤翔等以图报复，更属不合，应将该乡长欧阳敬五记过二次，以示惩戒。①

在此案件中，罗运生未经允许擅自占用民房，确有不当；事后为博取同情，捏词诬陷欧阳敬五，更不应该。欧阳敬五小题大做，带领乡丁十多人两次持枪围捕、洗劫垦务行政机关，逮捕垦民及垦务人员，更显其霸道作风；事后捏词诬陷垦场人员，无非是企图避免围攻公务机关，捕掳公务人员，劫夺公用枪械的罪名。江西省政府指责罗运生"持步枪唆使伙夫张富发等对欧阳敬五施行强暴行为"与事实不合。省政府在命令中还称罗运生对于垦民砍伐树木不加制止，说明琼林乡对垦场方面多有不满，双方矛盾较为复杂，而占用民房一事仅是一个导火索。

三、土客关系的调适

比较而言，由政府招收难民组织移垦，相对于难民自由迁徙从垦，所引发的土客矛盾要少得多。这是因为一方面难民移垦是政府行为，具有合法性，地方政府和乡村保甲不敢公开反对；另一方面，难民由垦务机关管理，遇到问题由垦务机关出面协调与地方社

① 《江西省政府密令》(1942 年 7 月 31 日)，《凤凰圩垦殖场遭琼林乡公所围劫案》，江西省档案馆藏民国江西档案，J060－2－00125－84。

会的关系，也可减少许多不必要的矛盾。但是，随着垦民不断到来，垦区不断扩张，对地方资源的占用也更多，地方社会的阻垦排外之风有增无减。垦区社会生态不良，垦民无法安居乐业，有违办垦初衷，因此，融洽土客关系成为各垦区管理机关的重要工作。

从上文所分析的几个案例来看，很多时候，土客矛盾都是因一些小的纠纷而起。地方乡保人员往往小题大做，将一些小纠纷扩大化，以达到阻垦排外的目的。垦务机关如不与县乡各级政府机关及乡镇保甲建立常规化、制度化沟通渠道，往往因小事沟通不畅而酿成大事故。为此，江西省垦务处要求各垦场建立“垦务咨询委员会”。

1941 年，江西省垦务处制订《江西省垦务处各垦殖场垦务咨询委员会组织通则》，经省政府批准实施。垦务咨询委员会设主任委员 1 人，由垦场所在地行政长官担任，设常务委员 2—3 人，分别由当地行政长官和垦场场长担任，另设委员若干，由地方绅士担任。中心垦殖场的垦务咨询委员会相较于普通垦场来说，规格有所提高。垦务咨询委员会作为垦务机关与地方政府日常协商渠道，目的在于加强双方联系与沟通，消除成见，融洽双方关系。

江西省垦务处虽然通令各场限期组织成立垦务咨询委员会，但各垦场反应冷淡，“逾期已久，据报成立者尚属寥寥，足证各该场办事人员对于法令不能贯彻依限完成”①。为此，省垦务处严令各垦场在文到十日内成立垦务咨询委员会。自 1942 年起，各垦场陆续组织成立垦务咨询委员会。

一般来说，中心垦殖场的垦务咨询委员会主任由垦场所在地的区长担任，普通垦殖场垦务咨询委员会主任由垦场所在地的乡长担

① 《为奉令组织垦务咨询委员会呈请鉴核由》（1942 年 5 月 25 日），江西省档案馆藏民国江西档案，J060－2－00126－76。

任，垦场场长担任常务委员。1942 年 5 月 25 日，第三中心垦殖场垦务咨询委员会成立，主任由安福县县长陆钱乘担任，安福管家乡乡长王天海和第三中心垦殖场场长李公武分别担任常务委员。另有安城镇镇长、管家乡第六保保长和绅士四人担任委员。因此，第三中心垦殖场垦务咨询委员会规格较高，但这种情形并不多见。1942 年 4 月 28 日，第八中心垦殖场垦务咨询委员会成立，主任委员由区长邓士杰担任，里塔乡乡长和第八中心场场长担任常务委员，另有源厚乡乡长和绅士三人组成委员。普通垦殖场的垦务咨询委员会规格相对较低。如吉水白水垦殖场垦务咨询委员会主任委员由白水乡乡长廖永年担任，白水垦场主任杨自强和第四保保长叶安钧担任常务委员。从以上三个垦务咨询委员会构成情况来看，垦务咨询委员会主任委员都是由当地区、乡长担任，并聘请当地保甲长和开明士绅若干人担任委员，基本上按照规定组织成立。

垦务咨询委员会只是一个松散的议事协商机构，并无多少实权，其工作推行较为困难，成效也不明显。吉水白水垦殖场垦务咨询委员会开会成立当天，被推举为委员会主任的白水乡乡长廖永年，以及任常务委员的白水垦场主任杨自强、第四保保长叶安钧、白水小学校长邓赓等均未到会。① 名为成立垦务咨询委员会，但是主任委员、常务委员均未出席会议，显然对此不够重视。这样一个临时拼凑的垦务咨询委员会，自然很难承担起融洽土客关系的重任。

凤凰圩垦场垦务咨询委员会的成立更是一波三折。1942 年 4 月，正当江西省垦务处催促各场成立垦务咨询委员会时，吉安凤凰圩垦殖场正与琼林乡发生纠纷，琼林乡乡长欧阳敬五率乡丁持枪两次

---

①《江西省垦务处吉水白水垦殖场垦务咨询委员会第一次成立大会会议纪录》(1942 年 3 月 13 日)，江西省档案馆藏民国江西档案，J060－2－00124－24。

围捕和洗劫垦场，双方关系极度紧张。根据规定，垦务咨询委员会主任委员须由地方长官担任，也就只有琼林乡乡长欧阳敬五才可以担任，但因为洗劫垦场一事双方均遭处分，欧阳敬五心存不满，屡次拒绝担任垦务咨询委员会主任委员，垦务咨询委员会自然无法成立。1943 年 5 月 1 日，经垦场方面数次“敦请”，欧阳敬五才勉强同意担任主任委员。可以想象，这样生拉硬扯成立的垦务咨询委员会自然发挥不了多少实质性作用。

此外，垦务委员会的议案多数比较空洞，没有实质性内容，于工作推进无所益处。1942 年 3 月 2 日，吉安大陂垦殖场垦务咨询委员会在吉安固江镇镇公所成立，并召开第一次会议，议决三项议案，分别为：

(1) 以后遇有垦民与土著发生纠纷应如何解决案

决议：由本会会同垦场办事人员共同处决之。

(2) 本会应如何尽量使垦民与当地民众融洽案

决议：由各委员会随时向垦民及民众灌输一致对外团结抗战之思想。

(3) 本会应如何协助垦务发展案

决议：解决垦场各种困难，调和垦民与百姓感情并多方指导垦民工作。①

可以说，这三项议案均十分空洞，并无具体的内容，也不具有操作性，只是为了应付上级要求而做的表面文章。

为了融洽垦民与土著的关系，1944 年 1 月，江西省垦务处颁布了《江西省垦务处各垦殖场促进土客合作注意事项》，对于垦民管

①《江西省垦务处吉安大陂垦殖场垦务咨询委员会第一次会议议案》(1942 年 3 月 2 日)，江西省档案馆藏民国江西档案，J060－2－00025－34。

理方面共提出十项具体的措施：

(1) 鼓励垦民与当地居民交换人工、牛工籍资互助；

(2) 利用集会或定期召开垦民与当地居民联欢会或其他类似性质之集会；

(3) 送垦民子弟入当地学校并准附设国民学校收容当地人民子弟；

(4) 设法使垦民与当地人民通婚；

(5) 当地居民如发生火警或盗窃情事，应发动垦民前往施救或捕捉；

(6) 当地居民如有疾病应发动垦民前往探视；

(7) 遇新年时节应发动垦民前往居民家中祝贺；

(8) 当地居民如有婚丧喜庆应发动垦民前往协助并赠送礼品；

(9) 地方公益事业应发动垦民尽量参加；

(10) 应发动垦民于居民住所附近植树造林。①

总体而言，以上各点除第(6)(7)(8)三项较为琐碎外，其余均较有针对性，如能切实执行，对于融洽土客关系确实会有帮助，特别是土客通婚、参加公益事业、换工互助等，有利于垦民融入当地社会生活。江西省垦务处要求各场据此订定详细实施项目及进度，列入年度工作计划；指示各场与当地乡镇公所及保甲取得密切联系，需要会同办理的事，双方应预先商定办法后实施。如垦民在一年中与当地居民不生任何纠纷，而且有互助合作情况的，省垦务对三名最优者予以奖励。

---

①《江西省垦务处各垦殖场促进土客合作注意事项》(1944年1月14日)，江西省档案馆藏民国江西档案，J045-2-01871-0376。

江西省垦务处虽然积极采取措施改善土客关系，但效果有限，“垦民与居民多存在土客界限，各乡镇保甲长对于维护垦民权益法令多不明了，或故意漠视，致时有纠纷”①。省政府虽通令各县及各垦场切实处理好土客关系，“惟各项纠纷仍时有发生，尚待积极改进，妥为处理”②。土客矛盾长期存在，改善土客关系自非一日之功，也不是出台几条措施就能解决，而是需要政府制订有针对性的政策，合理调节地区资源分配，加大资金、技术的投入，促进垦区经济发展，改善垦民生活。在此基础上，通过鼓励土客通婚和经济交流，逐渐建立稳固血缘关系和经济关系，使垦民逐渐融入当地的社会生活。

第三节　垦民弃垦及其应对

抗战时期，不少历经种种困难、耗费大量资源移送至垦区的难民，屡屡弃垦他去。垦民弃垦不仅使垦务机关前期招收、配运、救济难民的投入白费，且将使大量贷款无法追回，财政蒙受巨大损失，所垦之地再次抛荒，于垦务前途影响较大。采取各种措施防止垦民弃垦，化流为土，是移垦的最终目的。

一、垦民弃垦原因分析

战时难民移垦除救济难民外，最终目的在于让垦民安居乐业，转化为居民，从而调节人口分布、促进地区开发。导致战时垦区人口减少最主要的因素有四个方面，即垦民的死亡、除名、退垦和潜逃。垦民退垦或是潜逃，本研究统称为“弃垦”，是垦民主动离开垦区的行

① 曾庆人：《江西之垦务》，《经建季刊》第5期，1948年，第34页。

② 曾庆人：《江西之垦务》，《经建季刊》第5期，1948年，第34页。

为。退垦是指垦民还清各项贷款，主动提出退垦申请，经垦务机关批准后离开垦区；潜逃则是指垦民在未得垦务机关批准的情况下，偷偷逃离垦区，两者最大的区别就在于是否还清贷款并经过垦务机关批准后离开垦区。弃垦是观察难民移垦成效的重要指标，是本研究关注的重点。垦民死亡是不可控因素，除名则是垦务机关的主动行为，均不是垦民主动离开垦区的行为，且为数不多，因而不在本文的讨论范围。

垦民弃垦在整个抗战时期都有发生，特别是在移垦初期和抗战胜利后，垦民弃垦率一度相当高。江西黎川难民生产所"原配置人数 334 人，退去 83 人，现只有 251 人"[①]，弃垦率达 25%。就江西省垦务处所属垦场来看，情况更不乐观。

表 59　江西省垦务处所属各垦场 1940 年与 1941 年垦民人数比较表

<table>
<tr><th colspan="2"></th><th>到达</th><th>本年增加数</th><th>死亡</th><th>除名</th><th>退垦</th><th>潜逃</th><th>其他</th><th>截至年底人数</th><th>备考</th></tr>
<tr><td rowspan="2">1940年</td><td>自开办至年底</td><td>6 877</td><td>130</td><td>217</td><td>245</td><td>657</td><td>679</td><td>105</td><td>5 104</td><td rowspan="4">历年死亡、退垦、潜逃、除名 3 519 人。</td></tr>
<tr><td>自 1 月至 12 月</td><td>2 338</td><td>3 792</td><td>109</td><td>41</td><td>397</td><td>192</td><td>287</td><td>5 104</td></tr>
<tr><td rowspan="2">1941年</td><td>自开办至年底</td><td>12 285</td><td>429</td><td>429</td><td>432</td><td>1 245</td><td>920</td><td>493</td><td>9 195</td></tr>
<tr><td>自 1 月至 12 月</td><td>5 104</td><td>5 661</td><td>212</td><td>159</td><td>572</td><td>285</td><td>342</td><td>9 195</td></tr>
</table>

资料来源：1.《全国公民营垦务机关及团体概况一览》，台北："中央研究院"近代史研究所档案馆藏国民政府农林部档案，20－26－066－17；2. 江西省垦务处编：《江西省垦务概况》(1941 年 1 月)，第 13—14 页。

---

① 《全国公民营垦务机关及团体概况一览》，台北："中央研究院"近代史研究所档案馆藏国民政府农林部档案，20－26－066－17。

表59中，截至1939年底止，江西省垦务处所属各垦场实有垦民2 338人。1940年度江西省垦务处总共招收垦民3 792人送至各垦区，因死亡、退垦、潜逃等原因，共损失垦民1 026人，该年实际增加垦民2 766人，垦民损失率为27.06%。损失的垦民中，退垦、潜逃者达589人之多，计占当年招收总人数的15.53%。省垦务处自成立至1940年底的两年半时间里面，所属各垦场总共招收难民6 877人，出生130人，合计增加7 007人。两年多里面，垦民因死亡、除名、潜逃和退垦等原因，共减少了1903人，到1940年底实有5 104人，减少了27.67%。其中，因各种原因退垦的657人，占总人数的9.55%；潜逃679人，占总人数的9.87%，[①]潜逃和退垦共1 336人，占垦民总人数的近20%。在减少的1 903人中，有1 336人弃垦他去，占减少总人数的70%。可见，垦民损失率在移垦初期非常高，且以退垦和潜逃为主。

1941年度，江西省垦务处总共招收垦民5 661人送至各垦区，而同时因各种原因损失垦民1 570人，该年实际增加垦民4 091人，损失垦民占招收总人数的27.73%。[②] 其中，退垦、潜逃者达857人之多，计占当年招收总人数的15.13%，垦民弃垦率同1940年持平。自1938年夏省垦务处开办，至1941年底约三年半时间，省垦务处所属各垦区共选收垦民12 285人，退垦、潜逃者共达2 165人，计占17%。

1942年，江西省垦务处仅选收垦民1 003人，当年却减少垦民

① 《江西省垦务处垦民人数统计表(二)》，江西省垦务处编：《江西垦务概况》(1941年1月)，第14页。

② 江西省垦务处统计1941年省营各垦场招收垦民人数及损失垦民人数与此不同。据省垦务处统计，1941年共选收垦民6 375人，该年共损失垦民2 284人。江西省垦务处编：《江西省垦务概况》(1943年1月)，第18页。

868 人,两抵仅增加垦民 135 人。截至 1942 年底,历年选收垦民共计 13 288 人,经历出生、死亡、退垦等异动后,实有垦民 9 330 人,损失 4 058 人,[①]损失率高达30.53%。此后,省垦务处未再大量招收垦民。

省营垦场之外,农林部江西安福垦区同样存在垦民退垦、潜逃事件。1942 年是招收垦民的高峰期,该年安福垦区管理局共招收垦民 3 230 人,出生 60 人,死亡 298 人,退垦 323 人,实有 2 669 人。[②] 该年退垦人数占招收总人数的 10%,连同死亡人数,该年垦民损失率达 19.22%。农林部垦务总局综合全国各垦场报告后认为:"卅年度垦殖问题,以潜逃、退垦最严重","如此酝酿下去,办垦者无法推展,从垦者日渐逃亡,无形中似有陷于停顿之势"。[③]

垦民弃垦主要有以下几方面的原因:

(1) 垦荒收入微薄。移垦初期,收入没有做工或经商高,是垦民弃垦的主要原因。因为新垦荒地肥力不够,粮食产量低,有时因水旱风虫等灾害导致歉收,一年劳作收获甚微。比较而言,到垦区附近城镇做短工,或者经营小商业,收入相对较高,故不少垦民纷纷离开垦区前往城市生活。如,垦民李秀谦(江西新建人)请假离开垦区半个多月,偷偷到新喻(今江西新余)开店,主要就是因为经商收入较高。李秀谦甚至还潜回垦区,接其家属脱逃。[④] 省垦务处

---

① 江西省垦务处编:《江西省垦务概况》(1943 年 1 月),第 18 页。

②《江西安福垦区职员录、垦民清册》,台北:"中央研究院"近代史研究所档案馆藏国民政府农林部档案,20-87-245-14。

③《全国公民营垦务机关及团体概况一览》,台北:"中央研究院"近代史研究所档案馆藏国民政府农林部档案,20-26-066-17。

④《安福荷溪垦殖场管理员刘贤富呈报垦民逃跑问题》(1941 年 9 月 7 日),江西省档案馆藏民国江西档案,J060-2-00133-1。

认为:“移垦初期,垦民心理动荡不定,城市工作工资高昂之诱导,垦荒工作之艰苦,以及返回故乡之热恋等,每促成其为潜逃退垦之主因。垦民屡屡自动退垦,相率潜逃。”①随着垦区生产发展,垦荒收入逐渐提高,而城市虽然工资稍高,但被通货膨胀所消耗,实际收入还不如垦荒高,因此弃垦现象逐渐减少。

(2) 生产不力,生活艰苦。有的垦场生产不力,垦民生活长期得不到改善,丧失垦荒希望,遂相率潜逃。导致垦区生产不力的原因主要有三个:首先,垦民选收时机不当。如,1940 年江西省垦务处垦民招收以三月至八月较多,尤其以三、四月最多。因垦民到达过迟,错过农时,开荒太少,产量不多,生活不能自给。“各场垦民,以初垦之地,尚未收获,所发给养,为数有限,年来物价高涨,生活极感艰苦。”②其次,垦殖资金不足,耕牛、农具太少,也影响垦务推进。江西省垦务处垦民一万余人,耕牛仅 760 头,平均 16 人才有一头耕牛。最后,环境不好,如有的垦区因垦地选择不当,水利缺乏,或耕地太少,从而使得垦荒工作进展缓慢,垦民生活长期不能自给。

(3) 给养不足。垦民初期给养标准为大口一角,小口减半,即八岁以上每人每天一角,七岁以下每人每天发给五分。难民收容所里面的给养为每人每天发米八合,柴菜费五分,比垦民给养标准要高。而且,在收容所的难民终日无所事事,并可操其他小本生意。难民入垦后,在垦场须辛苦劳作,也要过很久才能收获。因此,有些人宁愿做难民而不愿做垦民。目光短小勤劳者,宁愿出卖

① 江西省垦务处编:《江西省垦务概况》(1941 年 1 月),第 2 页。

② 詹纯鉴:《一年来江西省垦务工作检讨》,农林部农业推广委员会编:《农业推广通讯》第 5 卷第 5 期,1943 年,第 30 页。

血汗以维生活，而不愿入垦工作。入垦垦民“咸以为入垦不如当难民，故相率请求退垦或秘密潜逃”①。留在垦区者，因给养不能维持最低生活，一部分垦民靠为他人做短工或卖柴度日，也不安心垦种。

(4) 垦民选收不当。江西省垦务处虽制订过详细的选收垦民的规则，但是由于办垦初期缺乏经验，各垦场选收垦民时，未进行严格甄别，导致一部分工人、商贩、小手工业者、小知识分子等非农业难民盲目加入垦区。这些人对垦殖不甚了解，入垦后发现垦荒工作艰辛繁重，根本无法适应，很多人纷纷弃垦他去。如战区难民移殖协会最初运送到江西吉水县的难民中，就有不少是上海的工人、小商贩，因不适应垦荒生活，后来不得不退出垦区，另寻他途。“大路社少年服务团”的主要成员是小知识分子和流亡学生，这些人在江西新淦(今江西省新干县)领垦荒地以后，因不会垦种，收获寥寥。青年学生虽有热情，但无法忍受垦荒的繁重与艰苦，最后只得以失败告终。另有部分狡黠难民则是以入垦为名，骗取给养，并不真正安心垦荒，凡领取给养、衣物、用具等则争先恐后，配置垦地耕作就畏缩不前。有些垦民原为外来游民，懒惰成性，平日游荡好闲，不事生产。耕牛、农具分发后，督促他们开垦，就表示畏难情状，刚开始还敷衍一下，再督促就相继潜逃，“群抱五日京兆之心，往往以垦荒为名，而以赚取给养为实”②。例如，安福荷溪垦殖场新建籍垦民谭立锦、谭非同两户 11 人，到场以后不事垦殖，坐食给养。垦场多次催促他们垦荒，他们于是卷带一百余元给养潜逃。

---

①《十年来之江西垦务》，江西省政府《赣政十年》编纂委员会编：《赣政十年》(13)，第 9 页。

②《为据南丰洽邨垦殖场管理员代电报称以垦民 41 户纠同潜逃请速派员查察处理等情》(1941 年 11 月 5 日)，江西省档案馆藏民国江西档案，J060－2－00033。

1941年11月7日拂晓，南丰洽邨垦殖场垦民17户集体潜逃，除耕牛外，农具、家具完全盗卖。事后据江西省垦务处陈达民调查："此次逃走垦民并非不能立足，确有数户身藏数千元，居心逃骗给养及各项贷款。"①

（5）土客矛盾。移垦之初，为抢收难民与顾及农时，江西省垦务处将不少荒地直接分配垦民耕种，并未清查地权。荒地垦竣后，当地人民前来争夺地权，因此产生纠纷。此外，垦民与当地人民因文化背景、生活习惯等不同，"又多隔阂，或互存仇视心理，纠纷迭起，解决匪易。凡此垦民颇感生活困难与不安，垦荒意志，因之淡薄，甚有潜逃退垦情事"②。地方社会阻垦排外之风盛行，屡屡鼓动，甚至恐吓垦民退垦。特别是地方政府要求垦民编入地方保甲系统，"少数垦民且有借口贷款业已还清，自行变卖财产，甚至声言若政府逼令编组保甲，即将潜逃"③。在强行将垦民编入地方保甲后，地方乡保机关常不认真执行国家给予垦民的优待政策，侵犯垦民权益的事情经常发生；垦民失去垦务机关保护，直接与土著人民混杂，矛盾增加，不少垦民只得弃垦他去。

（6）督垦不力。有些垦场管理员责任心和事业心不强，督垦不力，管理松懈，也是导致垦民弃垦的重要原因。自1939年下半年起，民众生活指数日高，江西省垦务处限于预算，所发给养不足以维持垦民生活，不少垦民先是砍伐松枝、树桩售卖，作为生活补助，

---

①《为据南丰洽邨垦殖场管理员代电报称以垦民41户纠同潜逃请速派员查察处理等情》（1941年11月5日），江西省档案馆藏民国江西档案，J060－2－00033。

② 詹纯鉴：《一年来江西省垦务工作检讨》，农林部农业推广委员会编：《农业推广通讯》第5卷第5期，1943年，第30页。

③《为拟具本处各垦殖场垦民财产管制办法两点请鉴核示遵由》（1943年12月7日），江西省档案馆藏民国江西档案，J060－2－00014（2）。

继而砍伐树木，以赚取更多的钱，垦场管理员未加制止，最终垦民群起效尤而不可遏止。如，山背垦殖场垦民长期砍柴为生，垦场主任李经农不加劝阻和督导，导致砍柴之风愈演愈烈。垦民因砍柴出售获利比垦荒更高，逐渐对垦荒失去兴趣，因此不愿耕种田地。对于已经垦种的田地，垦民田间工作也不注意，任田地荒芜。山背垦殖场虽然是江西省垦务处最初成立的场之一，但耕作成绩最落后。如该场第3、4生产集团干事邹贤成、陈启贵所属垦民15户58口人，田间工作为壮丁15人，入垦近一年，仅开垦田95亩、地12亩，远远不能维持生活。垦民砍柴售卖，日积月累为数可观，有金钱为其生活后援，于是相率逃亡。因此，“砍柴最多的垦场，如山背、大陂头垦场，垦民逃亡也较多”①。垦场管理员李经农本人请假未准，竟擅自逃离垦区。省垦务处一面通缉李经农，一面派新管理员赴山背垦殖场，垦民“趁垦场管理员新旧交替时潜逃大半”②。

（7）战事影响。部分垦场因受战事影响被迫迁移，垦场管理人员在迁移时未能周密部署，致垦民趁机逃散。1942年7月，日军进犯抚州、乐安一带。7月5日，敌寇深入到距垦场只有数十里的马鞍坪，部分垦民趁机潜逃。垦场管理员人手不足，加上垦地散漫，无法控制，此收彼窜。如，第一队垦民彭家贤、彭秋水、彭德岐、彭梅生，第五队勒柴明等不知所踪。1944年，长沙会战爆发，战火蔓延至赣西，安福合作农场组织垦民疏散至附近山区，垦民也趁机逃亡近半。

（8）安土重迁，思乡心切。安土重迁，黎民之性；骨肉相对，人情所愿。在中国，籍贯在文化认知中具有核心地位，社会关系对于

① 《为据山背垦殖场呈报垦民潜逃原因三点转呈》（1941年5月21日），台北：“中央研究院”近代史研究所档案馆藏国民政府农林部档案，20－00－14－051－02。

② 《为据山背垦殖场呈报垦民潜逃原因三点转呈》（1941年5月21日），台北：“中央研究院”近代史研究所档案馆藏国民政府农林部档案，20－00－14－051－02。

正常生活至关重要。难民离开自己的家乡，就会失去原来的身份、社会关系和生活方式。在中国文化中，“身份具有强烈的地域性，成为难民就不得不面对失去某种生活方式”，选择作为难民，“前往一个没有任何关系的世界——到处都是陌生人和潜在敌人，可能比起其他文化中做出的同样决定更具风险”①。因此，在中国传统的小农经济社会下，农民并不轻易离家外迁。即便是到达垦区的难民，面对艰苦的垦荒生活和动荡的时局，因谋生不易而常作回家的打算。诚如萧邦奇所说：“家毕竟是指路的明灯，真正的桃花源，是难民们梦寐以求的归处，是支撑着他们中许多人度过难以言喻的恐怖经历的记忆”。②

总之，以上种种因素单独或共同影响垦民的垦荒意志，从而使不少垦民弃垦潜逃，而其最本质的原因则在于没有处理好国家、地方社会和垦民三者之间的利益关系。

二、垦务机关的应对

垦民弃垦后，垦场贷款及相应的前期投入大部分无法收回，垦务机关将背负大量债务，所垦之地再次抛荒，均有悖“救济难民、发展生产、抗战建国”的初衷，更达不到化流为土、调节人口分布的目的。因此，江西省垦务处采取了一些有针对性的措施，防止垦民弃垦。

首先，严格甄选垦民。由于工作人员缺乏经验，在办垦初期，有些不合格难民被选收为垦民。为此，江西省垦务处制订了严格的垦民选收标准，并编订《选收垦民须知》，供垦务人员选收垦民时

① [美]萧邦奇著，易丙兰译：《苦海求生——抗战时期的中国难民》，第 322—323 页。

② [美]萧邦奇著，易丙兰译：《苦海求生——抗战时期的中国难民》，第 328 页。

参考。省垦务处处长唐启宇强调:“我们选收垦民,务必要选择那些刻苦耐劳的真正农人,这就是我们选收的先决条件,若是合不到条件,只有不收,切不可滥收,或各自征收。”①1942年12月,江西省垦务处要求各场招收垦民切实遵照《选收垦民须知》,并特别注意难民素质,必须品性优良、具有耕作能力,且能证明确系难民,“否则将来若发现不良分子,致有损失,该场长及筹备人员均应连带负赔偿之责”②。后来,省垦务处决定统一办理垦民选收工作,以确保所选收的难民均为合格垦民,各垦场不再自主征收垦民。

其次,督促生产,改善生活。初垦垦民没有收获,省垦务处所发给养不足,垦民生活非常艰苦。省垦务处一方面呈请省政府提高给养标准,并准予垦场向所在地县政府借用积谷,以维持生活;另一方面要求各场加快举行荒地业权清查,公荒直接分配垦民耕种,并取得永久耕作权;私荒则依照法令强制征收,或协助垦民与业主建立业佃关系,以明确业权,稳定垦民心理。同时,督促垦民加紧垦荒,发展生产。1942年,“各垦区农产品丰收,垦民生活既得安定,垦荒兴趣亦见浓厚”③。垦民生活逐渐达到自给自足,垦民潜逃现象有所减少。

再次,加强垦民管理。江西省垦务处规定,垦民入场时,每一垦殖队的垦民均须办理联保切结,互相负有担保和监督的责任。如有一人潜逃,则其所遗留债务由同队垦民共同负责偿还。垦民

① 《江西省垦务处第二次垦务行政会议纪录》(1940年1月29日),江西省档案馆藏民国江西档案,J060-2-00020。

② 《为设立吉水义富永丰阆田新场令催迅予筹备具报由》(1942年12月24日),江西省档案馆藏民国江西档案,J060-2-00079-0128。

③ 詹纯鉴:《一年来江西省垦务工作检讨》,农林部农业推广委员会编:《农业推广通讯》第5卷第5期,1943年,第30页。

在贷款未还清以前，限制离场，并对垦民每次请假的时间及人数作了严格限定，以防止垦民以请假为由潜逃。垦民新到垦场不满半年的，不准离开垦区。如确需离开垦区，须专案呈请省垦务处核准。垦民到达垦区半年以上的，因经营事业须离开垦区者，可以请假临时离开垦区，但只能在冬季农闲期间，且不妨碍垦区农事的原则下请假。垦民每次请假不准超过一个月，如因不得已事故需要继续请假的，以两次为限，第一次不得超过 20 天，第二次不得超过 10 天。有家属的垦民，请假离开垦区的人数，不准超过该户全家人数的三分之一，其余家属仍须留在垦区。单身无家属的垦民须得到同集团三分之二以上垦户的书面保证，方可请假离开垦区。如果被保证人潜逃，保证人应负代偿还损失的全部责任。为了防止垦民集体潜逃，省垦务处规定同一时期内，一个生产集团请假总人数不得超过该集团总人数五分之一。按照垦区生产集团的标准配置，每五户组织一个生产集团，也就是说一个生产集团同时只能有一户请假，“凡未经请假及请假尚未核准擅自离区，或假满不续假及通知召回不遵照者，均以潜逃论究办”①。垦民潜逃后，各垦场和联保各户垦民必须尽量寻找和追回，并函请当地县政府通缉，同时函垦民原籍县政府追缉。② 对于留场的垦户，则加强联保手续，重新划编生产队改选队长，举办联保切结，“必要时并得看管其所有财物，用资互相监视，消弭逃亡念头”③。

---

①《江西省垦务处各垦殖区垦民兼营他项事业临时离区请假规则》(1939 年 9 月)，江西省垦务处编:《江西省垦务概况》(1940 年 1 月)，第 260 页。

②《江西省垦务处各垦殖场处理垦民潜逃注意事项》(1944 年 12 月 5 日)，江西省档案馆藏民国江西档案，J060－2－00293。

③《江西省垦务处致省政府代电》(1942 年 7 月 16 日)，江西省档案馆藏民国江西档案，J060－2－00025。

复次，制订疏散预案。对于可能会受战事影响的垦场，省垦务处事先制订疏散地点和步骤。如果战局紧张，必须疏散时，垦务机关须先将耕牛和重要财物安置好以后，由垦场办事人员或生产队长率领迁移。垦民不准单独迁移，否则以潜逃议处，不但事后不准回场，且要没收其所有财产田地，并且拘押惩办。对于已经潜逃的垦民，责成其同队联保垦户或有关系的垦户查寻其下落，招抚归来。逃避归来而没有证实有潜逃嫌疑的垦民，也应分别探寻其行踪，严密监视其行动与言语，以防止其再次潜逃。

最后，管制垦民财产。不少垦民在潜逃时，不但贷款不能归还，往往还偷偷变卖耕牛、农具、家具等财产，卷款逃跑，垦务机关蒙受巨大经济损失。为此，省垦务处要求各垦场将耕牛、农具、家具等打上烙印，以便识别，并通令附近各乡镇民众，不得购买带有烙印的耕牛和农具家具。省垦务处规定，垦民所欠贷款未还清前，所有财产均作为贷款的担保品，未经省垦务处批准，不得移转其权益，或用作担保债务。垦民如有移转财产权益和退垦的事情，垦务机关必须严厉制止。有些垦民贷款还清后，财产均归垦民所有，于是自行变卖财产，提出退垦要求，省垦务处无权干预。为此，省垦务处特规定即便垦民所欠贷款全部清偿，其财产所有权或使用权属于垦民，但非经省垦务处核准，仍不得移转其权益或以之担保债务；对于未经呈准而擅自离去的垦民，“其土地另招农人承种，其余财产亦照市价五折至八折售与承种之农人，所得款项除抵还贷款外，如有盈余，悉拨充垦民公益事业之用”①。

自 1942 年起，江西省营各垦场不再大量招收新垦民，扩展垦

---

①《为拟具本处各垦殖场垦民财产管制办法两点请鉴核示遵由》(1943 年 12 月 7 日)，江西省档案馆藏民国江西档案，J060－2－00014(2)。

殖规模，而是重点巩固和充实既有垦殖事业。此后，随着垦区生产的发展，垦民生活逐渐改善，垦荒兴趣日渐浓厚，心理日益稳固，垦民弃垦趋势有所缓和。垦民弃垦原因虽各有不同，但均是垦民个人权衡利弊做出的理性选择，只是个体理性并不意味着群体的理性，这其中最根本的原因就在于垦民个人利益与国家利益之间的矛盾。省垦务处意图通过管控的办法来阻止垦民弃垦，效果有限。战后垦民大批弃垦返乡即是明证。减少垦民弃垦最根本的途径，还是要通过改善垦民生产生活环境，帮助垦民逐渐融入当地生活。

结语：战时江西难民移垦的特点、意义及困境

战时难民移垦政策的推行，救济了部分难民，发展了垦区生产，稳定了后方的社会秩序，为争取抗战胜利作出了贡献，是一项积极有效的难民救济措施。江西难民移垦始终是在行政院的督导下开展的，国民政府的垦务政策对江西垦殖事业的发展具有重要的影响。江西省政府在实施难民移垦的过程中，结合本省的情况，对这一政策作了适当的调整，形成了自身的特点。不过，难民移垦政策在江西具体实施的过程中，也遭到地方势力的排斥，遇到了一些始料未及的困难，一定程度上影响了垦殖事业的发展，降低了救济的效果。

（一）战时江西难民移垦的主要特点

全面抗战时期，江西、四川、云南、贵州、广西、陕西等省均实施了难民移垦。比较而言，江西难民移垦具有鲜明的特点。

第一，垦务管理机关长期稳定存在，奠定垦务持续推行的基础。负责战时江西难民移垦事务的江西省垦务处，自 1938 年 7 月成立起，直至 1948 年并入江西省农业改进所，共存在 10 年时间，且所有人员均为专任，从而保证了难民移垦事业的持续推进，江西也成为战时后方各省中唯一专设省垦务处并长期实施垦务管理的省

份。其他省份虽然也有的成立了垦务委员会,筹办难民移垦,但委员大多数是从相关部门抽调而来,是临时兼职性质,这些人在原部门尚有工作在身,无法专心于垦殖事业。垦务委员会专职人员少,专业技术人员更少,结构较为松散,且两三年后陆续遭到裁撤,因而不能一以贯之地推行难民移垦事业。

第二,涵盖了主要的垦殖经营管理模式。江西除了有省垦务处主办的 61 个省营垦场外,农林部垦务总局还在江西安福设立国营垦区一处,辖 9 个垦场;此外,在江西省垦务处的推动下,江西还成立民营垦场 125 个,形成了国营、省营和民营三种不同的垦殖经营模式并存的局面。国营安福垦区还设立专门垦场,招收荣誉军人,开展军垦试验,以为战后实行大规模军人复员从垦积累经验。江西难民移垦较为全面地反映了难民移垦事业的面貌,是其他省份所不及的。

第三,江西省垦务处有一支高素质的垦殖专业人才力量。江西省垦务处处长、科长等多为农学相关专业出身。如江西省垦务处首任处长唐启宇,早年毕业于金陵大学农学院,后赴美留学,获乔治亚大学农学硕士学位、康奈尔大学农业经济学博士学位。回国后,唐启宇历任东南大学、国民党中央政治学校及地政学院教授,全国经济委员会技正、黄河水利委员会技正等职,著有《农政学》《垦殖学》等专著 20 余部,长期研究并倡导垦殖事业,有着丰富的垦殖理论和实践经验。农林部垦务总局成立后,1941 年 1 月,唐启宇调任农林部参事,协助垦务总局局长(局长由农林部部长兼任)办理战时全国难民移垦事务,可见其在全国垦殖领域地位之高。唐启宇调离后,继任江西省垦务处处长詹纯鉴也是农学专家。詹纯鉴毕业于国立农业大学,是比利时国家农学研究院农学工程师,历任西北农学院、复旦大学等院校教授,长期从事农学研究,成果丰硕。1945年3月，王泽农继任江西省垦务处第三任处长。王泽农是我国著名茶学家、茶学教育家、茶叶生化专家，早年考入北京农业大学，后毕业于上海劳动大学，获农学学士学位。1933—1937年在比利时国家农学研究院攻读农业化学，毕业后获比利时国家农业化学工程师职称。抗战期间参与筹建复旦大学农学院，并在复旦大学、中正大学等高校从事教学科研工作。江西省垦务处技正秦含章，同样毕业于比利时国家农学研究院。此外，江西省垦务处还聚集了施珍、李积新、周承澍、万良材等一批农学专业人才，这对于垦务的推进非常有利。

（二）战时江西难民移垦的重要贡献

首先，战时难民移垦的推行救济了部分难民，稳定了社会秩序，为社会救济探索出一条积极可行的道路。全面抗战爆发后，国民政府提出"寓救济于生产"的方针，安排有劳动能力的难民参加各种生产，并逐渐形成了"以垦殖为配置难民中心工作"的原则，战时垦务也以移送难民垦荒为主。为此，国民政府成立"中央主管垦务机关"，负责实施难民移垦（后由农林部垦务总局接办），并出台一系列优待措施，扶助难民垦荒，从而形成了救济机关和垦务机关互相配合的救济模式。难民移垦的过程大体分为三个阶段：即难民阶段、过渡阶段和垦民阶段。难民阶段由救济机关负责，"移垦难民之编制、移送、保护、管理及衣食医药之供给，由振济委员会会同有关机关及地方政府办理"①。过渡阶段是指难民到达垦区后，到第一次收获之前这段时间。难民到达垦区后，救济机关的工作即告完成，难民经登记为垦民，转入垦务机关管理指导之下。这段时间，难民参加垦荒还没有任何收获，生活上需要靠垦务机关负责

①《非常时期难民移垦条例》，内政部编：《内政法规汇编·地政类》，第104页。

维持。因此,难民入垦后,虽然不再具有难民身份,但是垦务机关并没有视他们为普通民众,而是给予一些特别优待,以体现政府的救济责任。比如,政府贷发给垦民的生活费不收取利息,垦民只需偿还本金;生产贷款收取极低的利息,且偿还年限普遍比较长。难民自入垦之日起,三年内免服兵役和其他工役,免于地方一切摊派等等,都体现了对难民的救济性质。过渡期以一年为限,一年后,原则上即不再贷给生活费,以免垦民养成靠救济度日的懒惰心理。一般来说,垦民经过一年的耕作,生活上基本可以实现自给自足,即正式进入垦民阶段。随着垦区生产的发展,垦民生活逐渐改善,心理日益稳固,对垦荒的热情也更加浓厚。大量湖南、广东等周边省份难民听闻江西垦区谋生较易,纷纷扶老携幼来到江西,投入各垦区生活。相比较于工赈、农赈、入厂做工或小本经营等救济手段来说,垦荒无需特殊技能,且能容纳大量难民,垦荒生活也更加稳定持久,可以从根本上解决难民的生活问题,因而是积极有效的救济措施。

其次,难民移垦推动了生产的发展。江西省垦务处自 1938 年 7 月成立起,至 1945 年底止,先后直接设立垦场 61 所,招收难民 16 449人,经历死亡、潜逃、退垦、出生等异动后,实有垦民 10 827 人,共开垦荒地 72 578 亩,①人均开垦荒地 6.7 亩,正常耕作情况下,基本能满足一家的最低生活。江西省垦务处辅导办理的公私营垦场 125 所,招收垦民 19 747 人,开垦荒地 110 298 市亩,②人均

① 曾庆人:《江西之垦务》,《经建季刊》1948 年第 5 期,第 31 页。曾庆人时任江西省垦务处处长。江西省垦务处:《中日战争地方抗战史实本省垦务部分资料》,江西省档案馆藏民国江西档案,J060-2-00015-44。

② 江西省垦务处编:《垦务处历年简况统计表》,江西省档案馆藏民国江西档案,J060-2-00163-64。

开垦荒地 5.6 亩。辅导全省 44 县办理垦务，共移垦人民 25 466 人，开垦荒地 68 197 亩，开垦荒山 165 760 亩。[①] 总计全面抗战时期，江西省垦务处直接办理难民垦殖、辅导公私营垦殖及督促各县办理垦殖，共计移垦 61 622 人，开垦荒地 251 073 亩，开垦荒山 165 760亩。如果加上因各种原因潜逃、退垦、死亡等减少的垦民，实际参加垦荒的难民当远不止此数。这还不包括大量私自租种当地人民土地耕种的难民。此外，国营安福垦区共有垦民 4 422 人，其中普通垦民 4 093 人，开垦荒地 18 869 亩。[②] 综上，全面抗战时期，江西有统计的参加垦荒民众共有 66 084 人，开垦荒地 269 942 亩。开垦荒山 165 760 亩。难民移垦事业发展了农业生产，增强了民众的抗战信心，为争取抗战胜利贡献了积极力量。

再次，垦殖事业的发展有力地支援了江西的抗战局势。进入战略相持阶段后，赣北 14 县市长期为日军所占领，中日双方在江西形成较为稳定的战略防线。江西省政府并没有因为境内两大战区的存在，就放弃战区附近的农业生产，而是积极组织民众开垦荒地，发展生产，“有的年份垦荒辟地占全国之先，1941 年江西垦荒居西南、东南各省之冠”[③]。垦殖事业的发展增加了粮食生产，有力地支援了战时的军粮供给，江西是第三、第九和第七战区军粮的主要供给省份，被行政院列为全国三个甲等粮政局之一。江西不但向前线

---

① 江西省垦务处编:《垦务通讯》第 8 期，1945 年 7 月 16 日。江西省档案馆藏民国江西档案，J060 - 2 - 00043。

② 除难民之外，安福垦区还招收荣誉军人 329 名从垦，开展军垦试验。《农林部江西安福垦区管理局 1944 年 2 月份工作简报》，台北:“中央研究院”近代史研究所档案馆藏国民政府农林部档案，20 - 87 - 248 - 03。

③《江西粮政》第 1 卷第 4 期，第 11 页。转引自何友良:《抗战时期江西粮食征供情况考察》，《抗日战争研究》1993 年 02 期。

作战部队输送了大量军粮,江西各垦区的开辟和坚守也为前线部队提供了坚强的心理支持。

（三）战时难民移垦的重要意义

首先,推动了民国垦务的发展。全面抗战爆发后,国民政府确定“以垦荒为配置难民的中心的工作”,直接设立垦场,移送难民垦荒。国民政府由战前的“督垦”阶段,转入到直接办理垦务的阶段,垦务政策和实践发生根本性的变化。此后,垦殖计划的制订、垦务调查、垦民选收、贷款管理、垦务督导、人才培训、技术指导等等,均由垦务机关统一实施,垦民的生产生活须绝对接受垦务机关的指导管理。各级政府除设立公营垦场,招收难民垦荒外,还积极鼓励、督导民营机关团体实施难民移垦,从而形成了国营、省营、民营垦殖事业齐头并进的格局。国民政府将垦殖事业纳入国家经济体系,统一规划和管理,成为国家统制经济的一部分,从而改变了过去垦殖事业中各自为政、不平衡发展的现象,推动垦务的发展。

其次,首创公营垦区制度。国民政府为实施难民移垦,首创公营垦区制度,规定各难民移垦区实行“集团农场制”,进行集体耕作(共耕制)。公营垦区制是在借鉴我国历史上屯田制度和苏联集团农场制经验的基础上,基于新型土地关系和救济难民的现实需要而实行的一种垦殖经营管理制度,开启了政府直接投资经营垦殖的模式,这在民国垦殖史上具有开创性意义。各公营垦区实行的“集团耕作制”,强调土地公有、集体劳作、合作经营和按劳计酬,是在农业生产经营方式上的重要创新和探索。与传统农业生产相比,公营垦区所实施的集团耕作制有着鲜明的优势和特点:一是在经营方式上采取集体耕作,从小农经营转变为大农业经营。二是在生产关系上,从旧式农场的“租佃关系”,转变为新式的“雇佣关系”,垦民类似于国家的“农业工人”,所受剥削有所减轻。三是在生产资料所有权上，垦场采取合作经营，从以前的“私人农场”转变为“合作农场”，举凡贷款、耕牛、大农具、种子、公共工程、产品储存运输等，均采取合作方式办理，以优化资源配置，集合个体力量共同应对经营风险，提高了劳动生产效率。四是在耕作方法上，垦务机关制定科学合理的耕作计划和轮作制度，强制各垦场执行，农业生产从传统的经验耕作转变为科学生产，有利于科学合理地发展农业生产。虽然受当时条件所限，“集团合耕制”最后不得不改为“集团分耕制”，但这种分户耕作与传统意义上的小农经营制又有本质的区别。这是因为，土地仍归集体所有，垦民虽不占有土地所有权，但取得土地耕作权，人地关系相对固定，也避免了土地兼并集中的情况，且垦殖经营方式上仍采取“合作经营”办法，培养了农民的合作意识。

公营垦区的创设和“集团耕作制”的推行，使垦民少受各种封建剥削，有利于促进垦民的利益，提高农业生产效率；也有利于培养垦民集体耕作习惯和合作精神，为实施大规模集团化农场经营积累了经验。江西难民移垦的实践为国家制订难民移垦政策提供了借鉴。江西省垦务处处长唐启宇在江西花费近三年的时间，开创难民移垦事业的基础，积累了丰富的经验教训。他后来调至农林部，主持垦务总局工作以后，积极制订并完善战时垦务政策，陆续在全国建立国营垦区八处，大力推行难民移垦事业。这期间，唐启宇在江西办理难民移垦的经验和教训，是其制定全国垦务政策时的主要参考。特别是江西各垦区放弃集团合耕制，而改采取集团分耕制的做法，后来成为全国各国营垦区的基本经营模式。诚如唐启宇所说：“垦区有采取共同作业、共同生活者，有采取共同作业、个别生活者，有采取个别作业、共同生活者，有采取个别作业、个别生活者。凡此多种之形态，其实际施行之成果，必可为今后制订土地政策者强有力之参考。”①公营垦区制和集团耕作制的实施，为我国农业生产从传统小农经营向现代集团经营的转型进行了有益的探索，具有开创性意义。

再次，垦区主要采用“贷款制”经营垦殖，遵循经济活动的基本原则，拓宽了垦殖资金的来源。国民政府规定战时移送难民垦荒可以呈请中央财政补助经费，也可以向金融机关贷款。难民移垦采用“财政拨款”和“银行贷款”相结合的模式筹措资金，并根据资金性质的不同，规定其用途、利率和还款期限，遵循经济活动的基本原则和一般规律，有利于拓宽垦殖事业的资金来源。其中，为体现对难民的救济义务，中央补助经费大部分为无息贷款，或只收取极低的利息，以减轻垦民经济负担。金融机关贷款因不具有救济义务，须支付一定的利息，但利息也不高。在财政拨款的使用上，同样体现国家对难民的救济义务。例如，中央补助垦民生活部分的贷款不收取任何利息，垦民只需偿还本金；生产贷款因具有投资性质，垦民须支付一定的利息，但利息极低，且还款期普遍较长。“贷款制”可以促使垦民勤劳耕作，争取早日还款，避免养成垦民不劳而获的懒惰心态和依赖心理。垦民归还的贷款又可以用来扩大垦场的生产规模，招收更多的难民，从而提高资金的利用率，节约生产资金的投入。随着战局的持续，国民政府财政日益困难，中央补助款逐渐减少，垦殖资金主要靠向金融机关贷款解决。特别是垦民信用合作社的兴办，规范了贷款的办理程序，保障了垦殖贷款的安全，活跃了垦区金融，改善了垦民生活。从贷款的用途来看，难民给养、垦区建设和垦务管理是政府的责任，属于政府行为，其资金由政府财政负担；而垦区的生产资金投入，如购买耕牛、种子、

① 唐启宇:《江西省垦务处成立宣言》,《江西垦务概况》(1939年1月),附录,第3页。

农家具、住房等，属于投资经营行为，则须以贷款的形式筹措。“贷款制”为垦殖事业提供了较为稳定的资金来源，既体现了政府对难民的救济义务，又遵循了经济活动的一般规律和原则，是一项科学合理的制度安排，也是垦殖金融方面有益的探索和创新。

最后，推动了民国土地政策的转变。地权问题是土地政策的核心问题，直接影响荒地的开垦和生产的发展。为促进荒地开垦，国民政府1930年颁布的《土地法》规定，公有荒地垦竣后无偿取得耕作权，确立了调节地权关系的法律基础，为荒地的普遍开垦创造了条件。全面抗战爆发后，为迅速救济难民、发展生产，国民政府在1938年颁布的《非常时期难民移垦规则》中规定，公有荒地垦竣后，垦民无偿取得土地所有权。这一规定有利于激发民众的垦荒热情，吸引难民积极垦荒，于短期内救济难民，增加粮食生产，支持抗战，意义重大。不过，因为这一规定同《土地法》相抵触，如垦民取得土地所有权，实行一家一户的单独经营，又将退回到小农经济状态下，则集团耕作制在难民垦区将无法实施，垦务机关借此进行农业经营制度试验的计划也将无法实施。为此，国民政府1939年颁布《非常时期难民移垦条例》，取消了垦民取得土地所有权的条款，规定公有荒地垦竣后，垦民无偿取得土地耕作权。土地是农民生存的基本保证，后撤难民不少人在家乡都有田产，战后如果不返乡，则将失去家乡的田产。相比于垦区所给予的耕作权而言，家乡田地的所有权显然更为重要，正所谓“民之为道也，有恒产者有恒心，无恒产者无恒心”。因此，抗战胜利后，大批垦民纷纷弃垦返乡，所垦土地再次抛荒。

为解决这一矛盾，加速荒地开垦，发展农业生产，1946年，国民政府修改《土地法》，明确规定公有荒地“承垦人自垦竣之日起，无偿取得所领垦地之耕作权”，“继续耕作满十年者，无偿取得土地所有权”①,正式承认垦民对所垦荒地拥有所有权。只不过,从开荒到取得土地所有权,中间要经过一个十年的“耕作权”阶段。这一政策安排主要是为了防止部分富商大贾借机囤积荒地,待价而沽,而不是真正从事垦殖。国民政府做出这一重大的土地政策调整,既迫于现实形势的需要,也是基于抗战时期难民移垦经验教训的总结。

(四)战时江西难民移垦的困境

垦殖既有战时救济难民的特殊目的,同时也具有发展生产、调节人口分布的重要作用。国民政府出台众多优待政策,大力推行难民移垦,用意良好。然而,难民移垦政策在执行过程中,受到种种政治、经济、社会因素等的制约,遭遇种种障碍,导致部分垦民屡屡弃垦他去,从而使“难民——垦民——居民”的转化过程未能完全实现,有悖办垦初衷。最主要的原因有五个方面:

首先,垦务行政权和地方政府管辖权划分不当。按照农林部最初的计划,垦民在实现生产自给、垦区荒地开垦完毕以后,就可以脱离垦区编制,依照规定编入地方保甲系统,立户升科,取得当地户籍,受地方政府管辖,实现从“难民——垦民——居民”的身份转变,移垦目的即告完成。依照《非常时期难民移垦规则》规定,移垦难民到达垦区后,由垦区管理机关指导管理,这在移垦初期对于扶助垦民发展生产十分重要。由于《非常时期难民移垦规则》未能对垦民户籍管理、保甲编制、保甲义务等问题作出明确规定,导致各地在执行政策时标准不一,随意性较大。地方政府往往是对自己有利的就执行,不利的就不执行。有时候为了争取更多的利益,

① 金德群主编:《中国国民党土地政策研究(1905—1949)》,北京:海洋出版社1999年版,第313页。

地方政府甚至频频违反政策规定，损害垦民利益。地方政府在移垦初期即屡次强令垦民编入地方保甲组织，遭到垦务机关和垦民强烈反对，一是因为垦民编入地方保甲组织后，由地方政府与垦务机关共同管理，事权不一，易起纠纷，增加管理难度；二是因为垦民编入地方保甲后，失去垦务机关保护，垦民势单力薄，易遭受乡保机关和土著人民的欺凌，引发矛盾。且地方乡保机关往往违规对垦民抽丁派款，损害垦民利益。最终，行政院从维护自身统治的角度出发，支持地方政府的意见，取消行之有效的垦民特编保甲制度，强令垦民全部编入地方普通保甲系统，接受地方政府管理，从而严重削弱了垦务行政权，使垦民免服兵役、免纳捐税等优待政策不能切实执行，损害了垦民利益，给垦务的发展带来不利影响。国家政策和指令常常被基层政府和乡保机关随意曲解，形同具文，垦民权利得不到保障，从而使“已入垦者意志动摇，志愿入垦者又裹足不前。”①原为救济难民、收拢人心之举的移民垦荒，却因为权力划分不当、政策执行不力而流弊滋生。

其次，地方势力阻垦排外之风盛行，加剧土客矛盾，恶化了垦区的社会生态。大量难民到达垦区，占地开荒，挤占本地资源，引发地方社会的不满。有的垦民因为到附近山林砍柴，或占用当地民房，或因水权等问题，与土著人民产生纠纷。垦民在将荒地垦熟后，土著人民往往起而争夺地权，或勒令交租。地方势力为维护本身利益，常常以各种方式阻止垦民开荒。垦民因享有缓服兵役、免纳捐税等优待措施，也常常引起土著人民的不满。如此种种，加剧土客矛盾。土客纠纷发生时，地方乡保机关往往小题大做，鸣锣纠

---

①《为吉水垦区呈报关于垦民编入当地保甲一案据情呈请鉴核由》(1940 年 11 月 28 日)，江西省档案馆藏民国江西档案，J060-2-00037-142。

众，群起围攻垦民。垦民在未编入地方保甲之前，有垦务机关管理和保护，土客矛盾相对可控；编入地方保甲后，垦民直接面对土著人民，“垦务人员及垦民之执业自由完全丧失，排外之风日炽，省令不能贯彻，区乡保甲及地方士绅，为阻垦排外之动力。”① 土客关系紧张，地方民众常常恫吓甚至以武力驱逐移垦难民，垦区社会生态恶化，部分垦民相继逃离垦区。

再次，官僚体制的弊端。难民移垦虽是新兴事业，但国民政府官僚体制的固有弊病，在垦务管理中同样存在。垦务管理人员掌管垦场几百人的生产生活，掌握大量垦殖资金，权力较大。其中大多数都是敬业负责的，能带领垦民披荆斩棘，发展生产，改善生活。但也有一些非垦殖专业人才，为了官位和生活，通过各种关系当上垦场管理员。这些人能力平平，素质低下，缺乏事业心和责任心，当上管理员后，经常以权谋私，侵害垦民利益。战时物资匮乏，物价昂贵，有些垦场管理员就趁机偷偷挪用垦殖资金，私自向他处投资获利；有的管理员虚报垦民人数，冒领给养和贷款；有的管理员违规代办垦民物品，以次充好，谋取暴利。有少数不良管理员自持大权在手，任意刁难辱骂垦民。省垦务处对此既缺乏有效监督，又处置不力，遂至群起效尤，违法乱纪现象蔓延。垦场管理员屡屡损害垦民的利益，造成与垦民关系的紧张，影响垦民的生产生活，部分垦民选择退出垦场。

复次，垦务机关旋设旋撤，影响垦殖事业推行。抗战初期，不少省份成立“垦务委员会”，负责难民移垦。垦务委员会主要从关系部门抽调人员组成，多为兼职人员，组织松散，事业推进缓慢。

---

① 《王重致农林部申有电》(1944年10月28日)，台北：“中央研究院”近代史研究所档案馆藏国民政府农林部档案，20-26-060-18。

即便是这样一个临时性的议事协调机构，大多在一两年后即被撤销，垦务划归其他部门代管，这对垦务的推行和管理影响较大。更有甚者，农林部垦务总局在成立四年多后，竟于1945年4月突遭撤销，其所属各地的垦区管理局也全部裁撤，垦场划归地方政府接管。全国垦政再次失去专管机关，垦务推行顿失重心。国民政府仅把垦殖事业当成应对困难的权宜之计，对全国垦务缺乏全盘布局和长远规划，垦务机关任意裁撤，兴废无常，垦殖事业的推行不能一以贯之，自然也就此冷彼热、忽冷忽热，浪费了大量人力、物力和财力，无法达至预期目标。

最后，地权问题处理不当。小农经济社会下，土地是农民生活的基本保障，购置田产是很多中国人的毕生追求。大多数难民在家乡原本都有田地房产和稳定的生活，到后方垦荒自救实属迫不得已。按照战时的土地政策，如果难民留在垦区长期不返乡，则家乡的田产将会被视作无主田产而充公。另一方面，难民在垦区只能取得所垦土地的耕作权，而不能取得所有权。两相比较，难民留在垦区损失颇大。江西省垦务处即指出："各垦殖场垦民均系难民，在原籍本有田地家室，移居未久，心理欠固，潜逃情事仍时常发生。"①正所谓"有恒产者有恒心"，作为被动性迁移的人口，难民群体稳定性原本较差，加上垦区谋生不易，一旦外部强迫迁移的条件消失，多数人都会选择返乡。因此，抗战胜利后，垦民见家乡收复，纷纷变卖财物返回家乡，出现了返乡的高潮。全面抗战时期，省垦务处先后共选收难民16 449人垦荒，到抗战胜利时，仅剩垦民10 827

---

①《为拟具本处各垦殖场垦民财产管制办法两点请鉴核示遵由》(1943年12月7日)，江西省档案馆藏民国江西档案，J060-2-00014(2)。

人。[1] 而到 1946 年,省垦务处所属各垦场垦民突减至 5 246 人,[2] 损失垦民近半数。农林部所属安福垦区原招收垦民 4 422 人,1947 年省垦务处接收时,仅剩垦民 1 332 人。民营垦场情况更差,据省垦务处调查江西泰和 22 家民营垦场,战后继续开办的仅三四家,其余均人去场空。之所以出现这种局面,垦区地权处理不当是重要原因。

战时难民移垦的实践说明,垦殖事业的推行受政治、经济、社会和文化等多种因素的影响至为明显,必须采取积极有效的措施,才能达成目标。一是要根据特定时期的政治、经济、社会实际情况和垦殖事业的发展特点,制订切实可行的垦殖政策,建立良好的垦殖经营管理制度,调节好垦民和土著人民的利益分配,为事业的推行提供良好的政策引导和制度保障。二是要加大资金和技术投入,加强垦区管理,协助垦民发展生产,改善生活,同时开展垦区医疗卫生、文化教育和安全保卫等社会事业建设,为垦民生产生活提供良好的环境。三是通过鼓励通婚、建立共同的经济市场等措施,逐渐在土客之间建立稳固的血缘和经济联系,改善土客关系,促使垦民更好地融入当地的生活。四是要破除官僚体制弊端,明确中央政府、地方政府和垦务机关办理垦殖事业的权力和责任,合理划分垦务机关和地方政府的管辖权,确保垦务政策在基层能得到切实有效地执行。五是要积极引进民间资本投资垦殖事业,鼓励、扶助民营垦殖事业发展,以弥补政府力量之不足。最后,垦殖是一种

---

① 曾庆人:《江西之垦务》,《经建季刊》1948 年第 5 期,第 31 页。曾庆人时任江西省垦务处处长。江西省垦务处:《中日战争地方抗战史实本省垦务部分资料》,江西省档案馆藏民国江西档案,J060 - 2 - 00015 - 44。

②《江西省垦民垦户(1946 年)》,江西省政府统计处编:《袖珍江西统计提要》,1948 年(此为作者推算的年份),第 90—91 页。

长期的生产事业，政府必须以坚定的意志，制订通盘计划和长远规划，一以贯之地稳步推行，才能取得实效。

总之，为实施难民移垦，国民政府建立了科层化的垦务管理体系，设立国营垦区和省营垦区，实行集团耕作制，在土地政策、兵役政策、租税政策和农业生产经营制度等方面进行了许多有益探索和改革。在抗战的特殊环境下，江西难民移垦的组织、实施和管理较好地遵守相关法律法规的规定，遵循经济活动的基本规律和原则。战时江西难民移垦政策的推行，救济了部分难民，推动了垦殖事业的发展，为社会救济探索了一条积极可行的道路，更为争取抗战胜利贡献了积极力量，值得肯定。当然，在实现从“难民——垦民——居民”转化的过程中，受旧有的政治体制和经济社会因素的制约，垦荒所能救济的难民数量有限，垦务政策的推行遭遇诸多障碍，江西省政府力图通过难民移垦调节人口分布、发展农业生产的目的并未完全达到。

附　表

附表1　全面抗战期间江西省垦务处所设垦场情况表

序号	垦场名称	所在地	成立时间	垦民(户数)	分配荒地数(市亩)	附注
1	苏溪实验场	万安白土街	1941年8月	21	520	
2	第一中心垦殖场	万安白土街	1942年1月	—	—	苏溪实验场兼办
3	凤凰圩垦殖场	吉安凤凰圩	1938年11月	64	2 790	
4	沿溪渡垦殖场	泰和沿溪渡	1940年11月	54	2 220	
5	高塘圩垦殖场	吉安高塘圩	1940年12月	61	1 760	
6	苍岭垦殖场	泰和苍岭	1944年	270人	895	由沿溪渡场兼管
7	第二中心垦殖场	泰和中村	1938年10月	108	3 647	由中村场改设
8	沙村垦殖场	泰和沙村	1938年12月	46	2 237	
9	大白垦殖场	泰和大白	1939年12月	111	3 346	
10	窑头垦殖场	万安窑头	1940年12月	70	1 675	
11	上罗垦殖场	万安上罗	1940年1月	59	3 125	
12	村岭垦殖场	泰和村岭	1942年12月	289人	1 997	

续表

序号	垦场名称	所在地	成立时间	垦民（户数）	分配荒地数（市亩）	附注
13	第三中心垦殖场	安福城郊	1941 年 8 月	55	1 370	由城郊场改设
14	坪湖垦殖场	安福坪湖	1940 年 9 月	65	2 589	
15	三舍垦殖场	安福三舍	1941 年 2 月	29	1 324	
16	莲塘垦殖场	安福莲塘	1941 年 7 月	63	1 585	
17	小江边垦殖场	安福小江边	1941 年 6 月	41	1 030	
18	伍村垦殖场	安福伍村	1941 年 5 月	45	1 120	
19	枫田垦殖场	安福枫田	1941 年 6 月	48	1 205	
20	严田垦殖场	安福严田	1941 年 6 月	52	1 365	
21	第四中心垦殖场	吉安山背	1938 年 9 月	57	1 990	由山背场改设
22	枧洲垦殖场	吉安枧洲	1938 年 10 月	73	1 930	
23	大陂垦殖场	吉安大陂	1938 年 10 月	75	3 405	
24	澧田垦殖场	吉安澧田	1939 年 12 月	94	1 800	
25	沙溪垦殖场	吉安沙溪	1941 年 2 月	46	1 300	
26	第五中心垦殖场	吉水水南	1940 年 3 月	75	1 320	
27	白水垦殖场	吉水白水	1939 年 5 月	74	3 862	
28	白沙垦殖场	吉水白沙	1939 年 10 月	127	3 320	
29	竹埠垦殖场	吉水竹埠	1940 年 10 月	75	2 080	
30	圩塘口垦殖场	吉水圩塘口	1941 年 5 月	47	1 180	
31	洞湖垦殖场	吉水洞湖	1942 年 12 月	253 人	1 623	
32	义富垦殖场	吉水义富	1942 年 12 月	200 人	1 770	
33	乌江垦殖场	吉水乌江	1942 年 12 月	167 人	1 507	由五中场兼管
34	第六中心垦殖场	崇仁凤岗	1941 年 6 月	19	560	由凤岗场改设
35	龙村垦殖场	永丰龙村	1940 年 12 月	63	1 000	
36	虎亭垦殖场	乐安虎亭	1941 年 4 月	85	1 520	

续表

序号	垦场名称	所在地	成立时间	垦民（户数）	分配荒地数（市亩）	附注
37	阆田垦殖场	永丰阆田	1942年12月	103人	417	
38	凤岗垦殖场	崇仁凤岗	1943年7月	145人	880	后增至247人
39	沙堆垦殖场	乐安沙堆	1943年10月	237人	—	由竹山场兼管
40	竹山垦殖场	乐安竹山	1943年12月	126人	—	后增至328人
41	第七中心垦殖场	南丰仙人石	1940年6月	44	1 150	由仙人石场改设
42	洽村垦殖场	南丰洽村	1939年12月	81	1 800	
43	康都垦殖场	南丰康都	1941年2月	58	2 350	
44	石咀垦殖场	南丰石咀	1941年3月	50	800	
45	下蓝垦殖场	广昌下蓝	1941年7月	20	630	
46	头陂垦殖场	广昌头陂	1942年12月	119人	340	
47	塊田垦殖场	南丰塊田	1944年2月	252人	—	
48	第八中心垦殖场	南城魏坊	1940年9月	29	1 100	由魏坊场改设
49	洒源垦殖场	南城洒源	1940年5月	52	1 480	
50	傅坊垦殖场	南丰傅坊	1943年12月	—	—	由八中场兼管
51	裡塔垦殖场	南城裡塔	1945年8月	—	—	由八中场兼管
52	吉安菜园	吉安城北门	1939年5月	19	22	由三中场兼管
53	泰和菜园	泰和北门外	1940年4月	10	120	由二中场兼管
54	樟村垦殖场	黎川樟村	1944年4月	108人	180	直辖省垦务处
55	乌石垦殖场	资溪乌石	1941年8月	22	640	直辖省垦务处
56	莲花山垦殖场	高安莲花山	1945年1月	868人	—	
57	兴隆垦殖场	高安兴隆	1945年1月	—	—	由莲花山场兼管

续表

序号	垦场名称	所在地	成立时间	垦民（户数）	分配荒地数（市亩）	附注
58	汤村垦殖场	德兴汤村	1945年5月	147人	—	
59	海口垦殖场	德兴海口	1945年1月	217人	700	由汤村场兼管
60	香屯垦殖场	德兴香屯	1945年1月	154人	1 082	由汤村场兼管
61	南墩垦殖场	德兴南墩	1945年4月	143人	785	由汤村场兼管

说明："垦民"一栏除注明人数外，均以户为单位。因各场垦民人数和开荒面积时有变化，故上表数据并不是完全统计。总计全面抗战期间，江西省垦务处招收难民 16 449人。到 1945 年底，各垦场实有垦民 10 827 人，开垦荒地 72 578 市亩。

资料来源：《江西省垦务处历年简况统计表》，江西省档案馆藏民国江西档案，J060－2－00163。

附表 2　江西省垦务处辅导民营垦务概况表(1938—1945)

序号	名称	地址	成立日期	主管人（机构）	垦民人数	垦地面积（市亩）
1	华洋义赈会江西分会安福洋溪垦殖区	安福县第五区洋溪镇	1938年3月	夏家珧	197	1 000
2	战区难民移殖协会吉水水南垦区	吉水第五区水南镇	1938年5月	王重	876	4 300
3	江西省立泰和沙村示范垦殖场	泰和县第四区沙村杨村	1938年5月	卢守耕	89	153
4	赣北难民垦殖合作社	吉水县第六区白沙镇	1938年11月	—	87	500
5	建华垦牧场	泰和四区汤口坪	1940年8月	龚芬	200	500
6	复兴农场	吉安固江镇院前村亭下	1942年1月	魏振安	125	1 300

续表

序号	名称	地址	成立日期	主管人（机构）	垦民人数	垦地面积（市亩）
7	万石合作农场	泰和西昌镇万石垅	1942年1月	罗稻仙	10	1 010
8	利民垦殖团	泰和云山区油潭村	1942年3月	张汉长	32	200
9	三青团江西中正中学垦务部	宜春归北乡砚盘官洲	1942年5月	夏书华	20	200
10	义民合作德兴第一垦场	德兴海口尾虎洲	1942年5月	舒自德	51	766
11	中国战时生产促进会江西南丰垦牧场	南丰第六区洽村乡	1942年5月	毛庆祥	300	8 850
12	欧亚合作农场	泰和西昌镇玉溪、峡垅等村	1942年5月	萧敬铭	5	600
13	南城私立曙光农场	南城同东乡锅炉下	1942年5月	罗纲鑫	9	60
14	生生果林农场	泰和县沿溪乡荷叶埠	1942年6月	罗纵仁	7	50
15	励生实验农场	泰和永昌市云谷沿溪、苍岭等乡	1942年6月	詹励吾	286	2 000
16	苍岭乡保立小学农场	泰和苍岭乡十保杨溪村	1942年6月	冯舒云	5	20
17	南洋回国华侨垦殖团第一场	泰和北内街138号	1942年7月	利大川	121	472
18	合兴农场	泰和西昌镇小北门外	1943年2月	钟志发	20	12

续表

序号	名称	地址	成立日期	主管人（机构）	垦民人数	垦地面积（市亩）
19	爱国农场	泰和武溪乡五保一甲	1943 年 3 月	胡觉非	14	95
20	华侨农场	泰和苍岭社溪等地	1943 年 3 月	钱一凡	200	890
21	集成农场	泰和西昌镇潭子口	1943 年 3 月	邱益椿	1	5
22	力生垦殖场	吉安四仁乡神助桥	1943 年 5 月	邬安愚	6	15
23	云生农垦团	吉安琼林乡	1943 年 5 月	罗普望	12	300
24	江西省生生垦殖场	泰和西昌镇三溪头	1943 年 5 月	叶光强	15	100
25	益民农场	吉水四达乡二保曾村	1943 年 8 月	胡勒佐	22	198
26	知行农场	泰和东门外黄家坝	1943 年 9 月	罗文英	20	30
27	力耕农场	泰和西昌镇十保白马庙	1943 年 9 月	周兆祥	8	18
28	更生合作垦殖场	寻邬□平乡三保黄泥岗等	1943 年 10 月	古德领	20	1 300
29	唐乐畜牧场	泰和西昌镇高田村沙岭上	1943 年 10 月	辛骏锜	18	114
30	广益农场	泰和沿溪乡八保上龙门	1943 年 10 月	张召景	3	60
31	竞进垦殖场	泰和西昌镇蛇山峡龙村	1943 年 12 月	胡筠轩	2	150

续表

序号	名称	地址	成立日期	主管人（机构）	垦民人数	垦地面积（市亩）
32	江苏难民垦殖团	泰和仙洞乡寺下村	1943年12月	史瑞初	356	3 189
33	滋生农场	泰和马家洲单武洲	1943年12月	王沁川	3	11
34	万安窑头示范农场	万安窑头乡八保城阳村	1943年1月	徐敦睦	3	100
35	笠公农场	泰和西昌镇樟村	1944年1月	蔡崇博	5	31
36	群力垦牧场	泰和西昌镇九保单家村	1944年1月	袁师宗	8	50
37	兴农垦牧场	泰和云谷乡罗记波村	1944年2月	□去非	10	260
38	江西维新蔬菜实验场	泰和西昌镇堤下村	1944年3月	熊思敏	2	3
39	泰兴农场	泰和云锦乡三保郭家村	1944年3月	李涛	3	80
40	向荣农场	泰和西昌镇九保黄家坝	1944年3月	詹黎青	20	50
41	大湖义合自耕农场	泰和苍岭乡水抱洲	1944年5月	徐时魁	4	250
42	合生农场	泰和驿背村	1944年4月	谈雨时	2	12
43	生村农场	泰和西昌镇下拉村山背	1944年4月	涂本玉	2	0
44	武山垦牧实验场	泰和乌市乡十六保新居村	1944年4月	屠丙章	6	740

续表

序号	名称	地址	成立日期	主管人（机构）	垦民人数	垦地面积（市亩）
45	树华农场	泰和西昌镇五保龙洲边	1944年4月	鞠炳坤	7	30
46	江西私立扶园中学附设农场	吉安金塔乡一保具君山背	1944年5月	杨经文	128	773
47	玉华农场	泰和西昌镇十六保□背村	1944年5月	胡大桥	5	35
48	浙江建国农场	泰和西昌镇十七保匡家村杏岭山	1944年9月	陈植三	3	26
49	婺源县清华利民垦殖场	婺源北区新华乡高□村	1944年12月	胡权之	5	70
50	华农垦殖场	武宁澧溪乡黄苏杨村	1944年12月	杨俊	10	65
51	婺源云丘生生农场	婺源云五乡二保仁村	1944年12月	金华腾	5	100
52	兴华农林垦牧场	建新石岗乡河北荒山村	1945年1月	唐再财	2	700
53	庆丰垦牧农场	泰和西昌镇三溪头十八坵村	1945年1月	宋绍真	6	30
54	协合农场	中正大学	1945年4月	杨维义	5	—
总计					3 381	31 873

说明：1. 全面抗战时期，江西省垦务处辅导设立的公私营垦场总计125个，受材料限制，本表仅统计到54所民营垦场数据；因统计时间不一，各场垦民人数及垦荒亩数时有变动，表中数据仅为统计时数据。2. 各垦殖机关团体以成立时间先后排序，成立月份不明者，均排年份末尾。3. 合兴农场、生村农场、协合农场数据原文如此，似有误。

资料来源：1. 唐启宇：《一年来之江西垦务》，《江西统计月刊》第3卷第2期，1940年，第58页；2.《江西省办理垦务概况》，江西省档案馆藏民国江西档案，J045-2-00053；3. 江西省垦务处编：《江西省垦务概况》，1943年1月，第38—41页。

附表3 抗战胜利后江西省垦务处调整所属各垦殖场一览表

垦场数	场名	场址	备考
第一中心垦殖场		本处(南昌)	由江西垦务处派员兼任场长
6	南昌沙埠潭垦殖场	南昌沙埠潭	由南城裡塔场移设,原裡塔场业务并八中场接管
	南昌新村垦殖场	南昌新村	由德兴海口场移设,原海口场业务并汤村场接管
	南昌万金垦殖场	南昌万金	由德兴南墩场移设,原南墩场业务并汤村场接管
	南昌麻圵垦殖场	南昌麻圵	由德兴香屯场移设,原香屯场业务并汤村场接管
	南昌凤凰洲垦殖场	南昌凤凰洲	由安福坪湖场移设,原坪湖场业务由三舍场接管
	新建松湖垦殖场	新建松湖	由万安苏溪场移设,原苏溪场业务并二中场接管
第二中心垦殖场		泰和冠朝圩	未调整
4	泰和沿溪渡垦殖场	泰和沿溪渡	未调整
	泰和沙村垦殖场	泰和沙村	未调整
	万安上罗垦殖场	万安上罗	未调整
	万安百嘉垦殖场	万安百嘉	未调整
	泰和菜园	泰和北门外	由二中场兼管

续表

垦场数	场名	场址	备考
	第三中心垦殖场	安福城郊	未调整
3	安福三舍垦殖场	安福三舍	未调整
	安福嚴田垦殖场	安福严田	未调整
	吉安固江垦殖场	吉安固江	由吉安澧田场移设，原澧田场业务并本场接管
	吉安菜园	吉安道署坪	由固江场兼管
	第四中心垦殖场	永修虬津	由吉安固江移设，原在吉安业务移固江场接管
5	永修张公渡垦殖场	永修张公渡	由南丰石咀场移设，原石咀场业务并康都场接管
	永修白槎垦殖场	永修白槎	由吉水乌江场移设，原乌江场业务并五中场接管
	永修杨家岭垦殖场	永修杨家岭	由永丰龙村场移设，原龙村场业务并白沙场接管
	德安车桥垦殖场	德安车桥	由安福莲塘场移设，原莲塘业务并三舍场接管
	德安八里铺垦殖场	德安八里铺	由安福小江边场移设，原小江边场业务并三舍场接管

续表

<table>
<tr><th>垦场数</th><th>场名</th><th>场址</th><th>备考</th></tr>
<tr><td colspan="2">第五中心垦殖场</td><td>吉安值夏</td><td>未调整</td></tr>
<tr><td rowspan="3">3</td><td>吉水白沙垦殖场</td><td>吉水白沙</td><td>未调整</td></tr>
<tr><td>吉水白水垦殖场</td><td>吉水水南</td><td>未调整</td></tr>
<tr><td>吉水洞湖垦殖场</td><td>吉水张家渡</td><td>未调整</td></tr>
<tr><td colspan="2">第六中心垦殖场</td><td>乐安虎亭</td><td>未调整</td></tr>
<tr><td rowspan="2">2</td><td>乐安竹山垦殖场</td><td>乐安竹山</td><td>未调整</td></tr>
<tr><td>崇仁凤岗垦殖场</td><td>崇仁凤岗</td><td>未调整</td></tr>
<tr><td colspan="2">第七中心垦殖场</td><td>高安城郊</td><td>由德兴主屯移设,原在德兴业务并汤村场接管</td></tr>
<tr><td rowspan="5">5</td><td>高安祥符垦殖场</td><td>高安祥符</td><td>由南丰洽村场移设,原洽村场业务并下蓝场接管</td></tr>
<tr><td>高安莲花山垦殖场</td><td>高安莲花山</td><td>未调整</td></tr>
<tr><td>高安仪凤垦殖场</td><td>高安仪凤</td><td>由吉安枧州场移设,原枧州场业务并固江场接管</td></tr>
<tr><td>高安高邮垦殖场</td><td>高安高邮</td><td>由安福伍村场移设,原伍村场业务并三中场接管</td></tr>
<tr><td>上高接官垦殖场</td><td>上高接官</td><td>由吉安凤凰圩场移设,原凤凰圩场业务并沿溪渡场接管</td></tr>
<tr><td colspan="2">第八中心垦殖场</td><td>南丰城郊</td><td>未调整</td></tr>
</table>

续表

垦场数	场名	场址	备考
4	南丰康都垦殖场	南丰康都	未调整
	广昌下蓝垦殖场	广昌下蓝	未调整
	广昌头陂垦殖场	广昌头陂	未调整
	南丰块田垦殖场	南丰块田	未调整
3	资溪乌石垦殖场	资溪乌石	未调整，直辖江西省垦务处
	黎川樟村垦殖场	黎川樟村	未调整，直辖江西省垦务处
	德兴汤村垦殖场	德兴香屯	未调整，直辖江西省垦务处

资料来源：江西省档案馆藏民国江西档案，J060－2－00293。统计截至1946年3月15日。

参考文献

一、未刊档案

（一）中国第二历史档案馆藏国民政府档案

1. 国民党中央社会部，全宗号：十一。
2. 国民政府内政部，全宗号：一二。
3. 国民政府经济部，全宗号：四。

（二）台北："中央研究院"近代史研究所档案馆藏国民政府档案

1. 国民政府实业部，全宗号：17。
2. 国民政府经济部，全宗号：18。
3. 国民政府农林部，全宗号：20。

（三）江西省档案馆藏民国江西档案

1. 江西省动员委员会，全宗号：J006。
2. 皖赣监察使署，全宗号：J008。
3. 江西省政府，全宗号：J016。
4. 江西省参议会，全宗号：J017。
5. 江西省社会处，全宗号：J020。
6. 国立中正大学，全宗号：J037。

7. 江西省建设厅,全宗号:J045。

8. 江西省垦务处,全宗号:J060。

二、已刊档案及史料汇编

1. 蔡鸿源主编:《民国法规集成》(第39册),合肥:黄山书社1999年版。

2. 陈谦平编:《翁文灏与抗战档案史料汇编》,北京:社会科学文献出版社2017版。

3. 国民政府主计处统计局:《中国土地问题之统计分析》,金华:正中书局1941年版。

4. 江西省政府《赣政十年》编纂委员会编:《赣政十年》,1941年版。

5. 江西调查统计处编:《江西抗战损失总报告》,1946年版。

6. 李文海等编《民国时期社会调查丛编(二编)——乡村经济卷(下)》,福州:福建教育出版社2009年版。

7. 李文治编:《中国近代农业史资料》(第一辑),北京:生活·读书·新知三联书店1957年版。

8. 章有义编:《中国近代农业史资料》(第二、三辑),北京:生活·读书·新知三联书店1957年版。

9. 内政部编:《内政法规汇编·地政类》,重庆:商务日报馆1940年版。

10. 内政部编:《内政法规汇编·礼俗类》,重庆:商务日报馆1940年版。

11. 内政部编:《内政年鉴》(2),上海:商务印书馆1936年版。

12. 秦孝仪主编:《革命文献》,第96辑,台北:“中央文物供应社”1983年版。

13. 秦孝仪主编:《革命文献》,第97辑,台北:“中央文物供应社”1983年版。

14. 秦孝仪主编:《革命文献》,第102辑,台北:“中央文物供应社”1985年版。

15. 秦孝仪主编:《总统蒋公思想言论总集》,卷19,台北:“中央文物供应社”1984年版。

16. 沈雷春编:《中国金融经济史料丛编》(第 2 辑),《中国战时经济志》(7),台北:文海出版社 1985 年版。

17. 沈云龙主编:《近代中国史料丛刊三编》(第 44 辑),《全国生产会议总报告》,台北:文海出版社 1988 年版。

18. 谭熙鸿编:《十年来之中国经济(1938—1947)》(下册),上海:中华书局 1948 年版(南京古旧书店影印发行,1990 年版)。

19. 行政院秘书处编:《行政院工作报告》,1942 年 9 月。

20. 行政院经济部编:《经济法规汇编》(第 4 集第 1 册),重庆:商务印书馆 1940 年版。

21. 于建嵘主编:《中国农民问题研究资料汇编(第一卷)》(1912—1949)下册,北京:中国农业出版社 2007 年版。

22. 张研、孙燕京主编:《民国史料丛刊(经济·农业)》第 545 辑,郑州:大象出版社 2009 年版。

23. 浙江省中共党史学会编:《中国国民党历次会议宣言决议案汇编》(第 2 分册),1986 年(内部版)。

24. 浙江省中共党史学会编:《中国国民党历次会议宣言决议案汇编》(第 3 分册),1986 年(内部版)。

25. 中国第二历史档案馆编:《国民党政府政治制度档案史料选编》,合肥:安徽教育出版社 1994 年版。

26. 中国第二历史档案馆编:《中华民国史档案资料汇编(第 14 册)》第 3 辑,《北洋政府·农商分册(一)》,南京:江苏古籍出版社 1991 年版。

27. 中国第二历史档案馆编:《中华民国史档案资料汇编》第 5 辑第 1 编(财政经济 7),南京:江苏古籍出版社 1994 年版。

28. 中国第二历史档案馆编:《中华民国史档案资料汇编》第 5 辑第 2 编(财政经济 8),南京:江苏古籍出版社 1997 年版。

29. 中国人民政治协商会议全国委员会文史资料研究委员会编:《工商经济史料丛刊》(一),北京:北京文史资料出版社 1983 年版。

30. 中央训练团编:《中华民国法规辑要》(第 1 册),1941 年 12 月版。

三、民国报刊及政府公报

（一）报刊

1.《从垦人员手册》

2.《残不废月刊》

3.《地政月刊》

4.《东方杂志》

5.《大公报》(天津)

6.《大路月刊》

7.《国闻周报》

8.《国是公论》

9.《国民教育指导月刊》

10.《国家总动员画报》(三日刊)

11.《回民言论》(重庆版)

12.《户政导报》

13.《合作事业》

14.《湖南教育月刊》

15.《经济旬刊》

16.《经建季刊》

17.《江西统计》

18.《江西统计月刊》

19.《江西统计提要》

20.《江西年鉴》

21.《江西粮政》

22.《江西建设公报》

23.《江西省垦务概况》(1939 年 1 月)

24.《江西省垦务概况》(1940 年 1 月)

25.《江西省垦务概况》(1941 年 1 月)

26.《江西省垦务概况》(1943 年 1 月)

27.《救济旬报》

28.《垦讯》

29.《垦务通讯》

30.《力报》

31.《农业院讯》

32.《农业周报》

33.《农业推广通讯》(成都)

34.《申报》(汉口版)

35.《申报》(上海版)

36.《申报》(香港版)

37.《上海报》

38.《实业部月刊》

39.《中央日报》

40.《中国经济问题》(北京)

41.《中国回教救国协会会报》

42.《中国红十字会月刊》

43.《中国农村》

44.《中农月刊》

45.《中华农学会通讯》

46.《正气日报》(赣南)

47.《新经济半月刊》

48.《新新新闻》

49.《袖珍江西统计提要》

50.《益世报》(天津)

(二) 政府公报

1.《国民政府公报》

2.《赣县县政府公报》

3.《经济部公报》

4.《教育部公报》

5.《江西省政府公报》

6.《内政公报》

7.《农林公报》

8.《司法公报》

9.《行政院公报》

10.《云南省政府公报》

四、民国图书

1. 葛定华:《国民经济建设要论》,南京:正中书局 1937 版。

2. 黄毅:《垦荒全书》,上海:东方兴业会社、新学会社发行 1914 年版。

3. 蒋荫松:《垦殖浅说》,重庆:正中书局 1940 年版。

4. 李积新:《垦殖学》,上海:商务印书馆 1934 年版。

5. 乔启明、蒋杰:《中国的人口与粮食问题》,上海:中华书局 1941 年版。

6. 施珍:《垦殖概论》,重庆:内政部、中央训练委员会印行 1942 年版。

7. 舒联荣:《垦殖学》,上海:中国文化服务社 1944 年版。

8. 唐启宇:《历代屯垦研究》(上、下),重庆:正中书局 1944 年版。

9. 唐启宇:《垦殖学》,上海:商务印书馆 1944 年版。

10. 唐启宇:《难民与垦殖》,江西省垦务处丛刊第二种,江西省垦务处 1938 年印。

11. 唐启宇:《上大岭遇险记》(自传稿),1940 年 1 月 28 日记于泰和杏岭。

12. 唐启宇:《我国垦殖事业的方针和方式》,江西省垦务处丛刊第一种,江西省垦务处 1938 年印。

13. 唐启宇:《中国的垦殖》,上海:永祥印书店 1951 年版。

14. 王文萱:《战时移垦边疆问题》,南京:正中书局,年份不详。

15. 张秉辉:《抗战与救济事业》,长沙:商务印书馆 1937 年版。

16. 张丕介:《垦殖政策》,北京:商务印书馆 1943 年版。

17. 中国国民党中央执行委员会宣传部编:《四年来的内政》,1941年7月7日。

18. 周承澍:《我所见到的难民移垦问题》,江西省垦务处1938年编印。

五、专著

1. 白寿彝总主编,王桧林、郭大钧、鲁振祥主编:《中国通史》(21),上海:上海人民出版社2015年版。

2. 陈谦平:《民国对外关系史论》,北京:生活·读书·新知三联书店2013版。

3. 陈谦平、张连红、张生:《中国正面战场》,北京:华夏出版社2015版。

4. 陈荣华主编:《江西抗日战争史》,南昌:江西人民出版社,2005年版。

5. 蔡勤禹:《国家、社会与弱势群体——民国时期的社会救济》(1927—1937),天津:天津人民出版社2003年版。

6. 常云平、刘力:《乱世飘蓬——抗战时期的难民大迁移》,北京:商务印书馆2015年版。

7. 葛剑雄、吴松弟、曹树基编著:《中国移民史》,福州:福建人民出版社1997年版。

8. 何友良:《江西通史·民国卷》,南昌:江西人民出版社2008年版。

9. 金德群主编:《中国国民党土地政策研究》(1905—1949),北京:海洋出版社1999年版。

10. 黎翔凤撰,梁运华整理:《管子校注》(中册),北京:中华书局2004年版。

11. 李新总编:《中华民国史》,北京:中华书局2011年版。

12. 刘继光:《中国历代屯垦经济研究》,北京:团结出版社1991年版。

13. 孙艳魁:《苦难的人流——抗战时期的难民》,桂林:广西师范大学出版社1994年版。

14. 王春英:《中国抗战时期难民问题与政府应对行为》,成都:四川大学出版社2011年版。

15. 王奇生:《党员、党权与党争——1924—1927年中国国民党的组织形态》,上海:上海书店出版社2003年版。

16. 吴忠民:《渐进模式与有效发展——中国现代化研究》,北京:东方出版社1999年版。

17. 熊式辉:《海桑集——熊式辉回忆录》(1907—1949),香港:明镜出版社2008年版。

18. 杨向奎等:《中国屯垦史》(上),北京:农业出版社1990年版。

19. 张泽咸等:《中国屯垦史》(中),北京:农业出版社1990年版。

20. 王毓铨等:《中国屯垦史》(下),北京:农业出版社1991年版。

21. 姚顺东:《政府行为与农业发展1927—1937年湖北农业政策研究》,北京:社会科学文献出版社2013年版。

22. 张宪文、陈谦平等:《中国抗日战争史》(1931—1945),北京:化学工业出版社2017年版。

23. 张宪文、陈谦平等:《中华民国史》,南京:南京大学出版社2006年版。

24. 张根福:《抗战时期的人口迁移——兼论对西部开发的影响》,北京:光明日报出版社2006年版。

25. 张根福:《抗战时期浙江省人口迁移与社会影响》,上海:上海三联书店2001年版。

六、期刊论文

1. 常云平、陈英:《抗战大后方难民移垦对生态环境的影响》,《西南大学学报(社会科学版)》2009年第5期。

2. 陈志波:《抗战时期广西民间组织与社会救助述论》,《广西社会科学》2013年第3期。

3. 程朝云:《抗战初期的难民内迁问题》,《抗日战争研究》2000年第2期。

4. 池子华:《抗战中一支不能忽视的人道力量》,《光明日报》2015年9月5日,第4版。

5. 丁倩:《淞沪会战后上海难民的社会救济》,《上海党史与党建》2013年

11 月号。

6. 杜丽红:《宣统年间鄂黑两省“移难民实边”始末》,《近代史研究》2013 年第 5 期。

7. 冯敏:《抗战时期难童救济教养工作概述》,《民国档案》1995 年第 3 期。

8. 高冬梅:《陕甘宁边区难民救济问题初探》,《河北师范大学学报》(哲学社会科学版)2002 年第 2 期。

9. 高红霞:《从〈申报〉看同乡组织在淞沪抗战中的难民救助》,《上海纪念抗日战争胜利 60 周年研讨会论文集》,上海人民出版社 2005 年版。

10. 古为明:《中国战时儿童保育会述略》,《抗日战争研究》2006 年第 4 期。

11. 何友良:《抗战时期江西粮食征供情况考察》,《抗日战争研究》1993 年 02 期。

12. 贺金林:《抗战期间华侨与国内的垦殖事业》,《抗日战争研究》2010 年第 1 期。

13. 胡怀国:《民国时期的“公营垦场”:制度基础与模式创新》,《学术论坛》2016 年第 12 期。

14. 黄志繁:《国家认同与土客冲突——明清时期赣南的族群关系》,《中山大学学报》(社会科学版)2002 年第 4 期。

15. 蒋超群:《国民政府三十年代西北开发中的垦殖业》,《青海社会科学》2003 年第 1 期。

16. 金以林:《蒋介石与政学系》,《近代史研究》2014 年第 6 期。

17. 阚玉香:《抗战时期大后方难童救济教养的特点》,《甘肃社会科学》2012 年第 2 期。

18. 黎淑莹:《广州沦陷前后的难民问题》,《南京大屠杀史研究》2011 年第 2 期。

19. 李恭忠:《客家:社会身份、土客械斗与华南地方军事化》,《清史研究》2006 年第 1 期。

20. 李陵:《长沙基督教青年会抗战时期的难民救济工作》,《船山学刊》

2005 年第 3 期。

21. 李爽:《抗日战争时期国民政府难民移垦政策研究》,《吉林师范大学学报》(人文社会科学版)2006 年第 3 期。

22. 林星:《抗战初期福建省振济会的难民救济活动述略》,《福建史志》2006 年第 4 期。

23. 刘惠恕:《南京大屠杀时期的南京难民区国际委员会》,《学术月刊》1995 年第 8 期。

24. 刘金如、李圣菊:《八一三抗战期间上海难民的社会救济与遣送》,《安徽史学》2008 年第 4 期。

25. 陆和健:《抗战时期西部农垦事业的发展》,《民国档案》2005 年第 2 期。

26. 罗义俊:《上海南市难民区述略》,《上海师范大学学报》1990 年第 2 期。

27. 彭敦文:《七七事变与全国抗战动员》,中国社会科学网,2017 年 07 月 07 日,http://orig.cssn.cn/jjx/jjx_gzf/201707/t20170707_3573215.shtml。

28. 秦洪芳:《香港沦陷前难民境况和港英政策》,《五邑大学学报》(社会科学版)2003 年第 2 期。

29. 申晓云:《抗日战争时期国民政府的西北开发》,《浙江大学学报》(人文社会科学版)2007 年第 5 期。

30. 宋钻友:《抗战时期上海会馆同乡组织的难民工作初探》,《上海党史研究》1995 年第 1 期。

31. 苏华:《抗战时期难童的异常心理问题》,《民国档案》1995 年第 3 期。

32. 苏新有:《抗战时期国民政府难童救济述论——以赈济委员会儿童教养院为例》,《贵州社会科学》2007 年第 7 期。

33. 孙艳魁:《抗日战争时期难民垦荒问题述略》,《民国档案》1995 年第 2 期。

34. 孙艳魁:《抗战初期武汉难民救济刍议》,《江汉论坛》1996 年第 6 期。

35. 孙艳魁:《试论抗战时期国民政府的难民救济工作》,《抗日战争研究》

1993年第1期。

36. 孙艳魁:《战时儿童保育会的难童救济工作初探》,《江汉论坛》1997年第5期。

37. 孙宅巍:《试论南京大屠杀中的“安全区”》,《南京社会科学》1992年第5期。

38. 谭刚:《重庆大轰炸中的难民救济》,《西南大学学报》(社会科学版)2007年第6期。

39. 汤春松:《陕甘宁边区大生产运动中的移难民问题》,《党史研究与教学》2014年第3期。

40. 唐凌:《抗战时期广西境内难民的安置及其由此所付出的代价》,《广西地方志》2005年第6期。

41. 万东升:《抗战时期广西难民群体构成管窥》,《广西地方志》2010年第2期。

42. 王春英:《抗战时期难民收容所的设立及其特点》,《抗日战争研究》2004年第3期。

43. 王蓉:《民国时期的“农场”之辨析》,《农业考古》2013年第3期。

44. 王玮岚:《抗战时期河南难民内迁对陕西社会的影响》,《长安学刊》2011年第4期。

45. 王卫星:《论南京国际安全区的成立》,《民国档案》2005年第4期。

46. 吴捷:《全面抗战时期国民政府的难民救济工作》,《历史教学》2005年第5期。

47. 夏明方:《抗战时期中国的灾荒与人口迁移》,《抗日战争研究》2000年第2期。

48. 肖如平:《宋美龄与战时儿童保育会》,《晋阳学刊》2009年第5期。

49. 颜葵:《抗日战争时期陕甘宁边区难民救济初探》,张承钧、刘建业主编:《中国人民抗日战争纪念馆文丛》(第4辑),北京出版社1993年版。

50. 杨伟宏:《抗战时期陕甘宁边区移民难民问题探析》,《延安大学学报》(社会科学版)2005年第6期。

51. 张纯:《国共两党关系与战时儿童保育会研究》,《中共党史研究》2014年第4期。

52. 张福运:《意识共同体与土客冲突——晚清湖团案再诠释》,《中国农史》2007年第2期。

53. 张根福:《抗战时期浙江省的人口迁移与地域分布》,《历史研究》2000年第4期。

54. 张根福:《战祸、自然灾害与难民迁移——抗战时期安徽省个案研究》,《民国档案》2004年第4期。

55. 张丽:《抗日战争时期香港的内地难民问题》,《抗日战争研究》1994年第4期。

56. 张连红:《南京大屠杀时期的日军当局与南京安全区》,《近代史研究》2001年第3期。

57. 张连红:《饶家驹与南京安全区的设立》,《军事历史研究》2015年第2期。

58. 张连红:《人道主义与民族主义——南京保卫战中的南京安全区国际委员会》,《南京政治学院学报》2014年第6期。

59. 张生:《死神面前的不平等——南京大屠杀期间国际安全区中国难民内部分层》,《西南大学学报》(社会科学版)2016年第6期。

60. 张世慧:《侨乐村——南京国民政府救助难侨措施的新尝试》,《华侨华人历史研究》2013年第3期。

61. 浙江大学档案馆:《泰和建立沙村示范垦殖场》,《浙江大学学报》(人文社会科学版)2014年2期。

62. 周术槐:《抗日战争时期贵州省赈济会的难民救济活动及其社会影响》,《抗日战争研究》2010年第3期。

63. 周蕴蓉:《抗战时期广东省政府的救济行政体制》,《广东教育学院学报》2006年第6期。

七、译著

1. [美]费正清编,杨品泉等译:《剑桥中华民国史(1912—1949)》(上册),

北京:中国社会科学出版社 1994 版。

2. [美]费正清,费维恺编,刘敬坤等译:《剑桥中华民国史(1912—1949)》(下册),北京:中国社会科学出版社 1994 版。

3. [美]格兰姆·贝克著,朱启明等译:《一个美国人看旧中国》,上海:生活·读书·新知三联书店 1987 年版。

4. [美]麦金农著,李卫东、罗翠芳译:《武汉 1938——战争、难民与现代中国的形成》,武汉:武汉出版社 2008 年版。

5. [美]阮玛霞著,白华山译:《饶家驹安全区——战时上海的难民》,南京:江苏人民出版社 2011 年版。

6. [美]塞缪尔·亨廷顿著,李盛平等译:《变革社会中的政治秩序》,北京:华夏出版社 1988 年版。

7. [美]萧邦奇著,易丙兰译:《苦海求生——抗战时期的中国难民》,太原:山西人民出版社 2016 年版。

8. [日]笠原十九司著,李广廉等译:《难民区百日——亲历日军大屠杀的西方人》,南京:南京师范大学出版社 2005 年版。

八、外文资料

1. David Turton, *The Meaning of Place in a World of Movement: Lessons from Long-Term Field Reseach in Souther Ethiopia*, Journal of Refugee Studies, Vol. 18, No3, 2005.

2. Hsi-sheng Ch'i, *Nationalist China at War: Military Defeats and Political Collapse, 1937—1945*, University of Michigan Press, 1982.

3. John Hunter Boyle, *China and Japan at War*, 1937—*1945*, Stanford University Press, 1972.

4. Micah S. Muscolino, *Refugees, Land Reclamation, and Militarized Landscapes in Wartime China Huanglongshan, Shanxi*, 1937—1945, The Journal of Asian Studies, Vol. 69, No 2 (May) 2010:453—478.

九、工具书

1.《不列颠百科全书(国际中文版)》(第 11 卷),北京:中国大百科全书出版社 1999 年版。

2.《中国大百科全书·地理学》,北京:中国大百科全书出版社 1990 年版。

3. 中国社会科学院语言研究所编:《辞海》,上海:上海辞书出版社 1980 年版。

4. Victoria E. Neufeldt, *Webster's New World Dictionary of American English*, New York: Webster's New World Dictionaries, A Division of Simon &Schuster, Inc. 1988.

十、学位论文

1. 蔡勤禹:《国家、社会与弱势群体——民国时期的社会救济》(1927—1949),南京大学博士研究生学位论文,2001 年。

2. 陈清敏:《抗战时期的灾荒与救济——国民政府统治地区之研究》(1937—1945),台湾政治大学历史研究所博士研究生学位论文,1999 年。

3. 范静:《官方与民间——抗日战争时期江西的难民救济》,南昌大学硕士研究生学位论文,2018 年。

4. 甘泉:《社会动员论》,武汉大学博士研究生学位论文,2010 年。

5. 化世太:《民国后期陕西黄龙山垦区研究》,西北大学硕士研究生学位论文,2011 年。

6. 阚玉香:《抗战时期重庆难民救济研究》,华中师范大学博士研究生学位论文,2012 年。

7. 罗冰冰:《抗战时期陕西省垦荒运动研究》,陕西师范大学硕士研究生学位论文,2012 年。

8. 李丽霞:《抗战时期的陕西移民问题研究》,西北大学硕士研究生学位论文,2005 年。

9. 王识开:《南京国民政府社会救济制度研究》,吉林大学博士研究生学位论文,2012 年。

10. 吴自锋:《抗战时期江西难民垦殖运动研究》,南昌大学硕士研究生学位论文,2010 年。

11. 熊云腾:《抗战时期江西的难民垦殖》,华中师范大学硕士研究生学位论文,2011 年。

12. 张纯:《战时儿童保育会研究》(1938—1946),华中师范大学博士研究生学位论文,2013 年。

13. 周术槐:《贵州省赈务会及其赈务活动研究》(1929—1943),四川大学博士研究生学位论文,2009 年。

14. 张益刚:《民国社会救济法律制度研究》,华东政法学院博士研究生学位论文,2007 年。

15. 周云容:《抗战时期四川垦殖运动初探》,四川大学硕士研究生学位论文,2007 年。

后　记

本书是在我攻读南京大学历史学博士学位研究生毕业论文的基础上修改而成的。我的导师南京大学历史学院陈谦平教授帮助我确定了选题和基本框架，并安排我到台北“中央研究院”访学和查阅资料，不厌其烦地指导我修改论文。正是导师的严格要求和悉心指导，才使我顺利完成了本项研究。

中国第二历史档案馆、江西省档案馆和台北“中央研究院”近代史研究所档案馆等单位为我查阅档案提供了诸多方便，使我能阅读到大量鲜活的原始档案，奠定了本项研究的史料基础。台北“中央研究院”黄自进教授、林弘毅教授在我赴台访学和查阅资料时提供了许多帮助，使我台湾之行平安顺畅。

南京大学马俊亚教授、李玉教授、姜良芹教授，南京师范大学张连红教授、齐春风教授，中国第二历史档案馆馆长马振犊研究馆员以及三位匿名评审专家都对本书提出了许多宝贵的意见和建议，使我避免了很多讹误，增强了本书的学术性。解放军南京陆军指挥学院张燕萍老师审读了全部书稿，提出了许多重要的修改意见。

我的工作单位江西省委党史研究室的历任领导沈谦芳、王晓春、俞银先、梅仕灿等都对本课题的研究给予了大力支持和关心，我的老领导何友良研究员对本书提出了许多切中肯綮的意见和建议。

本书的写作还得到了陈剑平、殷昭鲁、李宁、黄鹏、刘亮、姜庆刚、银品、陈梁芊、于宁、陈紫竹、蔡梓、岳靖芝等同学的关心和帮助。

特别需要指出的是，本书的出版得到了南京大学历史学院张宪文教授、朱庆葆教授领衔的“抗日战争专题研究”课题基金的资助。

对于以上所有为本书写作和出版提供支持、帮助的单位及个人，表示衷心的感谢！

由于本人学识浅薄，拙作不当之处在所难免，敬请广大读者批评指正！

卫平光　谨识

2021 年 1 月